U0142457

消防叢書系列

五南圖書出版公司 印行

消防與災害
防救法規

盧守謙、陳永隆　編著
吳鳳科技大學消防研究所

推薦序

「風」、「火」、「水」、「電」向來與人類生活息息相關，如在不可控制狀況下，往往容易導致人員傷亡與財產損失。而消防正是關係到社會民生及人民安全，一直是政府施政上極為重要的一環，也為國家長治久安之根本。在消防工作更應具備科技化、現代化及效率化之整合能力，以專業化教育訓練，來因應現今多元發展的社會環境，以提供民眾一個可靠的平安生活環境。

為培育出消防安全專業人力，本校於2002年首創消防系（所）（除警察大學外），建置了火災虛擬實驗室、火災鑑識實驗室、低氧實驗室、水系統消防實驗室、電氣系統消防實驗室、氣體消防實驗室、消防設備器材展示室及消防檢修實驗室等軟硬體工程，也設置了氣體燃料管配管、工業配管等兩間乙級技術士考場；擁有全方位師資團隊，跨消防、機械、理化、電機、電子及土木等完整博士群組成，每年設日間部四技3班、進修部四技1班、進修學院二技1班、碩士在職專班1班，目前也刻正申請博士在職專班，為未來消防人力注入所需的充分能量。

本書作者盧守謙博士在消防領域學有專精，盧博士與消防系陳永隆主任共同執筆，完成一系列完整消防書籍著作，每一本能進行專業精闢求解及有條不紊地說明，不僅內容涵蓋範圍呈現外在廣度也具內在深度，本人極為樂意將其推薦給所有有志研修消防安全暨參加國家考試的讀者們。

蘇銘宏

吳鳳科技大學校長

序

　　筆者（本書第一作者）於1986年消防工作伊始，歷近30年，在國內外報章期刊發表數百篇的專業文章。從早期警察大學閃燃碩士論文到整個火行為之博士研究，已深深迷戀消防科學領域。

　　2015年承蒙蘇校長延聘，從公務轉換學術跑道，得能專研沐浴在知識氛圍。在此參酌國外文獻，結合救災長期實務經驗，撰寫一序列消防書籍，也感謝學校提供極佳軟硬體平台，能進行有效率寫作教學。

　　對國家考試，筆者算是非常有經驗，應付考試之讀書方法，一些心得及重要技巧，已臚列於書內「如何考榜首」一文，學習與瞭解它們，將會使您在將來考場上更加無往不利及遊刃有餘。而準備過程中，詳讀歷屆考古題是必要的旅程，能指引讀者明確的閱讀方向與知悉考題難易度之一項關鍵指標。

　　在消防各科歷屆考題解答上，筆者累積無數第一線救災與現場指揮經驗，也曾擔任火災預防課長職，從事消防會審會勘工作。在此以豐富消防實務背景，闡述問題本質，以較專業且嚴謹態度來進行求解。

　　最後，準備國家考試是一種時間過程，過程中無論您以何種態度面對，記得每日一點一滴耕耘播種後，自然會有苦盡甘來的甜美果實。這成功的目標雖很可貴，但追求的過程卻更值得回味。

盧守謙

吳鳳科技大學消防系

花明樓研究室

前 言

在消防暨災害防救整個法規體系中，目前已法制化條文，計有消防法、災害防救法、爆竹煙火管理條例、緊急醫療救護法等4種法律，誠如中央法規標準法第2條指出，法律得定名為法、律、條例或通則。這些依該第4條指出，法律應經立法院通過，總統公布。該第5條也指出，左列事項應以法律定之：一、憲法或法律有明文規定，應以法律定之者。二、關於人民之權利、義務者。三、關於國家各機關之組織者等。

因此，該4種法律可訂定罰則，來影響人民之權利、義務。而在其第3條指出，各機關發布之命令，得依其性質，稱規程、規則、細則、辦法、綱要、標準或準則等7種行政命令，在該第7條指出各機關依其法定職權或基於法律授權訂定之命令，應視其性質分別下達或發布，並即送立法院備查。因而這些是不能訂定罰則來影響人民權利義務；如人民違反者，處罰規定須引用到已法制化之條文；且行政機關所訂定法規，須在第1條作開宗明義指出，其是依據母法那一條之授權或職權。

消防三大法定任務，於消防法第1條明確所述，為預防火災、搶救災害及緊急救護，以維護公共安全，確保人民生命財產，特制定本法。因此，在預防火災如消防法（在民84年台中威爾康大火64人死後，徹底在火災預防上作出改進，如引進防火管理人、檢修申報、消防專技人員、防焰制度、保安監督等重要政策）、爆竹煙火管理條例、公共危險物品暨可燃性高壓氣體管理辦法；在搶救災害如災害防救法（在民88年9月21日大地震後，於民89年7月立法通過）；在緊急救護如緊急醫療救護法、緊急救護辦法。

而爆竹煙火方面，早在民91年納入到公共危險物品暨可燃性高壓氣體管理辦法之第7類公共危險物品，但當時正發生數起爆竹爆炸事件，至民94年終將爆竹煙火脫離公共危險物品，送進立法院予以法制化（爆竹煙火管理條例），用重法管理此危險爆竹物質。沿用迄今，中央消防主管關政策重點，已置於強化各類場所消防安全管理、防火管理、防焰規制、檢修申報等火災預防制度、公共危險物品及可燃性高壓氣體安全管理等措施，並釐清中央與地方主管機關之權責，及確保消防專業人員之專業資格，適度提高罰金（鍰）額度及增列罰則，使各項消防制度均能發揮其功能，以符國家社會發展之需。因此，為能更加強有效管理，消防罰則勢必將會適度提高，如公共危險物品暨可燃性高壓氣體即是。

1. 讀書四種方式

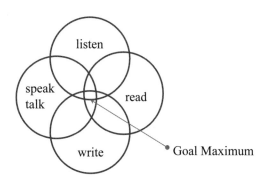

說明：一般人讀書多是以READ（**EYES**），而常忽略其他讀書方式。用寫的（**HANDS**）、用討論的（**MOUTH**）或用SPEAK（**MOUTH**）（自言自語、默唸）。基本上，現在錄音方便，可錄下一些很難記之資料，利用運動、休息或入睡前等時段，用聽（**EAR**）的方法來作複習。

2. 記憶型讀書效率與持續時間

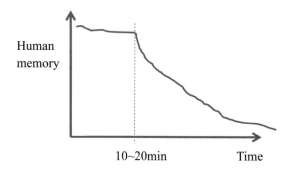

說明：假設您一天讀書時間分成數段進行，再以第5項之口訣法、便條紙法等，能不分時間地點如運動、等車、吃完飯後散步等時間，拿出來複習，一天內多看幾次，利用多見難忘方法來作記憶。尤其是在每次睡醒後20分鐘，是大腦最清楚之黃金時段，拿出第3項之所整理資料，作複習背誦，或是你每晚躺在床上之入睡前黃金時段，拿出來默想。

3. 多方蒐集資料

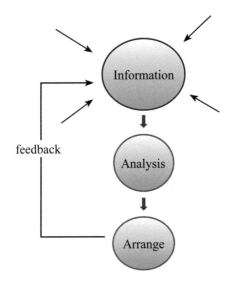

說明：多方看應考相關資料，將蒐集資料有條不紊整理成你自己的東西，而作筆記
是一種好習慣。

4. 大腦資料庫活化

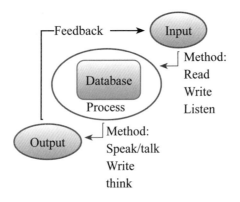

說明：你應思考將你大腦所輸入data如何持續output作活化。假使你在書桌前
讀一整天，可是大量資料沉在你腦海內部，你須每隔一段時間，用寫
（WRITE）出來、用回憶（THINK）、用自言自語演說（SPEAK）或是與
你同學交談主題（TALK），把大量資料活化出來，能活化才會牢記在你腦
海深處。不然，沒隔多久，有些就遺忘了。

5. 讀書多元技巧法

(1) 口訣法：每第1個字，有些是可以不照順序記，可依個人喜好之方式作調整，然後聯想一系列跟你所記資料，編成一套故事。

(2) 便條紙法：簡要大綱整理成A4，並折起來放在你口袋，隨時皆可拿出，有過目不忘之效。

(3) 貼膏藥法：假使資料或條文是很難記、常忘記或很重要，就貼在你常能看到處，如書桌牆壁、床牆壁等，已牢記幾天後再換貼新資料，依此類推。

(4) 空間法：採取左右腦並用，即重點關鍵字濃縮成一張A4，俟機利用運動如跑步時進行默念，假使默唸不出，運動完即查閱所忘記的資料。

(5) 圖表法：右腦法，如果你有辦法將資料作成圖表，你離成功之路就會很接近。聰明的你應左（文字）右（圖表）腦並用

您須將繁多資料，整理濃縮成一張紙，意將大量資料濃縮，將是你成功錄取與否之關鍵因素。

記著 Make Time For Reading. Anywhere. Anytime

三等消防與災害防救法規命題大綱

（包括消防法及施行細則、災害防救法及施行細則、爆竹煙火管理條例及施行細則、公共危險物品及可燃性高壓氣體設置標準暨安全管理辦法、緊急救護辦法、緊急醫療救護法及施行細則、直轄市縣市消防機關火場指揮及搶救作業要點）

適用考試名稱	適用考試類科
公務人員特種考試警察人員考試三等考	消防警察人員
專業知識及核心能力	一、瞭解消防執法之核心範圍與具體內涵。 二、瞭解災害管理與消防救災之法令規範。 三、對危險物品管理之理解與掌握。 四、對緊急救護處理之思維能力。
命題大綱	
一、消防執法　(一) 消防法　(二) 消防法施行細則　(三) 直轄市縣市消防機關火場指揮及搶救作業要點	
二、災害管理　(一) 災害防救法　(二) 災害防救法施行細則	
三、危險物品管理　(一) 爆竹煙火管理條例　(二) 爆竹煙火管理條例施行細則　(三) 公共危險物品及可燃性高壓氣體設置標準暨安全管理辦法	
四、緊急醫療救護　(一) 緊急醫療救護法　(二) 緊急醫療救護法施行細則　(三) 緊急救護辦法	
備　註	表列命題大綱為考試命題範圍之例示，實際試題仍得命擬相關之綜合性試題。

四等消防與災害防救法規概要命題大綱

（包括消防法及施行細則、災害防救法及施行細則、爆竹煙火管理條例及施行細則、公共危險物品及可燃性高壓氣體設置標準暨安全管理辦法、緊急救護辦法、緊急醫療救護法及施行細則）

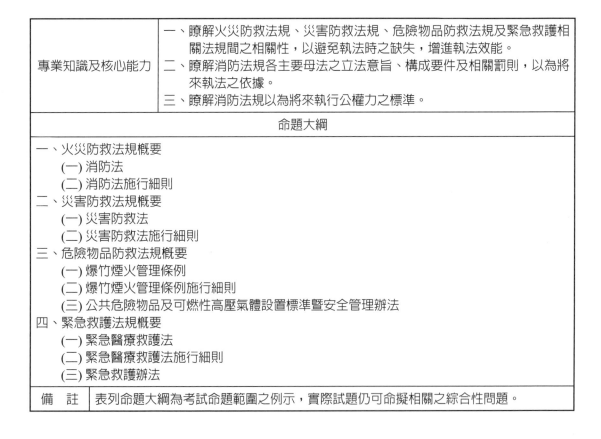

專業知識及核心能力	一、瞭解火災防救法規、災害防救法規、危險物品防救法規及緊急救護相關法規間之相關性，以避免執法時之缺失，增進執法效能。 二、瞭解消防法規各主要母法之立法意旨、構成要件及相關罰則，以為將來執法之依據。 三、瞭解消防法規以為將來執行公權力之標準。
命題大綱	
一、火災防救法規概要 　(一) 消防法 　(二) 消防法施行細則 二、災害防救法規概要 　(一) 災害防救法 　(二) 災害防救法施行細則 三、危險物品防救法規概要 　(一) 爆竹煙火管理條例 　(二) 爆竹煙火管理條例施行細則 　(三) 公共危險物品及可燃性高壓氣體設置標準暨安全管理辦法 四、緊急救護法規概要 　(一) 緊急醫療救護法 　(二) 緊急醫療救護法施行細則 　(三) 緊急救護辦法	
備　註	表列命題大綱為考試命題範圍之例示，實際試題仍可命擬相關之綜合性問題。

三等消防與災害防救法規考試型式與規定

考試時間：2小時座號：

※注意：禁止使用電子計算器。

甲、申論題部分：（50分）

1) 不必抄題，作答時請將試題題號及答案依照順序寫在申論試卷上，於本試題上作答者，不予計分。

2) 請以藍、黑色鋼筆或原子筆在申論試卷上作答。

乙、測驗題部分：（50分）

1) 本試題為單一選擇題，請選出一個正確或最適當的答案，複選作答者，該題不予計分。

2) 共25題，每題2分，須用2B鉛筆在試卡上依題號清楚劃記，於本試題或申論試卷上作答者，不予計分。

四等消防與災害防救法規概要考試型式與規定

考試時間：1小時30分
※注意：禁止使用電子計算器。

甲、申論題部分：（50分）
一般有二題，每一題（25分）
1) 不必抄題，作答時請將試題題號及答案依照順序寫在申論試卷上，於本試題上作答者，不予計分。
2) 請以藍、黑色鋼筆或原子筆在申論試卷上作答。

乙、測驗題部分：（50分）
1) 本試題為單一選擇題，請選出一個正確或最適當的答案，複選作答者，該題不予計分。
2) 共25題，每題2分，須用2B鉛筆在試卡上依題號清楚劃記，於本試題或申論試卷上作答者，不予計分。

目　錄

第2章　災害防救法及相關法規

第3章　緊急醫療救護法及相關法規

第4章　爆竹煙火管理條例及相關法規

第5章　消防3等特考應考補充法規

第6章　消防3等特考歷屆考題詳解

第**1**章

消防法及相關法規

1.1　消防法

（106年1月修正）

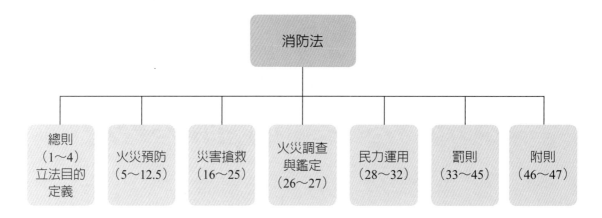

第一章　總則

第　1　條　（立法目的及適用範圍）為預防火災、搶救災害及緊急救護，以維護公共安全，確保人民生命財產，特制定本法。本法未規定者，適用其他法律規定。

第　2　條　（管理權人之定義）本法所稱管理權人係指依法令或契約對各該場所有實際支配管理權者；其屬法人者，為其負責人。

第　3　條　（主管機關）消防主管機關：在中央為內政部；在直轄市為直轄市政府；在縣（市）為縣（市）政府。

第　4　條　（消防車輛、裝備及人力配置之標準）直轄市、縣（市）消防車輛、裝備及其人力配置標準，由中央主管機關定之。

第二章　火災預防

第　5　條　（防火教育及宣導）直轄市、縣（市）政府，應舉辦防火教育及宣導，並由機關、學校、團體及大眾傳播機構協助推行。

第　6　條　（消防安全設備之設置）本法所定各類場所之管理權人對其實際支配管理之場所，應設置並維護其消防安全設備；場所之分類及消防安全設備設置之標準，由中央主管機關定之。

消防機關得依前項所定各類場所之危險程度，分類列管檢查及複查。

第一項所定各類場所因用途、構造特殊，或引用與依第一項所定標準同等以上效能之技術、工法或設備者，得檢附具體證明，經中央主管機關核准，不適用依第一項所定標準之全部或一部。

不屬於第一項所定標準應設置火警自動警報設備之旅館、老人福利機構場所及中央主管機關公告場所之管理權人，應設置住宅用火災警報器並維護之；其安裝位置、方式、改善期限及其他應遵行事項之辦法，由中央主管機關定之。

不屬於第一項所定標準應設置火警自動警報設備住宅場所之管理權人，應設置住宅用火災警報器並維護之；其安裝位置、方式、改善期限及其他應遵行事項之辦法，由中央主管機關定之。

第　7　條　　（消防安全設備）依各類場所消防安全設備設置標準設置之消防安全設備，其設計、監造應由消防設備師為之；其裝置、檢修應由消防設備師或消防設備士為之。前項消防安全設備之設計、監造、裝置及檢修，於消防設備師或消防設備士未達定量人數前，得由現有相關專門職業及技術人員或技術士暫行為之；其期限由中央主管機關定之。消防設備師之資格及管理，另以法律定之。

在前項法律未制定前，中央主管機關得訂定消防設備師及消防設備士管理辦法。

第　8　條　　（消防設備師、消防設備士之資格）中華民國國民經消防設備師考試及格並依本法領有消防設備師證書者，得充消防設備師。中華民國國民經消防設備士考試及格並依本法領有消防設備士證書者，得充消防設備士。請領消防設備師或消防設備士證書，應具申請書及資格證明文件，送請中央主管機關核發之。

第　9　條　　（消防安全設備之定期檢修）依第六條第一項應設置消防安全設備場所，其管理權人應委託第八條所規定之消防設備師或消防設備士，定期檢修消防安全設備，其檢修結果應依限報請當地消防機關備查；消防機關得視需要派員複查。但高層建築物或地下建築物消防安全設備之定期檢修，其管理權人應委託中央主管機關許可之消防安全設備檢修專業機構辦理。

前項定期檢修消防安全設備之項目、方式、基準、期限、檢修結果報

請備查期限及其他應遵行事項之辦法，由中央主管機關定之。

第一項所定消防安全設備檢修專業機構，其申請許可之資格、程序、應備文件、證書核（換）發、有效期間、撤銷、廢止、執行業務之規範、消防設備師（士）之僱用、異動、訓練、業務相關文件之備置與保存年限、各類書表之陳報及其他應遵行事項之辦法，由中央主管機關定之。

第　10　條　（消防安全設備圖說之審查）供公眾使用建築物之消防安全設備圖說，應由直轄市、縣（市）消防機關於主管建築機關許可開工前，審查完成。依建築法第三十四條之一申請預審事項，涉及建築物消防安全設備者，主管建築機關應會同消防機關預為審查。非供公眾使用建築物變更為供公眾使用或原供公眾使用建築物變更為他種公眾使用時，主管建築機關應會同消防機關審查其消防安全設備圖說。

第　11　條　（防焰物品之使用）地面樓層達十一層以上建築物、地下建築物及中央主管機關指定之場所，其管理權人應使用附有防焰標示之地毯、窗簾、布幕、展示用廣告板及其他指定之防焰物品。

前項防焰物品或其材料非附有防焰標示，不得銷售及陳列。前二項防焰物品或其材料之防焰標示，應經中央主管機關認證具有防焰性能。

第　12　條　經中央主管機關公告應實施認可之消防機具、器材及設備，非經中央主管機關所登錄機構之認可，並附加認可標示者，不得銷售、陳列或設置使用。前項所定認可，應依序實施型式認可及個別認可。但因性質特殊，經中央主管機關認定者，得不依序實施。第一項所定經中央主管機關公告應實施認可之消防機具、器材及設備，其申請認可之資格、程序、應備文件、審核方式、認可有效期間、撤銷、廢止、標示之規格樣式、附加方式、註銷、除去及其他應遵行事項之辦法，由中央主管機關定之。

第一項所定登錄機構辦理認可所需費用，由申請人負擔，其收費項目及費額，由該登錄機構報請中央主管機關核定。

第一項所定消防機具、器材及設備之構造、材質、性能、認可試驗內容、批次之認定、試驗結果之判定、主要試驗設備及其他相關事項之標準，分別由中央主管機關定之。

第一項所定登錄機構，其申請登錄之資格、程序、應備文件、審核方

式、登錄證書之有效期間、核（換）發、撤銷、廢止、管理及其他應遵行事項之辦法，由中央主管機關定之。

第 13 條　（消防防護計畫之製定）一定規模以上供公眾使用建築物，應由管理權人，遴用防火管理人，責其製定消防防護計畫，報請消防機關核備，並依該計畫執行有關防火管理上必要之業務。地面樓層達十一層以上建築物、地下建築物或中央主管機關指定之建築物，其管理權有分屬時，各管理權人應協議製定共同消防防護計畫，並報請消防機關核備。防火管理人遴用後應報請直轄市、縣（市）消防機關備查；異動時，亦同。

第 14 條　（易致火災行為之申請與規範）田野引火燃燒、施放天燈及其他經主管機關公告易致火災之行為，非經該管主管機關許可，不得為之。主管機關基於公共安全之必要，得就轄區內申請前項許可之資格、程序、應備文件、安全防護措施、審核方式、撤銷、廢止、禁止從事之區域、時間、方式及其他應遵行之事項，訂定法規管理之。

第 14-1 條　（明火表演之申請與規範）供公眾使用建築物及中央主管機關公告之場所，除其他法令另有規定外，非經場所之管理權人申請主管機關許可，不得使用以產生火焰、火花或火星等方式，進行表演性質之活動。前項申請許可之資格、程序、應備文件、安全防護措施、審核方式、撤銷、廢止、禁止從事之區域、時間、方式及其他應遵行事項之辦法，由中央主管機關定之。主管機關派員檢查第一項經許可之場所時，應出示有關執行職務之證明文件或顯示足資辨別之標誌；管理權人或現場有關人員不得規避、妨礙或拒絕，並應依檢查人員之請求，提供相關資料。

第 15 條　（公共危險物品及可燃性高壓氣體之儲存管理）公共危險物品及可燃性高壓氣體應依其容器、裝載及搬運方法進行安全搬運；達管制量時，應在製造、儲存或處理場所以安全方法進行儲存或處理。前項公共危險物品及可燃性高壓氣體之範圍及分類，製造、儲存或處理場所之位置、構造及設備之設置標準，儲存、處理及搬運之安全管理辦法，由中央主管機關會同中央目的事業主管機關定之。但公共危險物品及可燃性高壓氣體之製造、儲存、處理或搬運，中央目的事業主管機關另訂有安全管理規定者，依其規定辦理。

第 15-1 條　（承裝業營業登記之申請）使用燃氣之熱水器及配管之承裝業，應向直轄市、縣（市）政府申請營業登記後，始得營業。並自中華民國九十五年二月一日起使用燃氣熱水器之安裝，非經僱用領有合格證照者，不得爲之。

前項承裝業營業登記之申請、變更、撤銷與廢止、業務範圍、技術士之僱用及其他管理事項之辦法，由中央目的事業主管機關會同中央主管機關定之。

第一項熱水器及其配管之安裝標準，由中央主管機關定之。

第一項熱水器應裝設於建築物外牆，或裝設於有開口且與戶外空氣流通之位置；其無法符合者，應裝設熱水器排氣管將廢氣排至戶外。

第 15-2 條　（液化石油氣零售業者應備妥相關資料並定期申報）液化石油氣零售業者應備置下列資料，並定期向轄區消防機關申報：一、容器儲存場所管理資料。二、容器管理資料。三、用戶資料。四、液化石油氣分裝場業者灌裝證明資料。五、安全技術人員管理資料。六、用戶安全檢查資料。七、投保公共意外責任險之證明文件。八、其他經中央主管機關公告之資料。前項資料，零售業者應至少保存二年，以備查核。

第三章　災害搶救

第 16 條　（設置救災救護指揮中心）各級消防機關應設救災救護指揮中心，以統籌指揮、調度、管制及聯繫救災、救護相關事宜。

第 17 條　（設置消防栓）直轄市、縣（市）政府，爲消防需要，應會同自來水事業機構選定適當地點，設置消防栓，所需費用由直轄市、縣（市）政府、鄉（鎮、市）公所酌予補助：其保養、維護由自來水事業機構負責。

第 18 條　（設置報警專用電話）電信機構，應視消防需要，設置報警專用電話設施。

第 19 條　（爲達搶救目的之使用、損壞物品）消防人員對火災處所及其周邊之土地、建築物、車輛及其他物品，非使用、損壞或限制其使用，不能達搶救之目的時，得使用、損壞或限制其使用。

人民因前項土地、建築物、車輛或其他物品之使用、損壞或限制使

用，致其財產遭受特別犧牲之損失時，得請求補償。但因可歸責於該人民之事由者，不予補償。前項損失補償，應以金錢爲之，並以補償實際所受之損失爲限。

損失補償自知有損失時起，二年內請求之。但自損失發生後，經過五年者，不得爲之。

第 20 條 （警戒區）消防指揮人員，對火災處所周邊，得劃定警戒區，限制人車進入，並得疏散或強制疏散區內人車。

第 21 條 （使用水源）消防指揮人員，爲搶救火災，得使用附近各種水源，並通知自來水事業機構，集中供水。

第 22 條 （截斷電源、瓦斯）消防指揮人員，爲防止火災蔓延、擴大，認有截斷電源、瓦斯必要時，得通知各該管事業機構執行之。

第 23 條 （警戒區）直轄市、縣（市）消防機關，發現或獲知公共危險物品、高壓氣體等顯有發生火災、爆炸之虞時，得劃定警戒區，限制人車進入，強制疏散，並得限制或禁止該區使用火源。

第 24 條 （設置救護隊）直轄市、縣（市）消防機關應依實際需要普遍設置救護隊；救護隊應配置救護車輛及救護人員，負責緊急救護業務。前項救護車輛、裝備、人力配置標準及緊急救護辦法，由中央主管機關會同中央目的事業主管機關定之。

第 25 條 （直轄市、縣市消防機關配合搶救災害）直轄市、縣（市）消防機關，遇有天然災害、空難、礦災、森林火災、車禍及其他重大災害發生時，應即配合搶救與緊急救護。

第四章 火災調查與鑑定

第 26 條 （火災調查、鑑定）直轄市、縣（市）消防機關，爲調查、鑑定火災原因，得派員進入有關場所勘查及採取、保存相關證物並向有關人員查詢。火災現場在未調查鑑定前，應保持完整，必要時得予封鎖。

第 27 條 （設置火災鑑定委員會）直轄市、縣（市）政府，得聘請有關單位代表及學者專家，設火災鑑定委員會，調查、鑑定火災原因；其組織由直轄市、縣（市）政府定之。

第五章　民力運用

第　28　條　（義勇消防組織之編組）直轄市、縣（市）政府，得編組義勇消防組織，協助消防、緊急救護工作；其編組、訓練、演習、服勤辦法，由中央主管機關定之。前項義勇消防組織所需裝備器材之經費，由中央主管機關補助之。

第　29　條　（服勤期間之津貼發給）依本法參加義勇消防編組之人員接受訓練、演習、服勤時，直轄市、縣（市）政府得依實際需要供給膳宿、交通工具或改發代金。參加服勤期間，得比照國民兵應召集服勤另發給津貼。前項人員接受訓練、演習、服勤期間，其所屬機關（構）、學校、團體、公司、廠場應給予公假。

第　30　條　（無法請領各項給付之規定）依本法參加編組人員，因接受訓練、演習、服勤致患病、受傷、身心障礙或死亡者，依其本職身分有關規定請領各項給付。

無法依前項規定請領各項給付者，依下列規定辦理：

一、傷病者：得憑消防機關出具證明，至指定之公立醫院或特約醫院治療。但情況危急者，得先送其他醫療機構急救。

二、因傷致身心障礙者，依下列規定給與一次身心障礙給付：

(一)極重度與重度身心障礙者：三十六個基數。

(二)中度身心障礙者：十八個基數。

(三)輕度身心障礙者：八個基數。

三、死亡者：給與一次撫卹金九十個基數。

四、受傷致身心障礙，於一年內傷發死亡者，依前款規定補足一次撫卹金基數。

前項基數之計算，以公務人員委任第五職等年功俸最高級月支俸額為準。

第二項身心障礙鑑定作業，依身心障礙者權益保障法辦理。

依第一項規定請領各項給付，其已領金額低於第二項第二款至第四款規定者，應補足其差額。

第二項所需費用及前項應補足之差額，由消防機關報請直轄市、縣（市）政府核發。

第 31 條　（消防、救災、救護人員、裝備等之調度運用）各級消防主管機關，基於救災及緊急救護需要，得調度、運用政府機關、公、民營事業機構消防、救災、救護人員、車輛、船舶、航空器及裝備。

第 32 條　（受調度、運用之事業機構得請求補償）受前條調度、運用之事業機構，得向該轄消防主管機關請求下列補償：一、車輛、船舶、航空器均以政府核定之交通運輸費率標準給付；無交通運輸費率標準者，由各該消防主管機關參照當地時價標準給付。二、調度運用之車輛、船舶、航空器、裝備於調度、運用期間遭受毀損，該轄消防主管機關應予修復；其無法修復時，應按時價並參酌已使用時間折舊後，給付毀損補償金；致裝備耗損者，應按時價給付。三、被調度、運用之消防、救災、救護人員於接受調度、運用期間，應按調度、運用時，其服務機構或僱用人所給付之報酬標準給付之；其因調度、運用致患病、傷殘或死亡時，準用第三十條規定辦理。

人民應消防機關要求從事救災救護，致裝備耗損、患病、傷殘或死亡者，準用前項規定。

第六章　罰則

第 33 條　（罰則）毀損消防瞭望臺、警鐘臺、無線電塔臺、閉路電視塔臺或其相關設備者，處五年以下有期徒刑或拘役，得併科新臺幣一萬元以上五萬元以下罰金。前項未遂犯罰之。

第 34 條　（罰則）毀損供消防使用之蓄、供水設備或消防、救護設備者，處三年以下有期徒刑或拘役，得併科新臺幣六千元以上三萬元以下罰金。前項未遂犯罰之。

第 35 條　（罰則）依第六條第一項所定標準應設置消防安全設備之供營業使用場所，或依同條第四項所定應設置住宅用火災警報器之場所，其管理權人未依規定設置或維護，於發生火災時致人於死者，處一年以上七年以下有期徒刑，得併科新臺幣一百萬元以上五百萬元以下罰金；致重傷者，處六月以上五年以下有期徒刑，得併科新臺幣五十萬元以上二百五十萬元以下罰金。

第 36 條　（罰則）有下列情形之一者，處新臺幣三千元以上一萬五千元以下罰鍰：一、謊報火警者。二、無故撥火警電話者。三、不聽從依第

十九條第一項、第二十條或第二十三條所為之處置者。四、拒絕依第三十一條所為調度、運用者。五、妨礙第三十四條第一項設備之使用者。

第 37 條　（罰則）違反第六條第一項消防安全設備、第四項住宅用火災警報器設置、維護之規定或第十一條第一項防焰物品使用之規定，經通知限期改善，逾期不改善或複查不合規定者，處其管理權人新臺幣六千元以上三萬元以下罰鍰；經處罰鍰後仍不改善者，得連續處罰，並得予以三十日以下之停業或停止其使用之處分。規避、妨礙或拒絕第六條第二項之檢查、複查者，處新臺幣三千元以上一萬五千元以下罰鍰，並按次處罰及強制執行檢查、複查。

第 38 條　（罰則）違反第七條第一項規定從事消防安全設備之設計、監造、裝置或檢修者，處新臺幣三萬元以上十五萬元以下罰鍰，並得按次處罰。

違反第九條第一項規定者，處其管理權人新臺幣一萬元以上五萬元以下罰鍰，並通知限期改善；屆期未改善者，得按次處罰。

中央主管機關許可之消防安全設備檢修專業機構、消防設備師或消防設備士，未依第九條第二項所定辦法中有關定期檢修項目、方式、基準、期限之規定檢修消防安全設備或為消防安全設備不實檢修報告者，處新臺幣二萬元以上十萬元以下罰鍰，並得按次處罰；必要時，並得予以一個月以上一年以下停止執行業務或停業之處分。

中央主管機關許可之消防安全設備檢修專業機構違反第九條第三項所定辦法中有關執行業務之規範、消防設備師（士）之僱用、異動、訓練、業務相關文件之備置、保存年限、各類書表陳報之規定者，處新臺幣三萬元以上十五萬元以下罰鍰，並通知限期改善；屆期未改善者，得按次處罰，並得予以三十日以下之停業處分或廢止其許可。

第 39 條　（罰則）違反第十一條第二項或第十二條第一項銷售或設置之規定者，處其銷售或設置人員新臺幣二萬元以上十萬元以下罰鍰；其陳列經勸導改善仍不改善者，處其陳列人員新臺幣一萬元以上五萬元以下罰鍰。

第 40 條　（罰則）違反第十三條規定，經通知限期改善逾期不改善者，處其管理權人新臺幣一萬元以上五萬元以下罰鍰；經處罰鍰後仍不改善者，

得連續處罰。

第 41 條 （罰則）違反第十四條第一項或第二項所定法規有關安全防護措施、禁止從事之區域、時間、方式或應遵行事項之規定者，處新臺幣三千元以下罰鍰。

第 41-1 條 （罰則）違反第十四條之一第一項或第二項所定辦法，有關安全防護措施、審核方式、撤銷、廢止、禁止從事之區域、時間、方式或應遵行事項之規定者，處新臺幣三萬元以上十五萬元以下罰鍰，並得按次處罰。規避、妨礙或拒絕依第十四條之一第三項之檢查者，處管理權人或行為人新臺幣一萬元以上五萬元以下罰鍰，並得強制檢查或令其提供相關資料。

第 42 條 （罰則）第十五條所定公共危險物品及可燃性高壓氣體之製造、儲存或處理場所，其位置、構造及設備未符合設置標準，或儲存、處理及搬運未符合安全管理規定者，處其管理權人或行為人新臺幣二萬元以上十萬元以下罰鍰；經處罰鍰後仍不改善者，得連續處罰，並得予以三十日以下停業或停止其使用之處分。

第 42-1 條 （罰則）違反第十五條之一，有下列情形之一者，處負責人及行為人新臺幣一萬元以上五萬元以下罰鍰，並得命其限期改善，屆期未改善者，得連續處罰或逕予停業處分：一、未僱用領有合格證照者從事熱水器及配管之安裝。二、違反第十五條之一第三項熱水器及配管安裝標準從事安裝工作者。三、違反或逾越營業登記事項而營業者。

第 43 條 （罰則）拒絕依第二十六條所為之勘查、查詢、採取、保存或破壞火災現場者，處新臺幣三千元以上一萬五千元以下罰鍰。

第 44 條 （罰則）依本法應受處罰者，除依本法處罰外，其有犯罪嫌疑者，應移送司法機關處理。

第 45 條 （罰則）依本法所處之罰鍰，經限期繳納逾期未繳納者，由主管機關移送法院強制執行。

第七章 附則

第 46 條 （施行細則）本法施行細則，由中央主管機關擬訂，報請行政院核定後發布之。

第 47 條 （施行日）本法自公布日施行。

1.2　消防法施行細則

（106年1月修正）

第　1　條　本細則依消防法（以下簡稱本法）第四十六條規定訂定之。

第　2　條　本法第三條所定消防主管機關，其業務在內政部，由消防署承辦；在
　　　　　直轄市、縣（市）政府，由消防局承辦。

　　　　　在縣（市）消防局成立前，前項業務暫由縣（市）警察局承辦。

第　3　條　直轄市、縣（市）政府每年應訂定年度計畫經常舉辦防火教育及防火
　　　　　宣導。

第　4　條　（刪除）

第　5　條　（刪除）

第　5-1　條　本法第七條第一項所定消防安全設備之設計、監造、裝置及檢修，其
　　　　　工作項目如下：

　　　　　一、設計：指消防安全設備種類及數量之規劃，並製作消防安全設備
　　　　　　　圖說。

　　　　　二、監造：指消防安全設備施工中須經試驗或勘驗事項之查核，並製
　　　　　　　作紀錄。

　　　　　三、裝置：指消防安全設備施工完成後之功能測試，並製作消防安全
　　　　　　　設備測試報告書。

　　　　　四、檢修：指依本法第九條第一項規定，受託檢查各類場所之消防安
　　　　　　　全設備，並製作消防安全設備檢修報告書。

第　6　條　管理權人依本法第九條規定應定期檢修消防安全設備之方式如下：

　　　　　一、外觀檢查：經由外觀判別消防安全設備有無毀損，及其配置是否
　　　　　　　適當。

　　　　　二、性能檢查：經由操作判別消防安全設備之性能是否正常。

　　　　　三、綜合檢查：經由消防安全設備整體性之運作或使用，判別其機
　　　　　　　能。

　　　　　前項各款之檢查，於各類場所消防安全設備設置標準規定之甲類場
　　　　　所，每半年實施一次，甲類以外場所，每年實施一次。

第一項消防安全設備之檢修項目、檢修基準及檢修結果之申報期限，由中央消防機關定之。

第　7　條　依本法第十一條第三項規定申請防焰性能認證者，應檢具申請書，並檢送試樣或相關文件及審查費，向中央主管機關提出，經審查合格後，始得使用防焰標示。

中央主管機關得委託有關機關（構）、學校、團體協助辦理前項審查之技術工作。

第一項審查費之收繳，依預算程序辦理，其費額由中央主管機關定之。

第一項防焰性能認證之作業程序，防焰標示之核發及防焰性能試驗基準，由中央主管機關另定之。

第　8　條　（刪除）

第　9　條　（刪除）

第　10　條　（刪除）

第　11　條　（刪除）

第　12　條　（刪除）

第　13　條　本法第十三條第一項所定一定規模以上供公眾使用建築物，其範圍如下：

一、電影片映演場所（戲院、電影院）、演藝場、歌廳、舞廳、夜總會、俱樂部、保齡球館、三溫暖。

二、理容院（觀光理髮、視聽理容等）、指壓按摩場所、錄影節目帶播映場所（MTV等）、視聽歌唱場所（KTV等）、酒家、酒吧、PUB、酒店（廊）。

三、觀光旅館、旅館。

四、總樓地板面積在五百平方公尺以上之百貨商場、超級市場及遊藝場等場所。

五、總樓地板面積在三百平方公尺以上之餐廳。

六、醫院、療養院、養老院。

七、學校、總樓地板面積在二百平方公尺以上之補習班或訓練班。

八、總樓地板面積在五百平方公尺以上，其員工在三十人以上之工廠或機關（構）。

九、其他經中央主管機關指定之供公眾使用之場所。

第　14　條　本法第十三條所定防火管理人，應為管理或監督層次人員，並經中央
消防機關認可之訓練機構或直轄市、縣（市）消防機關講習訓練合格
領有證書始得充任。

前項講習訓練分為初訓及複訓。初訓合格後，每三年至少應接受複訓
一次。

第一項講習訓練時數，初訓不得少於十二小時；複訓不得少於六小
時。

第　15　條　本法第十三條所稱消防防護計畫應包括下列事項：

一、自衛消防編組：員工在十人以上者，至少編組滅火班、通報班
及避難引導班；員工在五十人以上者，應增編安全防護班及救護
班。

二、防火避難設施之自行檢查：每月至少檢查一次，檢查結果遇有缺
失，應報告管理權人立即改善。

三、消防安全設備之維護管理。

四、火災及其他災害發生時之滅火行動、通報聯絡及避難引導等。

五、滅火、通報及避難訓練之實施：每半年至少應舉辦一次，每次不
得少於四小時，並應事先通報當地消防機關。

六、防災應變之教育訓練。

七、用火、用電之監督管理。

八、防止縱火措施。

九、場所之位置圖、逃生避難圖及平面圖。

十、其他防災應變上之必要事項。

遇有增建、改建、修建、室內裝修施工時，應另定消防防護計畫，以
監督施工單位用火、用電情形。

第　16　條　依本法第十三條第二項規定應協議製定共同消防防護計畫者，由各管
理權人互推一人為召集人協議製定，並將協議內容記載於共同消防防
護計畫；其共同消防防護計畫應包括事項，由中央主管機關另定之。

無法依前項規定互推召集人時，管理權人得申請直轄市、縣（市）消
防機關指定之。

第　17　條　山林、田野引火燃燒，以開墾、整地、驅除病蟲害等事由為限。

前項引火燃燒有延燒之虞或於森林區域、森林保護區內引火者，引火人應於五日前向當地消防機關申請許可後，於引火前在引火地點四週設置三公尺寬之防火間隔，及配置適當之滅火設備，並將引火日期、時間、地點通知鄰接地之所有人或管理人。其於森林區域或森林保護區引火者，並應通知森林主管機關。

前項引火應在上午六時後下午六時前為之，引火時並應派人警戒監視，俟火滅後始得離開。

第　18　條　　（刪除）

第　19　條　　（刪除）

第 19-1 條　　本法第十五條之二第一項所稱定期向轄區消防機關申報，指於每年四月及十月向轄區消防機關各申報一次。

第 19-2 條　　本法第十五條之二第一項第五款所定安全技術人員，應經直轄市、縣（市）消防機關，或由中央消防機關認可之專業機構，講習訓練合格並領有證書，始得充任。

前項講習訓練時間不得少於十六小時。

安全技術人員每二年應接受複訓一次，每次複訓時數不得少於八小時。

第 19-3 條　　本法第十五條之二第一項第六款所定用戶安全檢查資料，包括用戶地址、檢測項目及檢測結果。

第　20　條　　依本法第十七條設置之消防栓，以採用地上雙口式為原則，附近得設明顯標誌，消防栓規格由中央主管機關定之。

當地自來水事業應依本法第十七條規定，負責保養、維護消防栓。直轄市、縣（市）消防機關並得視需要會同當地自來水事業全面測試其性能，以保持堪用狀態。

第　21　條　　直轄市、縣（市）政府對轄內無自來水供應或消防栓設置不足地區，應籌建或整修蓄水池及其他消防水源，並由當地消防機關列管檢查。

第　22　條　　直轄市、縣（市）轄內之電力、公用氣體燃料事業機構及自來水事業應指定專責單位，於接獲消防指揮人員依本法第二十一條、第二十二條所為之通知時，立即派員迅速集中供水或截斷電源、瓦斯。

第　23　條　　消防指揮人員、直轄市、縣（市）消防機關依本法第二十條、第二十三條劃定警戒區後，得通知當地警察分局或分駐（派出）所協同

警戒之。

第 24 條 依本法第三十二條請求補償時，應以書面向該轄消防主管機關請求之。

消防主管機關對於前項請求，應即與請求人進行協議，協議成立時，應作成協議書。

第 25 條 直轄市、縣（市）消防機關依本法第二十六條第一項規定調查、鑑定火災原因後，應即製作火災原因調查鑑定書，移送當地警察機關依法處理。

直轄市、縣（市）消防機關調查、鑑定火災原因，必要時，得會同當地警察機關辦理。

第一項火災原因調查鑑定書應於火災發生後十五日內完成，必要時，得延長至三十日。

第 26 條 檢察、警察機關或消防機關得封鎖火災現場，於調查、鑑定完畢後撤除之。

火災現場尚未完成調查、鑑定者，應保持現場狀態，非經調查、鑑定人員之許可，任何人不得進入或變動。但遇有緊急情形或有進入必要時，得由調查、鑑定人員陪同進入，並於火災原因調查鑑定書中記明其事由。

第 27 條 火災受害人或利害關係人得向直轄市、縣（市）消防機關申請火災證明。

前項證明內容以火災發生時間及地點為限。

第 28 條 各級消防機關為配合救災及緊急救護需要，對於政府機關、公民營事業機構之消防、救災、救護人員、車輛、船舶、航空器及裝備，得舉辦訓練及演習。

第 29 條 本法及本細則所規定之各種書表格式，由中央消防機關定之。

第 30 條 本細則自發布日施行。

1.3 消防機具器材及設備認可實施辦法

（101/06/21發布）

第 1 條　本辦法依消防法（以下簡稱本法）第十二條第三項規定訂定之。

第 2 條　本辦法用詞定義如下：

一、型式認可：指消防機具器材及設備之型式，其形狀、構造、材質、成分及性能，經登錄機構認定符合消防機具器材及設備認可標準及中央主管機關公告之基準。

二、型式變更：指已取得型式認可之消防機具器材及設備，其變更之部分對其形狀、構造、材質、成分及性能產生影響者。但其為動作原理、主要構造或材質變更者不屬之。

三、輕微變更：指已取得型式認可之消防機具器材及設備，其變更之事項不致對其形狀、構造、材質、成分及性能產生影響者。

四、個別認可：指已取得型式認可之消防機具器材及設備，於國內製造出廠前或國外進口銷售前，經登錄機構認定其產品之形狀、構造、材質、成分及性能與型式認可相符。

第 3 條　消防機具器材及設備之型式認可、型式變更、輕微變更及個別認可等相關事項，由中央主管機關委託登錄機構辦理。

第 4 條　消防機具器材及設備型式認可之申請人，指產品之產製者或委託產製者；其不在國內者，指其在國內有營業所之輸入者或代理商。

第 5 條　申請型式認可，應檢附下列文件向登錄機構辦理：

一、申請書。

二、工廠登記、公司登記或商業登記證明文件及最近一次完稅證明影本。

三、試驗設備、試驗設備之維護管理及試驗場所概要說明書。

四、公司該產品之主要生產設備及流程說明書。

五、品質管理說明書（內容包括產品之設計管理、品質管理系統，零組件及庫存品之管理，製造、組裝作業流程等文件）或國際標準組織（ISO）九○○一認可登錄證書。

六、產品之設計圖，圖面應明確標示各部構造與零組件之名稱、尺度及材質，並附實體正面、側面、背面圖片（含照片）及有關技術文件（包括產品型錄、使用手冊等）。

七、中央主管機關公告之國內外第三公證機構、登錄機構出具之試驗報告或廠內試驗紀錄（須為申請日前之二年內作成者），載明引用中央主管機關公告之基準或國外標準，與測試之標準值及結果值。

八、施工安全或設置規範及維修保養手冊。

九、文件為外文者，應附中文譯本或適當之摘譯本。

自國外進口之消防機具器材及設備（以下簡稱進口品）免附前項第二款工廠登記證明文件及第三款、第四款文件。

第　6　條　委託他人製造生產消防機具器材及設備者，申請型式認可，除依前條規定外，並應依下列規定辦理：

一、檢附勞務委託契約證明文件，契約內容應載明產品於製造、加工、組裝及試驗時，契約雙方之權利義務關係及其他必要事項。

二、前條第一項第三款、第五款、第六款所列文件，應有契約雙方負責人及公司之簽章。

三、使用受託者之試驗設備者，其試驗紀錄須有受託者操作人員及委託者會同人員之簽章。

四、產品有型式變更者，應由委託產製者提出申請。

第　7　條　進口品申請型式認可者，除依第五條規定外，並應檢附授權代理證明文件；其試驗報告為中央主管機關公告之國外第三公證機構所開具者，應經我國駐外館處驗證。

第　8　條　登錄機構應依下列方式辦理型式認可作業：

一、書面審查：審查申請人檢附之文件。

二、實施試驗：

　　(一)申請人依中央主管機關公告之基準提供測試所需之樣品數，於登錄機構試驗室進行試驗或由登錄機構派員至產品產製廠（場）會同實施試驗。

　　(二)登錄機構辦理試驗時，應依試驗項目具體載明試驗結果，其有建議事項者，應詳述理由。但申請人檢附中央主管機關公

告之國外第三公證機構試驗報告者，登錄機構得逕依所提資料文件審查，免予實施試驗。

第 9 條 符合本法第十二條第二項但書規定者，登錄機構除依前條規定辦理型式認可作業外，並應會同申請人至產品產製廠（場）實施下列初次工廠檢查：

一、符合第五條第一項第三款規定之試驗設備、試驗設備之維護管理及試驗場所。

二、符合第五條第一項第四款規定之產品主要生產設備及流程。

三、符合第五條第一項第五款規定之產品設計管理、品質管理系統，零組件及庫存品之管理，製造、組裝作業流程。

第 10 條 經依前條初次工廠檢查合格取得型式認可者，登錄機構應每年至少一次會同申請人至產品產製廠（場）實施下列後續工廠檢查：

一、前條規定之執行情形。

二、產製產品與原型式認可之產品相符，並實施試驗。

前項後續工廠檢查有下列事項之一者，登錄機構應即暫停辦理該產品之個別認可，並請申請人於通知送達次日起三個月內改善：

一、經查產製產品形狀、構造、材質、成分及性能與原型式認可不符。

二、未辦理試驗設備維修及校正。

三、產品設計變更超出輕微變更範圍未提出申請。

四、產品品管檢查將不合格產品判定爲合格。

五、產品未進行品管即出貨。

六、現場品管未符品質管理說明書或紀錄不實。

前項經暫停辦理個別認可者，由登錄機構實施後續工廠檢查之複查確認改善完成後，始得恢復申請認可作業。

第 11 條 型式認可之審查結果，登錄機構應自受理次日起四個月內，以書面通知申請人。合格者，發給型式認可書；不合格者，應敘明理由，不予認可。

前項型式認可書，應記載下列事項：

一、申請人名稱、地址及負責人姓名。

二、公司統一編號。

三、認可之依據。

四、有效期限。

五、認可內容。

六、注意事項。

七、登錄機構名稱及地址。

已取得型式認可之消防機具器材及設備，其中央主管機關公告之基準修正時，中央主管機關得命登錄機構通知申請人限期依修正後之基準，重新申請型式認可，並註銷原發給之型式認可書。

第 12 條　取得型式認可之消防機具器材及設備，登錄機構應予編號登錄，並將各項認可資訊登載於網站，隨時更新。

第 13 條　型式認可之有效期間為五年。有效期限屆滿前六個月起之五個月內，得由申請人檢附原型式認可書及第五條規定之文件，向登錄機構申請展延，經審查核可者，換發型式認可書，每次展延期間為五年。

逾期申請展延者，應重新申請型式認可。

第 14 條　型式認可書遺失或毀損者，得向原登錄機構申請補發或換發。

第 15 條　已取得型式認可之消防機具器材及設備，其型式部分變更者，應註明與原型式相異部分，向登錄機構申請型式變更之認可。

前項變更，其屬同一型式辦理二部分以上變更者，視同一申請案；其為二種以上不同型式之共通部分變更者，則分別申請之。

第一項型式變更之申請應備文件、審查、發給型式認可書及認可書之有效期限、展延、補發或換發，準用第五條至前條規定。

第 16 條　已取得型式認可之消防機具器材及設備，其變更事項不致對其形狀、構造、材質、成分及性能產生影響者，申請人應檢附變更前後圖說及證明文件，向登錄機構申請輕微變更之認可，由登錄機構書面審查，並通知其處理結果。

第 17 條　經型式認可者，其型式認可書有下列記載事項之一變更者，應於變更次日起三十日內檢附原型式認可書及相關證明文件，向登錄機構申請變更，並換發型式認可書；其有效期間與原型式認可書相同：

一、地址。

二、負責人。

三、公司或商業名稱。

四、其他經中央主管機關認定之必要事項。

第　18　條　申請個別認可，應檢附下列文件向登錄機構辦理：

一、申請書（並載明個別認可之數量）。

二、型式認可書影本。

三、進口品應檢附進口報單及國外原廠之出廠證明文件影本。

四、文件為外文者，應附中文譯本或適當之摘譯本。

前項申請個別認可之型式達二種以上者，應分別申請之。

第一項申請個別認可者，變更試驗日期、數量、工廠試驗設備或試驗場所時，應於試驗日期五日前，向登錄機構提出。

第　19　條　登錄機構應依下列方式辦理個別認可作業：

一、書面審查：審查申請人檢附之文件。

二、實施試驗：申請人依中央主管機關公告之基準提供測試所需之樣品數，於登錄機構試驗室進行試驗或由登錄機構派員至產品產製廠（場）會同實施試驗。但符合本法第十二條第二項但書規定者，得由申請人檢附廠內試驗紀錄、受驗成績履歷等品管檢查文件審查，免予實施試驗。

個別認可進口品適用消防機具器材及設備認可標準確有困難者，得引用國外之標準，在國內進行試驗。

第　20　條　申請個別認可應提供各項試驗相關設備，抽樣試驗之產品應予以編號，並於試驗前備妥過程中須破壞品之數量或試驗過程容許之不良品數量。

第　21　條　申請個別認可而未設有試驗設備及試驗場所者，得借用登錄機構或已取得型式認可，且具有試驗設備及試驗場所之公司、工廠、機關（構）或團體之設備及場地進行試驗，並應檢附該借用單位之同意書。

第　22　條　除第十九條第一項第二款但書規定者外，登錄機構及申請人於個別認可完成試驗後，應就試驗紀錄及認可標示領用之記載事項，確認簽章。

第　23　條　個別認可經判定合格者，由登錄機構發給認可標示，並確認附加於該批次產品之本體上；判定不合格者，應敘明理由，書面通知申請人不予認可。

第 24 條　申請個別認可時，得向登錄機構申請預先領用標示，並於受檢日前領用標示附加之。

前項申請預先領用認可標示者，應遵守下列規定，登錄機構得不定時抽查使用管理情形：

一、依消防機具器材及設備之品目、型號，列冊登載歷次認可標示領用紀錄及產品產銷履歷資料。

二、妥善保管預先領用之標示，如有與原申請數量不符、遺失或毀損者，應立即將該代號及流水編號向登錄機構申報。

申請人有下列情事之一者，第一次予以警告；第二次停止預先領用認可標示三個月；第三次停止預先領用認可標示一年：

一、預先領用認可標示數量與原申請不符，且未申報。

二、遺失預先領用認可標示。

依第一項規定預先申請領用認可標示者，其個別認可經判定合格者始得銷售；個別認可經判定不合格者，應將認可標示當場繳回或銷毀。

第 25 條　個別認可標示規格及式樣應符合下列規定：

一、規格應符合附表第一種樣式之規定。但產品本體太小或有其他特殊原因，經報請中央主管機關同意者，得以第二種或第三種樣式標示之。

二、前款所定第一種與第二種樣式之認可標示外環尺寸及消防機具器材及設備之品目名稱代號，由中央主管機關公告之。

三、認可標示應具有防偽設計，並標示認可之流水編號。

第 26 條　個別認可標示之附加方式應符合下列規定：

一、於產品本體上明顯易見處，以不易脫落之方式附加認可標示。

二、產品之其他標識或文字不得與認可標示混淆或使消費者不易辨別。

第 27 條　登錄機構受理型式認可、型式變更或個別認可之申請，應按月排定認可期程，並於試驗日期十日前通知申請人。

第 28 條　提出型式認可、型式變更或個別認可申請後，於完成認可或實施試驗前，申請人得撤回其申請。

第 29 條　申請人依本辦法應檢具之文件不全或不符者，應於通知送達之次日起二個月內補正，屆期未補正或補正後仍不符規定者，登錄機構得駁回

其申請。

第 30 條　出具不實資料或以詐欺、脅迫或賄賂方法取得型式認可者，登錄機構應撤銷其型式認可，限期繳回或註銷型式認可書，並登載資訊網站及函知中央主管機關。

第 31 條　有下列情形之一者，登錄機構應廢止其型式認可，限期繳回或註銷型式認可書，並登載資訊網站及函知中央主管機關：

一、自行申請廢止型式認可或停止使用認可標示。

二、型式認可申請人之公司、商業或工廠登記經撤銷、廢止、解散或歇業。

三、中央主管機關公告之基準業經廢止，或依第十一條第三項規定，限期依修正後之基準重新申請型式認可，屆期仍未申請，或屆期未補正或補正仍不符規定。

四、讓售認可標示。

五、偽造、仿冒或變造認可標示。

六、市售流通之產品未符型式認可，經通知送達之次日起二個月內未改正完成。

七、取得認可之產品，因瑕疵造成人員重大傷害或危害公共安全。

八、除本法第十二條第二項但書規定情形者外，未於型式認可書之有效期間內申請取得個別認可。

九、規避、妨礙或拒絕登錄機構之查核。

十、依第十條第三項規定實施後續工廠檢查之複查仍未改善完成者。

十一、其他違規情節重大事項。

前項對登錄機構廢止認可有異議者，得於收受書面次日起十日內檢附佐證資料，向原登錄機構提出申訴，並以一次為限；原登錄機構應以書面告知處理結果。

第 32 條　經撤銷或廢止型式認可之消防機具器材及設備，登錄機構應即停止辦理該型式產品之個別認可及發給認可標示，並回收、註銷及除去已發給尚未銷售產品之標示。

經依前項撤銷或廢止型式認可者，業者應即停止銷售，並依限回收、註銷及除去認可標示；必要時，中央主管機關得會同登錄機構派員至廠（場）查核，請其提供進口證明、產銷紀錄、庫存數量及進出貨交

　　　　　　易文件，並向有關人員查詢。

　　　　　　第一項經撤銷或廢止型式認可者，該型式之產品於不符情形經登錄機
　　　　　　構確認改善完成後四個月始得重新申請認可。

第　33　條　本辦法施行日期，由中央主管機關定之。

1.4 應實施防火管理之場所

中華民國102年3月13日內授消字第1020821861號公告

主旨：公告：「應實施防火管理之場所」。

依據：消防法施行細則第13條第9款。

公告事項：旨揭應實施防火管理之場所

項次	應實施防火管理場所	發文日期、文號	生效日期	備註
1	收容人數在30人以上（含員工）之幼兒園（含改制前之幼稚園、托兒所）、托嬰中心	內政部89年8月14日（89）台內消字第8986914號函	89年8月14日	項次1原指定之場所為收容人數在30人以上（含員工）之幼稚園、托兒所、育嬰中心
2	收容人數在100以上之寄宿舍、招待所（限有寢室客房者）			
3	總樓地板面積在500平方公尺以上之健身休閒中心、撞球場			
4	總樓地板面積在300平方公尺以上之咖啡廳			
5	總樓地板面積在500平方公尺以上之圖書館、博物館			
6	捷運車站			
7	長期照顧機構（長期照護型、養護型、失智照顧型）、安養機構、老人服務機構（限供日間照顧、臨時照顧、短期保護及安置者）、護理之家機構、產後護理機構	內政部94年1月31日內授消字第0940092676號公告	94年5月1日	原公告之場所為長期照護機構、養護機構、安養機構、老人服務機構（限供日間照顧、臨時照顧、短期保護及安置使用者）、護理之家機構、產後護理機構
8	高速鐵路車站	內政部96年1月30日內授消字第0960822496號公告	96年4月1日	

項次	應實施防火管理場所	發文日期、文號	生效日期	備註
9	總樓地板面積在500平方公尺以上，且設有香客大樓或類似住宿、休息空間，收容人數在100人以上之寺廟、宗祠、教堂或其他類似場所	內政部102年3月13日內授消字第1020821861號公告	102年4月1日	
10	收容人數在30人以上之視障按摩場所	內政部102年○月○日內授消字第○○○○○號公告	103年1月1日	

1.5　消防法及施行細則歷屆選擇題

(A)　1. 有關消防法罰則之規定，何者正確？

(A) 未僱用領有合格證照者從事熱水器及配管之安裝，處負責人及行為人新臺幣1萬元以上5萬元以下罰鍰

(B) 謊報火警者，處新臺幣6千元以上2萬元以下罰鍰

(C) 消防設備師或消防設備士為消防安全設備不實檢修報告者，處新臺幣1萬元以上5萬元以下罰鍰

(D) 毀損消防瞭望臺、無線電塔臺者，處3年以下有期徒刑或拘役，得併科新臺幣1萬元以上5萬元以下罰金

(D)　2. 依消防法及消防法施行細則之規定，有關消防防護計畫應包括事項之敘述，下列何者正確？

(A) 每年應舉辦一次滅火、通報及避難訓練，每次不得少於4小時

(B) 自衛消防編組，若員工30人以下者，應包含滅火、通報、避難引導、安全防護及救護班

(C) 防火避難設施之自行檢查，每兩個月至少檢查一次，檢查結果遇有缺失，應報告管理權人立即改善

(D) 防災應變之教育訓練及防止縱火措施

(C)　3. 依消防法之規定，何種場所，其管理權人應使用附有防焰標示之地毯、窗簾、布幕、展示用廣告板及其他指定之防焰物品？

①專用樓地板面積500平方公尺的零售市場

②專用樓地板面積300平方公尺之托嬰中心

③專用樓地板面積300平方公尺之史蹟資料館

④專用樓地板面積合計300平方公尺以上之保齡球館

(A) ①②③　　　　(B) ②③④　　　　(C) ①②④　　　　(D) ①③④

(C)　4. 依消防法之規定，何者應實施防火管理？

①收容人數50人（含員工）之托嬰中心

②總樓地板面積300平方公尺之產後護理機構

③總樓地板面積350平方公尺之健身休閒中心

④總樓地板面積250平方公尺之補習班

(A) ①②③　　　(B) ①③④　　　(C) ①②④　　　(D) ②③④

(D) 5. 依消防法及消防法施行細則之規定，有關消防防護計畫應包括事項之敘述，下列何者正確？

(A) 每年應舉辦一次滅火、通報及避難訓練，每次不得少於4小時

(B) 自衛消防編組，若員工30人以下者，應包含滅火、通報、避難引導、安全防護及救護班

(C) 防火避難設施之自行檢查，每兩個月至少檢查一次，檢查結果遇有缺失，應報告管理權人立即改善

(D) 防災應變之教育訓練及防止縱火措施

(C) 6. 依消防法施行細則規定，防火管理人應為管理或監督層次幹部，並經省（市）、縣（市）消防機關或中央消防機關認可之專業機構講習訓練合格領有證書始得充任。前項講習訓練時間不得少於X小時。且防火管理人每Y年至少應接受講習訓練一次，無正當理由不接受講習訓練者，直轄市、縣（市）消防機關得通知管理權人限期改善。下列X,Y何者正確？

(A) X=8，Y=2　　(B) X=8，Y=1　　(C) X=16，Y=2　　(D) X=16，Y=1

註：104年已改為講習訓練時間不得小於12小時。且每3年至少應接受講習訓練一次。

(D) 7. 依消防法有關民力運用之規定，下列何者錯誤？

(A) 直轄市、縣（市）政府，得編組義勇消防組織，協助消防、緊急救護工作；其編組、訓練、演習、服勤辦法，由中央主管機關定之

(B) 義勇消防編組之人員接受訓練、演習、服勤時，直轄市、縣（市）政府得依實際需要供給膳宿、交通工具或改發代金

(C) 義勇消防編組之人員參加服勤期間，得比照國民兵應召集服勤另發給津貼

(D) 義勇消防編組之人員接受訓練、演習、服勤期間，應請休假前往

(C) 8. 依消防法第9條，應設置消防安全設備的場所，其消防安全設備之定期檢修方式，下列何者錯誤？

(A) 場所管理權人應委託消防設備師或消防設備士，定期檢修消防安全設備

(B) 消防安全設備檢修結果應依限報請當地消防機關備查

(C) 集合住宅，應由直轄市、縣（市）消防機關所屬消防人員辦理

(D) 高層建築物或地下建築物，其管理權人應委託中央主管機關審查合格之

專業機構辦理

(D) 9. 供營業使用的場所，如未依消防法第6條規定設置並維護消防安全設備，發生火災時致死或致重傷罪構成要件中，其犯罪主體為下列何者？
(A) 起火利害關係人 　　　　　　(B) 所有一切自然人
(C) 消費者 　　　　　　　　　　(D) 場所之管理權人

(B) 10. 下列何者係違反消防法，得不經通知限期改善，直接處行政罰鍰？
(A) 未使用防焰物品者 　　　　　(B) 販售無標示之防焰物品者
(C) 未維護消防安全設備者 　　　(D) 未遴用防火管理人者

(A) 11. 下列何者可依消防法處以有期徒刑？
(A) 未依規定維護消防設備發生火災致人重傷者
(B) 販售不良消防設備器材致人重傷者
(C) 山林田野引火燃燒致火災者
(D) 使用炸藥爆破施工不當致人重傷者

(D) 12. 依消防法施行細則第6條規定，各類場所管理權人應定期檢修消防安全設備之敘述，下列何者錯誤？
(A) 消防安全設備整體性之運作或使用，判別其機能為綜合檢查
(B) 經由操作消防安全設備之性能判別是否正常為性能檢查
(C) 以外觀判別消防安全設備有無毀損，及其配置是否適當為外觀檢查
(D) 檢查頻度甲類場所每年實施一次，甲類以外場所每2年實施一次

(A) 13. 下列場所何者非屬消防法施行細則第13條所規定，應實施防火管理的場所？
(A) 總樓地板面積在500平方公尺，且其休息住宿收容人數80人之寺廟
(B) 收容人數為100人之養老院
(C) 總樓地板面積在1,500平方公尺之觀光旅館
(D) 總樓地板面積在600平方公尺之超級市場

(B) 14. 依消防法施行細則第15條，有關消防防護計畫包括事項，下列敘述何者錯誤？
(A) 自衛消防編組員工在50人以上者，應增編安全防護班及救護班
(B) 防火避難設施之自行檢查：每半年至少檢查一次，檢查結果遇有缺失，應報告管理權人立即改善
(C) 滅火、通報及避難訓練之實施：每半年至少應舉辦一次，每次不得少於4小時

(D) 遇有增建、改建、修建、室內裝修施工時，應另定消防防護計畫

（B）15. 消防法有關規定，下列何者錯誤？

(A) 公共危險物品及可燃性高壓氣體應依其容器、裝載及搬運方法進行安全搬運；達管制量時，應在製造、儲存或處理場所以安全方法進行儲存或處理

(B) 液化石油氣零售業者應備妥相關資料並定期向轄區消防機關申報，應至少保存1年，以備查核

(C) 使用燃氣之熱水器及配管之承裝業，應向直轄市、縣（市）政府申請營業登記後，始得營業

(D) 地面樓層達11層以上建築物、地下建築物或中央主管機關指定之建築物，其管理權有分屬時，各管理權人應協議製定共同消防防護計畫，並報請消防機關核備

（A）16. 依消防法第15條所定公共危險物品及可燃性高壓氣體之製造、儲存或處理場所，其位置、構造及設備未符合設置標準，或儲存、處理及搬運未符合安全管理規定者之罰則，下列何者錯誤？

(A) 處其管理權人或行為人新臺幣3萬元以上15萬元以下罰鍰

(B) 經處罰鍰後仍不改善者，得連續處罰

(C) 得予以30日以下停業或停止其使用之處分

(D) 上述罰鍰經限期繳納逾期未繳納者，由主管機關移送法院強制執行

（A）17. 依消防法及消防法施行細則有關設置消防栓規定，下列何者錯誤？

(A) 直轄市、縣（市）政府，為消防需要，應會同自來水事業機構選定適當地點，設置消防栓，所需費用由中央消防機關酌予補助

(B) 以採用地上雙口式為原則，附近應設明顯標誌

(C) 當地自來水事業應負責保養、維護消防栓，並應配合直轄市、縣（市）消防機關定期會同全面測試性能，以保持堪用狀態

(D) 直轄市、縣（市）政府對轄內無自來水供應或消防栓設置不足地區，應籌建或整修蓄水池及其他消防水源，並由當地消防機關列管檢查

（D）18. 依消防法第9條規定，有關消防安全設備之定期檢修，下列敘述何者錯誤？

(A) 應設置消防安全設備場所，其管理權人應委託消防設備師或消防設備士，定期檢修消防安全設備

(B) 高層建築物或地下建築物消防安全設備之定期檢修，其管理權人應委託

中央主管機關審查合格之專業機構辦理

(C) 應設消防安全設備之集合住宅，其消防安全設備定期之檢查，得由直轄市、縣（市）消防機關聘用或委託消防專業人員辦理，經費由地方主管機關編列預算支付，中央主管機關補助

(D) 檢修結果應依限報請當地消防機關備查，消防機關應於受理後10日內派員複查

(#) 19. 吳○○為某電子公司總務主任，被遴派擔任該公司「防火管理人」，依規定應經直轄市、縣（市）消防機關或中央消防機關認可之專業機構，X小時以上之講習訓練合格領有證書始得擔任；對於該公司應實施滅火、通報及避難逃生訓練，依規定每Y個月至少應舉辦一次，每次不得少於Z小時，並應事先通報當地消防機關；請問X+Y+Z＝？

(A) 18　　　　　(B) 24　　　　　(C) 26　　　　　(D) 30

註：12+6+4=22，104年已改為講習訓練時間不得小於12小時。

(B) 20. 消防法課予建築物所有權人、管理人及使用人對於消防安全遭受危害時，必須負起防止危害之義務，其中包括場所管理人提具非消防專技人員從事消防安全設備檢修而製作之報告書，不得作為消防機關受理申報之依據；因此，下列何種行為，消防機關依消防法即可對相關當事人逕予舉發，無需限期改善？

(A) 未依規定遴用防火管理人

(B) 未具專技資格從事消防安全設備檢修

(C) 應裝設消防安全設備而未裝設

(D) 未依規定定期檢修申報

(D) 21. 103年7月31日高雄氣爆造成義勇消防人員服勤死亡，應依其本職身分請領相關撫卹，有關各項給付費用應由何者核付？

(A) 衛生福利部中央健康保險署　　　　(B) 勞動部勞工保險局

(C) 內政部　　　　　　　　　　　　　(D) 高雄市政府

(D) 22. 火災原因之調查、鑑定，除可作為火災預防措施、消防行政措施、火災搶救對策之參考，並可協助司法偵查；有關火災原因之調查、鑑定規定，依消防法施行細則，下列何者錯誤？

(A) 火災原因調查鑑定書，必要時，最長得延長至火災發生後30日內完成

(B) 直轄市、縣（市）消防機關依法調查、鑑定火災原因後，應即製作火災

原因調查鑑定書，並逕行移送地檢署

(C) 消防機關得封鎖火災現場，於調查、鑑定完畢後撤除之

(D) 火災現場尚未完成調查、鑑定，任何人不得進入，但遇有緊急情形或有進入必要時，得由調查、鑑定人員陪同進入

（ A ）23. 依消防法施行細則，液化石油氣零售業者有關安全技術人員之規定，下列何者正確？

①應經直轄市、縣（市）消防機關認可之專業機構，講習訓練合格並領有證書

②講習訓練時間不得少於8小時

③每一年應接受複訓一次，每次複訓時數不得少於4小時

④液化石油氣零售業者定期向轄區消防機關申報資料應含安全技術人員管理資料

(A) ①④　　　　(B) ①②④　　　　(C) ①③④　　　　(D) ①②③④

（ A ）24. 依消防法施行細則規定，火災受害人或利害關係人得向直轄市、縣（市）消防機關申請火災證明。該項證明內容包括：

(A) 火災發生時間及地點

(B) 火災發生原因、時間及地點

(C) 火災發生原因、時間、地點及被延燒戶

(D) 火災發生原因、時間、地點、被延燒戶及火災損失推估情形

（ A ）25. 依消防法規定，毀損供消防使用之蓄、供水設備或消防、救護設備者，除處3年以下有期徒刑或拘役外，還有何種可能處罰？

(A) 得併科新臺幣6千元以上3萬元以下罰金

(B) 另併科新臺幣6千元以上3萬元以下罰鍰

(C) 得易科新臺幣6千元以上3萬元以下罰金

(D) 得易科新臺幣6千元以上3萬元以下罰鍰

（ D ）26. 依消防法規定，一定規模以上供公眾使用建築物，應由管理權人，遴用防火管理人，責其製定消防防護計畫，報請消防機關核備。所定一定規模以上供公眾使用建築物，其適用範圍有下列那些？

①觀光旅館、旅館

②醫院、療養院、養老院、長期照顧機構、安養機構、護理之家機構、產後護理機構

③捷運車站、高速鐵路車站

④總樓地板面積在500平方公尺以上，且設有香客大樓或類似住宿、休息空間，收容人數在100人以上之寺廟、宗祠、教堂或其他類似場所

(A) ①② (B) ①②③ (C) ①②④ (D) ①②③④

(B) 27. 依據消防法第6條規定，下列不屬於各類場所消防安全設備設置標準應設置火警自動警報設備之場所，何者應設置住宅用火災警報器？①旅館　②老人福利機構場所　③住宅場所　④商場　⑤兒童課後照顧服務班及中心

(A) ①②③ (B) ①②③⑤ (C) ①②③④⑤ (D) ②③⑤

(D) 28. 依據消防法第9條，有關應設置消防安全設備場所之定期檢修規定，下列何者正確？

(A) 高層建築物或地下建築物消防安全設備之定期檢修，其管理權人應委託消防設備師辦理

(B) 定期檢修消防安全設備之性能檢查係指經由消防安全設備整體性之運作或使用，判別其機能

(C) 定期檢修消防安全設備之檢查，於各類場所消防安全設備設置標準規定之甲類場所，每年實施1次，甲類以外場所，每2年實施1次

(D) 應設消防安全設備之集合住宅，其消防安全設備定期之檢查，得由直轄市、縣（市）消防機關聘用或委託消防專業人員辦理

(B) 29. 消防相關法規對產品認可之規定，下列敘述何者錯誤？

(A) 地面樓層達11層以上建築物，其管理權人應使用附有防焰標示之防焰物品，其防焰物品或其材料非附有防焰標示，不得銷售及陳列

(B) 依各類場所消防安全設備設置標準規定之消防安全設備，非經中央主管機關所登錄機構之認可，並附加認可標示者，不得銷售、陳列或設置使用

(C) 液化石油氣容器，應經中央主管機關型式認可及個別認可合格，並附加合格標示後始可使用

(D) 消防法第11條第1項所稱地毯、窗簾、布幕、展示用廣告板及其他指定之防焰物品，其中布幕係指供舞台或攝影棚使用之布幕

(B) 30. 消防相關法規對於管理權人或負責人應遴用人員進行相關安全管理制度，下列何者正確？

(A) 總樓地板面積在200平方公尺以上之餐廳應由管理權人，遴用防火管理人，責其製定消防防護計畫，報請消防機關核備

(B) 理容院應由管理權人，遴用防火管理人，責其製定消防防護計畫，報請消防機關核備

(C) 製造公共危險物品達管制量20倍以上之場所，應由管理權人選任管理或監督層次以上之幹部為保安監督人，擬訂消防防災計畫，報請當地消防機關核定

(D) 防火管理人應製定消防防災計畫，報請消防機關核備；保安監督人應擬訂消防防護計畫，報請當地消防機關核定

（A）31. 依消防法施行細則，有關山林、田野引火燃燒之規定，下列何者錯誤？

(A) 引火燃燒以開墾、整地、開闢防火巷等事由為限

(B) 引火地點四周，應設置3公尺寬之防火間隔

(C) 引火人應於5日前，向當地消防機關申請許可

(D) 引火應在上午6時後，下午6時前為之

（B）32. 依據消防法施行細則第13條所稱之一定規模以上供公眾使用建築物範圍，不包含下列何種場所？

(A) 演藝廳　　　(B) 集合住宅　　　(C) 學校　　　(D) 百貨商場

（C）33. 依據消防法施行細則第17條有關山林、田野引火燃燒，有延燒之虞或於森林區域、森林保護區內引火者依規定所需作為不包含下列何項？

(A) 提前向當地消防機關申請許可　　　(B) 設置防火間隔

(C) 通知當地里（村）長　　　(D) 通知鄰接地所有人或管理人

（D）34. 消防法所稱管理權人係指依法令或契約對各該場所有實際支配管理權者，下列何者不包含於該種人之範圍內？

(A) 所有人　　　(B) 管理人　　　(C) 使用人　　　(D) 行為人

（A）35. 依據消防法規定，地面層達11層以上建築物、地下建築物及中央主管機關指定之場所，其管理權人應使用附有防焰標示之物品。其所稱之防焰物品不包含下列何者？

(A) 浴簾　　　(B) 地毯　　　(C) 窗簾　　　(D) 布幕

（D）36. 下列何者非屬制定消防法之意旨？

(A) 預防火災　　　(B) 搶救災害

(C) 緊急救護　　　(D) 依據建築法規定

（B）37. 依消防法施行細則規定，下列何者非為管理權人委託消防設備師（士）定期檢修其消防安全設備之方式？

(A) 外觀檢查　　(B) 內部檢查　　(C) 性能檢查　　(D) 綜合檢查

(D) 38. 依消防法施行細則規定，防火管理人應為管理或監督層次幹部，有關其講習訓練時間，初訓不得少於x小時，爾後每y年至少應接受複訓。則x、y各為何？

(A) x=24、y=3　(B) x=24、y=2　(C) x=16、y=3　(D) x=16、y=2

註：104年已改為講習訓練時間不得小於12小時。且每3年至少應接受講習訓練一次。

(B) 39. 依消防法施行細則規定，消防防護計畫之自衛消防編組有①滅火班　②通報班　③避難引導班　④安全防護班　⑤救護班。某場所員工有30人，其自衛消防編組至少應有下列何者？

(A) ①②　　(B) ①②③　　(C) ①②③④　　(D) ①②③④⑤

(A) 40. 火災處所周邊發現公共危險物品、高壓氣體等顯有發生火災、爆炸之虞時，下列何者得依消防法授權劃定警戒區，限制人車進入，強制疏散，並得限制或禁止該區使用火源？①直轄市、縣（市）消防機關②直轄市、縣（市）警察機關③消防指揮人員④警戒指揮人員

(A) ①③　　(B) ②④　　(C) ①②④　　(D) ①②③④

(A) 41. 消防法所稱管理權人，在公立學校為何人？

(A) 校長
(B) 董事會董事長
(C) 總務單位主管
(D) 總務單位承辦人員

(D) 42. 不屬於消防法第6條第1項所定標準應設置火警自動警報設備住宅場所之管理權人，應設置住宅用火災警報器並維護之。倘違反之，應處何罰責？

(A) 處新臺幣3千元以上1萬5千元以下罰鍰
(B) 處新臺幣6千元以上3萬元以下罰鍰
(C) 處新臺幣2萬元以上10萬元以下罰鍰
(D) 不用罰

(D) 43. 依消防法規定，下列何者錯誤？

(A) 各級消防機關救災救護指揮中心，係統籌指揮、調度、管制及聯繫救災、救護相關事宜
(B) 設置消防栓，所需費用由直轄市、縣（市）政府、鄉（鎮、市）公所酌予補助；其保養、維護由自來水事業機構負責
(C) 消防指揮人員，對火災處所周邊，得劃定警戒區，限制人車進入，並得

疏散或強制疏散區內人車

(D) 消防指揮人員，為防止火災蔓延、擴大，認有截斷電源、瓦斯、水源必要時，得通知各該管事業機構執行之

（ A ） 44. 依消防法施行細則規定研判，下列何者屬於消防法第13條第1項所定一定規模以上供公眾使用建築物？

(A) 總樓地板面積在300平方公尺以上之補習班或訓練班

(B) 總樓地板面積在200平方公尺以上之餐廳

(C) 總樓地板面積在300平方公尺以上之百貨商場、超級市場及遊藝場等場所

(D) 總樓地板面積在500平方公尺以上，其員工在10人以上之工廠或機關（構）

（ B ） 45. 依消防法規規定，下列何機關（構）或人員得封鎖火災現場？

(A) 檢察機關或利害關係人　　(B) 檢察或消防機關

(C) 利害關係人或警察機關　　(D) 火災受害人或消防機關

（ B ） 46. 下列何者錯誤？

(A) 高鐵公司所做之災害防救業務計畫，係送請交通部核定

(B) 內政部所訂水災災害防救業務計畫，係報請中央災害防救會報核定後實施

(C) 直轄市、縣（市）所訂地區災害防救計畫，係經直轄市、縣（市）災害防救會報核定後實施，並報中央災害防救會報備查

(D) 鄉（鎮、市）公所所訂地區災害防救計畫，係依上級災害防救計畫及地區災害潛勢特性擬訂

（ D ） 47. 依消防法規定，下列何者不屬於管理權人必要之職責？

(A) 應設置消防安全設備場所，委託消防設備師或消防設備士，定期檢修消防安全設備

(B) 應設置消防安全設備場所，消防安全設備檢修結果應依限報請當地消防機關備查

(C) 一定規模以上供公眾使用建築物，遴用防火管理人

(D) 一定規模以上供公眾使用建築物，製定消防防護計畫

（ C ） 48. 消防法所稱消防防護計畫應包含事項，下列何者正確？

(A) 每年至少檢查一次防火避難設施之自行檢查

(B) 每年至少應舉辦一次滅火、通報及避難訓練

(C) 員工在10人以上者，至少編組滅火班、通報班及避難引導班

(D) 場所之位置圖、逃生避難圖及立體圖

(D) 49. 消防法規定設置之消防栓，以採用下列何者為原則？

(A) 地下單口式　　(B) 地下雙口式　　(C) 地上單口式　　(D) 地上雙口式

(C) 50. 依消防法規定，液化石油氣零售業者應備置資料，定期向轄區消防機關申報，定期申報是指下列何者？

(A) 於每年6月及12月各申報一次　　　　(B) 於每年5月及11月各申報一次

(C) 於每年4月及10月各申報一次　　　　(D) 於每年3月及9月各申報一次

(B) 51. 依消防法施行細則規定，火災受害人或利害關係人得向直轄市、縣（市）消防機關申請火災證明，證明內容以下列何者為限？

(A) 火災受害人或利害關係人姓名與火災發生時間

(B) 火災發生時間與火災發生地點

(C) 火災發生時間與火災發生原因

(D) 火災發生原因與調查結果

(B) 52. 根據消防法及其施行細則規定，消防栓之保養、維護責任，屬下列何者？

(A) 鄉（鎮、市、區）公所　　　　　(B) 當地自來水事業機構

(C) 直轄市、縣（市）政府　　　　　(D) 直轄市、縣（市）消防機關

(D) 53. 下列有關違反消防法處罰之規定，何者正確？

(A) 違反第六條第一項消防安全設備之規定，處其管理權人新臺幣六千元以上三萬元以下罰鍰；經處罰鍰後仍不改善者，得連續處罰，並得予以五十日以下之停業或停止其使用之處分

(B) 第十五條所定公共危險物品及可燃性高壓氣體之製造、儲存或處理場所，其位置、構造及設備未符合設置標準，或儲存、處理及搬運未符合安全管理規定者，經通知限期改善，逾期不改善或複查不合規定者，處其管理權人或行為人新臺幣二萬元以上十萬元以下罰鍰；經處罰鍰後仍不改善者，得連續處罰，並得予以三十日以下停業或停止其使用之處分

(C) 消防設備師或消防設備士為消防安全設備不實檢修報告者，經通知限期改善，逾期不改善或複查不合規定者，處新臺幣二萬元以上十萬元以下罰鍰

(D) 拒絕依第二十六條所為之勘查、查詢、採取、保存或破壞火災現場者，處新臺幣三千元以上一萬五千元以下罰鍰

（C）54. 依消防法施行細則規定，下列何種場所非屬消防法第13條所定一定規模以上供公眾使用建築物？

(A) 歌廳

(B) 酒吧

(C) 總樓地板面積在三百平方公尺以上之百貨商場

(D) 總樓地板面積在三百平方公尺以上之餐廳

（D）55. 依消防法規定，有關其建築物管理權人應使用防焰標示之地毯、窗簾等，其防焰物品或其材料非附有防焰標示，不得銷售，違反者處其銷售或設置人員罰鍰為何？

(A) 新臺幣三千元以上一萬五千元以下罰鍰

(B) 新臺幣六千元以上三萬元以下罰鍰

(C) 新臺幣一萬元以上三萬元以下罰鍰

(D) 新臺幣二萬元以上十萬元以下罰鍰

（C）56. 依消防法規定，依各類場所消防安全設備設置標準設置之消防安全設備，其設計、監造應由消防設備師為之；其裝置、檢修應由消防設備師或消防設備士為之。違反上述規定者，處罰為何？

(A) 處新臺幣一萬元以上三萬元以下罰鍰

(B) 處新臺幣一萬元以上三萬元以下罰金

(C) 處新臺幣一萬元以上五萬元以下罰鍰

(D) 處新臺幣一萬元以上五萬元以下罰鍰，經處罰鍰後仍不改善者，得連續處罰

註：106年已改為違反從事消防安全設備之設計、監造、裝置或檢修者，處新臺幣三萬元以上十五萬元以下罰鍰，並得按次處罰。

（D）57. 依消防法施行細則規定，某場所之自衛消防編組依法設有滅火班、通報班、避難引導班、安全防護班及救護班，則其員工人數係指在幾人以上者？

(A) 10人　　　　(B) 20人　　　　(C) 40人　　　　(D) 50人

（B）58. 依消防法規定，依法未設置火警自動警報設備之 人福利機構場所，而應設置住宅用火災警報器者，若其管理權人未依規定設置或維護時，於發生火災之處罰為何？

(A) 致人於死者，處三年以下有期徒刑，得併科新臺幣六千元以上三萬元以下罰金

(B) 致人於死者，處一年以上七年以下有期徒刑，得併科新臺幣一百萬元以上五百萬元以下罰金

(C) 致重傷者，處一年以上七年以下有期徒刑，得併科新臺幣五十萬元以上二百五十萬元以下罰金

(D) 致重傷者，處六月以上有期徒刑，得併科新臺幣五十萬元以上二百五十萬元以下罰金

(C) 59. 依據消防法之規定，下列之敘述何者錯誤？

(A) 供公眾使用建築物之消防安全設備圖說，應由直轄市、縣（市）消防機關於主管建築機關許可開工前，審查完成

(B) 使用燃氣之熱水器及配管之承裝業自中華民國九十五年二月一日起使用燃氣熱水器之安裝，非經僱用領有合格證照者，不得為之

(C) 消防設備師或消防設備士為消防安全設備不實檢修報告者，處新臺幣三萬元以上十萬元以下罰鍰

(D) 應設置消防安全設備之供營業使用場所其管理權人未依規定設置或維護，於發生火災時致人於死者，處一年以上七年以下有期徒刑，得併科新臺幣一百萬元以上五百萬元以下罰金

(A) 60. 依據消防法施行細則之規定，下列何者非屬於一定規模以上供公眾使用建築物？

(A) 總樓地板面積在三百平方公尺以上之百貨商場、超級市場及遊藝場等場所

(B) 總樓地板面積在三百平方公尺以上之餐廳

(C) 學校、總樓地板面積在二百平方公尺以上之補習班或訓練班

(D) 總樓地板面積在五百平方公尺以上，其員工在三十人以上之工廠或機關（構）

(C) 61. 依據消防法施行細則之規定，防火管理人講習訓練時間不得少於多少小時？防火管理人每幾年至少應接受講習訓練一次？

(A) 八小時，每二年　　　　　　(B) 八小時，每三年

(C) 十六小時，每二年　　　　　(D) 十六小時，每三年

註：104年已改為講習訓練時間不得小於12小時。且每3年至少應接受講習訓練一次。

(A) 62. 依「消防法施行細則」規定，下列敘述何者錯誤？

(A) 受託執行檢驗消防機具、器材與設備之機關（構）、學校、團體，其檢

驗設備、員額、技術能力、檢驗紀錄、檢驗時效、樣品管理及其他事項，中央主管機關至少每年檢討考核一次

(B) 廠商申請消防機具、器材及設備認可檢驗時，應填具申請書並檢送試樣及相關資料，向中央主管機關或其委託之檢驗單位提出，經取得型式承認後，應依檢定作業規定於二年內申請個別檢定，檢定合格者，核發合格標示

(C) 防火管理人每二年至少應接受講習訓練一次

(D) 消防防護計畫中滅火、通報及避難訓練之實施；每半年至少應舉辦一次

(B) 63. 某餐廳總樓地板面積為三百五十平方公尺，員工人數共計二十人，依「消防法施行細則」規定，其自衛消防編組至少應編下列何班？①滅火班　②通報班　③安全防護班　④避難引導班　⑤救護班

(A) ①②③④⑤　　(B) ①②④　　(C) ①②③　　(D) ②③④

(D) 64. 依「消防法」之規定，規避、妨礙或拒絕消防機關派員檢查經許可得使用產生火焰、火花或火星等方式，進行表演性質活動之供公眾使用建築物場所者，依法可處場所管理權人多少的罰鍰？

(A) 新臺幣六千元以上三萬元以下　　(B) 新臺幣三千元以上一萬五千元以下
(C) 新臺幣三千元以下　　(D) 新臺幣一萬元以上五萬元以下

(A) 65. 依「消防法」第11條之規定，除地面樓層達十一層以上建築物、地下建築物外，下列何種場所，其管理權人應使用附有防焰標示之地毯、窗簾、布幕、展示用廣告板及其他指定之防焰物品？

(A) 二百平方公尺的保齡球館　　(B) 二百平方公尺的咖啡廳
(C) 二百平方公尺的美術館　　(D) 二百平方公尺的超級市場

(B) 66. 依「消防法」及其相關規定，防火管理制度中有關管理權人之職責，下列何者錯誤？

(A) 管理權有分屬時，協議製定共同消防防護計畫

(B) 用火用電之監督管理

(C) 應申報防火管理人之遴用與解任

(D) 應申報消防防護計畫書

(D) 67. 依「消防法」第10條第2款之規定，申請依照「建築法第34條之1」預審事項，涉及建築物消防安全設備者，直轄市、縣（市）主管建築機關應會同消防機關預為審查，若經審定合格者，起造人自審定合格之日起多少期間內，

依審定結果申請建造執照；又除建造執照外，下列何者其執照項目亦屬於建築執照範疇？

(A) 十二個月；使用執照 　　　　　(B) 六個月；營利事業登記證

(C) 十二個月；雜項執照 　　　　　(D) 六個月；拆除執照

(C) 68. 依據消防法之規定，公共危險物品及可燃性高壓氣體之製造、儲存或處理場所，其位置、構造及設備未符合設置標準者，可處管理權人或行為人罰鍰新臺幣為何？

(A) 三千元以上，一萬五千元以下 　　(B) 一萬元以上，五萬元以下

(C) 二萬元以上，十萬元以下 　　　　(D) 三萬元以上，十五萬元以下

(A) 69. 下列何者與消防法第十三條消防防護計畫之規定內容不符？

(A) 員工在十五人以上者，至少編組滅火班、通報班及避難引導班

(B) 員工在五十人以上者，應增編安全防護班及救護班

(C) 滅火、通報及避難訓練之實施，每半年至少應舉辦一次

(D) 滅火、通報及避難訓練之實施，每次不得少於四小時

(D) 70. 某單一層之平房建築，樓地板面積為一百五十平方公尺，下列何種用途之場所即符合消防法第十三條第一項規定「一定規模以上供公眾使用建築物」之範圍？　　(A) 工廠　(B) 百貨商場　(C) 補習班　(D) 旅館

(B) 71. 消防法第二條規定：「管理權人係指依法令或契約對各該場所有實際支配管理權者；其屬法人者，為其負責人。」以桃園縣龜山鄉立圖書館為例，其管理權人下列何者正確？

(A) 該圖書館館長 　　　　　　　　(B) 龜山鄉鄉長

(C) 桃園縣縣長 　　　　　　　　　(D) 桃園縣教育局局長

(B) 72. 依據消防法之規定，液化石油氣零售業者應備置資料，定期向轄區消防機關申報，文件保存時間為何？　　(A) 1年　(B) 2年　(C) 3年　(D) 5年

(B) 73. 下列何者不屬於消防法第十一條所稱，其管理權人應使用附有防焰標示之防焰物品？　　(A) 地毯　(B) 吸音泡棉　(C) 窗簾　(D) 展示用廣告板

(D) 74. 供公眾使用之場所，因應消防防護計畫所實施之滅火、通報及避難訓練，至少多久應舉辦一次？每次不得少於幾小時，並應事先通報當地消防機關？

(A) 1年；8小時 　(B) 2年；4小時 　(C) 半年；8小時 　(D) 半年；4小時

(D) 75. 下列何種違反消防法之行為者，經依消防法第三十七條第一項、第四十二條或第四十二條之一連續處罰，並予以停業或停止使用之處分後，仍不改善

者，得依行政執行法第三十條處新臺幣五千元以上三十萬元以下怠金。逾期不改善，並得依行政執行法第二十八條第二項第四款及第三十二條規定斷絕其營業所必須之自來水、電力或其他能源？

(A) 消防設備師（士）從事消防安全設備之不實檢修之場所

(B) 未依規定進行防火管理之場所

(C) 陳列未經中央主管機關公告應實施檢驗之消防機具、器材與設備之場所

(D) 管理權人未依規定使用附有防焰標示之防焰物品之場所

（B）76. 依照「消防法」規定，下列何者發現或獲知公共危險物品、高壓氣體等，顯著有發生火災、爆炸之虞時，得劃定警戒區域，限制人車進入，強制疏散，並得限制或禁止該區使用火源？

(A) 消防指揮人員　　　　　　　(B) 直轄市、縣（市）消防機關

(C) 當地警察分區或派出所　　　(D) 直轄市、縣（市）政府

（D）77. 下列何種場所消防安全設備定期之檢查，得由直轄市、縣（市）消防機關聘用或委託消防專業人員辦理？

(A) 地下建築物　　　　　　　　(B) 高層建築物

(C) 一定規模以上供公眾使用建築物　(D) 集合式住宅

（C）78. 依照「消防法」及「公共危險物品及可燃性高壓氣體設置標準暨安全管理辦法」之規定，防火管理人的講習訓練時數至少爲X小時，保安監督人講習訓練時數至少爲Y小時，請問前述X，Y爲何？

(A) X=8，Y=16　(B) X=16，Y=16　(C) X=16，Y=24　(D) X=16，Y=32

註：104年防火管理人已改爲講習訓練時間不得小於12小時。

（A）79. 依「消防法施行細則」規定，下列何者非屬消防法所稱之一定規模以上供公眾使用建築物？

(A) 總樓地板面積在三百平方公尺以上之百貨商場、超級市場及遊藝場等場所

(B) 總樓地板面積在三百平方公尺以上之餐廳

(C) 觀光旅館

(D) 總樓地板面積在二百平方公尺以上之補習班

（D）80. 依照「消防法施行細則」規定，下列X者對於轄內無自來水供應或消防栓設置不足地區，應籌建或整修蓄水池及其他消防水源，並由下列Y者列管檢查，請問前述X，Y爲何？

(A) 消防指揮人員，直轄市、縣（市）消防機關

(B) 直轄市、縣（市）消防機關，自來水事業機構

(C) 自來水事業機構，當地鄉鎮（市）公所

(D) 直轄市、縣（市）政府，當地消防機關

（A）81. 依「消防法」之規定，下列敘述何者錯誤？

    (A) 消防主管機關：在中央為消防署；在直轄市為消防局

    (B) 應設置消防安全設備之供營業使用場所其管理權人未依規定設置或維護，於發生火災時致人於死者，處一年以上七年以下有期徒刑，得併科新臺幣一百萬元以上五百萬元以下罰金

    (C) 消防設備師或消防設備士為消防安全設備不實檢修報告者，處新臺幣二萬元以上十萬元以下罰鍰

    (D) 地面樓層達十一層以上建築物、地下建築物及中央主管機關指定之場所，其管理權人應使用附有防焰標示之地毯、窗簾、布幕、展示用廣告板及其他指定之防焰物品

（B）82. 違反消防法第6條第4項住宅用火災警報器設置、維護之規定，經通知限期改善，逾期不改善或複查不合規定者，處其管理權人新臺幣多少罰鍰？

    (A) 三千元以上一萬五千元以下　　(B) 六千元以上三萬元以下

    (C) 一萬元以上五萬元以下　　(D) 二萬元以上十萬元以下

（A）83. 輸入或販賣氯酸鉀或過氯酸鉀數量達多少公斤者，應依爆竹煙火管理條例第7條第1項規定，向中央主管機關申請發給許可文件？

    (A) 50　　(B) 40　　(C) 30　　(D) 20

（C）84. 依消防法施行細則規定，下列何者非屬消防法第13條第1項所定一定規模以上供公眾使用建築物？

    (A) 總樓地板面積在五百平方公尺以上之百貨商場

    (B) 總樓地板面積在三百平方公尺以上之餐廳

    (C) 總樓地板面積在三百平方公尺以上，其員工在30人以上之工廠

    (D) 總樓地板面積在二百平方公尺以上之補習班

（D）85. 依消防法有關罰則規定，下述何者錯誤？

    (A) 毀損消防閉路電視塔臺或其相關設備者，處5年以下有期徒刑或拘役，得併科新臺幣一萬元以上五萬元以下罰金

    (B) 毀損供消防之供水設備者，處3年以下有期徒刑或拘役，得併科新臺幣六千元以上三萬元以下罰金

(C) 謊報火警者，處新臺幣三千元以上一萬五千元以下罰鍰

(D) 違反消防法第13條規定，經通知限期改善逾期不改善者，處其管理權人新臺幣六千元以上三萬元以下罰鍰

(C) 86. 下列何者不符合消防法及其施行細則有關消防防護計畫製定之規定？

(A) 療養院應由管理權人，遴用防火管理人，責其製定消防防護計畫

(B) 地下建築物其管理權有分屬時，各管理權人應協議製定共同消防防護計畫

(C) 防火管理人每3年至少應接受講習訓練一次

(D) 防火避難設施之自行檢查：每月至少檢查一次

註：104年已改為講習訓練時間不得小於12小時。且每3年至少應接受講習訓練一次。

(A) 87. 依「內政部消防署火災鑑定委員會設置要點」規定，火災受害人或利害關係人不服直轄市、縣（市）政府（鑑委會）火災調查資料之認定或鑑定結果，應於收到日起M日內向內政部消防署提出再認定申請，內政部消防署火災鑑定委員會受理案件後，應於N個月內召開會議。請問M、N為何？

(A) M=15，N=1　　(B) M=10，N=2　　(C) M=20，N=1　　(D) M=30，N=3

(B) 88. 依據消防法施行細則有關檢修消防安全設備之方式中「經由消防安全設備整體性之運作或使用，判別其機能」係指下列何者？

(A) 外觀檢查　　　(B) 綜合檢查　　　(C) 機能檢查　　　(D) 性能檢查

(C) 89. 依據消防法有關防火管理制度規定，下列敘述，何者錯誤？

(A) 防火管理人應為管理或監督層次幹部

(B) 防火管理人每2年至少應接受講習訓練1次

(C) 消防防護計畫之自衛消防編組：員工在10人以上者，至少編組滅火班、通報班及救護班

(D) 消防防護計畫之防火避難設施之自行檢查：每月至少檢查1次

註：104年已改為講習訓練時間不得小於12小時。且每3年至少應接受講習訓練一次。

(D) 90. 依據消防法規定液化石油氣零售業者應備置相關資料，並定期向轄區消防機關申報，所謂定期係指每年幾月？

(A) 6月　　　　　(B) 12月　　　　　(C) 6月及12月　　　(D) 4月及10月

(D) 91. 依據消防法有關火災調查規定，下列敘述，何者錯誤？

(A) 火災原因調查鑑定書應於火災發生後15日內完成，必要時，得延長至30日

(B) 火災現場尚未完成調查、鑑定者，應保持現場狀態，非經調查、鑑定人員之許可，任何人不得進入或變動

(C) 檢察、警察機關或消防機關得封鎖火災現場，於調查、鑑定完畢後撤除之

(D) 火災證明內容以火災發生原因及地點為限

（C）92. 依據消防法有關消防栓規定，下列敘述，何者錯誤？

(A) 以採用地上雙口式為原則

(B) 附近應設明顯標誌

(C) 當地消防機關負責保養、維護消防栓

(D) 直轄市、縣（市）消防機關並應定期會同當地自來水事業全面測試其性能，以保持堪用狀態

（B）93. 依消防法施行細則規定，液化石油氣零售業安全技術人員應經直轄市、縣（市）消防機關，或由中央消防機關認可之專業機構，講習訓練合格並領有證書，始得充任。前項講習訓練時間不得少於A小時，且每B年應接受複訓1次，每次複訓時數不得少於C小時。而A，B，C各值為何？

(A) A＝20，B＝3，C＝4　　(B) A＝16，B＝2，C＝8

(C) A＝15，B＝2，C＝8　　(D) A＝8，B＝1，C＝4

（B）94. 依消防法及消防法施行細則有關易致火災行為之申請與規範，下列敘述，何者錯誤？

(A) 山林、田野引火燃燒，以開墾、整地、驅除病蟲害等事由為限

(B) 於森林區域、森林保護區內引火者，引火人應於5日前向森林主管機關申請許可後，於引火前在引火地點四週設置3公尺寬之防火間隔，及配置適當之滅火設備，並將引火日期、時間、地點通知鄰接地之所有人或管理人。其於森林區域或森林保護區引火者，並應通知當地消防機關

(C) 山林、田野引火應在上午6時後下午6時前為之，引火時並應派人警戒監視，俟火滅後始得離開

(D) 違反消防法第14條第1項所定法規有關田野引火燃燒安全防護措施、禁止從事之區域、時間、方式或應遵行事項之規定者，處新臺幣3000元以下罰鍰

（D）95. 依消防法施行細則規定，下列何者屬於一定規模以上供公眾使用建築物？

(A) 總樓地板面積在300平方公尺以上，其員工在25人以上之機關（構）

(B) 總樓地板面積在300平方公尺以上之遊藝場

(C) 總樓地板面積在300平方公尺以上之超級市場

(D) 總樓地板面積在300平方公尺以上之餐廳

（C）96. 依消防法及消防機具器材及設備登錄機構管理辦法規定，登錄機構執行認可業務之試驗報告、紀錄、收支簿冊及相關技術文件應至少保存A年。但型式認可、型式變更及個別認可之試驗報告電子檔應至少保存B年。而A，B各值為何？

(A) A=3，B=3　　(B) A=4，B=10　　(C) A=5，B=15　　(D) A=10，B=5

（C）97. 依照「消防法」的規定，下列何種違規行為之罰則，須要經過通知限期改善之程序？

(A) 消防設備師為消防安全設備不實檢修

(B) 瓦斯行的儲存、處理及搬運未符合安全管理之規定

(C) 管理權人未依規定委託消防設備師（士）定期檢修消防安全設備

(D) 山林引火燃燒未向消防機關申請許可

（#）98. 依照「消防法」的規定，下列何種違法行為除處罰鍰外，且經處罰鍰後仍不改善者，得予停業或停止使用之罰則？

(A) 販售無防焰標示之物品者

(B) 經營公共危險物品的場所，其消防安全設備不符標準者

(C) 使用未經檢驗合格的消防安全設備者

(D) 消防設備士為消防安全設備不實檢修報告者

註：106年已改為中央主管機關許可之消防安全設備檢修專業機構、消防設備師或消防設備士，未依第九條第二項所定辦法中有關定期檢修項目、方式、基準、期限之規定檢修消防安全設備或為消防安全設備不實檢修報告者，處新臺幣二萬元以上十萬元以下罰鍰，並得按次處罰；必要時，並得予以一個月以上一年以下停止執行業務或停業之處分。

所以本題答案現為B與D。

（D）99. 依「消防法」參加義勇消防編組人員，接受訓練、演習、服勤時，發生因傷致殘或死亡之情形，有關補償給付的相關規定，下列何者有誤？

(A) 中度殘障者，給與18個基數

(B) 極重度與重度殘障者，給與36個基數

(C) 輕度殘障者，給與8個基數

(D) 死亡者，給與一次撫卹金45個基數

(C) 100. 依照「消防法」的規定，下列敘述何者有誤？

(A) 應設消防安全設備場所，管理權人應委託消防設備師或消防設備士，定期檢修申報

(B) 甲類場所每半年定期檢修申報1次，其他場所每1年1次

(C) 集合住宅的消防安全設備定期之檢查，得由直轄市、縣（市）消防機關聘用或委託消防專業人員辦理，經費由管理權人自行負擔

(D) 高層建築物消防安全設備之定期檢修，管理權人應委託合格之專業機構辦理

(D) 101. 依照「消防法」的規定，一定規模以上供公眾使用建築物，當發生防火管理人異動之情形時，應由何人負責向當地消防機關申報備查？

(A) 建築物公共安全檢查專業機構　　(B) 消防安全設備檢修專業機構

(C) 消防設備師（士）　　　　　　　(D) 管理權人

(B) 102. 依照「消防法」的規定，拒絕消防機關火災調查人員的現場勘查、查詢者，依法可處以多少的罰鍰？

(A) 新台幣1萬元以上5萬元以下　　(B) 新台幣3千元以上1萬5千元以下

(C) 新台幣6千元以上3萬元以下　　(D) 新台幣2萬元以上10萬元以下

(D) 103. 依照「消防法施行細則」、「爆竹煙火管理條例施行細則」、「公共危險物品及可燃性高壓氣體設置標準暨安全管理辦法」、「申請暫行從事消防安全設備設計監造裝置及檢修人員須知」等規定，有關講習訓練的時數，下列敘述何者有誤？

(A) 防火管理人16小時

(B) 爆竹煙火監督人16小時

(C) 保安監督人24小時

(D) 申請暫行從事消防安全設備設計監造人員32小時

註：104年已改為講習訓練時間不得小於12小時。且每3年至少應接受講習訓練一次。

(A) 104. 依照「消防法」的規定，管理權人未依規定設置或維護消防安全設備，於發生火災時致人於死者，應處以之罰則，下列何者正確？

(A) 1年以上7年以下有期徒刑

(B) 6個月以上5年以下有期徒刑

(C) 得併科新台幣50萬元以上100萬元以下罰金

(D) 得併科新台幣500萬元以上1000萬元以下罰金

(A) 105. 依據「消防法」罰則所作之處罰結果，下列案例何者錯誤？①毀損供消防用之蓄水設備者處四年有期徒刑　②謊報火警者處一年有期徒刑　③拒絕接受消防機關調度車輛者處五萬元罰鍰　④妨礙救護設備使用者處一萬元罰鍰

(A) ①②③　　　　(B) ①②④　　　　(C) ②③④　　　　(D) ①②③④

(C) 106. 依照「消防法」的規定，有關山林、田野引火燃燒，下列敘述何者有誤？

(A) 引火時限為上午6時後，下午6時前

(B) 引火時應配置滅火器申請程序應於3日前向當地消防機構申請許可

(D) 事由以開墾整地驅除蟲害等事由為限

(A) 107. 依照「消防法」的規定，消防防護計畫的規定事項中，滅火、通報及避難訓練之實施，每半年至少應舉辦X次，每次不得少於Y小時，請問前述X，Y為何？　　(A) 1，4　(B) 1，8　(C) 2，4　(D) 2，8

(B) 108. 依照「消防法施行細則」的規定，使用炸藥爆破施工，其負責人應填具爆炸物配購申請表，檢附生產計畫或工程圖說，需炸物體計算表及登記許可證件，於幾日前向當地消防機關申請許可？

(A) 3日　　　　　(B) 5日　　　　　(C) 7日　　　　　(D) 10日

(B) 109. 直轄市、縣（市）消防機關製作火災原因調查鑑定書時，應於火災發生後X日內完成，必要時，得延長至Y日，請問前述X，Y為何？

(A) 10，20　　　　(B) 15，30　　　　(C) 15，45　　　　(D) 20，40

(D) 110. 依照「消防法施行細則」的規定，下列何者符合消防法所稱一定規模以上供公眾使用之建築物？①電影院　②三溫暖　③總樓地板面積300平方公尺以上之百貨商場　④總樓地板面積200平方公尺以上之餐廳　⑤醫院　⑥總樓板面積100平方公尺以上之補習班

(A) ①②③④　　　(B) ①②④⑤　　　(C) ①②⑥　　　(D) ①②⑤

(D) 111. 某甲經營一家俱樂部，其員工人數為48人，其自衛消防編組最少應編組以下那些班？①安全防護班　②避難引導班　③救護班　④滅火班　⑤通報班

(A) ①②③④⑤　　(B) ①②④⑤　　　(C) ②③④　　　(D) ②④⑤

(C) 112. 依照「消防法施行細則」的規定，型式承認，係指消防機具、器材與設備之

①形狀　②構造　③量　④標示　⑤材質　⑥成分　⑦性能　符合國家標準，或中央消防機關所定之基準，請問前述選項何者正確？

(A) ①②③④　　　(B) ①②③⑤⑥　　　(C) ①②⑤⑥⑦　　　(D) ②③⑤⑥⑦

(C) 113. 依「消防法」規定，地面樓層達多少以上建築物、地下建築物或中央主管機關指定之建築物，其管理權有分屬時，各管理權人應協議製定共同消防防護計畫，並報請消防機關核備：

(A) 5層　　　　(B) 10層　　　　(C) 11層　　　　(D) 15層

(A) 114. 依「消防法施行細則」第20條規定設置之消防栓，下列敘述何者錯誤？

(A) 以採用地上單口式為原則，附近應設明顯標誌

(B) 當地自來水事業負責保養、維護消防栓

(C) 消防栓規格由中央主管機關定之

(D) 縣（市）消防機關應定期會同當地自來水事業全面測試其性能，以保持堪用狀態

(B) 115. 依照「消防法」第27條之規定，直轄市、縣（市）政府，得聘請有關單位代表及學者專家，設火災鑑定委員會調查、鑑定火災原因；其組織由何機關定之？

(A) 消防局　　　　　　　　　　(B) 直轄市、縣（市）政府

(C) 消防署　　　　　　　　　　(D) 內政部

(C) 116. 依據「消防法施行細則」規定，下述何者不須遴用防火管理人並責成其製定消防防護計畫，報請消防機關核備？

(A) 指壓按摩場所

(B) 國際觀光旅館

(C) 總樓地板面積為150平方公尺之補習班

(D) 總樓地板面積為300平方公尺之餐廳

(A) 117. 依「消防法施行細則」規定，消防防護計畫有關滅火、通報及避難訓練之實施，應多久舉辦一次，每次訓練不得少於多少小時？

(A) 半年，4小時　(B) 半年，8小時　(C) 一年，4小時　(D) 一年，8小時

(B) 118. 消防法第11條中所稱「附有防焰標示之地毯、窗簾、布幕、展示用廣告板及其他指定之防焰物品」，不包含下列何項物品？

(A) 人工草皮　　　　　　　　　　(B) 塑膠地板

(C) 網目大小在12公釐以下之施工用帆布　　(D) 布質製窗簾

（ D ）119. 依「消防法施行細則」規定，管理權人依法檢查消防安全設備整體性之運作或使用，以判別其機能之方式，屬於何種檢查？

(A) 運轉檢查　　　(B) 外觀檢查　　　(C) 性能檢查　　　(D) 綜合檢查

（ C ）120. 應設置消防安全設備之場所若未依規定設置消防設備，於發生火災致人於重傷時，應如何處罰其管理權人？

(A) 一年以上七年以下有期徒刑

(B) 五十萬元以下之罰鍰

(C) 六月以上五年以下有期徒刑，得併科新臺幣五十萬元以上二百五十萬元以下罰金

(D) 三年以下有期徒刑或拘役，得併科新臺幣二十萬元以上一百萬元以下罰金

（ A ）121. 依「消防法施行細則」規定，受託執行檢驗消防機具、器材與設備之機關（構）、學校、團體，其檢驗設備、員額、技術能力、檢驗紀錄、檢驗時效、樣品管理及其他事項，中央主管機關至少多久檢討考核一次，如有缺失，應限期改善，逾期未改善者，得終止委託？

(A) 每半年　　　(B) 每一年　　　(C) 每二年　　　(D) 每三年

（ A ）122. 依「消防法」規定，毀損供消防之供水設備者，所處罰則為何？

(A) 三年以下有期徒刑或拘役，得併科新臺幣六千元以上三萬元以下罰金

(B) 五年以下有期徒刑或拘役，得併科新臺幣一萬元以上五萬元以下罰金

(C) 六月以上五年以下有期徒刑，得併科新臺幣五十萬元以上二百五十萬元以下罰金

(D) 一年以上七年以下有期徒刑，得併科新臺幣一百萬元以上五百萬元以下罰金

（ D ）123. 依「消防法」之規定，下列敘述何者有誤？

(A) 地下建築物若依建築法第34條之1申請預審事項時，涉及建築物消防安全設備者，主管建築機關應會同消防機關預為審查

(B) 地下建築物之管理權人應使用附有防焰標示之地毯、窗簾、布幕、展示用廣告板及其他指定之防焰物品

(C) 地下建築物若其管理權有分屬時，各管理權人應協議制定共同消防防護計畫，並報請消防機關核備

(D) 地下建築物之管理權人應定期檢修消防安全設備

(A) 124. 某超級市場總樓地板面積為五百五十平方公尺，員工人數共計十五人，依「消防法施行細則」規定，其自衛消防編組至少應編下列何班？①滅火班 ②通報班 ③避難引導班 ④安全防護班 ⑤救護班

(A) ①②③ 　　(B) ①②③④ 　　(C) ①②③⑤ 　　(D) ①②③④⑤

(B) 125. 依「消防法施行細則」規定，下列敘述何者有誤？

(A) 於森林區域、森林保護區內引火者，引火人應於五日前向當地消防機關申請許可

(B) 消防栓設置以採用地面下雙口式為原則，當地消防機關負責保養、維護消防栓

(C) 施放以火藥及金屬粉末為主要原料，其成品直徑在七點五公分以上或射程在七十五公尺以上之煙火，其負責人應將煙火種類、數量、施放時間、地點及有關防火、戒備、擬採措施，於三日前向當地消防機關申請許可

(D) 使用炸藥爆破施工，其負責人應填具爆炸物配購申請表，檢附生產計畫或工程圖說，需炸物體計算表及登記許可證件，於五日前向當地消防機關申請許可

註：消防法已刪除施放煙火及使用炸藥爆破施工之申請。

(B) 126. 依「消防法施行細則」規定，下列總樓地板面積在三百平方公尺之供公眾使用建築物，何者可免遴用防火管理人？

(A) 餐廳 　　(B) 遊藝場 　　(C) 補習班 　　(D) 演藝場

(A) 127. 依據消防法有關災害搶救規定，下列敘述，何者錯誤？

(A) 直轄市、縣（市）政府對消防人員在火災處所及其周邊，非使用或損壞其土地、建築物、車輛及其他物品或限制其使用，不能達搶救之目的時，得使用、損壞或限制其使用，所致之損失，得視實際狀況對應負引起火災責任者酌予補償

(B) 消防指揮人員，為防止火災蔓延、擴大，認有截斷電源、瓦斯必要時，得通知各該管事業機構執行之

(C) 直轄市、縣（市）消防機關，發現或獲知公共危險物品、高壓氣體等顯有發生火災、爆炸之虞時，得劃定警戒區，限制人車進入，強制疏散，並得限制或禁止該區使用火源

(D) 直轄市、縣（市）政府，為消防需要，應會同自來水事業機構選定適當

地點，設置消防栓，其保養、維護由自來水事業機構負責

(D) 128. 依消防法規定，下列有關罰則之敘述，何者正確？

(A) 無故撥火警電話者，處新臺幣5千元以上2萬5千元以下罰鍰

(B) 毀損警鐘臺者，處7年以下有期徒刑或拘役，得併科新臺幣2萬元以上10萬元以下罰金

(C) 毀損供消防使用之蓄、供水設備者，處5年以下有期徒刑或拘役，得併科新臺幣6千元以上5萬元以下罰金

(D) 未依規定設置消防安全設備或維護之場所發生火災致重傷者，其管理權人，處6月以上5年以下有期徒刑，得併科新臺幣50萬元以上2百50萬元以下罰金

(D) 129. 依據消防法施行細則有關防火管理制度規定，下列敘述，何者錯誤？

(A) 防火管理人應為管理或監督層次幹部

(B) 防火管理人每2年至少應接受講習訓練1次

(C) 員工在50人以上者，其自衛消防編組，至少編組滅火班、通報班、避難引導班、安全防護班及救護班

(D) 防火避難設施之自行檢查：每半年至少檢查1次，檢查結果遇有缺失，應報告管理權人立即改善

註：104年已改為講習訓練時間不得小於12小時。且每3年至少應接受講習訓練一次。

(C) 130. 依據消防法規之規定，液化石油氣零售業者依法應備妥相關資料，每年何時定期向轄區消防機關申報：

(A) 1月及7月　　　(B) 3月及9月　　　(C) 4月及10月　　　(D) 6月及12月

(D) 131. 依據消防法之規定，下列何者違規行為不經限期改善，得逕予舉發裁罰？

(A) 管理權人違反第6條第1項消防安全設備應設置而未設置之規定

(B) 營業場所陳列未經中央主管機關公告應實施認可之消防安全設備

(C) 管理權人違反第11條第1項防焰物品使用之規定

(D) 消防設備師（士）為消防安全設備不實檢修報告者

(B) 132. 依據消防法第13條訂定消防防護計畫之場所，應定期實施滅火、通報及避難訓練。依規定每A年至少應舉辦1次，每次不得少於B小時，並應事先通報當地消防機關。而A，B各值為何？

(A) A=0.5，B=6　　(B) A=0.5，B=4　　(C) A=1，B=12　　(D) A=1，B=3

（ C ）133. 依據消防法規之規定，火災原因調查鑑定書之完成期限，最長不得超過多少日？ (A) 15日 (B) 20日 (C) 30日 (D) 45日

（ B ）134. 義勇消防人員因接受演習發生傷害時，下列何者情況應給予三十六個基數的給付？
(A) 死亡者 (B) 重度殘障者 (C) 中度殘障者 (D) 輕度殘障者

（ D ）135. 危險物品保安監督人應施予多少小時之訓練，領有合格證書者，始得充任？
(A) 八 (B) 十二 (C) 十六 (D) 二十四

（ D ）136. 依「消防法施行細則」之規定，下述有關山林、田野引火之規定何者有誤？
(A) 應於五日前向當地消防機關申請許可
(B) 應在引火地點四週設置三公尺寬之防火間隔
(C) 配置適當之滅火設備
(D) 引火時間應在上午八時後下午六時前為之

（ B ）137. 使用燃氣之熱水器及配管之承裝業，應向下列何者申請營業登記後，始得營業？
(A) 內政部 (B) 直轄市、縣（市）政府
(C) 經濟部 (D) 財政部

（ B ）138. 依消防法之規定，未僱用領有合格證照者從事熱水器及配管之安裝，對於負責人或行為人而言，其罰則為何？
(A) 處新臺幣一萬元以上三萬元以下罰鍰
(B) 處新臺幣一萬元以上五萬元以下罰鍰
(C) 處新臺幣三萬元以上五萬元以下罰鍰
(D) 處新臺幣五萬元以上十萬元以下罰鍰

（ A ）139. 依「消防法」之規定，直轄市、縣（市）所設置之消防栓，其保養、維護費用由哪一單位負責？
(A) 自來水事業機構 (B) 直轄市、縣（市）政府
(C) 直轄市、縣（市）消防局 (D) 地方政府與自來水事業機構各半

（ B ）140. 依照消防法施行細則第9條規定，經個別檢定合格之消防機具、器材與設備，應採取何種措施？
(A) 以顏色加以區別之 (B) 在其本體上顯著處標示
(C) 張貼貨物稅 (D) 頒發合格證明

（ B ）141. 依據消防法規定，不聽從消防指揮人員劃定警戒區，疏散人車者，處以：

(A) 新臺幣一千元以上六千元以下罰鍰

(B) 新臺幣三千元以上一萬五千元以下罰鍰

(C) 新臺幣六千元以上三萬元以下罰鍰

(D) 新臺幣一萬元以上五萬元以下罰鍰

(C) 142. 依照消防法規定，下列何者非消防主管機關？

    (A) 高雄市政府　　(B) 彰化縣政府　　(C) 內政部消防署　(D) 內政部

(B) 143. 進行自衛消防編組時，員工在多少人以上者，應增編安全防護班及救護班？

    (A) 三十人　　　　(B) 五十人　　　　(C) 一百人　　　　(D) 一百五十人

(B) 144. 下列何者不必報請當地消防機關備查或核備？

    (A) 消防防護計畫　　　　　　　　(B) 防焰物品

    (C) 管理權人遴用防火管理人　　　(D) 消防檢修結果

(D) 145. 為消防需要而設置之消防栓其保養、維護之負責單位為何者？

    (A) 消防局　　　　　　　　　　　(B) 消防隊

    (C) 工務局　　　　　　　　　　　(D) 自來水事業單位

(C) 146. 依消防法施行細則規定，應協議製定共同消防防護計畫，由各管理權人互推一人為召集人協議製定，如無法依規定互推召集人時，管理權人得申請何者指定之？

    (A) 中央主管機關　　　　　　　　(B) 直轄市、縣（市）政府

    (C) 直轄市、縣（市）消防機關　　(D) 地方法院

(C) 147. 妨礙供消防使用之蓄、供水設備使用者，其處罰為下列何者？

    (A) 處五年以下有期徒刑或拘役，得併科新臺幣六千元以上三萬元以下罰金

    (B) 處三年以下有期徒刑或拘役，得併科新臺幣六千元以上三萬元以下罰金

    (C) 處新臺幣三千元以上一萬五千元以下罰鍰

    (D) 處新臺幣一萬元以上五萬元以下罰鍰

(C) 148. 某飯店管理權人為甲先生、防火管理人為乙先生，該場所進行室內裝修，未依規定提報施工中消防防護計畫，違反消防法第十三條之規定時，應受裁罰對象為何？

    (A) 管理委員會主任委員　　　　　(B) 防火管理人

    (C) 乙先生管理權人　　　　　　　(D) 甲先生消防設備士

(A) 149. 關於國民住宅之管理權人，下列敘述何者為正確？

    (A) 承購戶專有部分為各區分所有權人

(B) 約定專用部分為國民住宅社區管理組織

(C) 共用部分均可認定為國民住宅社區管理組織

(D) 共用部分均可認定為國民住宅主管機關

(D)150. 暫行從事消防安全設備設計、監造及裝置、檢修工作之期限，下列何者為正確？

　　　　(A) 經考試及格領有執業證書之消防設備師人數滿五百人且消防設備士人數滿五千人時

　　　　(B) 經考試及格領有執業證書之消防設備師人數滿五百人或消防設備士人數滿五千人時

　　　　(C) 經考試及格領有執業證書之消防設備師人數滿五百人或消防設備士人數滿五千人之翌年六月三十日止

　　　　(D) 經考試及格領有執業證書之消防設備師人數滿五百人且消防設備士人數滿五千人之翌年六月三十日止

(A)151. 下列何者不須經限期改善程序，應逕行舉發並裁處？

　　　　(A) 消防設備士有不實檢修報告之情形

　　　　(B) 管理權人未依規定檢修申報其消防安全設備

　　　　(C) 管理權人未依規定遴用防火管理人

　　　　(D) 管理權人未依規定使用附有防焰標示之防焰物品

(D)152. 下列何者並非消防法所規範之防焰物品？

　　　　(A) 地毯　　　　(B) 窗簾　　　　(C) 布幕　　　　(D) 壁紙

(B)153. 關於應設防火管理人之場所，下列何者為正確？

　　　　(A) 樓地板面積三百平方公尺之餐廳

　　　　(B) 總樓地板面積五百平方公尺之圖書館

　　　　(C) 總樓地板面積三百平方公尺，其員工為二十人之工廠

　　　　(D) 樓地板面積二百平方公尺之補習班

(C)154. 關於共同防火管理，下列敘述何者為正確？

　　　　(A) 共同消防防護計畫由各防火管理人互推一人為召集人協議製定

　　　　(B) 無法依規定互推召集人時，防火管理人得申請直轄市、縣（市）消防機關指定之

　　　　(C) 鐵路與捷運共構車站係應實施共同防火管理之場所

　　　　(D) 共同防火管理業務可以全權委託保全公司、公寓大廈管理維護公司或其

它專業機構執行

（C）155. 下列有關消防防護計畫內容之敘述何者錯誤？

(A) 自衛消防編組員工在50人以上者，應增編安全防護班及救護班

(B) 滅火、通報及避難訓練之實施；每半年至少應舉辦一次

(C) 滅火、通報及避難訓練之實施，每次不得少於8小時，並應事先通報當地消防機關

(D) 防火避難設施之自行檢查：每月至少檢查一次

（B）156. 無故撥火警電話者，可處罰鍰新台幣：

(A) 1千元以上，6千元以下 　　(B) 3千元以上，1萬5千元以下

(C) 6千元以上，3萬元以下 　　(D) 1萬元以上，5萬元以下

（C）157. 未僱用領有合格證照者從事熱水器及配管之安裝，依消防法之規定可處罰鍰新台幣：

(A) 1千元以上，6千元以下 　　(B) 6千元以上，3萬元以下

(C) 1萬元以上，5萬元以下 　　(D) 2萬元以上，10萬元以下

（D）158. 依消防法之規定，應設消防安全設備之場所，其消防安全設備定期之檢查，下列敘述何者錯誤？

(A) 集合住宅：得由直轄市、縣（市）消防機關聘用或委託消防專業人員辦理，經費得由中央主管機關補助

(B) 其管理權人應委託消防設備師或消防設備士，定期檢修消防安全設備

(C) 集合住宅：得由直轄市、縣（市）消防機關聘用或委託消防專業人員辦理，經費由地方主管機關編列預算支付

(D) 高層建築物或地下建築物消防安全設備之定期檢修，其管理權人應委託地方主管機關審查合格之專業機構辦理

（B）159. 依照消防法第11條之規定，除地面樓層達11層以上建築物、地下建築物外，下列何種場所，其管理權人應使用附有防焰標示之地毯、窗簾、布幕、展示用廣告板及其他指定之防焰物品？

(A) 2百平方公尺的茶藝館 　　(B) 2百平方公尺的健身休閒中心

(C) 2百平方公尺的美術館 　　(D) 2百平方公尺的展覽場

（D）160. 依消防法規定，地面樓層達幾層以上建築物，其管理權人應使用附有防焰標示之地毯、窗簾、布幕、展示用廣告板及其他指定之防焰物品？

(A) 8層 　　(B) 9層 　　(C) 10層 　　(D) 11層

(A) 161. 依消防法施行細則規定，下列何者非一定規模以上供公眾使用建築物？
(A) 總樓地板面積在三百平方公尺以上之旅館、百貨商場
(B) 醫院
(C) 總樓地板面積在三百平方公尺以上之餐廳
(D) 總樓地板面積在五百平方公尺以上，其員工在三十人以上之工廠

(C) 162. 依消防法施行細則規定，經個別檢定合格之消防機具、器材與設備，應採取何種措施？
(A) 張貼貨物稅
(B) 以顏色加以區別之
(C) 在其本體上顯著處標示
(D) 頒發合格證明

(B) 163. 下列項目何者非防火管理人職責？
(A) 制定消防防護計畫
(B) 定期檢修消防安全設備並申報
(C) 依消防防護計畫執行有關防火管理上之必要措施
(D) 將消防防護計畫報請消防機關核備

(A) 164. 山林、田野引火燃燒，未經直轄市、縣（市）消防機關申請許可，可處罰鍰新臺幣：
(A) 一千元以上，六千元以下
(B) 六千元以上，三萬元以下
(C) 一萬元以上，五萬元以下
(D) 二萬元以上，十萬元以下

(A) 165. 依各級消防主管機關辦理消防安全檢查違法案件處理注意事項規定，未依規定遴用防火管理人，改善期限以幾日為原則？
(A) 九十日
(B) 六十日
(C) 三十日
(D) 十五日

(C) 166. 下列對於火災證明的敘述，何者為非？
(A) 火災受害人可申請
(B) 利害關係人可申請
(C) 內容以起火原因及財物損失為限
(D) 內容以火災發生時間及地點為限

(C) 167. 義勇消防人員因接受演習發生傷害時，下列何者情況應給予18個基數的給付？　(A) 死亡者　(B) 重度殘障者　(C) 中度殘障者　(D) 輕度殘障者

(B) 168. 無故撥火警電話者，可處罰鍰新臺幣：
(A) 一千元以上，六千元以下
(B) 三千元以上，一萬五千元以下
(C) 六千元以上，三萬元以下
(D) 一萬元以上，五萬元以下

(B) 169. 依照消防法第十一條之規定，除地面樓層達十一層以上建築物、地下建築物外，下列何種場所，其管理權人應使用附有防焰標示之地毯、窗簾、布幕、

展示用廣告板及其他指定之防焰物品？

(A) 二百平方公尺的茶藝館　　　　　(B) 二百平方公尺的三溫暖

(C) 二百平方公尺的博物館　　　　　(D) 二百平方公尺的超級市場

(C)170. 未僱用領有合格證照者從事熱水器及配管之安裝，依消防法之規定可處罰鍰新臺幣：

(A) 一千元以上，六千元以下　　　　(B) 六千元以上，三萬元以下

(C) 一萬元以上，五萬元以下　　　　(D) 二萬元以上，十萬元以下

(C)171. 依消防法規定，下列裁處之案件，何者不須經限期改善之程序，應逕行舉發並裁處？

(A) 違反第9條有關檢修設備之規定

(B) 違反第6條第1項消防安全設備設置、維護之規定

(C) 違反第11條第2項銷售非附有防焰標示之防焰物品或其材料

(D) 違反第13條規定，未依法遴用防火管理人

(C)172. 下列有關消防防護計畫內容之敘述何者錯誤？

(A) 自衛消防編組員工在50人以上者，應增編安全防護班及救護班

(B) 滅火、通報及避難訓練之實施；每半年至少應舉辦一次

(C) 滅火、通報及避難訓練之實施，每次不得少於8小時，並應事先通報當地消防機關

(D) 防火避難設施之自行檢查：每月至少檢查一次

(B)173. 無故撥火警電話者，可處罰鍰新台幣：

(A) 1千元以上，6千元以下　　　　　(B) 3千元以上，1萬5千元以下

(C) 6千元以上，3萬元以下　　　　　(D) 1萬元以上，5萬元以下

(D)174. 依消防法之規定，應設消防安全設備之場所，其消防安全設備定期之檢查，下列敘述何者錯誤？

(A) 集合住宅：得由直轄市、縣（市）消防機關聘用或委託消防專業人員辦理，經費得由中央主管機關補助

(B) 其管理權人應委託消防設備師或消防設備士，定期檢修消防安全設備

(C) 集合住宅：得由直轄市、縣（市）消防機關聘用或委託消防專業人員辦理，經費由地方主管機關編列預算支付

(D) 高層建築物或地下建築物消防安全設備之定期檢修，其管理權人應委託地方主管機關審查合格之專業機構辦理

（B）175. 依照消防法第11條之規定，除地面樓層達11層以上建築物、地下建築物外，下列何種場所，其管理權人應使用附有防焰標示之地毯、窗簾、布幕、展示用廣告板及其他指定之防焰物品？

(A) 2百平方公尺的茶藝館　　　　　　(B) 2百平方公尺的健身休閒中心

(C) 2百平方公尺的美術館　　　　　　(D) 2百平方公尺的展覽場

（D）176. 下列場所，何者屬消防法第13條第1項所稱之一定規模以上供公眾使用建築物？

(A) 員工在20人以上之工廠或機關（構）

(B) 總樓地板面積在400平方公尺以上之遊藝場

(C) 總樓地板面積在300平方公尺以上之旅（賓）館

(D) 總樓地板面積在200平方公尺以上之補習班

（B）177. 消防法第13條所稱防火管理人，應經消防機關認可之專業機構講習訓練不得少於多少小時，經講習訓練合格領有證書始得充任？

(A) 24小時　　　　(B) 16小時　　　　(C) 12小時　　　　(D) 8小時

註：104年已改為講習訓練時間不得小於12小時。且每3年至少應接受講習訓練一次。

（A）178. 依消防法有關消防防護計畫之規定，防火避難設施之自行檢查，至少應多久檢查一次？　　　(A) 每月　(B) 每半個月　(C) 每周　(D) 每天

（B）179. 依消防法施行細則規定，山林、田野引火燃燒有延燒之虞者，引火人應於5日前向當地消防機關申請許可後，於引火前在引火地點四週設置多少公尺寬之防火間隔，及配置適當之滅火設備？

(A) 1公尺　　　　(B) 3公尺　　　　(C) 10公尺　　　　(D) 20公尺

（B）180. 火災受害人或利害關係人得向直轄市、縣（市）消防機關申請火災證明，下列何者為法定的火災證明內容？

(A) 起火戶及被延燒戶關係　　　　　(B) 火災發生地點

(C) 起火原因　　　　　　　　　　　(D) 損失金額

（C）181. 關於共同防火管理，下列敘述何者正確？

(A) 共同消防防護計畫由各防火管理人互推一人為召集人協議製定

(B) 無法依規定互推召集人時，防火管理人得申請直轄市、縣（市）消防機關指定之

(C) 鐵路與捷運共構車站係應實施共同防火管理之場所

(D) 共同防火管理業務可以全權委託保全公司、公寓大廈管理維護公司或其它專業機構執行

(B) 182. 下列何者並非共同消防防護計畫所應包括之事項？

　　　(A) 共同防火管理協議會之設置及運作

　　　(B) 防火管理人之遴任

　　　(C) 防火避難設施之維護管理相關事宜

　　　(D) 消防安全設備之維護管理相關事項

(D) 183. 有關共同防火管理業務事項，下列何者得由大樓管理委員會一併委託保全公司、公寓大廈管理維護公司或其它專業機構執行？

　　　(A) 建築物增建、改建、修建、室內裝修等工程施工中之安全對策

　　　(B) 共同防火管理協議會之設置及運作

　　　(C) 消防安全設備之維護管理

　　　(D) 自衛消防編組

(B) 184. 關於應設防火管理人之場所，下列何者正確？

　　　(A) 總樓地板面積200平方公尺之餐廳

　　　(B) 總樓地板面積500平方公尺之圖書館

　　　(C) 總樓地板面積300平方公尺，其員工為20人之工廠

　　　(D) 收容人數20人（含員工）之幼稚園

(A) 185. 消防法第13條第1項所稱一定規模以上供公眾使用建築物，於增建、改建、修建、室內裝修施工時，對於消防安全設備機能有停止必要之規定，下列敘述何者錯誤？

　　　(A) 停止消防安全設備機能之工程，應儘量在營業時間以外進行，但飯店等全天營業之場所，應在夜間進行

　　　(B) 火警自動警報設備、緊急廣播設備或標示設備停止使用時，應視工程狀況，採臨時裝設方式，使其發揮作用

　　　(C) 滅火器、避難器具、標示設備等有使用障礙時，應移設至能確保使用機能之場所

　　　(D) 自動撒水設備或水霧滅火設備等自動滅火設備之機能停止時，應增設滅火器或室內消防栓之水帶等

(B) 186. 關於違反消防法規定時之裁罰對象，下列何者正確？

　　　(A) 某KTV管理權人為甲先生、防火管理人為乙先生，該場所雖有製定消防

防護計畫，卻未依規定辦理滅火、通報及避難訓練時，應受裁罰對象為防火管理人乙先生

(B) 某飯店管理權人為甲先生、防火管理人為乙先生，該場所進行室內裝修，未依規定提報施工中消防防護計畫，違反消防法第13條之規定時，應受裁罰對象為管理權人甲先生

(C) 消防設備士甲先生受管理權人乙先生之委託，檢修其消防安全設備，偵煙式探測器未實施感度試驗即予申報，違反消防法第38條第3項之規定時，應受裁罰對象為管理權人乙先生

(D) 某公寓大廈設有管理委員會，該大廈之室內消防栓設備未依規定維護，違反消防法第6條第1項之規定時，應受裁罰對象為防火管理人

(C) 187. 妨礙供消防使用之蓄、供水設備使用者，其處罰為下列何者？

(A) 處五年以下有期徒刑或拘役，得併科新臺幣6千元以上3萬元以下罰金

(B) 處三年以下有期徒刑或拘役，得併科新臺幣6千元以上3萬元以下罰金

(C) 處新臺幣3千元以上1萬5千元以下罰鍰

(D) 處新臺幣1萬元以上5萬元以下罰鍰

(C) 188. 下列何者不須經限期改善程序，應逕行舉發並裁處？

(A) 消防設備士有不實檢修報告之情形

(B) 管理權人未依規定檢修申報其消防安全設備

(C) 管理權人未依規定遴用防火管理人

(D) 管理權人未依規定使用附有防焰標示之防焰物品

(D) 189. 消防法施行細則第十五條第一項規定消防防護計畫應包括事項中，其第十款所定其他防災應變上之必要事項，就總樓地板面積在五百平方公尺以上，其員工在多少人以上之工廠，有發生火災或爆炸產生火災之虞時，應有「危險因子分析及防救對策」？

(A) 五人以上　　(B) 十人以上　　(C) 二十人以上　　(D) 三十人以上

(C) 190. 毀損供消防之蓄、供水設備或消防、救護設備者，處幾年以下有期徒刑或拘役，得併科新台幣六千元以上三萬元以下罰金？

(A) 五年以下　　(B) 四年以下　　(C) 三年以下　　(D) 二年以下

(B) 191. 依消防法第十七條設置之消防栓，以採用何種式為原則？

(A) 地上單口式　(B) 地上雙口式　(C) 地下單口式　(D) 地下雙口式

(A) 192. 自衛消防編組：員工在十人以上者，至少編組滅火班、通報班及避難引導

班：員工在幾人以上者，應增編安全防護班及救護班？

(A) 五十人以上　　(B) 四十人以上　　(C) 三十人以上　　(D) 二十人以上

(A) 193. 下列有關「消防法」規定之敘述，何者正確？

(A) 應設消防安全設備之集合住宅，其消防安全設備定期之檢查，得由直轄市、縣（市）消防機關聘用或委託消防專業人員辦理，經費由地方主管機關編列預算支付，中央主管機關補助；其補助辦法由中央主管機關另定之

(B) 依建築法第三十條之一申請預審事項，涉及建築物消防安全設備者，主管建築機關應會同消防機關預爲審查

(C) 地面樓層達十層以上建築物、地下建築物及中央主管機關指定之場所，其管理權人應使用附有防焰標示之地毯、窗簾、布幕、展示用廣告板及其他指定之防焰物品

(D) 地面樓層達五層以上建築物、地下建築物或中央主管機關指定之建築物，其管理權有分屬時，各管理權人應協議製定共同消防防護計畫，並報請消防機關核備

(D) 194. 下列有關消防法罰則規定之敘述，何者有誤？

(A) 依第六條第一項應設置消防安全設備之供營業使用場所，其管理權人未依規定設置或維護，於發生火災時致人於死者，處一年以上七年以下有期徒刑，得併科新台幣一百萬元以上五百萬元以下罰金

(B) 依第六條第一項應設置消防安全設備之供營業使用場所，其管理權人未依規定設置或維護，於發生火災時致重傷者，處六月以上五年以下有期徒刑，得併科新台幣五十萬元以上二百五十萬元以下罰金

(C) 違反第七條第一項規定從事消防安全設備之設計、監造、裝置及檢修者，處新台幣一萬元以上五萬元以下罰鍰

(D) 違反第十三條規定，經通知限期改善逾期不改善者，處其管理權人新台幣三千元以上一萬五千元以下罰鍰；經處罰鍰後仍不改善者，得連續處罰

(A) 195. 下列消防法相關規定之敘述，何者有誤？

(A) 供公眾使用建築物之消防安全設備圖說，應由直轄市、縣（市）消防機關於主管建築機關許可完工前，審查完成

(B) 依各類場所消防安全設備設置標準設置之消防安全設備，其設計、監造

應由消防設備師為之；其裝置、檢修應由消防設備師或消防設備士為之

(C) 前項消防安全設備之設計、監造、裝置及檢修，於消防設備師或消防設備士未達定量人數前，得由現有相關專門職業及技術人員或技術士暫行為之；其期限由中央主管機關定之

(D) 地面樓層十一層以上建築物、地下建築物及中央主管機關指定之場所，其管理權人應使用附有防焰標示之地毯、窗簾、布幕、展示用廣告板及其他指定之防焰物品

(B) 196. 義消人員，因依消防法接受訓練、演習、服勤致患病、傷殘或死亡者，依其本職身分有關規定請領各項給付。無法依前述規定請領各項給付者，依消防法第30條規定辦理，下列敘述何者正確？

(A) 因傷致輕度殘障者，給與一次殘障給付18個基數

(B) 死亡者：給與一次撫卹金90個基數

(C) 受傷致殘，於1年內傷發死亡者，依死亡者規定補足一次撫卹金基數。基數之計算以公務人員委任第四職等年功俸最高級月支俸額為準

(D) 因傷致重度殘障者，給與一次殘障給付38個基數

(C) 197. 下列哪個場所應依消防法相關規定實施防火管理制度？

(A) 總樓地板面積200平方公尺之咖啡廳

(B) 總樓地板面積200平方公尺之餐廳

(C) 收容人數50人之視障按摩場所

(D) 總樓地板面積200平方公尺且員工50人之工廠

(A) 198. 依消防法相關規定，液化石油氣零售業者應備置容器儲存場所管理、容器管理、用戶、液化石油氣分裝場業者灌裝證明、安全技術人員管理、用戶安全檢查及投保公共意外責任險之證明文件等資料，並定期向轄區消防機關申報。下列敘述何者錯誤？

(A) 於每年5月及11月向轄區消防機關各申報一次

(B) 安全技術人員每2年應接受複訓一次，每次複訓時數不得少於8小時

(C) 用戶安全檢查資料包括用戶地址、檢測項目及檢測結果

(D) 零售業者應備置資料至少保存2年

(B) 199. 依規定直轄市、縣（市）政府，應舉辦防火教育及宣導，下列何者並非消防法規定協助推行之單位？

(A) 機關　　　　(B) 地下電台　　　　(C) 團體　　　　(D) 學校

(C) 200. 參加義勇消防編組之人員接受訓練、演習、服勤時，直轄市、縣（市）政府
得依實際需要供給膳宿、交通工具或改發代金。參加服勤期間，依照消防法
規定得比照何種役別應召集服勤另發給津貼？

(A) 替代役　　　　　(B) 士官役　　　　　(C) 國民兵　　　　　(D) 士兵役

(D) 201. 引火燃燒有延燒之虞或於森林區域、森林保護區內引火者，引火人應於P日前
向當地消防機關申請許可後，於引火前在引火地點四週設置Q公尺寬之防火
間隔，及配置適當之滅火設備，並將引火日期、時間、地點通知鄰接地之所
有人或管理人。試問P與Q分別為何？

(A) P=3，Q=5　　　(B) P=3，Q=6　　　(C) P=5，Q=6　　　(D) P=5，Q=3

(A) 202. 直轄市、縣（市）消防機關，為調查、鑑定火災原因，得派員進入有關場所
勘查及採取、保存相關證物並向有關人員查詢。火災現場在未調查鑑定前，應
保持完整，必要時得予封鎖，若破壞火災現場者，則應處新臺幣多少罰鍰？

(A) 3千元以上1萬5千元以下　　　　　(B) 2萬元以上10萬元以下

(C) 1萬元以上5萬元以下　　　　　　(D) 6千元以上3萬元以下

1.6　消防法及施行細則歷屆申論題

1. 依據消防法施行細則第六條的規定，管理權人應定期檢修消防安全設備之方式為何？（25分）（94年消防升等考）

解：

細則第6條　管理權人依本法第九條規定應定期檢修消防安全設備之方式如下：
　　　　一、外觀檢查：經由外觀判別消防安全設備有無毀損，及其配置是否適當。
　　　　二、性能檢查：經由操作判別消防安全設備之性能是否正常。
　　　　三、綜合檢查：經由消防安全設備整體性之運作或使用，判別其機能。
　　　　前項各款之檢查，於各類場所消防安全設備設置標準規定之甲類場所，每半年實施一次，甲類以外場所，每年實施一次。

2. 依現行消防法規規定，應實施共同防火管理之建築物為何？並請依共同消防防護計畫應包括事項，說明推動共同防火管理之步驟及方法為何？（25分）（92年消防升等考）

解：

1) 第13條　　　　地面樓層達十一層以上建築物、地下建築物或中央主管機關指定之建築物，其管理權有分屬時，各管理權人應協議製定共同消防防護計畫，並報請消防機關核備。

2) 細則第16條　　依本法第十三條第二項規定應協議製定共同消防防護計畫者，由各管理權人互推一人為召集人協議製定，並將協議內容記載於共同消防防護計畫；其共同消防防護計畫應包括事項，由中央主管機關另定之。

　　無法依前項規定互推召集人時，管理權人得申請直轄市、縣（市）消防機關指定之。

　　有關訂定「共同消防防護計畫應包括事項」，如次

　　一、依據消防法施行細則第十六條第一項訂定。

　　二、共同消防防護計畫應包括事項如下：

(一) 共同防火管理協議會之設置及運作。

(二) 協議會召集人之選任。

(三) 共同防火管理人之遴任及賦予防火管理上之必要權限。

(四) 自衛消防編組：應包括指揮中心及地區隊。

　　　1. 指揮中心：應設指揮班、通報班，並得視需要增編滅火班、避難引導班、安全防護班及救護班等，其所需人員由協議會協議組成之。

　　　2. 地區隊：由各場所防火管理人依事業單位規模編組之。

(五) 滅火、通報、避難訓練之實施相關事宜。

(六) 防火避難設施之維護管理相關事宜。

(七) 火災及其他災害發生時，滅火行動、通報連絡及避難引導相關事宜。

(八) 火災發生時將建築物構造及其他相關資訊提供予消防單位並引導救災相關事宜。

(九) 消防安全設備之維護管理相關事項。

(十) 建築物增建、改建、修建、室內裝修工程施工中之安全對策。

(十一) 其他共同防火管理業務上必要之事項。

3. 保險公司的人員可否在火災發生後，進入火災現場？應依據何種法令辦理？（25分）（94年消防升等考）

解：

細則第26條　檢察、警察機關或消防機關得封鎖火災現場，於調查、鑑定完畢後撤除之。

　　　　　　火災現場尚未完成調查、鑑定者，應保持現場狀態，非經調查、鑑定人員之許可，任何人不得進入或變動。但遇有緊急情形或有進入必要時，得由調查、鑑定人員陪同進入，並於火災原因調查鑑定書中記明其事由。

　　　　　　因此，保險公司人員遇有緊急情形或有進入必要時，得由調查、鑑定人員陪同進入，並於火災原因調查鑑定書中記明其事由。

　　　　　　依據消防法施行細則辦理。

4. 為達災害搶救之目的，請依「消防法」之規定，簡述災害搶救的具體規定內容為何？（25分）（96年消防升等考）

解：

第19條　消防人員對火災處所及其周邊，非使用或損壞其土地、建築物、車輛及其他物品或限制其使用，不能達搶救之目的時，得使用、損壞或限制其使用。

5. 何謂「防火管理」？依消防法相關規定，哪些場所應實施防火管理？違反防火管理規定，該如何處罰？試說明之。（25分）（102年消防升等考）

解：

1) 第13條　一定規模以上供公眾使用建築物，應由管理權人，遴用防火管理人，責其製定消防防護計畫，報請消防機關核備，並依該計畫執行有關防火管理上必要之業務。地面樓層達十一層以上建築物、地下建築物或中央主管機關指定之建築物，其管理權有分屬時，各管理權人應協議製定共同消防防護計畫，並報請消防機關核備。防火管理人遴用後應報請直轄市、縣（市）消防機關備查；異動時，亦同。

2) 細則第13條　一定規模以上供公眾使用建築物，其範圍如下：

一、電影片映演場所（戲院、電影院）、演藝場、歌廳、舞廳、夜總會、俱樂部、保齡球館、三溫暖。

二、理容院（觀光理髮、視聽理容等）、指壓按摩場所、錄影節目帶播映場所（MTV等）、視聽歌唱場所（KTV等）、酒家、酒吧、PUB、酒店（廊）。

三、觀光旅館、旅館。

四、總樓地板面積在五百平方公尺以上之百貨商場、超級市場及遊藝場等場所。

五、總樓地板面積在三百平方公尺以上之餐廳。

六、醫院、療養院、養老院。

七、學校、總樓地板面積在二百平方公尺以上之補習班或訓練班。

八、總樓地板面積在五百平方公尺以上，其員工在三十人以上之工

　　　　　　　　廠或機關（構）。

　　　　　　　　九、其他經中央主管機關指定之供公眾使用之場所。

3) 第40條　　　違反第十三條規定，經通知限期改善逾期不改善者，處其管理權人新臺幣一萬元以上五萬元以下罰鍰；經處罰鍰後仍不改善者，得連續處罰。

6. 依消防法及消防法施行細則之規定，針對消防機具、器材及設備之檢驗，有何具體之規定？試說明之。（25分）（100年消防設備士）

解：

第12條　　　經中央主管機關公告應實施認可之消防機具、器材及設備，非經中央主管機關所登錄機構之認可，並附加認可標示者，不得銷售、陳列或設置使用。前項所定認可，應依序實施型式認可及個別認可。

第39條　　　違反銷售或設置之規定者，處其銷售或設置人員新臺幣二萬元以上十萬元以下罰鍰；其陳列經勸導改善仍不改善者，處其陳列人員新臺幣一萬元以上五萬元以下罰鍰。

7. 試依據「消防法」之規定，回答下列問題：

　　1) 災害搶救時，消防指揮人員可視救災之需要，採取哪些處置作為？（10分）

　　2) 在消防法相關罰則中，涉及刑事責任之處罰條款為何？（15分）（104年四等特考）

解：

1) 第20條　　（劃定警戒區）消防指揮人員，對火災處所周邊，得劃定警戒區，限制人車進入，並得疏散或強制疏散區內人車。

　 第21條　　（使用水源）消防指揮人員，為搶救火災，得使用附近各種水源，並通知自來水事業機構，集中供水。

　 第22條　　（截斷電源、瓦斯）消防指揮人員，為防止火災蔓延、擴大，認有截斷電源、瓦斯必要時，得通知各該管事業機構執行之。

2) 第33條　　毀損消防瞭望臺、警鐘臺、無線電塔臺、閉路電視塔臺或其相關設備者，處五年以下有期徒刑或拘役。

　 第34條　　毀損供消防使用之蓄、供水設備或消防、救護設備者，處三年以下有期

徒刑或拘役。前項未遂犯罰之。

第35條　　依第六條第一項所定標準應設置消防安全設備之供營業使用場所，或依同條第四項所定應設置住宅用火災警報器之場所，其管理權人未依規定設置或維護，於發生火災時致人於死者，處一年以上七年以下有期徒刑；致重傷者，處六月以上五年以下有期徒刑。

8. 依消防法之規定，何謂「管理權人」？並請說明消防法中以管理權人為處罰對象之具體規定。（25分）（99年消防設備士）

解：

1) 第2條　　　（管理權人之定義）本法所稱管理權人係指依法令或契約對各該場所有實際支配管理權者；其屬法人者，為其負責人。

2) 第35條　　依第六條第一項所定標準應設置消防安全設備之供營業使用場所，或依同條第四項所定應設置住宅用火災警報器之場所，其管理權人未依規定設置或維護，於發生火災時致人於死者，處一年以上七年以下有期徒刑，得併科新臺幣一百萬元以上五百萬元以下罰金；致重傷者，處六月以上五年以下有期徒刑，得併科新臺幣五十萬元以上二百五十萬元以下罰金。

第38條　　違反第九條有關檢修設備之規定，經通知限期改善，逾期不改善者，處其管理權人新臺幣一萬元以上五萬元以下罰鍰；經處罰鍰後仍不改善者，得連續處罰。

第40條　　違反第十三條規定，經通知限期改善逾期不改善者，處其管理權人新臺幣一萬元以上五萬元以下罰鍰；經處罰鍰後仍不改善者，得連續處罰。

第42條　　第十五條所定公共危險物品及可燃性高壓氣體之製造、儲存或處理場所，其位置、構造及設備未符合設置標準，或儲存、處理及搬運未符合安全管理規定者，處其管理權人或行為人新臺幣二萬元以上十萬元以下罰鍰；經處罰鍰後仍不改善者，得連續處罰，並得予以三十日以下停業或停止其使用之處分。

9. 請依共同消防防護計畫應包括事項，說明推動共同防火管理之步驟及方法為何？（25分）（100年四等特考）

解：

發文機關：內政部

發文文號：（87)台內消字第8774650號

發文日期：87/08/02

要　　旨：共同消防防護計畫應包括事項

主旨：有關訂定「共同消防防護計畫應包括事項」，如說明二，請查照。

說明：一、依據消防法施行細則第十六條第一項訂定。

　　　　二、共同消防防護計畫應包括事項如下：

　　　　　　(一)共同防火管理協議會之設置及運作。

　　　　　　(二)協議會召集人之選任。

　　　　　　(三)共同防火管理人之遴任及賦予防火管理上之必要權限。

　　　　　　(四)自衛消防編組：應包括指揮中心及地區隊。

　　　　　　　　1.指揮中心：應設指揮班、通報班，並得視需要增編滅火班、避難引導班、安全防護班及救護班等，其所需人員由協議會協議組成之。

　　　　　　　　2.地區隊：由各場所防火管理人依事業單位規模編組之。

　　　　　　(五)滅火、通報、避難訓練之實施相關事宜。

　　　　　　(六)防火避難設施之維護管理相關事宜。

　　　　　　(七)火災及其他災害發生時，滅火行動、通報連絡及避難引導相關事宜。

　　　　　　(八)火災發生時將建築物構造及其他相關資訊提供予消防單位並引導救災相關事宜。

　　　　　　(九)消防安全設備之維護管理相關事項。

　　　　　　(十)建築物增建、改建、修建、室內裝修工程施工中之安全對策。

　　　　　　(十一)其他共同防火管理業務上必要之事項。

10. 由內政部消防署之統計資料顯示，全國起火原因以電器設備所引起之火災件數最多，請依據消防法與消防法施行細則相關條文中，說明有關火災調查鑑定的規定事項及罰則為何？（25分）（102年四等特考）

解：

第25條　　火災原因調查鑑定書應於火災發生後十五日內完成，必要時，得延長至三十日。

第26條　檢察、警察機關或消防機關得封鎖火災現場，於調查、鑑定完畢後撤除之。

火災現場尚未完成調查、鑑定者，應保持現場狀態，非經調查、鑑定人員之許可，任何人不得進入或變動。但遇有緊急情形或有進入必要時，得由調查、鑑定人員陪同進入，並於火災原因調查鑑定書中記明其事由。

第27條　火災受害人或利害關係人得向直轄市、縣（市）消防機關申請火災證明。前項證明內容以火災發生時間及地點為限。

第43條　拒絕依第二十六條所為之勘查、查詢、採取、保存或破壞火災現場者，處新臺幣三千元以上一萬五千元以下罰鍰。

11. 依據「消防法」第14條之1與「明火表演安全管理辦法」第2條之規定，請說明「明火表演」之定義，與表演前申請規範為何？並請依「消防法」第41條之1規定，說明違反相關辦法時處罰內容為何？（25分）（101年四等特考）

解：

1) 第14-1條　供公眾使用建築物及中央主管機關公告之場所，非經場所之管理權人申請主管機關許可，不得使用以產生火焰、火花或火星等方式，進行表演性質之活動。

第2條　本辦法所稱明火表演，指以產生火焰、火花或火星等方式之表演活動。

第3條　供公眾使用建築物及中央主管機關公告場所之管理權人，申請明火表演許可者，應符合下列規定：

一、管理權人應指派防火管理人，規劃安全防護措施計畫，並符合消防安全設備、檢修申報、防火管理、防焰物品等消防法及相關法令規定。

二、其表演場所應符合下列規定：

(一)依土地使用管制及建築法令規定。

(二)明火表演所在樓層應有二座以上直通樓梯通達避難層，且任一點至該樓梯之步行路徑重複部分之長度，不得大於最大容許步行距離二分之一。

(三)已依原有合法建築物防火避難設施及消防設備改善辦法改善完竣。

(四)五年內未曾經主管機關撤銷或廢止明火表演許可。

2) 第41條 　違反第十四條第一項或第二項所定法規有關安全防護措施、禁止從事之
　　　　　　區域、時間、方式或應遵行事項之規定者，處新臺幣三千元以下罰鍰。

附帶供為參考

2) 明火表演安全管理辦法（100/10/27公發布）

第1條 　本辦法依消防法（以下簡稱本法）第十四條之一第二項規定訂定之。

第4條 　表演場所管理權人曾違反本辦法規定，依本法第四十一條之一規定裁處
　　　　未滿五年者，不得申請明火表演許可。

第5條 　申請明火表演，應於表演活動開始三十日前，檢具下列文件報請轄區主
　　　　管機關審查，經取得許可書後，始得為之。

　　　　一、申請書。

　　　　二、使用執照或使用許可文件影本。

　　　　三、法人登記證書、立案證明、公司或商業登記證明文件。

　　　　四、申請人身分證正反面影本及聯絡資料。

　　　　五、表演企劃書。

　　　　六、安全防護措施計畫。

　　　　七、公共意外責任保險證明文件影本。

　　　　第一項許可之有效期限為三個月。期限屆滿十五日前，得檢附第一項文
　　　　件申請展延，展延期限為三個月。

第8條 　表演區域及外緣二公尺內之地面、牆面及地面上方六公尺以內之天花板
　　　　或樓板，不得有下列情形之一：

　　　　一、以木板、未固著式泡綿、未具防焰性能之布幕等易引發火災之材料
　　　　　　裝潢或裝飾。

　　　　二、未符合建築物室內裝修管理辦法之規定。

　　　　三、有儲放公共危險物品或可燃性高壓氣體者。

第12條 　明火表演不得以產生明火之器具或物件，對群眾拋丟、投擲，亦不得有
　　　　飛散、掉落等可能產生危害之情形。

　　　　表演人員應依許可內容表演，不得邀請觀眾共同演出。

　　　　表演與觀眾之距離，應維持五公尺以上，產生之火焰高度不得超過表演
　　　　區域淨高度之二分之一。

12. 依據消防法第十一條之規定，「地面樓層達十一層以上建築物、地下建築物及中央主管機關指定之場所，管理權人應使用附有防焰標示之防焰物品」。該條文所稱之「防焰物品」係指那些物品？其定義各為何？另請分別說明違反防焰物品使用及銷售無防焰標示之防焰物品者，處罰之規定各為何？（25分）（100年消防設備師）

解：

1) 地毯、窗簾、布幕、展示用廣告板及其他指定之防焰物品其他指定之防焰物品（指網目大小在12 mm以下之施工用帆布）。

2) 防焰物品定義為：具有防止因微小火源，而起火或迅速延燒性能之物品，本身並非不燃，而是其比一般物品更難以引燃而已。

3) 第39條　（罰則）違反第十一條第二項或第十二條第一項銷售或設置之規定者，處其銷售或設置人員新臺幣二萬元以上十萬元以下罰鍰；其陳列經勸導改善仍不改善者，處其陳列人員新臺幣一萬元以上五萬元以下罰鍰。

13. 依消防法及消防法施行細則規定，設有防火管理人制度；另依爆竹煙火管理條例及爆竹煙火管理條例施行細則規定，須設有爆竹煙火監督人制度，試申述上述二種制度設置規定、任務及講習訓練的異同？（25分）（104年消防升等考）

解：

防火管理人

第13條　一定規模以上供公眾使用建築物，應由管理權人，遴用防火管理人，責其製定消防防護計畫，報請消防機關核備，並依該計畫執行有關防火管理上必要之業務。地面樓層達十一層以上建築物、地下建築物或中央主管機關指定之建築物，其管理權有分屬時，各管理權人應協議製定共同消防防護計畫，並報請消防機關核備。防火管理人遴用後應報請直轄市、縣（市）消防機關備查；異動時，亦同。

第14條　本法第十三條所定防火管理人，應為管理或監督層次人員，並經中央消防機關認可之訓練機構或直轄市、縣（市）消防機關講習訓練合格領有證書始得充任。

前項講習訓練分為初訓及複訓。初訓合格後，每三年至少應接受複訓一次。

第一項講習訓練時數，初訓不得少於十二小時；複訓不得少於六小時。

爆竹煙火監督人

第18條　爆竹煙火製造場所及達中央主管機關所定管制量三十倍之儲存、販賣場所之負責人，應選任爆竹煙火監督人，責其訂定安全防護計畫，報請直轄市、縣（市）主管機關備查，並依該計畫執行有關爆竹煙火安全管理上必要之業務。

爆竹煙火監督人選任後十五日內，應報請直轄市、縣（市）主管機關備查；異動時，亦同。

第一項所定爆竹煙火監督人，應經中央主管機關或其認可之專業機構施予訓練，並領有合格證書，始得充任；任職期間，並應定期接受複訓。

第8條　本條例第十八條所定爆竹煙火監督人，應為爆竹煙火製造場所或達中央主管機關所定管制量三十倍以上儲存、販賣場所之管理或監督層次幹部。

爆竹煙火監督人任職期間，每二年至少應接受複訓一次。

本條例第十八條第三項所定訓練之時間，不得少於二十四小時，而複訓之時間，不得少於八小時。

附記

保安監督人（公共危險物品暨可燃性高壓氣體管理辦法）

第47條　製造、儲存或處理六類物品達管制量三十倍以上之場所，應由管理權人選任管理或監督層次以上之幹部為保安監督人，擬訂消防防災計畫，報請當地消防機關核定，並依該計畫執行六類物品保安監督相關業務。

保安監督人選任後十五日內，應報請當地消防機關備查；異動時，亦同。

第一項保安監督人應經直轄市、縣（市）消防機關，或中央主管機關認可之專業機構，施予二十四小時之訓練領有合格證書者，始得充任，任職期間並應每二年接受複訓一次，而複訓之時間，不得少於八小時。

14. 依消防法施行細則第15條之規定，消防防護計畫內容包含事項除「消防安全設備之維護管理」、「用火、用電之監督管理」及「防止縱火措施」外，尚包含哪些事項？（25分）（105年4等特考）

解：

本法第十三條所稱消防防護計畫應包括下列事項：

1) 自衛消防編組：員工在十人以上者，至少編組滅火班、通報班及避難引導班；員

工在五十人以上者，應增編安全防護班及就護班。

2) 防火避難設施之自行檢查：每月至少檢查一次，檢查結果遇有缺失，應報告管理權人立即改善。

3) 消防安全設備之維護管理。

4) 火災及其他災害發生時之滅火行動、通報聯絡及避難引導等。

5) 滅火、通報及避難訓練之實施：每半年至少應舉辦一次，每次不得少於四小時，並應事先通報當地消防機關。

6) 防災應變之教育訓練。

7) 用火、用電之監督管理。

8) 防止縱火措施。

9) 場所之位置圖、逃生避難圖及平面圖。

10) 其他防災應變上之必要事項。

11) 遇有增建、改建、修建、室內裝修施工時，應另定消防防護計畫，以監督施工單位用火、用電情形。

1.7　模擬試題

1. 防火管理人制度從民84年立法後實施迄今，發揮很大功效，臺灣火災不論是發生率與人命死亡率均有顯著下降。因此，於民104年防火管理人訓練法規鬆綁，進行部分調整，請問該法規鬆綁所指內容為何？

解：

第14條　前項講習訓練分為初訓及複訓。初訓合格後，每三年至少應接受複訓一次。

　　　　　第一項講習訓練時數，初訓不得少於十二小時；複訓不得少於六小時。

2. 公共危險物品及可燃性高壓氣體，係消防法授權由中央主管機關會同中央目的事業主管機關定之，請問授權範圍為何？

解：

第15條　公共危險物品及可燃性高壓氣體應依其容器、裝載及搬運方法進行安全搬運；達管制量時，應在製造、儲存或處理場所以安全方法進行儲存或處理。前項公共危險物品及可燃性高壓氣體之範圍及分類，製造、儲存或處理場所之位置、構造及設備之設置標準，儲存、處理及搬運之安全管理辦法，由中央主管機關會同中央目的事業主管機關定之。但公共危險物品及可燃性高壓氣體之製造、儲存、處理或搬運，中央目的事業主管機關另訂有安全管理規定者，依其規定辦理。

3. 近來有縣市消防局檢討對捕蜂、抓蛇等工作，對外宣稱不再此項為民服務，那麼消防單位可拒絕此項服務嗎？到底消防單位法定工作有哪些？

解：

依消防法第1條指出，為預防火災、搶救災害及緊急救護，以維護公共安全，確保人民生命財產，為消防單位法定工作。

依災害防救法第3條，指出風災、震災、火災、爆炸災害為內政部，業務主管機關為消防署承辦上述災害之預防、應變及復原重建，此亦為消防單位之法定工作。

4. 液化石油氣為可燃性高壓氣體，有其相當危險性，如在人口稠密區進行販賣零售，勢必應進行嚴謹管理。請問該零售業者應備妥哪些相關資料並定期申報，以利管理？

解：

第15-2條　液化石油氣零售業者應備置下列資料，並定期向轄區消防機關申報：一、容器儲存場所管理資料。二、容器管理資料。三、用戶資料。四、液化石油氣分裝場業者灌裝證明資料。五、安全技術人員管理資料。六、用戶安全檢查資料。七、投保公共意外責任險之證明文件。八、其他經中央主管機關公告之資料。前項資料，零售業者應至少保存二年，以備查核。

5. 義勇消防團體為志願服務組織之一種，請問其服勤期間，有否提供津貼，參加服勤時是否須請假？

解：

第29條　依本法參加義勇消防編組之人員接受訓練、演習、服勤時，直轄市、縣（市）政府得依實際需要供給膳宿、交通工具或改發代金。參加服勤期間，得比照國民兵應召集服勤另發給津貼。前項人員接受訓練、演習、服勤期間，其所屬機關（構）、學校、團體、公司、廠場應給予公假。

第15-2條　液化石油氣零售業者應備置下列資料，並定期向轄區消防機關申報：一、容器儲存場所管理資料。二、容器管理資料。三、用戶資料。四、液化石油氣分裝場業者灌裝證明資料。五、安全技術人員管理資料。六、用戶安全檢查資料。七、投保公共意外責任險之證明文件。八、其他經中央主管機關公告之資料。前項資料，零售業者應至少保存二年，以備查核。

6. 義勇消防團體為志願服務組織之一種，請問其因參加服勤致生意外，因故無法請領各項給付時，請問其相關規定如何？

解：

第30條　依本法參加編組人員，因接受訓練、演習、服勤致患病、傷殘或死亡者，依其本職身分有關規定請領各項給付。無法依前項規定請領各項給付者，依下列規定辦理：一、傷病者：得憑消防機關出具證明，至指定之公立醫院或特約醫院治療。但情況危急者，得先送其他醫療機構急救。二、

因傷致殘者，依下列規定給與一次殘障給付：(一)極重度與重度殘障者：三十六個基數。(二)中度殘障者：十八個基數。(三)輕度殘障者：八個基數。三、死亡者：給與一次撫卹金九十個基數。四、受傷致殘，於一年內傷發死亡者，依前款規定補足一次撫卹金基數。前項基數之計算，以公務人員委任第五職等年功俸最高級月支俸額為準。

7. 違反防火管理相關規定，請問處罰如何？

解：

第40條　違反第十三條規定，經通知限期改善逾期不改善者，處其管理權人新臺幣一萬元以上五萬元以下罰鍰；經處罰鍰後仍不改善者，得連續處罰。

第35條　依第六條第一項所定標準應設置消防安全設備之供營業使用場所，或依同條第四項所定應設置住宅用火災警報器之場所，其管理權人未依規定設置或維護，於發生火災時致人於死者，處一年以上七年以下有期徒刑，得併科新臺幣一百萬元以上五百萬元以下罰金；致重傷者，處六月以上五年以下有期徒刑，得併科新臺幣五十萬元以上二百五十萬元以下罰金。

8. 某農民在其山坡地雜草叢生，欲實施以焚燒來整地，請問如依消防法是否允許，其相關規定為何？

解：

第17條　山林、田野引火燃燒，以開墾、整地、驅除病蟲害等事由為限。

前項引火燃燒有延燒之虞或於森林區域、森林保護區內引火者，引火人應於五日前向當地消防機關申請許可後，於引火前在引火地點四週設置三公尺寬之防火間隔，及配置適當之滅火設備，並將引火日期、時間、地點通知鄰接地之所有人或管理人。其於森林區域或森林保護區引火者，並應通知森林主管機關。

前項引火應在上午六時後下午六時前為之，引火時並應派人警戒監視，俟火滅後始得離開。

9. 未具合格證照人員，逕行安裝瓦斯燃氣熱水器，在消防法有何相關罰責規定？

解：

第42-1條 （罰則）違反第十五條之一，有下列情形之一者，處負責人及行為人新臺幣一萬元以上五萬元以下罰鍰，並得命其限期改善，屆期未改善者，得連續處罰或逕予停業處分：一、未僱用領有合格證照者從事熱水器及配管之安裝。二、違反第十五條之一第三項熱水器及配管安裝標準從事安裝工作者。三、違反或逾越營業登記事項而營業者。

第 **2** 章

災害防救法及相關法規

2.1 災害防救法

（105年4月修正）

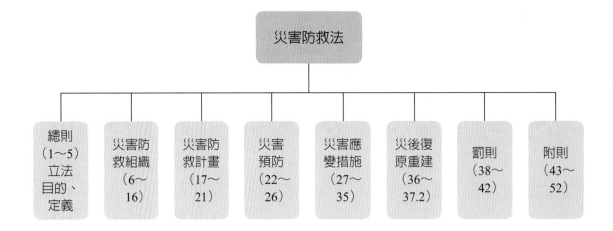

第一章 總則

第 1 條 為健全災害防救體制，強化災害防救功能，以確保人民生命、身體、
財產之安全及國土之保全，特制定本法。

災害之防救，本法未規定者，適用其他法律之規定。

第 2 條 本法專用名詞，定義如下：

一、災害：指下列災難所造成之禍害：

(一)風災、水災、震災（含土壤液化）、旱災、寒害、土石流災
害等天然災害。

(二)火災、爆炸、公用氣體與油料管線、輸電線路災害、礦災、
空難、海難、陸上交通事故、森林火災、毒性化學物質災
害、生物病原災害、動植物疫災、輻射災害、工業管線災害
等災害。

二、災害防救：指災害之預防、災害發生時之應變及災後之復原重建
等措施。

三、災害防救計畫：指災害防救基本計畫、災害防救業務計畫及地區
災害防救計畫。

四、災害防救基本計畫：指由中央災害防救會報核定之全國性災害防救計畫。

五、災害防救業務計畫：指由中央災害防救業務主管機關及公共事業就其掌理業務或事務擬訂之災害防救計畫。

六、地區災害防救計畫：指由直轄市、縣（市）及鄉（鎮、市）災害防救會報核定之直轄市、縣（市）及鄉（鎮、市）災害防救計畫。

第　3　條　各種災害之預防、應變及復原重建，以下列機關為中央災害防救業務主管機關：

一、風災、震災（含土壤液化）、火災、爆炸災害：內政部。

二、水災、旱災、礦災、工業管線災害、公用氣體與油料管線、輸電線路災害：經濟部。

三、寒害、土石流災害、森林火災、動植物疫災：行政院農業委員會。

四、空難、海難、陸上交通事故：交通部。

五、毒性化學物質災害：行政院環境保護署。

六、生物病原災害：衛生福利部。

七、輻射災害：行政院原子能委員會。

八、其他災害：依法律規定或由中央災害防救會報指定之中央災害防救業務主管機關。

前項中央災害防救業務主管機關就其主管災害防救業務之權責如下：

一、中央及直轄市、縣（市）政府與公共事業執行災害防救工作等相關事項之指揮、督導及協調。

二、災害防救業務計畫訂定與修正之研擬及執行。

三、災害防救工作之支援、處理。

四、非屬地方行政轄區之災害防救相關業務之執行、協調，及違反本法案件之處理。

五、災害區域涉及海域、跨越二以上直轄市、縣（市）行政區，或災情重大且直轄市、縣（市）政府無法因應時之協調及處理。

第　4　條　本法主管機關：在中央為內政部；在直轄市為直轄市政府；在縣（市）為縣（市）政府。

　　　　　　　　直轄市、縣（市）政府及鄉（鎮、市）公所應依地方制度法第十八條
　　　　　　　　第十一款第二目、第十九條第十一款第二目、第二十條第七款第一目
　　　　　　　　及本法規定，分別辦理直轄市、縣（市）及鄉（鎮、市）之災害防救
　　　　　　　　自治事項。

第　5　條　中央災害防救業務主管機關為達災害防救之目的，得採取法律、行政
　　　　　　　　及財政金融之必要措施，並向立法院報告。

第二章　災害防救組織

第　6　條　行政院設中央災害防救會報，其任務如下：
　　　　　　　　一、決定災害防救之基本方針。
　　　　　　　　二、核定災害防救基本計畫及中央災害防救業務主管機關之災害防救
　　　　　　　　　　業務計畫。
　　　　　　　　三、核定重要災害防救政策與措施。
　　　　　　　　四、核定全國緊急災害之應變措施。
　　　　　　　　五、督導、考核中央及直轄市、縣（市）災害防救相關事項。
　　　　　　　　六、其他依法令所規定事項。

第　7　條　中央災害防救會報置召集人、副召集人各一人，分別由行政院院長、
　　　　　　　　副院長兼任；委員若干人，由行政院院長就政務委員、秘書長、有關
　　　　　　　　機關首長及具有災害防救學識經驗之專家、學者派兼或聘兼之。
　　　　　　　　為執行中央災害防救會報核定之災害防救政策，推動重大災害防救任
　　　　　　　　務與措施，行政院設中央災害防救委員會，置主任委員一人，由行政
　　　　　　　　院副院長兼任，並設行政院災害防救辦公室，置專職人員，處理有關
　　　　　　　　業務；其組織由行政院定之。
　　　　　　　　行政院災害防救專家諮詢委員會、國家災害防救科技中心提供中央災
　　　　　　　　害防救會報及中央災害防救委員會，有關災害防救工作之相關諮詢，
　　　　　　　　加速災害防救科技研發及落實，強化災害防救政策及措施。
　　　　　　　　為有效整合運用救災資源，中央災害防救委員會設行政院國家搜救指
　　　　　　　　揮中心，統籌、調度國內各搜救單位資源，執行災害事故之人員搜救
　　　　　　　　及緊急救護之運送任務。
　　　　　　　　內政部消防署執行災害防救業務。
　　　　　　　　中央災害防救業務主管機關執行災害資源統籌、資訊彙整與防救業

務，並應協同相關機關執行全民防災預防教育。

第　8　條　直轄市、縣（市）政府設直轄市、縣（市）災害防救會報，其任務如
下：

一、核定各該直轄市、縣（市）地區災害防救計畫。

二、核定重要災害防救措施及對策。

三、核定轄區內災害之緊急應變措施。

四、督導、考核轄區內災害防救相關事項。

五、其他依法令規定事項。

第　9　條　直轄市、縣（市）災害防救會報置召集人一人、副召集人一人或二
人，分別由直轄市、縣（市）政府正、副首長兼任；委員若干人，由
直轄市、縣（市）長就有關機關、單位首長、軍事機關代表及具有災
害防救學識經驗之專家、學者派兼或聘兼。

直轄市、縣（市）災害防救辦公室執行直轄市、縣（市）災害防救會
報事務；其組織由直轄市、縣（市）政府定之。

直轄市、縣（市）災害防救專家諮詢委員會提供直轄市、縣（市）災
害防救會報災害防救工作之相關諮詢。

第　10　條　鄉（鎮、市）公所設鄉（鎮、市）災害防救會報，其任務如下：

一、核定各該鄉（鎮、市）地區災害防救計畫。

二、核定重要災害防救措施及對策。

三、推動疏散收容安置、災情通報、災後緊急搶通、環境清理等災害
緊急應變及整備措施。

四、推動社區災害防救事宜。

五、其他依法令規定事項。

第　11　條　鄉（鎮、市）災害防救會報置召集人、副召集人各一人，委員若干
人。召集人由鄉（鎮、市）長擔任；副召集人由鄉（鎮、市）公所主
任秘書或秘書擔任；委員由鄉（鎮、市）長就各該鄉（鎮、市）地區
災害防救計畫中指定之單位代表派兼或聘兼。

鄉（鎮、市）災害防救辦公室執行鄉（鎮、市）災害防救會報事務；
其組織由鄉（鎮、市）公所定之。

區得比照前條及前二項規定，成立災害防救會報及災害防救辦公室。

第　12　條　為預防災害或有效推行災害應變措施，當災害發生或有發生之虞時，

　　　　　　　　直轄市、縣（市）及鄉（鎮、市）災害防救會報召集人應視災害規模
　　　　　　　　成立災害應變中心，並擔任指揮官。

　　　　　　　　前項災害應變中心成立時機、程序及編組，由直轄市、縣（市）政府
　　　　　　　　及鄉（鎮、市）公所定之。

第　13　條　　重大災害發生或有發生之虞時，中央災害防救業務主管機關首長應視
　　　　　　　　災害之規模、性質、災情、影響層面及緊急應變措施等狀況，決定中
　　　　　　　　央災害應變中心開設時機及其分級，應於成立後，立即報告中央災害
　　　　　　　　防救會報召集人，並由召集人指定指揮官。

　　　　　　　　中央災害應變中心成立後，得視災情研判情況或聯繫需要，通知直轄
　　　　　　　　市、縣（市）政府立即成立地方災害應變中心。

第　14　條　　災害發生或有發生之虞時，為處理災害防救事宜或配合各級災害應變
　　　　　　　　中心執行災害應變措施，災害防救業務計畫及地區災害防救計畫指定
　　　　　　　　之機關、單位或公共事業，應設緊急應變小組，執行各項應變措施。

第　15　條　　各級災害防救會報應結合民防及全民防衛動員準備體系，實施相關災
　　　　　　　　害整備及應變事項；其實施辦法，由內政部會同有關部會定之。

第　16　條　　內政部災害防救署特種搜救隊及訓練中心、直轄市、縣（市）政府搜
　　　　　　　　救組織處理重大災害搶救等應變事宜。

第三章　災害防救計畫

第　17　條　　災害防救基本計畫由中央災害防救委員會擬訂，經中央災害防救會報
　　　　　　　　核定後，由行政院函送各中央災害防救業務主管機關及直轄市、縣
　　　　　　　　（市）政府據以辦理災害防救事項。

　　　　　　　　前項災害防救基本計畫應定期檢討，必要時得隨時為之。

　　　　　　　　行政院每年應將災害防救白皮書送交立法院。

第　18　條　　災害防救基本計畫內容之規定如下：

　　　　　　　　一、整體性之長期災害防救計畫。

　　　　　　　　二、災害防救業務計畫及地區災害防救計畫之重點事項。

　　　　　　　　三、其他中央災害防救會報認為有必要之事項。

　　　　　　　　前項各款之災害防救計畫、災害防救業務計畫、地區災害防救計畫內
　　　　　　　　容之規定如下：

　　　　　　　　一、災害預防相關事項。

二、災害緊急應變對策相關事項。

三、災後復原重建相關事項。

四、其他行政機關、公共事業、直轄市、縣（市）、鄉（鎮、市）災
　　害防救會報認為必要之事項。

行政機關依其他法律作成之災害防救計畫及災害防救相關規定，不得
牴觸本法。

第　19　條　公共事業應依災害防救基本計畫擬訂災害防救業務計畫，送請中央目
的事業主管機關核定。

中央災害防救業務主管機關應依災害防救基本計畫，就其主管災害防
救事項，擬訂災害防救業務計畫，報請中央災害防救會報核定後實
施。

第　20　條　直轄市、縣（市）災害防救會報執行單位應依災害防救基本計畫、相
關災害防救業務計畫及地區災害潛勢特性，擬訂地區災害防救計畫，
經各該災害防救會報核定後實施，並報中央災害防救會報備查。

前項直轄市、縣（市）地區災害防救計畫不得牴觸災害防救基本計畫
及相關災害防救業務計畫。

鄉（鎮、市）公所應依上級災害防救計畫及地區災害潛勢特性，擬訂
地區災害防救計畫，經各該災害防救會報核定後實施，並報所屬上級
災害防救會報備查。

前項鄉（鎮、市）地區災害防救計畫，不得牴觸上級災害防救計畫。

第　21　條　各種災害防救業務計畫或各地區災害防救計畫間有所牴觸而無法解決
者，應報請中央災害防救委員會協調之。

第四章　災害預防

第　22　條　為減少災害發生或防止災害擴大，各級政府平時應依權責實施下列減
災事項：

一、災害防救計畫之擬訂、經費編列、執行及檢討。

二、災害防救教育、訓練及觀念宣導。

三、災害防救科技之研發或應用。

四、治山、防洪及其他國土保全。

五、老舊建築物、重要公共建築物與災害防救設施、設備之檢查、補

強、維護及都市災害防救機能之改善。

六、災害防救上必要之氣象、地質、水文與其他相關資料之觀測、蒐集、分析及建置。

七、災害潛勢、危險度、境況模擬與風險評估之調查分析，及適時公布其結果。

八、地方政府及公共事業有關災害防救相互支援協定之訂定。

九、災害防救團體、災害防救志願組織之促進、輔導、協助及獎勵。

十、災害保險之規劃及推動。

十一、有關弱勢族群災害防救援助必要事項。

十二、災害防救資訊網路之建立、交流及國際合作。

十三、其他減災相關事項。

前項所定減災事項，各級政府應依權責列入各該災害防救計畫。

公共事業應依其災害防救業務計畫，實施有關減災事項。

第一項第七款有關災害潛勢之公開資料種類、區域、作業程序及其他相關事項之辦法，由各中央災害防救業務主管機關定之。

第　23　條　為有效執行緊急應變措施，各級政府應依權責實施下列整備事項：

一、災害防救組織之整備。

二、災害防救之訓練、演習。

三、災害監測、預報、警報發布及其設施之強化。

四、災情蒐集、通報與指揮所需通訊設施之建置、維護及強化。

五、災害防救物資、器材之儲備及檢查。

六、災害防救設施、設備之整備及檢查。

七、對於妨礙災害應變措施之設施、物件，施以加固、移除或改善。

八、國際救災支援之配合。

九、其他緊急應變整備事項。

前項所定整備事項，各級政府應依權責列入各該災害防救計畫。公共事業應依其災害防救業務計畫，實施有關災害整備事項。為確保防救災專用微波通信之暢通，內政部得就電波傳輸暢通之必要範圍，劃定電波傳輸障礙防止區域，並公告之。

建築物之起造人於前項公告區域內有新建、增建之建築行為，並符合下列規定之一者，直轄市、縣（市）政府始得給予建築許可：

一、與內政部協商達成改善方案。

二、同意內政部選擇損失最小之方法，使用該建築物屋頂層架設微波電臺或衛星地球電臺，以維持電波暢通。

內政部對於前項因協商達成改善方案，或使用該建築物屋頂層架設微波電臺或衛星地球電臺，致造成相對人損失，應給付相當之補償。

前項之損失補償，應以協議為之，作成協議書，並得為執行名義。有關損失補償之程序、方法、期限、金額及其他相關事項之辦法，由內政部定之。

第　24　條　為保護人民生命、財產安全或防止災害擴大，直轄市、縣（市）政府、鄉（鎮、市、區）公所於災害發生或有發生之虞時，應勸告或強制其撤離，並作適當之安置。

直轄市、縣（市）政府、鄉（鎮、市、區）公所於災害應變之必要範圍內，對於有擴大災害或妨礙救災之設備或物件之所有權人、使用人或管理權人，應勸告或強制其除去該設備或物件，並作適當之處置。

第　25　條　各級政府及相關公共事業，應實施災害防救訓練及演習。

實施前項災害防救訓練及演習，各機關、公共事業所屬人員、居民及其他公、私立學校、團體、公司、廠場有共同參與或協助之義務。

參與前項災害防救訓練、演習之人員，其所屬機關（構）、學校、團體、公司、廠場應給予公假。

第　26　條　各級政府及相關公共事業應置專職人員，鄉（鎮、市、區）公所於未置專職人員前，得置兼職人員，執行災害預防各項工作。

第五章　災害應變措施

第　27　條　為實施災害應變措施，各級政府應依權責實施下列事項：

一、災害警報之發布、傳遞、應變戒備、人員疏散、搶救、避難之勸告、災情蒐集及損失查報。

二、警戒區域劃設、交通管制、秩序維持及犯罪防治。

三、消防、防汛及其他應變措施。

四、受災民眾臨時收容、社會救助及弱勢族群特殊保護措施。

五、受災兒童及少年、學生之應急照顧。

六、危險物品設施及設備之應變處理。

七、傳染病防治、廢棄物處理、環境消毒、食品衛生檢驗及其他衛生事項。

八、搜救、緊急醫療救護及運送。

九、協助相驗、處理罹難者屍體、遺物。

十、民生物資與飲用水之供應及分配。

十一、水利、農業設施等災害防備及搶修。

十二、鐵路、道路、橋樑、大眾運輸、航空站、港埠、公用氣體與油料管線、輸電線路、電信、自來水及農漁業等公共設施之搶修。

十三、危險建築物之緊急評估。

十四、漂流物、沉沒品及其他救出物品之保管、處理。

十五、災害應變過程完整記錄。

十六、其他災害應變及防止擴大事項。

前項災害應變措施事項，各級政府應依權責列入各該災害防救計畫。

公共事業應依其災害防救業務計畫，實施有關災害應變事項。

第一項第十三款有關危險建築物緊急評估之適用災害種類、實施時機、處理人員、程序、危險標誌之張貼、解除及其他相關事項之辦法，由內政部定之。

第 28 條　各級災害應變中心成立後，參與編組機關首長應依規定親自或指派權責人員進駐，執行災害應變工作，並由災害應變中心指揮官負責指揮、協調與整合。

各級災害應變中心應有固定之運作處所，充實災害防救設備並作定期演練。

為免中央災害應變中心因重大災害致無法運作，或為支援跨直轄市、縣（市）處理區域性重大災害，應異地設置備援應變中心。

第 29 條　（刪除）

第 30 條　民眾發現災害或有發生災害之虞時，應即主動通報消防或警察單位、村（里）長或村（里）幹事。

前項之受理單位或人員接受災情通報後，應迅速採取必要之措施。

各級政府及公共事業發現、獲知災害或有發生災害之虞時，應主動蒐集、傳達相關災情並迅速採取必要之處置。

第 31 條　各級政府成立災害應變中心後，指揮官於災害應變範圍內，依其權責分別實施下列事項，並以各級政府名義為之：

一、緊急應變措施之宣示、發布及執行。

二、劃定警戒區域，製發臨時通行證，限制或禁止人民進入或命其離去。

三、指定道路區間、水域、空域高度，限制或禁止車輛、船舶或航空器之通行。

四、徵調相關專門職業、技術人員及所徵用物資之操作人員協助救災。

五、徵用、徵購民間搜救犬、救災機具、車輛、船舶或航空器等裝備、土地、水權、建築物、工作物。

六、指揮、督導、協調國軍、消防、警察、相關政府機關、公共事業、民防團隊、災害防救團體及災害防救志願組織執行救災工作。

七、危險建築物、工作物之拆除及災害現場障礙物之移除。

八、優先使用傳播媒體與通訊設備，蒐集及傳播災情與緊急應變相關資訊。

九、國外救災組織來臺協助救災之申請、接待、責任災區分配及協調聯繫。

十、災情之彙整、統計、陳報及評估。

十一、其他必要之應變處置。

違反前項第二款、第三款規定致遭遇危難，並由各級災害應變中心進行搜救而獲救者，各級政府得就搜救所生費用，以書面命獲救者或可歸責之業者繳納；其費用之計算、分攤、作業程序及其他應遵行事項之辦法，由內政部定之。

第一項第六款所定民防團隊、災害防救團體及災害防救志願組織之編組、訓練、協助救災及其他應遵行事項之辦法，由內政部定之。

第 32 條　各級政府為實施第二十七條第一項及前條第一項所定事項，對於救災所需必要物資之製造、運輸、販賣、保管、倉儲業者，得徵用、徵購或命其保管。

為執行依前項規定作成之處分，得派遣攜有證明文件之人員進入業者

營業場所或物資所在處所檢查。

第 33 條 人民因第二十四條第二項、第三十一條第一項及前條第一項之處分、強制措施或命令，致其財產遭受損失時，得請求補償。但因可歸責於該人民之事由者，不在此限。

前項損失補償，應以金錢爲之，並以補償實際所受之損失爲限。

損失補償應自知有損失時起，二年內請求之。但自損失發生後，經過五年者，不得爲之。

第 34 條 鄉（鎮、市）公所無法因應災害處理時，縣（市）政府應主動派員協助，或依鄉（鎮、市）公所之請求，指派協調人員提供支援協助。

直轄市、縣（市）政府無法因應災害處理時，該災害之中央災害防救業務主管機關應主動派員協助，或依直轄市、縣（市）政府之請求，指派協調人員提供支援協助。

前二項支援協助項目及程序，分由各中央災害防救業務主管機關、縣（市）政府定之。

直轄市、縣（市）政府及中央災害防救業務主管機關，無法因應災害處理時，得申請國軍支援。但發生重大災害時，國軍部隊應主動協助災害防救。國防部得依前項災害防救需要，運用應召之後備軍人支援災害防救。

第四項有關申請國軍支援或國軍主動協助救災之程序、預置兵力及派遣、指揮調度、協調聯絡、教育訓練、救災出勤時限及其他相關事項之辦法，由國防部會同內政部定之。

第 35 條 爲緊急應變所需警報訊號之種類、內容、樣式、方法及其發布時機，除其他法律有特別規定者外，由各中央災害防救業務主管機關擬訂，報請中央災害防救會報核定後公告之。

前項或其類似之訊號，未經許可不得擅自使用。

第六章 災後復原重建

第 36 條 爲實施災後復原重建，各級政府應依權責實施下列事項，並鼓勵民間團體及企業協助辦理：

一、災情、災區民眾需求之調查、統計、評估及分析。

二、災後復原重建綱領與計畫之訂定及實施。

三、志工之登記及分配。

四、捐贈物資、款項之分配與管理及救助金之發放。

五、傷亡者之善後照料、災區民眾之安置及災區秩序之維持。

六、衛生醫療、防疫及心理輔導。

七、學校廳舍及其附屬公共設施之復原重建。

八、受災學生之就學及寄讀。

九、古蹟、歷史建築搶修、修復計畫之核准或協助擬訂。

十、古蹟、歷史建築受災情形調查、緊急搶救、加固等應變處理措施。

十一、受損建築物之安全評估及處理。

十二、住宅、公共建築物之復原重建、都市更新及地權處理。

十三、水利、水土保持、環境保護、電信、電力、自來水、油料、氣體等設施之修復及民生物資供需之調節。

十四、鐵路、道路、橋樑、大眾運輸、航空站、港埠及農漁業之復原重建。

十五、環境消毒與廢棄物之清除及處理。

十六、受災民眾之就業服務及產業重建。

十七、其他有關災後復原重建事項。

前項所定復原重建事項，各級政府應依權責列入各該災害防救計畫。

公共事業應依其災害防救業務計畫，實施有關災後復原重建事項。

第　37　條　為執行災後復原重建，各級政府得由各機關調派人員組成任務編組之重建推動委員會；其組織規程由各級政府定之。重建推動委員會於災後復原重建全部完成後，始解散之。

第 37-1 條　因災害發生，致聯絡災區交通中斷或公共設施毀壞有危害民眾之虞，各級政府為立即執行搶通或重建工作，如經過都市計畫區、山坡地、森林、河川、國家公園或其他有關區域，得簡化行政程序，不受區域計畫法、都市計畫法、水土保持法、山坡地保育利用條例、森林法、水利法、國家公園法及其他有關法律或法規命令之限制。

前項簡化行政程序及不受有關法律或法規命令限制之辦法，由各該中央災害防救業務主管機關定之。

第 37-2 條　因天然災害發生，致影響災區民眾正常居住生活，各級政府為安置受

災民眾或進行災區重建工作，對於涉及用地及建築物之劃定、取得、變更、評估、管理、維護或其他事項，得簡化行政程序，不受區域計畫法、都市計畫法、建築法、都市更新條例、環境影響評估法、水土保持法及其他有關法律或法規命令之限制。

前項簡化行政程序及不受有關法律或法規命令限制之辦法，由各該中央災害防救業務主管機關定之。

第七章　罰則

第 38 條　有下列情形之一者，處新臺幣十萬元以上五十萬元以下罰鍰：

一、違反依第三十一條第一項第四款或第五款規定所為之處分。

二、違反依第三十二條第一項規定所為之處分。

第 39 條　有下列情形之一者，處新臺幣五萬元以上二十五萬元以下罰鍰：

一、違反依第二十四條第二項、第三十一條第一項第二款、第三款或第七款規定所為之處置。

二、違反第三十五條第二項規定。

第 39-1 條　（刪除）

第 40 條　有下列情形之一者，處新臺幣三萬元以上十五萬元以下罰鍰：

一、規避、妨礙或拒絕依第三十二條第二項規定所為之檢查。

二、公共事業違反第二十二條第三項、第二十三條第三項、第二十七條第三項、第三十條第三項或第三十六條第三項規定，致發生重大損害。

第 41 條　乘災害之際而故犯竊盜、詐欺、恐嚇取財、搶奪、強盜之罪者，得依刑法之規定，加重其刑至二分之一。

第 42 條　（刪除）

第八章　附則

第 43 條　實施本法災害防救之經費，由各級政府按本法所定應辦事項，依法編列預算。

各級政府編列之災害防救經費，如有不敷支應災害發生時之應變措施及災後之復原重建所需，應視需要情形調整當年度收支移緩濟急支應，不受預算法第六十二條及第六十三條規定之限制。

第 43-1 條　直轄市、縣（市）政府無法支應重大天然災害之災後復原重建等經費時，得報請中央政府補助。

前項所定補助之時機、要件、基準、請求程序及其他相關事項之辦法，由行政院定之。

第 44 條　中央災害防救委員會應儘速協調金融機構，就災區民眾所需重建或修繕資金，予以低利貸款。

前項貸款金額、利息補貼額度及作業程序應報請中央災害防救會報核定之，利息補貼額度由各級政府編列預算執行之，補貼範圍應斟酌民眾受災程度及自行重建能力。

第 44-1 條　災區受災居民購屋貸款之自用住宅，經各級政府認定因災害毀損致不堪使用者，得經原貸款金融機構之同意，以該房屋及其土地，抵償原貸款債務。內政部得於原貸款剩餘年限，就承受原貸款餘額予以利息補貼。

前項利息補貼之範圍、方式、程序、補貼利率、自用住宅因災害毀損致不堪使用之認定及其他應遵行事項之辦法，由內政部會商相關機關定之。

金融機構承受、處置第一項房屋或土地，不受銀行法第七十五條、第七十六條及保險法第一百四十六條之二規定之限制。

第 44-2 條　金融機構對災區受災居民於災害前已辦理之各項借款及信用卡，其本金及應繳款項之償還期限得予展延，展延期間之利息，應免予計收，並由中央政府予以補貼。其補貼範圍、展延期間、作業程序及其他應遵行事項之辦法，由金融監督管理委員會會商相關機關定之。

前項本金償還期限展延致其放款期限超過三十年者，不受銀行法第三十八條規定之限制。

第 44-3 條　災區受災居民自政府或民間領取之各項救助金、慰問金或臨時工作津貼，免納所得稅。

營利事業透過合於所得稅法第十一條第四項規定之機關、團體對災區受災居民救助及重建之捐贈，得於申報所得稅時，列為當年度費用或損失，不受金額之限制，不適用所得稅法第三十六條第二款之規定。

災區內之土地及建築物，符合一定條件者，得減免地價稅及房屋稅。

前項一定條件、減免期限及範圍，由災區之直轄市、縣（市）政府以

自治條例定之，並報財政部備查。

第一項之救助金、慰問金或臨時工作津貼，不得作為扣押、抵銷、供擔保或強制執行之標的。

第 44-4 條　災區受災之全民健康保險保險對象，於災後一定期間內，其應自付之保險費、醫療費用部分負擔及住院一般膳食費用，由中央政府支應並得以民間捐款為來源；其資格、條件、期間及其他應遵行事項之辦法，由衛生福利部定之。

第 44-5 條　災區受災之農民健康保險、國民年金保險、勞工保險及就業保險被保險人，於災後一定期間內應負擔之保險費，由中央政府支應。

勞工保險被保險人因天然災害致傷病者，得請領傷病給付，其所需經費，由中央政府支應。

前二項被保險人之資格、請領條件、給付額度、期間及其他應遵行事項之辦法，分別由內政部、衛生福利部及勞動部定之。

第 44-6 條　災區低收入戶未申請政府優惠融資或其他補助，經金融機構核放創業融資貸款者，得由衛生福利部對承辦該貸款之金融機構補貼利息，其貸款金額不得超過新臺幣一百五十萬元。

前項利息補貼額度及申辦作業程序，由衛生福利部會商相關機關定之。

第 44-7 條　災區之農地、漁塭與其他農業相關設施向金融機構貸款之擔保品全部毀損或滅失者，其擔保品得由金融機構依貸款餘額予以承受。

金融機構依前項規定承受者，由政府就其承受金額最高八成之範圍內予以補助。有關承受補助之範圍、方式、程序及其他應遵行事項之辦法，由行政院農業委員會會商金融監督管理委員會定之。

第 44-8 條　災區受災企業因受影響而發生營運困難者，各中央目的事業主管機關得予以紓困。

前項發生營運困難企業之認定、紓困措施與基準及其他應遵行事項之辦法，由各中央目的事業主管機關擬訂，報行政院核定。

災區受災企業因受影響而發生營運困難者，於災害前已辦理之貸款，其本金及利息之償還得予以展延。

前項展延期限，週轉金最長一年，資本性融資最長三年。

第三項合意展延期間之利息損失，由各中央目的事業主管機關補貼金

融機構。

災區受災企業因受影響，於其復工營業計畫範圍內所需營業資金，向金融機構之貸款，其貸款之利息，於週轉金最長一年、資本性融資最長三年之範圍內，予以補貼。

前項貸款必要時，由相關信用保證基金提供信用保證，信用保證成數為九成，送保期間保證手續費免向受災企業計收。

前二項補貼範圍及作業程序，由各中央目的事業主管機關定之。

第 44-9 條　災區受災民眾對就其所受損害依法應負賠償責任之人提起民事訴訟者，暫免繳納裁判費，於聲請強制執行時，並暫免繳納執行費。

前項訴訟，受災民眾為保全強制執行而聲請假扣押或假處分者，法院依民事訴訟法所命供之擔保，不得高於請求標的金額或價額之十分之一。

前項擔保，得由主管機關出具保證書代之。

法院就第一項訴訟所為災區受災民眾勝訴之判決，得依職權宣告假執行。法院因宣告假執行所命預供之擔保，準用前兩項規定。

第 44-10 條　第四十四條之一至第四十四條之九所稱災區，指因風災、震災或其他重大災害，造成嚴重人命傷亡之受創地區，其範圍由行政院公告並刊登政府公報。

第 45 條　民間捐助救災之款項，由政府統籌處理救災事宜者，政府應尊重捐助者之意見，專款專用，提供與災民救助直接有關之事項，不得挪為替代行政事務或業務之費用，並應公布支用細目。

第 46 條　各級政府對於從事災害防救之災害防救團體、災害防救志願組織或個人具有顯著功勞者，應依法令予以表彰。

第 47 條　執行本法災害防救事項，致傷病、身心障礙或死亡者，依其本職身分有關規定請領各項給付。

無法依前項規定請領各項給付者，除依下列規定辦理外，應比照義勇消防人員傷病、死亡之請領數額，請領有關給付；其所需費用由政府編列預算支應：

一、傷病者：得憑各該政府出具證明，至全民健康保險特約醫療院所治療。但情況危急者，得先送其他醫療機構急救。

二、因傷病致身心障礙者，依下列規定給與一次身心障礙給付：

　　　　　　(一) 重度身心障礙以上者：三十六個基數。

　　　　　　(二) 中度身心障礙者：十八個基數。

　　　　　　(三) 輕度身心障礙者：八個基數。

　　　三、死亡者：給與一次撫卹金九十個基數。

　　　四、因傷病或身心障礙死亡者，依前款規定補足一次撫卹金基數。

　　　前項基數之計算，以公務人員委任第五職等年功俸最高級月支俸額為準。

　　　第二項身心障礙等級鑑定，依身心障礙者權益保障法及相關規定辦理。

　　　依第一項規定請領各項給付，其得領金額低於第二項第二款至第四款規定者，應補足其差額。

　　　第二項所需費用及前項應補足之差額，由各該政府核發。

第 47-1 條　對於因災害失蹤之人，有事實足認其確已因災死亡而未發現其屍體者，法院得依利害關係人或檢察官之聲請，確定其死亡及死亡之時間。

　　　前項聲請，應於災害發生後一年內為之。

　　　第一項之失蹤人，以法院裁定所確定死亡之時，推定其為死亡。

　　　確定死亡與死亡時間之裁定及該裁定之撤銷、變更，本法未規定者，準用家事事件法宣告死亡事件之規定。

　　　法院准許第一項之聲請者，應公示催告，並準用家事事件法第一百三十條第三項、第四項、第一百五十六條第二項之規定。其陳報期間，應定為自揭示之日起三星期以上二個月以下。

第 48 條　災害救助種類及標準，由各中央災害防救業務主管機關會商直轄市、縣（市）政府統一訂定之。

第 49 條　依本法執行徵調、徵用或徵購之補償或計價；其基準、程序、給付方式及其他應遵行事項之辦法，由內政部定之。

第 50 條　依本法協助執行災害應變措施之災害防救團體或災害防救志願組織，應向直轄市、縣（市）政府申請登錄；其登錄之申請條件、有效期限、撤銷、廢止、輔導及其他應遵行事項之辦法，由內政部定之。

　　　前項經登錄之災害防救團體或災害防救志願組織，各級政府應為其投保救災意外險，並得協助提供救災設備。

第　51　條　本法施行細則由內政部定之。

第　52　條　本法除中華民國一百零五年三月二十五日修正之第四十四條之一至第
四十四條之十，自一百零四年八月六日施行外，自公布日施行。

2.2 災害防救法施行細則

（106年1月修正）

第 1 條　本細則依災害防救法（以下簡稱本法）第五十一條規定訂定之。

第 2 條　本法第二條第一款第二目所定火災以外之各類災害，其定義如下：

一、爆炸：指壓力急速產生，並釋放至周圍壓力較低之環境，或因氣體急速膨脹，擠壓周圍之空氣或與容器壁摩擦，造成災害者。

二、公用氣體與油料管線災害：指天燃氣事業或石油業之管線，因事故發生，造成安全危害或環境汙染者。

三、輸電線路災害：指輸電之線路或設備受損，無法正常供輸電力，造成災害者。

四、礦災：指地下礦場、露天礦場、石油天然氣礦場（含海上探勘、生產作業）等各類礦場及礦業權持續中之廢棄礦坑或捨石場，發生落磐、埋沒、土石崩塌、一氧化碳中毒或窒息、瓦斯或煤塵爆炸、氣體突出、石油或天然氣洩漏、噴井、搬運事故、機電事故、炸藥事故、水災、火災等，造成人員生命及財產損害者。

五、空難：指航空器運作中所發生之事故，造成人員傷亡、失蹤或財物損失，或航空器遭受損害或失蹤者。

六、海難：指船舶發生故障、沉沒、擱淺、碰撞、失火、爆炸或其他有關船舶、貨載、船員或旅客之非常事故者。

七、陸上交通事故：指鐵路、公路及大眾捷運等運輸系統，發生行車事故，或因天然、人為等因素，造成設施損害，致影響行車安全或導致交通陷於停頓者。

八、森林火災：指火災發生於國有、公有或私有林地，造成林木損害或影響森林生態系組成及運作者。

九、毒性化學物質災害：指因毒性化學物質事故，造成安全危害或環境汙染者。

十、生物病原災害：指傳染病發生流行疫情，且對國家安全、社會經濟、人民健康造成重大危害，對區域醫療資源產生嚴重負荷者。

十一、動植物疫災：指因動物傳染病或植物疫病蟲害之發生、蔓延，造成災害者。

十二、輻射災害：指因輻射源或輻射作業過程中，或因天然、人為等因素，產生輻射意外事故，造成人員輻射曝露之安全危害或環境污染者。

十三、工業管線災害：指輸出端廠場與接收端廠場間，於相關法令設立、管理之園區範圍外經由第三地地下工業管線輸送工廠危險物品申報辦法之危險物品，因事故發生，造成安全危害或環境污染等第二款以外之災害者。

第　3　條　本法所稱公共事業，指經中央目的事業主管機關指定之大眾傳播事業、電業、自來水事業、電信事業、天然氣事業、石油業、運輸業及其他事業。

第　4　條　本法所稱災害防救團體，指依人民團體法立案或依財團法人設立之相關規定取得許可，並依本法第五十條第一項規定登錄，協助執行災害應變措施之團體。

第　5　條　本法所稱災害防救志願組織，指依本法第五十條第一項規定登錄，協助執行災害應變措施之志工團隊。

第　6　條　（刪除）

第　7　條　中央災害防救委員會每五年應依本法第十七條第二項規定，就相關減災、整備、災害應變、災後復原重建、科學研究成果、災害發生狀況、因應對策等，進行勘查、評估，檢討災害防救基本計畫；必要時，得隨時辦理之。

第　8　條　中央災害防救業務主管機關每二年應依本法第二十二條第二項、第二十三條第二項、第二十七條第二項、第三十六條第二項規定及災害防救基本計畫等，進行勘查、評估，檢討災害防救業務計畫；必要時，得隨時辦理之。

公共事業每二年應依災害防救基本計畫、相關減災、整備、災害應變、災後復原重建等，進行勘查、評估，檢討災害防救業務計畫；必要時，得隨時辦理之。

第　9　條　直轄市、縣（市）政府及鄉（鎮、市）公所每二年應依本法第二十二條第二項、第二十三條第二項、第二十七條第二項、第三十六條第二

項規定、災害防救計畫、地區災害發生狀況、災害潛勢特性等，進行勘查、評估，檢討地區災害防救計畫；必要時，得隨時辦理之。

第 9-1 條　為落實本法第二十二條第一項第二款規定之事項，各級政府應針對具災害潛勢且易因災害致交通中斷無法對外連絡之村、里或原住民部落等，協助輔導設立自主防救組織，並加強教育訓練。

第 10 條　本法第二十三條第一項第五款所定災害防救物資、器材，其項目如下：

一、飲用水、糧食及其他民生必需品。

二、急救用醫療器材及藥品。

三、人命救助器材及裝備。

四、營建機具、建材及其他緊急應變措施之必需品。

五、其他必要之物資及器材。

本法第二十三條第一項第六款所定災害防救設施、設備，其項目如下：

一、人員、物資疏散運送工具。

二、傳染病防治、廢棄物處理、環境消毒及衛生改善等設備。

三、救災用準備水源及災害搶救裝備。

四、各種維生管線材料及搶修用器材、設備。

五、資訊、通信等器材、設備。

六、其他必要之設施及設備。

第 11 條　各級政府應依本法第二十八條第二項規定，充實災害應變中心固定運作處所有關資訊、通信等災害防救器材、設備，隨時保持堪用狀態，並每月至少實施功能測試一次，每半年至少舉辦演練一次，並得隨時為之。

第 12 條　災害應變中心指揮官依本法第三十一條第一項規定實施相關事項時，應指定相關機關（單位）執行之。

前項指揮官依本法第三十一條第一項第二款及第三款規定所為之下列處分，應予公告，並刊登政府公報、新聞紙、利用電信網路傳送或其他足以使公眾得知之方式揭示；撤銷、廢止或變更時，亦同：

一、劃定警戒區域，限制或禁止人民進入或命其離去。

二、指定道路區間、水域、空域高度，限制或禁止車輛、船舶或航空

器之通行。

第　13　條　依本法第三十一條第一項第四款規定被徵調之協助救災人員，各級政府應依實際需要供給膳宿、交通工具或改發代金。

第　14　條　依本法第三十一條第一項第四款、第五款、第三十二條第一項規定為徵調處分、徵用處分或徵購處分時，應開具徵調書、徵用書或徵購書，分別送達被徵調人、徵用物之所有權人、使用人或管理權人（以下簡稱被徵用人）或被徵購人。但情況急迫者，得以電話、傳真或其他適當方式通知後，再行補發徵調書、徵用書或徵購書。

　　　　　　前項徵調書、徵用書或徵購書，必要時，得協調被徵調人、被徵用人或被徵購人所屬機關（構）、學校或團體代為送達。

第　15　條　徵調書應記載事項如下：

　　　　　　一、被徵調人之姓名、出生年、月、日、性別、國民身分證統一編號、住、居所或其他足資辨別之特徵。

　　　　　　二、主旨、事實、理由及其法令依據。

　　　　　　三、徵調支援地區。

　　　　　　四、徵調期限。

　　　　　　五、報到時間及地點。

　　　　　　六、處分機關名稱及其首長署名、簽章。

　　　　　　七、發文字號及年、月、日。

　　　　　　八、表明其為行政處分之意旨及不服行政處分之救濟方法、期間及其受理機關。

第　16　條　徵用書、徵購書應記載事項如下：

　　　　　　一、被徵用人、被徵購人之姓名、出生年、月、日、性別、國民身分證統一編號、住、居所或其他足資辨別之特徵；如係法人或其他設有管理人或代表人之團體，其名稱、事務所或營業所，及管理人或代表人之姓名、出生年、月、日、性別、國民身分證統一編號、住、居所。

　　　　　　二、主旨、事實、理由及其法令依據。

　　　　　　三、徵用物或徵購物名稱、單位、數量及規格。

　　　　　　四、徵用支援地區。

　　　　　　五、徵用期限。

六、交付時間、地點。

七、處分機關名稱及其首長署名、簽章。

八、發文字號及年、月、日。

九、表明其為行政處分之意旨及不服行政處分之救濟方法、期間及其
　　受理機關。

第 17 條　被徵調人、被徵用人或被徵購人應於接到徵調書、徵用書、徵購書或
　　　　　受通知後，依規定時間、地點報到，或交付徵用物或徵購物。

　　　　　災害應變中心或各級政府於被徵調人報到、徵用物或徵購物交付後，
　　　　　應發給被徵調人、被徵用人或被徵購人救災識別證或徵用物、徵購物
　　　　　受領證明，並對被徵調人、徵用物或徵購物為適當之調度及運用。

　　　　　徵調或徵用期限屆滿，有繼續徵調或徵用之必要者，得延長其期限，
　　　　　並依第十四條規定辦理。

第 18 條　各級政府應將實施災害應變措施所需被徵調人，及徵用物或徵購物等
　　　　　救災資源，建立資料庫，並定期檢討更新資料；必要時，得隨時為
　　　　　之。

　　　　　中央災害防救業務主管機關應彙整前項規定資料，並建檔管理。

第 19 條　各級政府依本法第四十三條第二項規定調整當年度收支移緩濟急，其
　　　　　辦理順序如下：

　　　　　一、由各機關原列與災害應變措施及災後復原重建等相關科目經費支
　　　　　　　應。

　　　　　二、由各機關在原列預算範圍內檢討調整支應。

　　　　　三、由行政院或直轄市、縣（市）政府視需要情形在總預算機關間調
　　　　　　　整支應。

　　　　　前項第二款、第三款規定之調整，應由各機關循修改歲出分配預算規
　　　　　定程序辦理。

第 20 條　本細則自發布日施行。

2.3　中央災害應變中心作業要點

（105/08/19修正）

一、行政院為規範中央災害應變中心（以下簡稱應變中心）任務、開設時機、程序、編組及相關作業等應遵循事項，特訂定本要點。

二、應變中心之任務如下：

(一) 加強災害防救相關機關（單位、團體）之縱向指揮、督導及橫向協調、聯繫事宜，處理各項災害應變措施。

(二) 協調中央及地方各項災害應變措施。

(三) 掌握各項災害狀況，即時傳遞災情，通報相關機關（單位、團體）應變處理，並定時發布訊息。

(四) 災情之蒐集、評估、處理、彙整及報告事項。

(五) 中央機關（單位、團體）緊急救災人力、物資之調度與支援及地方政府資源跨轄區支援事項。

(六) 其他有關防救災事項。

三、應變中心依災害防救法（以下簡稱災防法）第二條第一款及第三條第一項第八款所列災害類別，個別開設。

四、為掌握重大災害初期搜救應變時效，平日由行政院災害防救辦公室結合內政部消防署、行政院國家搜救指揮中心人員共同因應災害緊急應變處置。

五、為掌握應變中心開設時機，中央災害防救業務主管機關平日應即時掌握災害狀況，於災害發生或有發生之虞時，經評估可能造成之危害，應依災防法第十四條規定即時開設緊急應變小組，執行各項應變措施。視需要得通知相關機關（單位、團體）派員參與運作，協助相關應變作業，並通知行政院災害防救辦公室。

前項緊急應變小組應就災害之規模、性質、災情、影響層面及緊急應變措施等狀況，隨時報告中央災害防救業務主管機關首長，決定緊急應變小組持續運作、撤除或開設應變中心。

六、重大災害發生或有發生之虞時，中央災害防救業務主管機關首長應視災害之規模、性質、災情、影響層面及緊急應變措施等狀況，決定應變中心之開設及其分級，並應於成立後，立即口頭報告中央災害防救會報召集人（以下簡稱會報召集

人）。

多種重大災害同時發生時，相關之中央災害防救業務主管機關首長，應即分別成立應變中心。

前二項應變中心成立事宜，應於三日內補提書面報告。

七、應變中心指揮官、協同指揮官及副指揮官規定如下：

(一) 指揮官：

　　1. 指揮官一人，由會報召集人指定該次災害之中央災害防救業務主管機關首長擔任指揮官，綜理應變中心災害應變事宜。

　　2. 依前點第二項規定，因多種重大災害同時發生分別成立應變中心，由會報召集人分別指定指揮官。

　　3. 因風災伴隨或接續發生水災及土石流災害等互有因果關係之災害時，會報召集人原則指定內政部部長為指揮官。

　　4. 因震災、海嘯併同發生輻射災害時，會報召集人原則指定內政部部長為指揮官，行政院原子能委員會主任委員擔任協同指揮官，俟震災、海嘯應變處置已告一段落，而輻射災害尚須處理時，指揮官改由行政院原子能委員會主任委員擔任，內政部部長改擔任協同指揮官。

　　5. 應變中心成立後，續有其他重大災害發生時，各該災害之中央災害防救業務主管機關首長，仍應即報請會報召集人，決定併同應變中心運作或另成立應變中心及指定其指揮官。

(二) 協同指揮官：協同指揮官一人至五人，由會報召集人指定行政院政務委員或該次災害相關之中央災害防救業務主管機關首長擔任，協助指揮官統籌災害應變指揮事宜。

(三) 副指揮官：副指揮官一人至五人，其中一人由內政部消防署署長擔任，其餘人員由指揮官指定之，襄助指揮官及協同指揮官處理應變中心災害應變事宜。

七之一、重大災害型態未明者，原則由內政部先行負責相關緊急應變事宜，視災害規模成立緊急應變小組或應變中心，並以內政部部長為指揮官，再由內政部協同行政院災害防救辦公室視災害之類型、規模、性質、災情及影響層面，立即報告會報召集人，指定內政部部長為指揮官，或指定該管部會首長為指揮官並移轉指揮權。

八、應變中心二級以上開設時，編組部會應指派辦理災害防救業務，熟稔救災資源分

配、調度,並獲充分授權之技監、參事、司(處)長或簡任第十二職等以上職務之專責人員進駐應變中心,統籌處理各該部會防救災緊急應變及相關協調事宜,並另派幕僚人員進駐應變中心執行各項災害應變事宜。

前項進駐應變中心專責人員,其輪值原則最多為二至三梯次。

九、進駐機關(單位、團體)應指派專責通報人員,各中央災害防救業務主管機關應建立緊急聯絡名冊,如有異動應隨時更新。

十、應變中心開設時機、分級及應進駐機關(單位、團體)規定如下:

(一) 風災:

 1. 二級開設:

 (1) 開設時機:交通部中央氣象局(以下簡稱中央氣象局)發布海上颱風警報後,經內政部研判有開設必要。

 (2) 進駐機關(單位、團體):內政部、國防部、教育部、經濟部、交通部、衛生福利部、行政院海岸巡防署、行政院農業委員會、原住民族委員會、國家通訊傳播委員會、行政院災害防救辦公室、行政院國家搜救指揮中心及國家災害防救科技中心。

 2. 一級開設:

 (1) 開設時機:中央氣象局發布海上陸上颱風警報,預測颱風暴風圈將於十八小時內接觸陸地時。

 (2) 進駐機關(單位、團體):風災二級進駐機關及行政院環境保護署、行政院新聞傳播處及中華民國紅十字會總會。

(二) 震災、海嘯:

 1. 開設時機:有下列情形之一,經內政部研判有開設必要:

 (1) 中央氣象局發布之地震震度達六級以上。

 (2) 中央氣象局發布海嘯警報。

 (3) 估計有十五人以上傷亡、失蹤,且災情嚴重,亟待救助。

 2. 進駐機關(單位、團體):內政部、外交部、國防部、教育部、法務部、經濟部、交通部、衛生福利部、行政院環境保護署、行政院海岸巡防署、行政院農業委員會、行政院公共工程委員會、原住民族委員會、國家通訊傳播委員會、行政院災害防救辦公室、行政院新聞傳播處、行政院國家搜救指揮中心、國家災害防救科技中心、中華民國紅十字會總會及財團法人住宅地震保險基金。

(三) 火災、爆炸災害：

1. 開設時機：有下列情形之一，經內政部研判有開設必要：

　　(1) 有十五人以上傷亡、失蹤，且災情嚴重，有持續擴大燃燒，無法有效控制，亟待救助。

　　(2) 火災、爆炸災害發生地點在重要場所（政府辦公廳舍或首長公館等）或重要公共設施，造成多人傷亡、失蹤，亟待救助。

2. 進駐機關（單位、團體）：內政部、國防部、經濟部、交通部、衛生福利部、行政院環境保護署、行政院災害防救辦公室及行政院新聞傳播處。

(四) 水災：

1. 二級開設：

　　(1) 開設時機：有下列情形之一，經經濟部研判有開設必要：

　　　　甲、中央氣象局連續發布豪雨特報，七個以上直轄市、縣（市）轄區內二十四小時累積雨量達二百毫米，且其中三個以上直轄市、縣（市）轄區內二十四小時累積雨量達三百五十毫米。

　　　　乙、五個以上直轄市、縣（市）政府災害應變中心二級以上開設。

　　　　丙、因水災災害，有跨部會協調或跨直轄市、縣（市）支援之需求。

　　(2) 進駐機關（單位、團體）：經濟部、內政部、國防部、教育部、交通部、行政院農業委員會、衛生福利部、原住民族委員會、國家通訊傳播委員會、行政院災害防救辦公室及國家災害防救科技中心。

2. 一級開設：

　　(1) 開設時機：中央災害應變中心二級開設後，中央氣象局持續發布豪雨特報，且災情有持續擴大趨勢，經經濟部研判有開設必要。

　　(2) 進駐機關（單位、團體）：水災二級進駐機關及行政院環境保護署、行政院新聞傳播處、行政院國家搜救指揮中心及中華民國紅十字會總會。

(五) 旱災：

1. 開設時機：經濟部水利署發布之水情燈號有二個以上供水區橙燈或一個以上供水區紅燈。

2. 進駐機關（單位、團體）：經濟部、內政部、國防部、教育部、交通部、行政院農業委員會、衛生福利部、科技部、行政院災害防救辦公室、行政院新聞傳播處及國家災害防救科技中心。

3. 前目進駐機關（單位、團體）得以定期召開工作會議方式運作。

(六) 公用氣體與油料管線、輸電線路及工業管線災害：

1. 開設時機：

(1) 公用氣體與油料管線、工業管線災害估計有下列情形之一，經經濟部研判有開設必要：

甲、有十人以上傷亡、失蹤，且災情嚴重，有持續擴大蔓延，無法有效控制。

乙、陸域汙染面積達十萬平方公尺以上，無法有效控制。

(2) 輸電線路災害估計有十人以上傷亡、失蹤，或十所以上一次變電所全部停電，預估在三十六小時內無法恢復正常供電，且情況持續惡化，無法有效控制，經經濟部研判有開設必要。

2. 進駐機關（單位、團體）：經濟部、內政部、國防部、交通部、勞動部、衛生福利部、行政院環境保護署、行政院災害防救辦公室及行政院新聞傳播處。

(七) 寒害：

1. 開設時機：中央氣象局發布臺灣地區平地氣溫將降至攝氏六度以下，連續二十四小時之低溫特報，有重大農業損失等災情發生之虞，經行政院農業委員會研判有開設之必要。

2. 進駐機關（單位、團體）：行政院農業委員會、內政部、國防部、交通部、衛生福利部、行政院環境保護署、行政院災害防救辦公室、行政院新聞傳播處及國家災害防救科技中心。

(八) 土石流災害：

1. 開設時機：土石流災害估計有十五人以上傷亡、失蹤，且災情嚴重，經行政院農業委員會研判有開設必要。

2. 進駐機關（單位、團體）：行政院農業委員會、內政部、國防部、教育部、經濟部、交通部、衛生福利部、行政院環境保護署、原住民族委員會、行政院災害防救辦公室、行政院新聞傳播處、國家災害防救科技中心及中華民國紅十字會總會。

(九) 空難：

1. 開設時機：航空器運作中發生事故，估計有十五人以上傷亡、失蹤，且災情嚴重，經交通部研判有開設必要。

2. 進駐機關（單位、團體）：交通部、內政部、外交部、國防部、法務部、經濟部、衛生福利部、行政院環境保護署、行政院大陸委員會、行政院海岸巡防署、行政院災害防救辦公室及行政院新聞傳播處。

(十) 海難：

1. 開設時機：我國臺北飛航情報區內發生海難事故，船舶損害嚴重，估計有十五人以上傷亡、失蹤，且災情嚴重，經交通部研判有開設必要。

2. 進駐機關（單位、團體）：交通部、內政部、外交部、國防部、法務部、經濟部、行政院農業委員會、衛生福利部、行政院環境保護署、行政院大陸委員會、行政院海岸巡防署、行政院災害防救辦公室及行政院新聞傳播處。

(十一) 陸上交通事故：

1. 開設時機：有下列情形之一，經交通部研判有開設必要：

   (1) 估計有十五人以上傷亡、失蹤，且災情嚴重，有擴大之虞，亟待救助。

   (2) 重要交通設施嚴重損壞，造成交通阻斷。

2. 進駐機關（單位、團體）：交通部、內政部、國防部、衛生福利部、行政院災害防救辦公室及行政院新聞傳播處。

(十二) 毒性化學物質災害：

1. 開設時機：有下列情形之一，經行政院環境保護署研判有開設必要：

   (1) 估計有十五人以上傷亡、失蹤，且災情嚴重，亟待救助。

   (2) 汙染面積達一平方公里以上，無法有效控制。

2. 進駐機關（單位、團體）：行政院環境保護署、內政部、國防部、經濟部、交通部、勞動部、行政院農業委員會、衛生福利部、行政院災害防救辦公室及行政院新聞傳播處。

(十三) 礦災：

1. 開設時機：估計有十人以上傷亡、失蹤，且災情嚴重，亟待救助，經經濟部研判有開設必要。

2. 進駐機關（單位、團體）：經濟部、內政部、國防部、交通部、勞動部、衛生福利部、行政院災害防救辦公室及行政院新聞傳播處。

(十四) 森林火災：

1. 開設時機：森林火災被害面積達五十公頃或草生地達一百公頃以上，且經

行政院農業委員會研判有開設必要。

2. 進駐機關（單位、團體）：行政院農業委員會、內政部、國防部、交通部、衛生福利部、行政院環境保護署、原住民族委員會、行政院災害防救辦公室及行政院新聞傳播處。

(十五) 動植物疫災：

1. 開設時機：有下列情形之一，經行政院農業委員會研判有開設必要：

   (1) 國內未曾發生之外來重大動物傳染病（如犬貓族群間流行之狂犬病、牛海綿狀腦病、立百病毒、非O型口蹄疫、H5N1高病原性禽流感或與中國大陸H7N9高度同源之禽流感、非洲豬瘟等）侵入我國，發生五例以上病例或二個以上直轄市、縣（市）發生疫情。

   (2) 國內未曾發生之植物特定疫病蟲害侵入我國，有蔓延成災之虞，並對社會有重大影響或具新聞性、政治性、敏感性者。

   (3) 國內既有之重大動植物疫病蟲害（如高病原性禽流感、O型口蹄疫等）跨區域爆發，對該區域動植物防疫資源產生嚴重負荷，需進行跨區域支援、人力調度時。

2. 進駐機關（單位、團體）：行政院農業委員會、行政院災害防救辦公室、內政部、國防部、經濟部、財政部、行政院新聞傳播處、衛生福利部及行政院環境保護署。

3. 進駐機關（單位、團體）得定期召開工作會議，參與該應變中心之各機關任務及應變中心分組運作，依動植物疫災中央災害應變中心作業要點等相關規定辦理。

(十六) 生物病原災害

1. 開設時機：有傳染病流行疫情發生之虞，經衛生福利部研判有開設必要。

2. 進駐機關（單位、團體）：依流行疫情狀況及應變需要通知有關機關（單位、團體）派員參與會議或進駐。

3. 生物病原災害得適用傳染病防治法及其相關規定辦理。

(十七) 輻射災害：

1. 開設時機（放射性物質意外事件、放射性物料管理及運送等意外事件）：有下列情形之一，經行政院原子能委員會研判有開設必要：

   (1) 估計有十五人以上傷亡、失蹤，且災情嚴重，亟待救助。

   (2) 汙染面積超過一千平方公尺以上，無法有效控制。

2. 進駐機關（單位、團體）：行政院原子能委員會、內政部、國防部、經濟部、交通部、行政院農業委員會、衛生福利部、行政院環境保護署、行政院災害防救辦公室及行政院新聞傳播處。

3. 有關輻射彈爆炸事件、核子事故、境外核災之開設時機及進駐機關（單位、團體），分別依我國反恐應變機制相關規定、核子事故中央災害應變中心作業要點及境外核災處理作業要點辦理。

(十八) 其他災害：依法律規定或由中央災害防救會報指定之中央災害防救業務主管機關之災害認定辦理。

十一、中央災害防救業務主管機關決定應變中心開設時機及其分級後，應通知前點各款進駐機關（單位、團體）或其他必要之相關應變機關（單位、團體）派員進駐。中央災害防救業務主管機關得視災情狀況或應進駐機關（單位、團體）所請，經報請指揮官同意後，通知前點各款進駐機關（單位、團體）免派員進駐。

十二、中央災害防救業務主管機關通知相關機關（單位、團體）進駐後，進駐機關（單位、團體）應依第十點所定開設時機，於一小時內完成進駐，中央災害防救業務主管機關並應掌握進駐人員之出席情形，向指揮官報告。

十三、各機關（單位、團體）進駐應變中心之任務如下：

(一) 行政院災害防救辦公室：

辦理災情分析與防救災策略及作為等，供指揮官決策參裁建議。

(二) 內政部：

1. 辦理風災、震災、火災、爆炸災害成立應變中心之幕僚作業。

2. 督導地方政府、警察、民政、消防等單位執行災情查報。

3. 督導消防等單位執行災害搶救。

4. 督導災區危險建築物緊急評估及處理。

5. 督導消防、警察單位等執行森林火災原因鑑定及火首偵緝。

6. 督導國家公園範圍林地內災情蒐集及通報。

7. 督導國家公園範圍林地內災害搶救及善後處理。

8. 督導地方政府協助罹難者家屬處理殯喪。

9. 督導災區之治安維護、交通疏導、犯罪偵防及協助罹難者屍體相驗。

10. 調派直升機協助搜救、勘災、空投及傷患後送。

(三) 外交部：

1. 災害有外籍人士傷亡或失蹤之協助處理。

　　2. 國際救援之協調及聯繫。

　　3. 協助辦理外僑撤離、疏散及保護。

　　4. 其他有關涉外之協調及聯繫事項。

(四) 國防部：

　　1. 督導國軍主動支援重大災害之搶救。

　　2. 提供國軍戰情系統蒐集之災情資料。

　　3. 督導軍事單位災情蒐集及通報。

　　4. 督導憲兵單位協助執行災區治安維護。

　　5. 督導國軍救災裝備、機具之支援調度。

(五) 財政部：

　　1. 救災款項之撥付。

　　2. 災害內地稅之減免。

　　3. 災害關稅之減免。

　　4. 督導國有財產署轄管林地內災情蒐集及通報。

　　5. 督導國有財產署轄管林地內災害搶救及善後處理。

　　6. 國有財產署轄管林地內防救災之協調。

　　7. 災區國有土地之租金減免及其他協助事項。

(六) 教育部：

　　1. 督導各級學校、社會教育機構防救災措施、災情蒐集及通報。

　　2. 督導大學實驗林管理處轄管林地內災情蒐集及通報。

　　3. 督導大學實驗林管理處轄管林地內災害搶救及善後處理。

　　4. 督導大學實驗林管理處轄管林地內防救災之協調。

　　5. 督導各級學校開設收容所及其他相關防救災事項。

　　6. 有關各級學校登山隊伍之聯繫。

(七) 法務部：

　　1. 督導各地方法院檢察署檢察官儘速辦理罹難者屍體相驗工作。

　　2. 督導各矯正機關之安全維護。

(八) 經濟部：

　　1. 辦理水災、旱災、公用氣體與油料管線、輸電線路災害、礦災及工業管線
災害成立應變中心之幕僚作業。

　　2. 河川、水庫之水位、水庫洩洪及洪水預警之提供。

3. 綜合性治水措施之執行。

4. 經濟部所轄工業區、港有關防救災措施之督導。

5. 督導公民營事業有關公用氣體與油料管線、輸電線路等防救災措施、搶修、維護及災情查報、彙整。

6. 督導公民營事業有關公用氣體、油料、自來水及電力供應之協調。

7. 發布旱災預警警報、統籌協調用（配）水緊急應變措施之實施。

8. 督導公民營礦場有關礦災防救及災情查報、彙整。

9. 督導工業管線防救災措施、搶修、維護及災情查報、彙整。

(九) 交通部：

1. 辦理空難、海難及陸上交通事故成立應變中心之幕僚作業。

2. 鐵路、公路、橋梁與相關交通設施防救災措施之災情查報、彙整及緊急搶修之聯繫。

3. 協助各機關辦理交通運輸工具之徵用。

4. 鐵路、公路、航空、海運等交通狀況之查報、彙整。

5. 氣象、地震、海嘯等災害防範有關資料之提供。

6. 督導辦理遊客安置。

7. 其他有關交通應變措施事項。

(十) 行政院主計總處：

協調救災款項之調度，並請各級主計單位確實依「重大天然災害搶救復建經費簡化會計手續處理要點」，配合協助各機關辦理災害搶救、善後復原等經費之核支。

(十一) 行政院新聞傳播處：

1. 協調各機關處理災害預警、準備、應變、復原重建等新聞發布及政策宣導。

2. 協調傳播媒體協助報導災情及緊急應變相關資訊。

3. 協調辦理應變中心記者會召開相關事宜。

4. 其他有關新聞發布及處理。

(十二) 衛生福利部：

1. 辦理生物病原災害成立應變中心之幕僚作業。

2. 督導災區緊急醫療及後續醫療照護。

3. 督導災區藥品及醫療器材調度。

　　4. 督導災後食品衛生、飲用水安全及環境衛生處理。

　　5. 督導災區災民生活必需品之儲備、運用及供給。

　　6. 督導災區災民之安置及救助。

　　7. 督導災後防疫及居民保健。

(十三) 行政院環境保護署：

　　1. 辦理毒性化學物質災害成立應變中心之幕僚作業。

　　2. 督導災區環境之清理。

　　3. 督導災區環境消毒及飲用水水質管制之抽驗。

　　4. 督導災後嚴重汙染區之隔離、處理及追蹤管制。

　　5. 協助流動廁所之調度。

　　6. 其他有關環境保護及毒性化學物質災害應變措施。

(十四) 行政院海岸巡防署：

　　1. 海上船舶碰撞及其他糾紛之蒐證、處理。

　　2. 海難之船舶、人員與海上失事之航空器、人員之搜索、救助及緊急救護。

　　3. 海洋災害之救護。

(十五) 國軍退除役官兵輔導委員會：

　　1. 督導所轄農場災民生活必需品之儲備、運用及供給。

　　2. 督導所轄農場災民生活之安置及救助。

　　3. 督導所轄森林保育處、農場轄管林地內災情蒐集及通報。

　　4. 督導所轄森林保育處、農場轄管林地內災害搶救及善後處理。

　　5. 其他有關所轄森林保育處、農場轄管林地內防救災協調事項。

(十六) 科技部：

　　1. 督導所轄科學園區執行防救災事項。

　　2. 衛星影像之提供及協助解讀分析。

(十七) 行政院農業委員會：

　　1. 辦理寒害、森林火災及土石流災害成立應變中心之幕僚作業。

　　2. 督導農、林、漁、牧及農田水利等單位辦理災害防救事項。

　　3. 調查農、林、漁、牧及農田水利等災害損失及善後處理。

　　4. 協調救災糧食之供應調節。

　　5. 土石流、森林火災之災害訊息傳遞及處理。

　　6. 督導所轄森林遊樂區管理或經營單位辦理災害防救事項。

7. 高空航照之提供。

8. 其他有關農業災害處理。

(十八) 勞動部：

1. 督導勞工作業場所災害應變處理。

2. 協調各類技術人員協助救災。

3. 督導勞工傷亡災害之檢查及善後處理。

(十九) 行政院公共工程委員會：

1. 協調公共設施主管機關徵調相關技師辦理危險公共設施受損鑑定事宜。

2. 協調公共工程中央主管機關進行搶救、搶修及搶險。

(二十) 原住民族委員會：

1. 協調原住民族地區災民生活必需品之儲備、運用及供給。

2. 協調原住民族地區災民生活之安置及救助。

3. 協調原住民族地區災情蒐集及通報。

4. 協調原住民族地區重大災害搶救及善後處理。

5. 其他有關原住民族地區防救災協調事項。

(二十一) 國家通訊傳播委員會：

1. 執行廣電媒體錯誤報導之核處。

2. 通訊傳播系統防救災措施之督導、災情查報及彙整、緊急搶修之聯繫。

(二十二) 金融監督管理委員會：

1. 協助、督導承辦金融機構配合辦理災區金融優惠融通。

2. 保險理賠之協助。

3. 災害證券市場之管理。

(二十三) 行政院大陸委員會：

1. 辦理協調、聯繫兩岸及港澳事務。

2. 大陸人民及港澳居民傷亡或失蹤之協助處理。

(二十四) 行政院國家搜救指揮中心：配合搜救支援調度。

(二十五) 國家災害防救科技中心：

1. 提供災害潛勢資料分析、預警及建議。

2. 災害相關空間圖資分析研判。

(二十六) 行政院原子能委員會：

1. 辦理輻射災害成立應變中心之幕僚作業。

　　2.提供輻射災害之專業技術諮詢。

　　3.督導核子反應器設施搶救、輻射偵測、劑量評估及事故處理。

　　4.督導輻射防護及管制。

　　5.協調國外技術援助。

　　6.輻射災害災情彙整及通報處理。

(二十七) 中華民國紅十字會總會：協助救濟物資之調度、運送及發放。

(二十八) 財團法人法律扶助基金會：協助辦理收容照顧災民之法律服務事項。

(二十九) 財團法人住宅地震保險基金：協助辦理震災後政策性住宅地震保險受災
　　　　　戶理賠及發放臨時住宿費用。

十四、應變中心開設地點規定如下：

(一)風災、震災、火災、爆炸、水災、公用氣體、油料管線、輸電線路、礦災、
　　工業管線、空難、海難、陸上交通事故及毒性化學物質、輻射災害應變中
　　心，原則設於內政部消防署，供中央災害防救業務主管機關與相關機關（單
　　位、團體）執行有關緊急應變措施及行政支援事項。另主導應變中心運作所
　　需幕僚作業、網路資訊、新聞處理、部會管制、災情綜整、文書記錄、安全
　　維護及後勤庶務等各項工作所需人力，以及應變中心成立期間所耗水、電、
　　耗材與各項庶務所需經費，由各中央災害防救業務主管機關負責；相關資
　　訊、通訊等設施，由內政部消防署協助操作及維護。

(二)其他災害中央災害防救業務主管機關得視處理緊急應變措施之需要，陳報會
　　報召集人另擇應變中心之成立地點及決定運作方式。

(三)為免應變中心因重大災害致無法運作，或為支援跨直轄市、縣（市）處理區
　　域性重大災害，啟動備援中心時，應報請指揮官擇定備援中心場地。

十五、應變中心成立後，由指揮官親自或指定副指揮官定期發布訊息。

　　機關（單位、團體）派員進駐應變中心後，指揮官、協同指揮官或副指揮官應即
　　召開工作會報，瞭解相關單位緊急應變處置情形及有關災情，並指示相關應變措
　　施。

　　應變中心開設運作期間，由副指揮官以上人員定時並視災情狀況隨時召開工作會
　　報，各進駐機關（單位、團體）及功能分組主導機關應於工作會報提出報告資
　　料。

十六、直轄市、縣（市）政府無法因應災害處理時，該災害之中央災害防救業務主管
　　　機關應主動派員協助，或依直轄市、縣（市）政府之請求，指派協調人員提供支

援協助。前項協調人員及編組作業如下：

(一) 協調官：進駐地方政府應變中心或前進指揮所，負責協調中央支援救災事宜，並擔任應變中心聯絡窗口。

(二) 前進協調所：視受災地區災情及地方政府請求支援情形，經指揮官同意後，成立應變中心前進協調所。

(三) 編組及先期作業：協調官及前進協調所由相關進駐機關派員組成。

應變中心或前進協調所協調重要事項時，得通知直轄市、縣（市）政府或鄉（鎮、市、區）公所指派協調人員參與。

十七、應變中心依各類型災害應變所需，設參謀、訊息、作業、行政等群組，各群組下設功能分組，處理各項災害應變事宜。各功能分組之主導機關、配合參與機關及其任務如下：

(一) 參謀群組：轉化防救災有關情資並綜整統籌防救災作業決策及救災措施建議。

　1. 幕僚參謀組：由行政院災害防救辦公室主導，各該災害中央災害防救業務主管機關、國防部、經濟部、交通部、內政部、行政院農業委員會配合參與，辦理災情分析、後續災情預判與應變、防救災策略與作為等供指揮官決策參裁建議事宜。

　2. 管考追蹤組：由行政院災害防救辦公室主導，各該災害中央災害防救業務主管機關配合參與，辦理各項應變事項執行及指揮官或工作會報指裁示事項辦理情形管考追蹤事宜。

　3. 情資研判組：由國家災害防救科技中心主導，經濟部、行政院農業委員會、原住民族委員會、內政部（消防署、營建署）、中央氣象局、交通部公路總局配合參與，辦理提供各項災害潛勢資料分析、預警應變建議及相關災害空間圖資分析研判等事宜。

　4. 災情監控組：由各該災害中央災害防救業務主管機關主導，經濟部、交通部、衛生福利部、行政院農業委員會、原住民族委員會、內政部（警政署、營建署、消防署）配合參與，辦理災情蒐報查證追蹤事宜及監看新聞媒體報導，並綜整各分組所掌握最新災情，定時製作災情報告上網發布。

(二) 訊息群組：綜整轉化各項防災應變相關資訊，有效達成災防資訊公開普及化之目標。

　1. 新聞發布組：由行政院新聞傳播處主導，各該災害中央災害防救業務主管

機關、國家通訊傳播委員會、內政部（警政署警察廣播電臺）配合參與，辦理召開應變中心記者會、新聞發布、錯誤報導更正、民眾安全防護宣導及新聞媒體聯繫溝通等事宜。

2. 網路資訊組：由各該災害中央災害防救業務主管機關主導，國家通訊傳播委員會、內政部（消防署）配合參與，掌握防災及應變資訊傳遞狀況，辦理防災、應變資訊普及公開與災變專屬網頁之資料更新及維護事宜。

(三) 作業群組：統籌辦理各項防救災工作執行事宜。

1. 支援調度組：由國防部主導，經濟部、交通部、行政院海岸巡防署、內政部（警政署、營建署、消防署）配合參與，辦理結合全民防衛動員準備體系，掌握追蹤救災所調派之人力、機具等資源之出發時間、位置及進度，辦理資源調度支援相關事宜。

2. 搜索救援組：由內政部（消防署、警政署、空中勤務總隊）主導，行政院國家搜救指揮中心、國防部、行政院海岸巡防署配合參與，辦理人命搜救及緊急搶救調度支援事宜。

3. 疏散撤離組：由各該災害中央災害防救業務主管機關主導，國防部、經濟部、交通部、教育部、行政院農業委員會、原住民族委員會、行政院海岸巡防署、內政部（民政司、警政署、營建署、消防署）配合參與，掌握地方政府執行災害危險區域民眾緊急避難、疏散、撤離人數之統計與通報民眾遠離危險區域勸導情形及登山隊伍之聯繫、管制等相關疏散撤離執行情形。

4. 收容安置組：由衛生福利部主導，國防部、行政院農業委員會、原住民族委員會、教育部、交通部（觀光局）、中華民國紅十字會總會配合參與，掌握各地收容所開設地點、遊客安置及收容人數等事項，並辦理臨時災民收容及救濟慰助調度等支援事宜。

5. 水電維生組：由經濟部主導，國防部、交通部、內政部（消防署）、國家通訊傳播委員會配合參與，整合自來水、電力、電信、瓦斯、油料災情、搶修進度、修復時間等資訊，並協調辦理水電維生設施搶通、調度支援事宜。

6. 交通工程組：由交通部主導，行政院農業委員會、原住民族委員會、內政部（營建署）配合參與，彙整國道、省道、縣道、鄉道、農路等所有道路交通災情、搶修進度、修復時間等資料，並協調辦理各種道路搶通、運輸

調度支援事宜。

7. 農林漁牧組：由行政院農業委員會主導，行政院海岸巡防署配合參與，辦理各地漁港船舶進港避風、大陸船員暫置、掌握土石流潛勢區域、發布土石流警戒及疏散撤離人數資訊、農林漁牧損失之處理及各地蔬果供應之調節。

8. 民間資源組：由衛生福利部主導，中華民國紅十字會總會配合參與，督導、掌握直轄市、縣（市）政府民生物資整備及運用志工之情形。

9. 醫衛環保組：由衛生福利部主導，國防部及行政院環境保護署配合參與，辦理緊急醫療環境衛生消毒調度支援事宜，掌握急救責任醫院收治傷患情形及環境災後清理、消毒資訊。

10. 境外救援組：由外交部主導，各該災害中央災害防救業務主管機關、行政院大陸委員會配合參與，掌握境外援助資訊及進度，並辦理相關協調及聯繫。

11. 輻災救援組：由行政院原子能委員會主導，國防部、經濟部、交通部（中央氣象局）、行政院海岸巡防署、內政部（消防署、警政署、空中勤務總隊）配合參與，辦理輻災救援等事宜。

(四) 行政群組：統籌辦理應變中心會務、行政及後勤事宜。

1. 行政組：由各該災害中央災害防救業務主管機關主導，辦理應變中心會議幕僚及文書紀錄。

2. 後勤組：由各該災害中央災害防救業務主管機關主導，辦理應變中心運作後勤調度支援事宜。

3. 財務組：由財政部主導，行政院主計總處及金融監督管理委員會配合參與，辦理救災財務調度支援及統籌經費動支核撥事宜。

十八、指揮官得視實際情形，彈性啟動功能分組或增派其他機關派員進駐，並得指派功能分組主導機關統籌支援地方政府之必要協助。各功能分組之成員機關應依需要，派遣所屬權責單位派員進駐；各分組主導機關亦得視實際需要，報請指揮官同意後，通知其他機關派員參與運作。

十九、各功能分組啟動後，應依下列程序進行應變作業：

(一) 召開功能分組會議，由主導機關派員主持會議，並製作會議紀錄，依會議之決議及分工，由分組內各組成機關落實執行。

(二) 協調整合分組內各組成機關，執行災情查報、監控、資源調度、災害搶救，

並聯繫地方政府，提供支援協助。

　　(三) 各功能分組之運作，應由主導機關記錄，送行政組彙整（含電子檔）。對於
　　　　災害處理之協調結果，應由主導機關於工作會報中提報。

二十、為處理災害防救事宜或配合應變中心執行災害應變措施，災害防救業務計畫
　　　指定之機關、單位或公共事業應開設緊急應變小組，執行災害通報及應變相關事
　　　宜。各機關、單位或公共事業開設之緊急應變小組，應執行下列緊急應變事項：

　　(一) 緊急應變小組由機關首長、單位主管或公共事業負責人擔任召集人，召集所
　　　　屬單位、人員及附屬機關予以編組，並指派簡任或同職等職務人員為該小組
　　　　業務主管，擔任各該機關、單位或公共事業災害防救業務聯繫協調窗口。

　　(二) 緊急應變小組應有固定作業場所，設置傳真、聯絡電話及相關必要設備，指
　　　　定二十四小時聯繫待命人員，受理電話及傳真通報，對於突發狀況，立即反
　　　　映與處理。

　　(三) 緊急應變小組應於災害發生或有發生之虞時即行運作，主動互相聯繫協調通
　　　　報，並執行災情蒐集、查證、彙整、通報、災害搶救及救災資源調度等緊急
　　　　措施。

　　(四) 緊急應變小組應於應變中心成立後，配合執行災害應變措施，持續運作至災
　　　　害狀況解除為止。

二十一、機關（單位、團體）進駐人員應掌握各該機關（單位、團體）緊急應變處置
　　　　情形及相關災情，隨時向指揮官、協同指揮官或副指揮官報告處置狀況，並通報
　　　　相關機關（單位、團體）。機關（單位、團體）進駐應變中心之人員，應接受應
　　　　變中心指揮官之指揮、協調及整合。進駐人員對於長官指示事項、交辦案件或災
　　　　情案件應確實交接，值勤期間不得擅離崗位，以因應緊急事故處置。

二十二、災害狀況已不再繼續擴大或災情已趨緩和，無緊急應變任務需求時，經中
　　　　央災害防救業務主管機關或進駐機關提報，指揮官得調整應變中心之分級或縮小
　　　　編組規模，對已無執行緊急應變任務需要之進駐機關（單位、團體）人員予以歸
　　　　建。

　　　　前項歸建人員之機關（單位、團體）得視災害應變需要，依第二十點第二項第四
　　　　款規定，配合執行災害應變措施，持續運作至災害狀況解除為止。

二十三、災害緊急應變處置已完成，且後續復原重建可由各相關機關、單位、團體
　　　　自行辦理，無緊急應變任務需求時，經中央災害防救業務主管機關提報後，指揮
　　　　官得以口頭或書面報告會報召集人撤除應變中心。應變中心撤除後，各進駐機關

（單位、團體）應詳實記錄應變中心成立期間相關處置措施，送中央災害防救業務主管機關彙整、陳報；各項災後復原重建措施，由各相關機關（單位、團體）依權責繼續辦理。

二十四、各進駐機關（單位、團體）相關人員執行應變中心各項任務成效卓著者，由進駐機關（單位、團體）依規定敘獎；其執行不力且情節重大者，依規定議處。

二十五、各中央災害防救業務主管機關應就下列事項訂定細部作業規定：

(一) 應變中心任務。

(二) 指揮官、協同指揮官及副指揮官規劃。

(三) 中央災害防救業務主管機關緊急應變小組運作。

(四) 各進駐機關（單位、團體）任務。

(五) 應變中心開設場地。

(六) 訊息發布及工作會報召開機制。

(七) 工作會報及記者會報告事項。

(八) 前進協調所、協調官及任務。

(九) 災害各階段應變注意事項。

(十) 功能分組組成及分工。

(十一) 應變中心縮編及撤除。

(十二) 附件：包含中央災害防救業務主管機關進駐人員分工、應變中心開設簽文範本、通報單（開設、撤除通知及聯繫地方）範本（簡訊及傳真）、簽到表範本、會議紀錄範本、新聞媒體監看處理及新聞監看彙整總表範本、新聞發布作業說明資料、重要事項交辦單及民眾報案單範本、專責人員及專責通報人員聯絡名冊。

各中央災害防救業務主管機關得視災害應變需要，調整細部規定內容。

2.4　災害防救法及施行細則歷屆選擇題

(C)　1. 我國災害防救體系依行政體制區分為中央、直轄市及縣（市）政府、鄉（鎮、市）公所3個層級，任務分工有明確規範，依「災害防救法」規定，下列何者非鄉（鎮、市）災害防救會報之任務？
(A) 推動社區災害防救事宜
(B) 核定重要災害防救措施及對策
(C) 督導、考核轄區內災害防救相關事項
(D) 推動疏散收容、災情通報、災害緊急搶通、環境清理等災害緊急應變及整備措施

(B)　2. 為提供各防救災單位於災害有發生之虞或已發生時，能順利發布預報與警報，對於「災害監測、預報、警報發布及其設施之強化」事項，依「災害防救法」之規定屬何種災害防救業務？
(A) 減災事項　　　(B) 整備事項　　　(C) 災害應變措施　(D) 災後復原重建

(C)　3. 當發生地震、造成輸電線路損壞、引發化學工廠毒化物外洩等狀況，依「災害防救法」規定，該複合式災害較不涉及下列哪一個中央災害防救業務主管機關？
(A) 內政部
(B) 經濟部
(C) 行政院農業委員會
(D) 行政院環境保護署

(B)　4. 為減少災害發生或防止災害擴大，下列何者為各級政府平時應依權責實施減災事項？
(A) 災害防救設施、設備之整備及檢查
(B) 治山、防洪及其他國土保全
(C) 災害防救之訓練、演習
(D) 災害監測、預報、警報發布及其設施之強化

(D)　5. 中央災害防救委員會依災害防救法規定，就相關減災、整備、災害應變、災後復原重建、科學研究成果、災害發生狀況、因應對策等，進行勘查、評估，除必要時，得隨時辦理外，原則上多久時間應定期檢討災害防救基本計畫？　　(A) 2年　(B) 3年　(C) 4年　(D) 5年

(D)　6. 有關災害防救法規定之敘述，下列何者錯誤？

(A) 中央災害防救委員會應儘速協調金融機構，就災區民眾所需重建資金，予以低利貸款

(B) 乘災害之際而故犯竊盜、恐嚇取財、搶奪、強盜之罪者，得依刑法之規定，加重其刑至二分之一

(C) 各級政府對於從事災害防救之災害防救團體、災害防救志願組織或個人具有顯著功勞者，應依法令予以表彰

(D) 依本法協助執行災害應變措施之災害防救團體或災害防救志願組織，應向中央災害防救主管機關申請登錄

(A) 7. 鄉（鎮、市）公所設鄉（鎮、市）災害防救會報，其任務如下敘述，何者正確？①核定各該鄉（鎮、市）地區災害防救計畫 ②核定重要災害防救措施及對策 ③推動疏散收容安置、災情通報、災後緊急搶通、環境清理等災害緊急應變及整備措施 ④推動社區災害防救事宜 ⑤督導、考核轄區內災害防救相關事項

(A) ①②③④　　(B) ①②④⑤　　(C) ①③④⑤　　(D) ①②③④⑤

(B) 8. 依災害防救法第23條所定之災害防救設施、設備，其項目不包括下列何者？

(A) 傳染病防治、廢棄物處理、環境消毒及衛生改善等設備

(B) 人命救助器材及裝備

(C) 各種維生管線材料及搶修用器材、設備

(D) 資訊、通信等器材、設備

(A) 9. 各級政府應依災害防救法規定，充實災害應變中心固定運作處所有關資訊、通信等災害防救器材、設備，隨時保持堪用狀態，並每A個月至少實施功能測試一次，每B個月至少舉辦演練一次，並得隨時為之：

(A) A=1，B=6　　(B) A=2，B=4　　(C) A=3，B=6　　(D) A=4，B=4

(B) 10. 各級政府成立災害應變中心後，指揮官於災害應變範圍內，依其權責劃定警戒區域，製發臨時通行證，限制或禁止人民進入或命其離去。當人民違反上述規定時，依災害防救法之規定，所應受之罰責為何？

(A) 處新臺幣10萬元以上50萬元以下罰鍰

(B) 處新臺幣5萬元以上25萬元以下罰鍰

(C) 處新臺幣3萬元以上15萬元以下罰鍰

(D) 處新臺幣1萬元以上5萬元以下罰鍰

(B) 11. 執行災害防救事項致死亡者，無法依其本職身分有關規定請領各項給付時，

應比照義勇消防人員傷病、死亡之請領數額給與一次撫卹金M個基數請領。前項基數之計算，以公務人員委任第N職等年功俸最高級月支俸額爲準。請問M、N爲何？

(A) M=90，N=6　　(B) M=90，N=5　　(C) M=36，N=4　　(D) M=18，N=3

(B) 12. 依災害防救法有關無法因應災害處理時，請求支援協助規定，下述何者錯誤？

(A) 國防部得依災害防救需要，運用應召之後備軍人支援災害防救

(B) 申請國軍支援或國軍主動協助救災之救災出勤時限，由國防部定之

(C) 災害之中央災害防救業務主管機關主動支援協助直轄市、縣（市）政府因應災害處理之項目及程序，分由各中央災害防救業務主管機關、縣（市）政府定之

(D) 直轄市、縣（市）政府及中央災害防救業務主管機關，無法因應災害處理時，得申請國軍支援

(A) 13. 依災害防救法規定，中央災害防救會報置召集人1人，由下列何者兼任？

(A) 行政院院長　　　　　　　　　(B) 行政院副院長

(C) 行政院秘書長　　　　　　　　(D) 行政院政務委員

(C) 14. 依災害防救法規定，水災之預防、應變及復原重建，以下列何機關爲中央災害防救業務主管機關？

(A) 內政部　　　　　　　　　　　(B) 行政院農業委員會

(C) 經濟部　　　　　　　　　　　(D) 交通部

(D) 15. 依災害防救法規定，行政院每多久時間應將災害防救白皮書送交立法院？

(A) 5年　　　　　(B) 3年　　　　　(C) 2年　　　　　(D) 1年

(B) 16. 依災害防救法規定，有關危險建築物緊急評估之適用災害種類、實施時機、處理人員、程序、危險標誌之張貼、解除及其他相關事項之辦法，由何單位負責定之？

(A) 行政院災害防救委員會　　　　(B) 內政部

(C) 直轄市、縣（市）政府　　　　(D) 鄉（鎮、市、區）公所

(B) 17. 災害防救業務計畫、災害防救基本計畫、縣（市）地區災害防救計畫、鄉（鎮、市）地區災害防救計畫之檢討修正時間，分別爲：

(A) 5年、3年、2年、1年　　　　(B) 2年、5年、2年、2年

(C) 5年、2年、3年、2年　　　　(D) 3年、5年、2年、1年

（ C ） 18. 災害應變期間於政府公告劃定之警戒區域內，不聽從限制或禁止進入或命其離去之規定，下列敘述，何者正確？

　　(A) 搜救所生費用，一律應由被搜救者繳納

　　(B) 可處新臺幣2萬元以上10萬元以下罰鍰

　　(C) 可處新臺幣5萬元以上25萬元以下罰鍰

　　(D) 最高可處50萬元罰鍰

（ B ） 19. 下列有關風災震災火災爆炸災害救助種類及標準之敘述，何者正確？

　　(A) 死亡或失蹤救助金具領人之順序，依序為配偶、父母、直系血親卑親屬

　　(B) 死亡、失蹤之災害救助金，每人均發給新臺幣20萬元

　　(C) 因地震造成之住屋倒塌程度達三分之一以上者，可給予安遷救助

　　(D) 災害救助種類及標準適用於中華民國國民於國外受災

（ D ） 20. 下列有關災害防救組織之敘述，何者正確？

　　(A) 中央災害防救會報副召集人為內政部部長

　　(B) 中央災害應變中心指揮官為行政院院長

　　(C) 中央災害防救委員會主任委員為行政院院長

　　(D) 中央災害防救委員會執行長為內政部部長

（ B ） 21. 下列有關中央災害應變中心之開設時機，何者正確？

　　(A) 海上颱風警報發布時，颱風災害應變中心一級開設

　　(B) 地震震度達六級以上，開設震災災害應變中心

　　(C) 24小時 積雨量達200毫米以上，水災災害應變中心一級開設

　　(D) 土石流造成10人以上傷亡、失蹤時，開設土石流災害應變中心

（ B ） 22. 依災害防救法規定，下列何種災害之中央災害防救業務主管機關為內政部？

　　(A) 水災　　　　　(B) 震災　　　　　(C) 土石流災害　　(D) 空難

（ D ） 23. 依災害防救法規定，下列敘述，何者錯誤？

　　(A) 直轄市、縣（市）政府及中央災害防救業務主管機關，無法因應災害處理時，申請國軍支援或協助救災之程序、預置兵力及派遣、指揮調度、協調聯絡、教育訓練、救災出勤時限及其他相關事項之辦法，由國防部會同內政部定之

　　(B) 中央災害防救業務主管機關為達災害防救之目的，得採取法律、行政及財政金融之必要措施，並向立法院報告

　　(C) 發生重大災害時，國軍部隊應主動協助災害防救

(D) 各級災害防救會報應結合民防及全民防衛動員準備體系,實施相關災害整備及應變事項;其實施辦法,由國防部會同有關部會定之

(C) 24. 依據災害防救法規定,下列敘述,何者錯誤?

(A) 直轄市、縣(市)政府及鄉(鎮、市)公所應依地方制度法第18條第10款第2目、第19條第11款第2目、第20條第7款第1目及災害防救法規定,分別辦理直轄市、縣(市)及鄉(鎮、市)之災害防救自治事項

(B) 中央災害防救業務主管機關為達災害防救之目的,得採取法律、行政及財政金融之必要措施,並向立法院報告

(C) 公用氣體與油料管線洩漏災害之預防、應變及復原重建,內政部為中央災害防救業務主管機關

(D) 毒性化學物質災害之預防、應變及復原重建,行政院環境保護署為中央災害防救業務主管機關

(C) 25. 為減少災害發生或防止災害擴大,依據災害防救法規定,下列何者非各級政府平時應依權責實施減災事項?

(A) 災害防救科技之研發或應用

(B) 災害防救上必要之氣象、地質、水文與其他相關資料之觀測、蒐集、分析及建置

(C) 災情蒐集、通報與指揮所需通訊設施之建置、維護及強化

(D) 災害防救資訊網路之建立、交流及國際合作

(A) 26. 公共事業未依其災害防救業務計畫,實施有關災後復原重建事項,致發生重大損害者,依據災害防救法規定可處新臺幣多少罰鍰?

(A) 3萬元以上15萬元以下 　　　　(B) 5萬元以上20萬元以下

(C) 5萬元以上25萬元以下 　　　　(D) 10萬元以上50萬元以下

(C) 27. 依據災害防救法施行細則規定,下列敘述,何者錯誤?

(A) 中央災害防救委員會每5年應依災害防救法規定,就相關減災、整備、災害應變、災後復原重建、科學研究成果、災害發生狀況、因應對策等,進行勘查、評估,檢討災害防救基本計畫;必要時,得隨時辦理之

(B) 各級政府應依災害防救法規定,充實災害應變中心固定運作處所有關資訊、通信等災害防救器材、設備,隨時保持堪用狀態,並每月至少實施功能測試1次,每半年至少舉辦演練1次,並得隨時為之

(C) 公共事業每5年應依災害防救基本計畫、相關減災、整備、災害應變、災

後復原重建等，進行勘查、評估，檢討災害防救業務計畫；必要時，得隨時辦理之

(D) 各級政府應將實施災害應變措施所需被徵調人，及徵用物或徵購物等救災資源，建立資料庫，並定期檢討更新資料；必要時，得隨時為之

(D) 28. 依據災害防救法之規定，各級政府成立災害應變中心後，指揮官於災害應變範圍內，以各級政府名義執行之權責，下列何者錯誤？

(A) 劃定警戒區域，製發臨時通行證，限制或禁止人民進入或命其離去

(B) 指定道路區間、水域、空域高度，限制或禁止車輛、船舶或航空器之通行

(C) 徵調相關專門職業、技術人員及所徵用物資之操作人員協助救災

(D) 召集後備軍人支援災害防救

(A) 29. 依據災害防救法之規定，各級政府平時所進行的治山、防洪及國土保全屬於下列何種事項？

(A) 減災事項　　　　　　　　　(B) 整備事項

(C) 災害應變事項　　　　　　　(D) 災後復原重建事項

(C) 30. 依據災害防救法之規定，鄉（鎮、市）災害防救會報之任務，下列何者正確？①核定各該鄉（鎮、市）地區災害防救計畫　②核定重要災害防救措施及對策　③督導、考核轄區內災害防救相關事項　④推動疏散收容、災情通報、災害緊急搶通、環境清理等災害緊急應變及整備措施：

(A) ①③　　　(B) ②③④　　　(C) ①②④　　　(D) ①②③④

(D) 31. 依照「災害防救法」第八條之規定，直轄市、縣（市）政府設直轄市、縣（市）災害防救會報，其任務為下述何者？

(A) 推動災害緊急應變措施　　　(B) 推動社區災害防救事宜

(C) 核定鄉（鎮、市）地區災害防救計畫　(D) 核定重要災害防救措施及對策

(A) 32. 依照「災害防救法」之規定，下列何者非為減少災害發生或防止災害擴大，各級政府平時應依權責實施之減災事項？

(A) 警戒區域劃設、交通管制、秩序維持及犯罪防治

(B) 災害防救教育、訓練及觀念宣導

(C) 災害潛勢、危險度、境況模擬與風險評估之調查分析，及適時公布其結果

(D) 災害保險之規劃及推動

(B) 33. 人民因災害防救法第三十一條第一項之處分、強制措施或命令，致其財產遭

受損失時，得請求補償。損失補償應自知有損失時起，幾年內請求之？

(A) 一年內　　　　(B) 二年內　　　　(C) 三年內　　　　(D) 五年內

(D) 34. 人民因災害防救法第三十一條第一項之處分、強制措施或命令，致其財產遭受損失時，得請求補償。但自損失發生後，經過幾年者，不得提出請求補償？　　　(A) 一年　(B) 二年　(C) 四年　(D) 五年

(C) 35. 因天然災害發生，致影響災區民眾正常居住生活，各級政府為安置受災民眾或進行災區重建工作，對於涉及用地及建築物之劃定、取得、變更、評估、管理、維護或其他事項，得簡化行政程序，不受有關法律或法規命令之限制。簡化行政程序及不受有關法條或法規命令限制之辦法由誰定之？

(A) 災害防救會報　　　　　　　　(B) 行政院災害防救委員會
(C) 各該中央災害防救業務主管機關　(D) 各級政府

(A) 36. 違反災害防救法第二十四條第二項直轄市、縣（市）政府於災害應變之必要範圍內，對於有擴大災害或妨礙救災之設備或物件之所有權人、使用人或管理權人，應勸告或強制其除去該設備或物件，並作適當處置之規定時，應如何處罰？

(A) 處新臺幣五萬元以上二十五萬元以下罰鍰
(B) 處新臺幣十萬元以上二十五萬元以下罰鍰
(C) 處新臺幣十五萬元以上五十萬元以下罰鍰
(D) 處新臺幣十萬元以上五十萬元以下罰鍰

(C) 37. 直轄市、縣（市）政府及鄉（鎮、市）公所每幾年應依相關災害防救計畫與地區災害發生狀況及災害潛勢特性等進行勘查、評估，檢討地區災害防救計畫；必要時，得隨時辦理之：

(A) 半年　　　　(B) 一年　　　　(C) 二年　　　　(D) 三年

(D) 38. 災害防救法所稱社區災害防救團體，指依何法立案，協助災害防救之團體？

(A) 社會秩序維護法　　　　　(B) 消防法
(C) 災害防救法　　　　　　　(D) 人民團體法

(B) 39. 公共事業未依第二十二條第三項規定依其災害防救業務計畫，實施有關減災事項時，致發生重大損害，其罰則為何？

(A) 處新臺幣二萬元以上十萬元以下罰鍰
(B) 處新臺幣三萬元以上十五萬元以下罰鍰
(C) 處新臺幣五萬元以上二十五萬元以下罰鍰

(D) 處新臺幣五萬元以上五十萬元以下罰鍰

（ C ） 40. 由中央災害防救業務主管機關及公共事業就其掌理業務或事務擬定之災害防救計畫稱爲？

(A) 地區災害防救計畫　　　　　(B) 防災社區計畫

(C) 災害防救業務計畫　　　　　(D) 災害防救基本計畫

（ D ） 41. 依災害防救法之規定，中央災害防救業務主管機關爲達災害防救之目的，得採取法律、行政及財政金融之必要措施，並向誰報告？

(A) 行政院　　　　　　　　　　(B) 中央災害防救會報

(C) 財政部　　　　　　　　　　(D) 立法院

（ A ） 42. 下列敘述何者有誤？

(A) 災害防救基本計畫指由中央災害防救業務主管機關核定之全國性災害防救計畫

(B) 中央災害防救會報其任務之一是核定全國緊急災害之應變措施

(C) 中央災害防救會報其委員爲就政務委員、有關機關首長及具有災害防救學 經驗之專家、學者派兼或聘兼之

(D) 直轄市、縣（市）及鄉（鎮、市）災害防救會報召集人應視災害規模成立災害應變中心，並擔任指揮官

（ C ） 43. 公共事業擬定災害防救業務計畫應送何機關核定後實施？

(A) 行政院災害防救委員會　　　(B) 中央災害防救會報

(C) 中央目的事業主管機關　　　(D) 中央災害防救業務主管

（ B ） 44. 中央災害防救業務主管機關及公共事業每幾年應依災害防救基本計畫、相關災害預防、災害緊急應變對策及災後復原重建事項等進行勘查、評估、檢討災害防救業務；必要時，得隨時辦理之？

(A) 一年　　　　(B) 二年　　　　(C) 三年　　　　(D) 四年

（ B ） 45. 災害防救法所稱民間災害防救志願組織，指經直轄市、縣（市）政府或中央災害防救業務主管機關登記有案，並依災害防救法第51條第1項規定，取得內政部之認證，實際協助救災，且編組在多少人以上之民間志工團體？

(A) 十人　　　　(B) 二十人　　　　(C) 三十人　　　　(D) 四十人

（ A ） 46. 依照災害防救法之規定，毒性化學物質災害之中央災害防救業務主管機關爲：

(A) 行政院環境保護署　　　　　(B) 行政院 工委員會

　　　　　　(C) 內政部　　　　　　　　　　　(D) 經濟部

(B) 47. 六類公共危險物品製造場所，其外牆或相當於該外牆之設施外側與古蹟之安全距離至少幾公尺以上？

　　　　　　(A) 三十公尺　　　(B) 五十公尺　　　(C) 八十公尺　　　(D) 一百公尺

(C) 48. 依風災震災重大火災爆炸災害救助種類及標準規定，死亡救助係指於災害發生之日起多少日內死亡者？

　　　　　　(A) 10日內　　　　(B) 15日內　　　　(C) 30日內　　　　(D) 60日內

(A) 49. 依災害防救法規定，災害應變中心指揮官，於災害應變範圍內，得為相關之處分或強制措施，人民因該強制處分或強制措施，致其財產遭受損失時，得請求賠償。損失賠償，於調查確定後多久時間內，該管政府應補償之？

　　　　　　(A) 六個月　　　　(B) 一年　　　　　(C) 兩年　　　　　(D) 三年

(B) 50. 行政院設災害防救委員會，置主任委員一人，由誰兼任？

　　　　　　(A) 行政院院長　　(B) 行政院副院長　(C) 內政部部長　　(D) 消防署署長

(B) 51. 災害防救法所稱民間災害防救志願組織，指經直轄市、縣（市）政府或中央災害業務主管機關登記有案，並依災害防救法第五十條第一項規定，取得內政部之認證，實際協助救災，且編組應在多少人以上之民間志工團體？

　　　　　　(A) 10人　　　　　(B) 20人　　　　　(C) 30人　　　　　(D) 40人

(A) 52. 依災害防救法之規定，風災、震災、重大火災、爆炸災害之中央災害防救業務主管機關為：

　　　　　　(A) 內政部　　　　　　　　　　　(B) 經濟部
　　　　　　(C) 交通部　　　　　　　　　　　(D) 行政院環境保護署

(C) 53. 中央災害防救會報置召集人一人，由誰兼任？

　　　　　　(A) 消防署署長　　(B) 內政部部長　　(C) 行政院院長　　(D) 副總統

(A) 54. 依災害防救法規定，下列敘述何者錯誤？

　　　　　　(A) 執行災害防救法防救事項，輕度身心障礙以上者10個基數
　　　　　　(B) 執行災害防救法防救事項，重度身心障礙以上者36個基數
　　　　　　(C) 執行災害防救法防救事項，死亡者給與一次撫卹金90個基數
　　　　　　(D) 基數之計算，以公務人員委任第五職等年功俸最高級月支俸額為準

(D) 55. 依災害防救法規定，不遵守災害應變中心指揮官徵用救災器具、車、船或航空器等裝備，處罰新台幣多少？

　　　　　　(A) 處新台幣1萬元以上5萬元以下　　(B) 處新台幣2萬元以上10萬元以下

(C) 處新台幣5萬元以上25萬元以下　　(D) 處新台幣10萬元以上50萬元以下

（ A ） 56. 各級政府應依災害防救法之規定，充實災害應變中心運作處所有關資訊、通信等災害防救器材、設備，每多久時間舉辦演練一次？

(A) 半年　　　　　(B) 一年　　　　　(C) 二年　　　　　(D) 三年

（ D ） 57. 依災害防救法第八條之規定，直轄市、縣（市）政府設直轄市、縣（市）災害防救會報，下列何者爲其任務？

(A) 推動災害緊急應變措施

(B) 推動社區災害防救事宜

(C) 核定鄉（鎮、市）地區災害防救計畫

(D) 核定重要災害防救措施及對策

（ C ） 58. 直轄市、縣（市）政府及鄉（鎮、市）公所每幾年應依相關災害防救計畫與地區災害發生狀況及災害潛勢特性等進行勘查、評估，檢討地區災害防救計畫？　　(A) 半年　(B) 一年　(C) 二年　(D) 三年

（ B ） 59. 依災害防救法之授權所爲之徵調或徵用，當徵調或徵用原因消滅時，原徵調或徵用機關應發給廢止徵調或徵用證明文件，將被徵用標的物返還被徵用人；並於廢止徵調或徵用後幾個月內，依法發給補償費用？

(A) 一個月　　　(B) 二個月　　　(C) 三個月　　　(D) 四個月

（ B ） 60. 依行政院災害防救委員會設置要點規定，下列何者非行政院災害防救委員會之任務？

(A) 關於平日緊急物資之準備、設置或貯存事項

(B) 核定全國緊急災害之應變措施

(C) 關於緊急應變體系之建立、檢討事項

(D) 關於災害時之緊急調度、支援或與業務相關之總務事項

（ # ） 61. 人民因災害防救法第31條或第32條第1項之處分、強制措施或命令，致其財產遭受損失時，得請求補償。但損失發生後，經過多少年者，不得提出請求？

(A) 1年　　　　　(B) 2年　　　　　(C) 3年　　　　　(D) 4年

註：答案爲5年。

（ B ） 62. 災害防救法所稱民間災害防救志願組織，指經直轄市、縣（市）政府或中央災害防救業務主管機關登記有案，並依災害防救法第50條第1項規定，取得內政部之認證，實際協助救災，且編組在多少人以上之民間志工團隊？

(A) 10人　　　　　(B) 20人　　　　　(C) 30人　　　　　(D) 40人

（D）63. 鄉（鎮、市）地區災害防救計畫擬定後，應經下列何者核定後實施？
- (A) 中央災害防救會報
- (B) 中央災害防救業務主管機關
- (C) 直轄市、縣（市）災害防救會報
- (D) 鄉（鎮、市）災害防救會報

（C）64. 關於直轄市、縣（市）政府災害防救措施，下列敘述何者錯誤？
- (A) 直轄市、縣（市）災害防救會報召集人應視災害規模成立災害應變中心，並擔任指揮官
- (B) 結合全民防衛動員準備體系，實施相關災害防救、應變及召集事項
- (C) 直轄市、縣（市）災害應變中心成立時機、程序及編組，由行政院定之
- (D) 鄉（鎮、市）公所無法因應災害處理時，縣（市）政府應主動派員協助

（D）65. 關於災害防救法第24條緊急避難之措施，下列敘述何者錯誤？
- (A) 由直轄市、縣（市）政府、鄉（鎮、市、區）公所發動執行
- (B) 當災害發生或有發生之虞時，可依狀況予以避難勸告或指示撤離
- (C) 對於勸告或指示撤離者應作適當之安置
- (D) 對不依指示撤離者，得處新台幣5萬元以上25萬元以下之罰鍰

（D）66. 關於災害防救法第31條第2款警戒區域之劃定，下列敘述何者錯誤？
- (A) 警戒區域之劃定應在災害應變之必要範圍內
- (B) 由災害應變中心指揮官下達一定區域範圍的劃定與限制或禁止之處分或強制措施
- (C) 劃定一定區域範圍應完成「公告」的法定程序
- (D) 有關處分或強制措施，應以消防局名義為之

（B）67. 關於災害防救基本計畫之敘述，下列何者錯誤？
- (A) 災害防救基本計畫由行政院災害防救委員會擬訂，經中央災害防救會報核定後實施
- (B) 災害防救基本計畫應每二年檢討一次
- (C) 災害防救基本計畫係依災害種類及應採對策來編列
- (D) 有關防災作為在各級政府之外，也含括民眾之防災作為

（D）68. 有關各級災害防救會報之組織，下列敘述何者錯誤？
- (A) 為執行中央災害防救會報核定之災害防救政策，推動重大災害防救任務與措施，行政院設災害防救委員會
- (B) 為處理直轄市、縣（市）災害防救會報事務，直轄市、縣（市）政府應設專責單位辦理

    (C) 直轄市、縣（市）政府災害防救會報事務處理之專責單位應由直轄市、縣（市）政府副首長兼任主管

    (D) 為處理鄉（鎮、市）災害防救會報事務，鄉（鎮、市）公所應設專責單位辦理

（ A ） 69. 公共事業擬訂災害防救業務計畫應送請何機關核定？

    (A) 中央目的事業主管機關　　　　(B) 中央災害防救業務主管機關

    (C) 中央災害防救會報　　　　　　(D) 行政院災害防救委員會

（ D ） 70. 有關災害防救專用名詞定義，下列敘述何者錯誤？

    (A) 災害防救係指災害之預防、災害發生時之應變措施及災後之復原重建

    (B) 災害防救計畫係指災害防救基本計畫、災害防救業務計畫及地區災害防救計畫

    (C) 災害防救基本計畫係指由中央災害防救會報核定之全國性災害防救計畫

    (D) 災害防救業務計畫係指由中央目的事業主管機關就其掌理業務或事務擬訂之災害防救計畫

（ B ） 71. 依災害防救法相關規定，直轄市、縣（市）政府設直轄市、縣（市）災害防救會報之任務與組織，下列敘述何者錯誤？

    (A) 直轄市、縣（市）災害防救會報置召集人1人、副召集人1人或2人，分別由直轄市、縣（市）政府正、副首長兼任

    (B) 核定災害防救基本計畫

    (C) 核定各該直轄市、縣（市）地區災害防救計畫

    (D) 直轄市、縣（市）災害防救辦公室執行直轄市、縣（市）災害防救會報事務；其組織由直轄市、縣（市）政府定之

（ A ） 72. 依災害防救法施行細則相關規定，下列敘述何者正確？

    (A) 中央災害防救業務主管機關每2年應檢討災害防救業務計畫

    (B) 公共事業每2年應檢討災害防救基本計畫

    (C) 中央災害防救委員會每2年應檢討災害防救基本計畫

    (D) 直轄市、縣（市）政府及鄉（鎮、市）公所每年應檢討地區災害防救計畫

（ B ） 73. 行政院設中央災害防救會報，下列何者非其任務？

    (A) 決定災害防救之基本方針

    (B) 核定各該直轄市、縣（市）地區災害防救計畫

    (C) 核定全國緊急災害之應變措施

(D) 核定重要災害防救政策與措施

(B) 74. 災害防救法所稱公共事業，其項目下列何者錯誤？

(A) 大眾傳播事業　　　　　　　　(B) 資訊服務業

(C) 自來水事業　　　　　　　　　(D) 公用氣體燃料事業

(D) 75. 人民因執行災害應變之處分、強制措施或命令，致其財產遭受損失時，得請求補償。損失補償應自知有損失時起，P年內請求之。但自損失發生後，經過Q年者，不得爲之。試問P與Q分別爲何？

(A) P=1、Q=4　　(B) P=2、Q=4　　(C) P=1、Q=5　　(D) P=2、Q=5

2.5　災害防救法及施行細則歷屆申論題

1. 災害防救法第三十一條第二款及消防法第二十條均有劃定警戒區域之規定，請就上開警戒區域劃定之目的、要件及內容，比較分析其相異點？（25分）（92年消防升等考）

解：

1) 內容：災害防救法第31條各級政府成立災害應變中心後，指揮官於災害應變範圍內，依其權責分別實施下列事項，並以各級政府名義為之：劃定警戒區域，製發臨時通行證，限制或禁止人民進入或命其離去。目的為災害搶救及避免人民因災害來臨而傷亡，要件是各級政府成立災害應變中心後，指揮官於災害應變範圍內，依其權責所實施行政管制措施。又依施行細則第12條災害應變中心指揮官依本法第三十一條第一項規定實施相關事項時，應指定相關機關（單位）執行之。前項指揮官依本法第三十一條第一項第二款及第三款規定所為之下列處分，應予公告，並刊登政府公報、新聞紙、利用電信網路傳送或其他足以使公眾得知之方式揭示；撤銷、廢止或變更時，亦同。

2) 內容：消防法第20條消防指揮人員，對火災處所周邊，得劃定警戒區，限制人車進入，並得疏散或強制疏散區內人車。目的為搶救火災，要件是火災發生時，對火災處所周邊之行政管制措施。

3) 前者是各種災害發生時或發生前，應予公告，並刊登政府公報、新聞紙、利用電信網路傳送或其他足以使公眾得知之方式揭示，得命區域內人民離去，後者是火災發生時，得強制疏散區內人車。

2. 依據災害防救法第三條的規定，人為災害共有幾種？其業務主管機關為何？業務主管機關負責何種工作？（25分）（94年消防升等考）

解：

人為災害有

一、火災、爆炸災害：內政部。

二、公用氣體與油料管線、輸電線路災害、礦災：經濟部。

三、土石流災害、森林火災：行政院農業委員會。

四、空難、海難、陸上交通事故：交通部。

五、毒性化學物質災害：行政院環境保護署。

六、生物病原災害：衛生福利部。

七、輻射災害：行政院原子能委員會。

業務主管機關負責該災害之預防、應變及復原重建。

3. 萬一台灣地區發生禽流感事件，您認為中央和地方應由何種機關負責災害防救之工
　作？消防機關第一線之搶救人員應如何執行相關勤務並維護自身之安全？（25分）
　（94年消防升等考）

解：

台灣地區發生禽流感事件由衛福部主管。

A. 應穿戴個人整套防疫防護用具。

B. 工作後，應沐浴更衣做好清消工作。

C. 保持雙手清潔，並用正確方法洗手。

D. 打噴嚏或咳嗽時應掩口鼻，並將痰涎或鼻涕用紙巾包好棄於垃圾箱內，然後洗
　手。

E. 做好自我體溫監測。

F. 若出現發燒、咳嗽、喉嚨痛等類流感症狀，，並戴口罩儘速至掛有新型流行性
　感冒採檢醫療機構標章之醫療院所採檢、就醫，並主動告知接觸史、工作內容
　等。

4. 依「災害防救法」之規定，直轄市、縣（市）政府設直轄市、縣（市）災害防救會
　報之任務與組織各為何？（25分）（96年消防升等考）

解：

第8條　　　直轄市、縣（市）政府設直轄市、縣（市）災害防救會報，其任務如下：

　　　　　　一、核定各該直轄市、縣（市）地區災害防救計畫。

　　　　　　二、核定重要災害防救措施及對策。

　　　　　　三、核定轄區內災害之緊急應變措施。

　　　　　　四、督導、考核轄區內災害防救相關事項。

　　　　　　五、其他依法令規定事項。

第9條　　　直轄市、縣（市）災害防救會報置召集人一人、副召集人一人或二人，分別由直轄市、縣（市）政府正、副首長兼任；委員若干人，由直轄市、縣（市）長就有關機關、單位首長、軍事機關代表及具有災害防救學識經驗之專家、學者派兼或聘兼。

5. 依據災害防救法規定，何謂「災害防救基本計畫」？並請說明其制定過程、計畫內容及修正時機。（25分）（102年消防升等考）

解：

1) 災害防救基本計畫，係由中央災害防救會報核定之全國性災害防救計畫。

2) 第17條　　災害防救基本計畫由中央災害防救委員會擬訂，經中央災害防救會報核定後，由行政院函送各中央災害防救業務主管機關及直轄市、縣（市）政府據以辦理災害防救事項。

3) 第18條　　災害防救基本計畫內容之規定如下：
　　　　　　一、整體性之長期災害防救計畫。
　　　　　　二、災害防救業務計畫及地區災害防救計畫之重點事項。
　　　　　　三、其他中央災害防救會報認為有必要之事項。

4) 依災害防救法施行細則第7條規定，災害防救基本計畫每5年檢討1次

6. 預判災害潛勢區域可能因豪雨致災，將劃定警戒區域進行管制，請依災害防救法規定，說明有關警戒區域劃定之構成要件為何？（25分）（100年四等特考）

解：

第12條　　　災害應變中心指揮官依本法第三十一條第一項規定實施相關事項時，應指定相關機關（單位）執行之。
　　　　　　前項指揮官依本法第三十一條第一項第二款及第三款規定所為之下列處分，應予公告，並刊登政府公報、新聞紙、利用電信網路傳送或其他足以使公眾得知之方式揭示；撤銷、廢止或變更時，亦同：
　　　　　　一、劃定警戒區域，限制或禁止人民進入或命其離去。
　　　　　　二、指定道路區間、水域、空域高度，限制或禁止車輛、船舶或航空器之通行。

7. 依災害防救法及中央災害應變中心作業要點規定，重大災害發生或有發生之虞時，中央災害防救業務主管機關首長應視災害之規模、性質、災情、影響層面及緊急應變措施等狀況，決定中央災害應變中心開設時機及其分級，當發生風災、震災、火災、爆炸災害、水災及土石流等災害時，試分述其中央應變中心開設時機？（25分）（104年消防升等考）

解：

依中央災害應變中心作業要點規定，分述如下

應變中心開設時機及應進駐機關（單位、團體）規定如下：

(一) 風災：

開設時機：中央氣象局發布海上陸上颱風警報，預測颱風暴風圈將於十八小時內接觸陸地時。

(二) 震災、海嘯：

1. 開設時機：有下列情形之一，經內政部研判有開設必要者：

(1) 中央氣象局發布之地震震度達六級以上。

(2) 中央氣象局發布海嘯警報。

(3) 估計有十五人以上傷亡、失蹤，且災情嚴重，亟待救助。

(三) 火災、爆炸災害：

1. 開設時機：有下列情形之一，經內政部研判有開設必要者：

(1) 有十五人以上傷亡、失蹤，且災情嚴重，有持續擴大燃燒，無法有效控制，亟待救助。

(2) 火災、爆炸災害發生地點在重要場所（政府辦公廳舍或首長公館等）或重要公共設施，造成多人傷亡、失蹤，亟待救助。

(四) 水災：

1. 二級開設：

(1) 開設時機：有下列情形之一，並經經濟部研判有開設必要者：

甲、中央氣象局連續發布豪雨特報，七個以上直轄市、縣（市）轄區內二十四小時累積雨量達二百毫米，且其中三個以上直轄市、縣（市）轄區內二十四小時累積雨量達三百五十毫米。

乙、五個以上直轄市、縣（市）政府災害應變中心二級以上開設。

丙、因水災災害，有跨部會協調或跨直轄市、縣（市）支援之需求。

2.一級開設：

(1)開設時機：中央災害應變中心二級開設後，中央氣象局持續發布豪雨特報，且災情有持續擴大趨勢，經經濟部研判有開設必要者。

(五)旱災：

1.開設時機：經濟部水利署發布之水情燈號有二個以上供水區橙燈或一個以上供水區紅燈。

(六)公用氣體與油料管線、輸電線路災害：

1.開設時機：

(1)公用氣體與油料管線災害估計有下列情形之一，經經濟部研判有開設必要者：

甲、有十人以上傷亡、失蹤，且災情嚴重，有持續擴大蔓延，無法有效控制。

乙、陸域汙染面積達十萬平方公尺以上，無法有效控制。

(2)輸電線路災害估計有十人以上傷亡、失蹤，或十所以上一次變電所全部停電，預估在三十六小時內無法恢復正常供電，且情況持續惡化，無法有效控制，經經濟部研判有開設必要者。

(七)寒害：

1.開設時機：中央氣象局發布臺灣地區平地氣溫將降至攝氏六度以下，連續二十四小時之低溫特報，有重大農業損失等災情發生之虞，經行政院農業委員會研判有開設之必要者。

(八)土石流災害：

1.開設時機：土石流災害估計有十五人以上傷亡、失蹤，且災情嚴重，經行政院農業委員會研判有開設必要者。

(九)空難：

1.開設時機：航空器運作中發生事故，估計有十五人以上傷亡、失蹤，且災情嚴重，經交通部研判有開設必要者。

(十)海難：

1.開設時機：我國臺北飛航情報區內發生海難事故，船舶損害嚴重，估計有十五人以上傷亡、失蹤，且災情嚴重，經交通部研判有開設必要者。

(十一)陸上交通事故：

1.開設時機：有下列情形之一，經交通部研判有開設必要者：

(1) 估計有十五人以上傷亡、失蹤，且災情嚴重，有擴大之虞，亟待救助。

(2) 重要交通設施嚴重損壞，造成交通阻斷。

(十二) 毒性化學物質災害：

1. 開設時機：有下列情形之一，經行政院環境保護署研判有開設必要者：

(1) 估計有十五人以上傷亡、失蹤，且災情嚴重，亟待救助。

(2) 汙染面積達一平方公里以上，無法有效控制。

(十三) 礦災：

1. 開設時機：估計有十人以上傷亡、失蹤，且災情嚴重，亟待救助，經經濟部研判有開設必要者。

(十四) 森林火災：

1. 開設時機：森林火災被害面積達五十公頃或草生地達一百公頃以上，且經行政院農業委員會研判有開設必要者。

8. 依災害防救法之規定，人民因各級政府依其權責所為之那些處分、強制措施或命令，致其財產遭受損失時，非可歸責於該人民之事由者，得請求補償？（25分）（102年四等特考）

解：

第33條　人民因第二十四條第二項、第三十一條第一項及前條第一項之處分、強制措施或命令，致其財產遭受損失時，得請求補償。但因可歸責於該人民之事由者，不在此限。

第24條　直轄市、縣（市）政府、鄉（鎮、市、區）公所於災害應變之必要範圍內，對於有擴大災害或妨礙救災之設備或物件之所有權人、使用人或管理權人，應勸告或強制其除去該設備或物件，並作適當之處置。

第31條　各級政府成立災害應變中心後，指揮官於災害應變範圍內，依其權責分別實施下列事項，並以各級政府名義為之：

二、劃定警戒區域，製發臨時通行證，限制或禁止人民進入或命其離去。

三、指定道路區間、水域、空域高度，限制或禁止車輛、船舶或航空器之通行。

四、徵調相關專門職業、技術人員及所徵用物資之操作人員協助救災。

五、徵用、徵購民間搜救犬、救災機具、車輛、船舶或航空器等裝備、土

地、水權、建築物、工作物。

七、危險建築物、工作物之拆除及災害現場障礙物之移除。

八、優先使用傳播媒體與通訊設備，蒐集及傳播災情與緊急應變相關資訊。

第32條 各級政府爲實施第二十七條第一項及前條第一項所定事項，對於救災所需必要物資之製造、運輸、販賣、保管、倉儲業者，得徵用、徵購或命其保管。

9. 災害防救法有關緊急避難撤離措施之規定爲何？並請就土石流災害潛勢區域之避難撤離，說明勸告撤離與強制撤離之區別爲何？（25分）（99年四等特考）

解：

第24條 爲保護人民生命、財產安全或防止災害擴大，直轄市、縣（市）政府、鄉（鎮、市、區）公所於災害發生或有發生之虞時，應勸告或強制其撤離，並作適當之安置。

直轄市、縣（市）政府、鄉（鎮、市、區）公所於災害應變之必要範圍內，對於有擴大災害或妨礙救災之設備或物件之所有權人、使用人或管理權人，應勸告或強制其除去該設備或物件，並作適當之處置。

(一) 勸告撤離

爲預防災情，鄉（鎮、市、區）公所應先行勸導潛在受害對象避難，經村長（指揮官或代行者）同意啓動疏散避難小組，原則上以挨家挨戶方式進行勸導，並提供潛在危險度、避難處所、避難路線、攜帶物品等相關資訊，同時瞭解需要特別服務之對象（如身心障礙者等弱勢族群）。並利用村里廣播系統、消防、警察、民政等所有廣播車、地區廣播電台、電視台、簡訊、網路、電話等通（告）知。

(二) 強制撤離

經研判或獲得訊息指出土石流危險度提升，需立即撤離潛在受害對象，於村長（指揮官或代行者）同意後即行廣播告知，並強制民眾疏散。若同時須劃定警戒區時，經請示縣府同意並公告後，執行管制該區禁止進入及命其離去之強制疏散。

第39條　有下列情形之一者，處新臺幣五萬元以上二十五萬元以下罰鍰：

一、違反依第二十四條第二項、第三十一條第一項第二款、第三款或第七
　　款規定所為之處置。

10. 各級政府依「災害防救法」第23條規定，為有效執行緊急應變措施，應依權責實施哪些整備事項，試詳述之。（25分）（103年四等特考）

解：

第23條　為有效執行緊急應變措施，各級政府應依權責實施下列整備事項：

一、災害防救組織之整備。

二、災害防救之訓練、演習。

三、災害監測、預報、警報發布及其設施之強化。

四、災情蒐集、通報與指揮所需通訊設施之建置、維護及強化。

五、災害防救物資、器材之儲備及檢查。

六、災害防救設施、設備之整備及檢查。

七、對於妨礙災害應變措施之設施、物件，施以加固、移除或改善。

八、國際救災支援之配合。

九、其他緊急應變整備事項。

11. 依災害防救法第3條之內容，請詳列災害之類別與對應之中央災害防救業務主管機關為何？並說明其主管災害防救業務之權責為何？（25分）（105年四等特考）

解：

各種災害之預防、應變及復原重建，以下列機關為中央災害防救業務主管機關：

(A) 風災、震災（含土壤液化）、火災、爆炸災害：內政部。

(B) 水災、旱災、礦災、工業管線災害、公用氣體與油料管線、輸電線路災害：經濟部。

(C) 寒害、土石流災害、森林火災、動植物疫災：行政院農業委員會。

(D) 空難、海難、陸上交通事故：交通部。

(E) 毒性化學物質災害：行政院環境保護署。

(F) 生物病原災害：衛生福利部。

(G) 輻射災害：行政院原子能委員會。

(H) 其他災害：依法律規定或由中央災害防救會報指定之中央災害防救業務主管機關。

　　前項中央災害防救業務主管機關就其主管災害防救業務之權責如下：

(A) 中央及直轄市、縣（市）政府與公共事業執行災害防救工作等相關事項之指揮、督導及協調。

(B) 災害防救業務計畫訂定與修正之研擬及執行。

(C) 災害防救工作之支援、處理。

(D) 非屬地方行政轄區之災害防救相關業務之執行、協調，及違反本法案件之處理。

(E) 災害區域涉及海域、跨越二以上直轄市、縣（市）行政區，或災情重大且直轄市、縣（市）政府無法因應時之協調及處理。

2.6　模擬試題

1. 公共事業應實施災害防救演習及義勇消防人員參加演習，請問消防法及災害防救法對此相關之權利義務規定為何？

解：

災害防救法

第25條　各級政府及相關公共事業，應實施災害防救訓練及演習。

實施前項災害防救訓練及演習，各機關、公共事業所屬人員、居民及其他公、私立學校、團體、公司、廠場有共同參與或協助之義務。

參與前項災害防救訓練、演習之人員，其所屬機關（構）、學校、團體、公司、廠場應給予公假。

消防法

第29條　（服勤期間之津貼發給）依本法參加義勇消防編組之人員接受訓練、演習、服勤時，直轄市、縣（市）政府得依實際需要供給膳宿、交通工具或改發代金。參加服勤期間，得比照國民兵應召集服勤另發給津貼。前項人員接受訓練、演習、服勤期間，其所屬機關（構）、學校、團體、公司、廠場應給予公假。

2. 為搶救災害及災害應變，消防單位得調度或徵用其範圍為何？在消防法及災害防救法相關規定為何？是否可請求補償，其規定如何？

解：

消防法

第32條　受前條調度、運用之事業機構，得向該轄消防主管機關請求下列補償：一、車輛、船舶、航空器均以政府核定之交通運輸費率標準給付。二、調度運用之車輛、船舶、航空器、裝備於調度、運用期間遭受毀損，該轄消防主管機關應予修復；其無法修復時，應按時價並參酌已使用時間折舊後，給付毀損補償金；致裝備耗損者，應按時價給付。三、被調度、運用之消防、救災、救護人員於接受調度、運用期間，應按調度、運用時，其服務機構或僱用人所給付之報酬標準給付之。

災害防救法

第31條　各級政府成立災害應變中心後，指揮官於災害應變範圍內，依其權責分別
實施下列事項，並以各級政府名義為之：

四、徵調相關專門職業、技術人員及所徵用物資之操作人員協助救災。

五、徵用、徵購民間搜救犬、救災機具、車輛、船舶或航空器等裝備、土
地、水權、建築物、工作物。

第33條　人民因第二十四條第二項、第三十一條第一項及前條第一項之處分、強制
措施或命令，致其財產遭受損失時，得請求補償。但因可歸責於該人民之
事由者，不在此限。

前項損失補償，應以金錢為之，並以補償實際所受之損失為限。

損失補償應自知有損失時起，二年內請求之。但自損失發生後，經過五年
者，不得為之。

3. 依災害防救法，民眾及公共事業人員發現災害應如何處置？

解：

第30條　民眾發現災害或有發生災害之虞時，應即主動通報消防或警察單位、村
（里）長或村（里）幹事。

前項之受理單位或人員接受災情通報後，應迅速採取必要之措施。

各級政府及公共事業發現、獲知災害或有發生災害之虞時，應主動蒐集、
傳達相關災情並迅速採取必要之處置。

4. 各級政府依災害防救法規定，依權責實施哪些法定減災事項？

解：

第22條　為減少災害發生或防止災害擴大，各級政府平時應依權責實施下列減災事
項：

一、災害防救計畫之擬訂、經費編列、執行及檢討。

二、災害防救教育、訓練及觀念宣導。

三、災害防救科技之研發或應用。

四、治山、防洪及其他國土保全。

五、老舊建築物、重要公共建築物與災害防救設施、設備之檢查、補強、

維護及都市災害防救機能之改善。

六、災害防救上必要之氣象、地質、水文與其他相關資料之觀測、蒐集、分析及建置。

七、災害潛勢、危險度、境況模擬與風險評估之調查分析，及適時公布其結果。

八、地方政府及公共事業有關災害防救相互支援協定之訂定。

九、災害防救團體、災害防救志願組織之促進、輔導、協助及獎勵。

十、災害保險之規劃及推動。

十一、有關弱勢族群災害防救援助必要事項。

十二、災害防救資訊網路之建立、交流及國際合作。

十三、其他減災相關事項。

5. 依災害防救法規定，地區災害防救計畫內容為何？

解：

地區災害防救計畫內容之規定如下：

一、災害預防相關事項。

二、災害緊急應變對策相關事項。

三、災後復原重建相關事項。

四、其他行政機關、公共事業、直轄市、縣（市）、鄉（鎮、市）災害防救會報認為必要之事項。

行政機關依其他法律作成之災害防救計畫及災害防救相關規定，不得牴觸本法。

6. 鄉（鎮、市）公所設鄉（鎮、市）災害防救會報，其任務相關規定如何？

解：

鄉（鎮、市）公所設鄉（鎮、市）災害防救會報，其任務如下：

一、核定各該鄉（鎮、市）地區災害防救計畫。

二、核定重要災害防救措施及對策。

三、推動疏散收容安置、災情通報、災後緊急搶通、環境清理等災害緊急應變及整備措施。

四、推動社區災害防救事宜。

五、其他依法令規定事項。

7. 直轄市、縣（市）災害防救會報之召集人及委員資格如何？

解：

直轄市、縣（市）災害防救會報置召集人一人、副召集人一人或二人，分別由直轄市、縣（市）政府正、副首長兼任；委員若干人，由直轄市、縣（市）長就有關機關、單位首長、軍事機關代表及具有災害防救學識經驗之專家、學者派兼或聘兼。

8. 依災害防救法規定，請問經濟部、行政院農業委員會及交通部之主管災害各有哪些？

解：

二、水災、旱災、公用氣體與油料管線、輸電線路災害、礦災：經濟部。

三、寒害、土石流災害、森林火災、動植物疫災：行政院農業委員會。

四、空難、海難、陸上交通事故：交通部。

9. 依災害防救法規定，請問天然災害係指為何？非天然災害為何？

解：

災害：指下列災難所造成之禍害：

(一) 風災、水災、震災、旱災、寒害、土石流災害等天然災害。

(二) 火災、爆炸、公用氣體與油料管線、輸電線路災害、礦災、空難、海難、陸上交通事故、森林火災、毒性化學物質災害、生物病原災害、動植物疫災、輻射災害、工業管線災害等災害。

第 **3** 章

緊急醫療救護法及相關法規

3.1 緊急醫療救護法

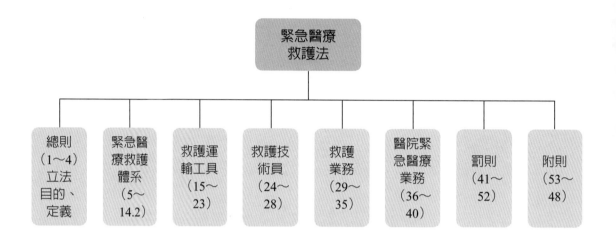

第一章 總則

第 1 條 為健全緊急醫療救護體系，提升緊急醫療救護品質，以確保緊急傷病
患之生命及健康，特制定本法。

第 2 條 本法所稱衛生主管機關：在中央為行政院衛生署；在直轄市為直轄市
政府；在縣（市）為縣（市）政府。

本法所稱消防主管機關：在中央為內政部；在直轄市為直轄市政府；
在縣（市）為縣（市）政府。

第 3 條 本法所稱緊急醫療救護，包括下列事項：

一、緊急傷病、大量傷病患或野外地區傷病之現場緊急救護及醫療處
理。

二、送醫途中之緊急救護。

三、重大傷病患或離島、偏遠地區難以診治之傷病患之轉診。

四、醫療機構之緊急醫療。

第 4 條 本法所稱緊急醫療救護人員（以下簡稱救護人員），指醫師、護理人
員、救護技術員。

第二章　緊急醫療救護體系

第　5　條　　為促進緊急醫療救護設施及人力均衡發展，中央衛生主管機關應會同中央消防主管機關劃定緊急醫療救護區域，訂定全國緊急醫療救護計畫。其中，野外地區緊急救護應予納入。

中央衛生主管機關為整合緊急醫療救護資源，強化緊急應變機制，應建立緊急醫療救護區域協調指揮體系，並每年公布緊急醫療品質相關統計報告。

第　6　條　　直轄市、縣（市）政府應依轄區內之緊急醫療救護資源，配合前條第一項之全國緊急醫療救護計畫，訂定緊急醫療救護實施方案，辦理緊急醫療救護業務。

第　7　條　　各級衛生主管機關對災害及戰爭之預防應變措施，應配合規劃辦理緊急醫療救護有關事項；必要時，得結合全民防衛動員準備體系，實施緊急醫療救護。

第　8　條　　中央衛生主管機關得邀集醫療機構、團體與政府機關代表及學者專家，為下列事項之諮詢或審查：

一、緊急醫療救護體系建置及緊急醫療救護區域劃定之諮詢。

二、化學災害、輻射災害、燒傷、空中救護及野外地區之緊急醫療救護等特殊緊急醫療救護之諮詢。

三、急救教育訓練及宣導之諮詢。

四、第三十八條醫院醫療處理能力分級標準及評定結果之審查。

五、其他有關中央或緊急醫療救護區域之緊急醫療救護業務之諮詢。

第　9　條　　中央衛生主管機關應依第五條第二項之緊急醫療救護區域協調指揮體系，委託醫療機構於各區域內組成區域緊急醫療應變中心（以下簡稱區域應變中心），辦理下列業務：

一、即時監控區域內災害有關緊急醫療之事件。

二、即時掌握區域內緊急醫療資訊及資源狀況。

三、建置區域內災害醫療資源之資料庫。

四、協助規劃災害有關緊急醫療事件之復健工作。

五、定期辦理年度重大災害有關緊急醫療之演練。

六、跨直轄市、縣（市）之災害發生時，協助中央衛生主管機關調度

區域內緊急醫療資源，進行應變工作。

七、協助中央衛生主管機關指揮區域內急救責任醫院派遣相關人員，協助處理大量緊急傷病患。

八、其他有關區域緊急醫療災害應變事項。

前項第六款與第七款調度、指揮之啟動要件、指揮體系架構、應變程序及其他應配合事項之辦法，由中央衛生主管機關定之。

第 10 條　直轄市、縣（市）衛生主管機關得邀集醫療機構、團體與政府機關代表及學者專家，為下列事項之諮詢或審查：

一、緊急醫療救護資源規劃及實施方案之諮詢。

二、急救責任醫院之指定方式及考核事項之諮詢。

三、轉診爭議事項之審查。

四、緊急傷病患救護作業程序之諮詢。

五、救護技術員督導考核事項之諮詢。

六、其他有關緊急醫療救護事項之諮詢。

第 11 條　中央衛生主管機關應將醫院緊急醫療業務及協助到院前緊急醫療業務納入醫院評鑑。

直轄市、縣（市）衛生主管機關對轄區內醫療機構之緊急醫療業務，應定期實施督導考核。

第 12 條　直轄市、縣（市）消防機關之救災救護指揮中心，應由救護人員二十四小時執勤，處理下列緊急救護事項：

一、建立緊急醫療救護資訊。

二、提供緊急傷病患送達醫療機構前之緊急傷病諮詢。

三、受理緊急醫療救護申請。

四、指揮救護隊或消防分隊執行緊急傷病患送達醫療機構前之緊急救護。

五、聯絡醫療機構接受緊急傷病患。

六、聯絡救護運輸工具之設置機關（構）執行緊急救護業務。

七、協調有關機關執行緊急救護業務。

八、遇緊急傷病、大量傷病患或野外地區救護時，派遣當地救護運輸工具設置機關（構）之救護車及救護人員出勤，並通知直轄市、縣（市）衛生主管機關。

第 13 條　直轄市、縣（市）消防主管機關應依其轄區人口分佈、地理環境、交通及醫療設施狀況，劃分救護區，並由救護隊或消防分隊執行緊急傷病患送達醫療機構前之緊急救護業務。

第 14 條　前條救護隊或消防分隊，每隊至少應配置救護車一輛及救護人員七名，其中專職人員不得少於半數。

第 14-1 條　中央衛生主管機關公告之公共場所，應置有自動體外心臟電擊去顫器或其他必要之緊急救護設備。

場所管理權人或法人負責人於購置設備後，應送衛生主管機關備查後，登錄於救災救護指揮中心。

前二項必要之緊急救護設備之項目、設置方式、管理、使用訓練及其他有關事項之辦法，由中央衛生主管機關定之。

第一項公共場所購置自動體外心臟電擊去顫器或其他必要之緊急救護設備，必要時得獎勵或補助。

第 14-2 條　救護人員以外之人，為免除他人生命之急迫危險，使用緊急救護設備或施予急救措施者，適用民法、刑法緊急避難免責之規定。

救護人員於非值勤期間，前項規定亦適用之。

第三章　救護運輸工具

第 15 條　救護車分為一般救護車及加護救護車；其裝備標準、用途及有關事項之管理辦法，由中央衛生主管機關定之。

第 16 條　救護車之設置，應向所在地直轄市、縣（市）衛生主管機關申請許可登記，並向所在地公路監理機關申請特屬救護車車輛牌照；其許可登記事項變更時，亦同。

救護車之設置，以下列機關（構）為限：

一、消防機關。

二、衛生機關。

三、軍事機關。

四、醫療機構。

五、護理機構。

六、救護車營業機構。

七、經直轄市或縣（市）衛生主管機關認定需要設置救護車之機構或
　　公益團體。

醫療或護理機構委託前項救護車設置機關（構）載送傷病患，應與受
託人負連帶責任。

第二項第三款至第七款之救護車設置機關（構），其申請設置救護車
之許可條件與程序、跨直轄市、縣（市）營運之管理、許可之期限與
展延之條件、廢止許可之情形與救護車營業機構之設立及其他應遵行
事項之辦法，由中央衛生主管機關定之。但軍事機關之軍用救護車設
置及管理，依國防部之規定。

第 17 條　救護車應裝設警鳴器、車廂內外監視錄影器及紅色閃光燈，車身為白
　　　　　色，兩側漆紅色十字及機關（構）名稱，車身後部應漆許可字號。未
　　　　　經所在地直轄市、縣（市）衛生主管機關核准，不得為其他標識。
　　　　　前項救護車非因情況緊急，不得使用警鳴器及紅色閃光燈。

第 18 條　救護車於救護傷病患及運送病人時，應有救護人員二名以上出勤；加
　　　　　護救護車出勤之救護人員，至少應有一名為醫師、護理人員或中級以
　　　　　上救護技術員。

第 19 條　救護車應定期施行消毒，並維持清潔。
　　　　　救護車於運送傳染病或疑似傳染病之病人或運送受化學、輻射物質汙
　　　　　染之病人後，應依其情況，施行必要之消毒或去汙處理。
　　　　　醫院收治前項傳染病或疑似傳染病之病人，於一定傳染病，經依傳染
　　　　　病防治法規定報告該管主管機關並經其證實後，應通知運送救護車所
　　　　　屬之機關（構），採行必要措施；其一定傳染病之範圍，由中央衛生
　　　　　主管機關考量控制疫情與保護救護人員及第三人安全之需要公告之。

第 20 條　救護車執行勤務，應依據所在地直轄市、縣（市）衛生主管機關訂定
　　　　　之收費標準收費。

第 21 條　直轄市、縣（市）衛生主管機關對所轄救護車之人員配置、設備及救
　　　　　護業務，應每年定期檢查；必要時，得不定期為之。
　　　　　救護車設置機關（構）對前項檢查，不得規避、妨礙或拒絕。

第 22 條　救護直升機、救護飛機、救護船（艦）及其他救護車以外之救護運輸
　　　　　工具，其救護之範圍、應配置之配備、查核、申請與派遣救護之程
　　　　　序、停降地點與接駁方式、救護人員之資格與訓練、執勤人數、執勤

紀錄之製作與保存、檢查及其他應遵行事項之辦法，由中央衛生主管機關會同有關機關定之。

第 23 條　中央衛生主管機關為因應離島、偏遠地區緊急醫療救護之需要，得會同有關機關規劃設置救護直升機之停機坪。

第四章　救護技術員

第 24 條　救護技術員分為初級、中級及高級三類。

前項各級救護技術員之受訓資格、訓練、繼續教育、得施行之救護項目、應配合措施及其他應遵行事項之辦法，由中央衛生主管機關定之。

前項訓練之訓練課程，應包括野外地區之救護訓練。

第 25 條　直轄市、縣（市）消防主管機關為辦理下列事項，應指定醫療指導醫師，其中並得增加具野外醫學專業者，建立醫療指導制度：

一、各級救護技術員執行緊急救護之教育、訓練、督導及考核。

二、訂定各級救護技術員品質指標、執行品質監測。

三、核簽高級救護員依據預立醫療流程施行緊急救護之救護紀錄表。

前項所定醫療指導醫師之資格、訓練及其他相關事項之辦法，由中央衛生主管機關會同中央消防主管機關定之。

第 26 條　救護技術員施行緊急救護，以下列地點為限：

一、緊急傷病或大量傷病患之現場。

二、送醫或轉診途中。

三、抵達送醫目的醫療機構而醫護人員尚未處置前。

第 27 條　救護技術員應依緊急傷病患救護作業程序，施行救護。

前項緊急傷病患救護作業程序，由直轄市、縣（市）衛生主管機關定之。

第 28 條　非救護技術員不得使用救護技術員名稱。

第五章　救護業務

第 29 條　救護人員應依救災救護指揮中心指示前往現場急救，並將緊急傷病患送達就近適當醫療機構。

第 30 條　直轄市、縣（市）衛生主管機關應訂定大量傷病患救護（含野外地區緊急救護）辦法，並定期辦理演習。

前項演習，得聯合消防等有關機關舉行，並請當地醫療機構及救護車設置機關（構）配合辦理。

第 31 條　直轄市、縣（市）衛生及消防等有關機關對發生於其鄰近地區之大量傷病患，應予支援。

第 32 條　直轄市、縣（市）政府遇大量傷病患或野外緊急救護，應依災害規模及種類，建立現場指揮協調系統，施行救護有關工作。

前項大量傷病患或野外緊急救護處理涉及軍事機密時，應會商軍事機關處理之。

第 33 條　遇大量傷病患或野外緊急救護，參與現場急救救護人員及救護運輸工具設置機關（構），均應依現場指揮協調系統之指揮，施行救護。

第 34 條　救護人員施行救護，應填具救護紀錄表，分別交由該救護車設置機關（構）及應診之醫療機構保存至少七年。

前項醫療機構應將救護紀錄表併病歷保存。

第 35 條　救護技術員及其他參與緊急醫療救護業務之機關（構）所屬人員，因業務而知悉或持有他人之秘密，不得無故洩漏。

第六章　醫院緊急醫療業務

第 36 條　醫院為有效調度人力與設備，應建立緊急傷病患處理作業流程及內部協調指揮系統，遇有緊急傷病患時應即檢視，並依其醫療能力予以救治或採取必要措施，不得無故拖延；其無法提供適切治療時，應先做適當處置，並協助安排轉診至適當之醫療機構或報請救災救護指揮中心協助。

前項轉診，其要件、跨直轄市、縣（市）行政區之醫院聯繫與協調、轉診方式與醫療照護及其他應遵行事項之辦法，由中央衛生主管機關定之。

第 37 條　直轄市、縣（市）衛生主管機關應依轄區內醫院之緊急醫療設備及專長，指定急救責任醫院。

非急救責任醫院，不得使用急救責任醫院名稱。

第 38 條　中央衛生主管機關應辦理醫院緊急醫療處理能力分級評定；醫院應依評定等級提供醫療服務，不得無故拖延。

前項分級標準，由中央衛生主管機關依緊急醫療之種類定之。

第 39 條　急救責任醫院應辦理下列事項：

一、全天候提供緊急傷病患醫療照護。

二、接受醫療機構間轉診之緊急傷病患。

三、指派專責醫師指導救護人員執行緊急救護工作。

四、緊急醫療救護訓練。

五、依中央衛生主管機關規定提供緊急醫療救護資訊。

六、其他經衛生主管機關指派之緊急救護相關業務。

前項第五款緊急醫療救護資訊項目、通報方式、時間及其他相關事項之辦法，由中央衛生主管機關定之。

第 40 條　遇緊急傷病或大量傷病患救護，或為協助其轉診服務，救災救護指揮中心得派遣當地醫院救護車及救護人員出勤，醫院不得無故拒絕。

第七章　罰則

第 41 條　救護車設置機關（構）有下列情形之一者，處新臺幣十萬元以上五十萬元以下罰鍰，並通知其限期改善；屆期未改善者，得按次處罰至改善為止：

一、違反中央衛生主管機關依第十五條授權所定辦法有關救護車裝備標準及用途之規定。

二、違反中央衛生主管機關依第十六條第四項授權所定辦法有關救護車設置、營運管理及救護車營業機構設立規定。

三、違反第十八條規定。

前項各款情形，其情節重大者，得直接廢止其救護車之設置許可，並由所在地直轄市、縣（市）衛生主管機關通知公路監理機關吊銷其全部救護車之牌照；屬救護車營業機構者，並廢止其設立許可。

非屬第十六條第二項所定之機關（構）擅自設置救護車者，處新臺幣十萬元以上五十萬元以下罰鍰；並由所在地直轄市、縣（市）衛生主管機關通知公路監理機關吊銷其車輛牌照。

第 42 條　有下列情形之一者，處新臺幣六萬元以上三十萬元以下罰鍰：

一、救護車設置機關（構）違反第十七條第二項、第三十四條第一項
　　或違反依第二十條所定標準超額收費。

二、醫院違反第三十六條第一項規定，未立即依其醫療能力救治緊急
　　傷病患或未作適當處置而逕予轉診。

三、醫院違反第三十八條第一項規定，未依中央衛生主管機關評定之
　　緊急醫療處理能力分級提供緊急醫療服務。

第　43　條　有下列情形之一者，處新臺幣五萬元以上二十五萬元以下罰鍰：

一、救護車設置機關（構）違反第二十一條第二項或第三十三條規
　　定。

二、醫院違反第四十條規定。

第　44　條　有下列情形之一者，處新臺幣一萬元以上五萬元以下罰鍰，並通知限
期改善；屆期未改善者，按次處罰至改善為止：

一、醫療機構違反第三十四條第二項規定。

二、急救責任醫院違反第三十九條第一項規定。

第　45　條　有下列情形之一者，處新臺幣一萬元以上五萬元以下罰鍰：

一、救護技術員違反第二十六條或第二十七條第一項規定。

二、救護人員違反第二十九條或第三十三條規定。

三、救護技術員及其他參與緊急醫療救護業務之機關（構）所屬人員
　　違反第三十五條規定。

四、醫院違反第三十六條第二項所定轉診辦法之轉診要件、方式及應
　　辦理之醫院聯繫與協調事項或第三十七條第二項規定。

第　46　條　救護車設置機關（構）違反第十七條第一項、第十九條第一項或第二
項規定者，處新臺幣五千元以上二萬五千元以下罰鍰，並通知其限期
改善；屆期未改善者，按次處罰至改善為止。

第　47　條　有下列情形之一者，處新臺幣五千元以上二萬五千元以下罰鍰：

一、違反第二十八條規定。

二、救護人員違反第三十四條第一項規定。

第　48　條　違反第十八條、第三十六條、第三十八條第一項或第四十條規定者，
除依第四十一條第一項、第四十二條、第四十三條或第四十五條規定
處罰外，對其行為人亦處以各該條之罰鍰。但行為人為私立醫療機構
之負責醫師者，不另處罰。

第 49 條　適用第十六條第四項所定辦法之救護車設置機關（構）有下列情形之一者，廢止其全部救護車之設置許可；其屬救護車營業機構者，並廢止其設立許可：

一、容留未具救護人員資格者擅自執行救護業務。

二、從事有傷風化或危害人體健康等不正當業務。

三、利用救護車從事犯罪行為。

四、違反第二十條規定，超收救護車服務費用經查屬實，而未依限將超收部分退還傷病患。

第 50 條　直轄市、縣（市）衛生主管機關依前條規定廢止救護車設置許可時，應通知公路監理機關吊銷其車輛牌照。

第 51 條　救護車設置機關（構）受廢止其救護車之設置許可處分者，於三年內不得再申請設置。

第 52 條　本法所定之罰鍰、救護車及民間救護車機構設置許可之廢止，由直轄市、縣（市）衛生主管機關為之。

第八章　附則

第 53 條　直轄市、縣（市）衛生及消防主管機關應編列預算，執行本法所規定緊急醫療救護工作。

第 54 條　中央衛生及消防主管機關為均衡各區緊急醫療救護水準，得補助地方衛生及消防主管機關辦理該轄區緊急醫療救護實施方案之經費。

第 55 條　直轄市、縣（市）衛生主管機關依本法受理救護車設置登記及救護車營業機構設立許可，應收取審查費、登記費及證照費；其收費標準，由中央衛生主管機關定之。

第 56 條　中央衛生主管機關為均衡緊急醫療資源、提升緊急醫療業務品質及效率，對於緊急醫療資源不足地區，應採取獎勵措施。

前項緊急醫療資源不足地區之認定、獎勵措施之項目、方式及其他應遵行事項之辦法，由中央衛生主管機關定之。

第 57 條　本法施行細則，由中央衛生主管機關會同中央消防主管機關定之。

第 58 條　本法自公布日施行。

3.2　緊急醫療救護法施行細則

第　1　條　本細則依緊急醫療救護法（以下簡稱本法）第五十七條規定訂定之。

第　2　條　本法用詞，定義如下：

一、緊急傷病：指具有急性及嚴重性症狀，如未即時給予醫療救護處理，將導致個人健康、身體功能嚴重傷害或身體器官機能嚴重異常之傷病。

二、緊急傷病患：指緊急傷病之患者。但不包括醫院已收治住院者。

三、大量傷病患：指單一事故、災害發生之傷病患人數達十五人以上，或預判可能達十五人以上者。

四、重大傷病患：指傷害或疾病狀況具生命威脅之危險，需專業醫療團隊予以立即處置者。

五、離島、偏遠地區難以診治之傷病患：指依該離島、偏遠地區之醫療設備、設施及醫事人員能力，無法提供適切治療者。

第　3　條　直轄市、縣（市）衛生主管機關依本法第十一條第二項規定辦理轄區內醫療機構緊急醫療業務督導考核，應每年至少辦理一次。

第　4　條　公路監理機關依本法第十六條第一項規定發給救護車牌照時，應將核准車號通知當地衛生主管機關。

本法第十六條第二項第一款、第二款所定之救護車設置機關，應填具申請書，向所在地直轄市、縣（市）衛生主管機關申請許可登記；變更登記時，亦同。

第　5　條　救護車違反本法第十七條第二項規定者，由警察機關取締後，移送當地衛生主管機關依本法第四十二條第一款規定處理。

警察機關依前項取締時，準用舉發違反道路交通管理事件通知單之格式，並載明違反本法第十七條第二項規定之事由。

第　6　條　救護車依本法第十九條第一項規定所施行之定期消毒，每月應至少一次，並留存紀錄以供衛生主管機關查核。

醫院收治本法第十九條第三項所定一定傳染病或疑似一定傳染病之病人，經依傳染病防治法規定報告該管主管機關並經其證實後，應於二十四小時內將結果及應採行之必要措施，通知運送救護車所屬之機

關（構）。

第　7　條　救護車設置機（關）構依本法第二十條規定收取費用時，應掣給收費憑證。

第　8　條　設有急診科之醫院應依本法第三十六條第一項規定，建立下列機制：

一、院內指揮組織架構與人員職掌。

二、因應緊急傷病患或大量傷病患事故之人力、設備或設施調度原則。

三、假日及夜間時段之應變措施。

第　9　條　急救責任醫院依本法第三十九條第一項第三款規定，指派之專責醫師指導救護人員執行緊急救護工作，得以電話或其他通訊方式給予線上醫療指導。

前項線上指導之內容，專責醫師及救護人員應分別製作紀錄，並依規定保存。

第　10　條　本細則自發布日施行。

3.3　緊急醫療救護法及施行細則歷屆選擇題

(A)　1. 依緊急醫療救護法，下列何者非屬急救責任醫院應辦理事項？
(A) 災時成立醫療照護收容所
(B) 全天候提供緊急傷病患醫療照護
(C) 指派專責醫師指導救護人員執行緊急救護工作
(D) 緊急醫療救護訓練

(C)　2. 依緊急醫療救護法，急救責任醫院由下列何者單位指定？
(A) 衛生福利部
(B) 衛生福利部中央健康保險署
(C) 直轄市、縣（市）衛生主管機關
(D) 財團法人醫院評鑑暨醫療品質策進會

(D)　3. 依緊急醫療救護法規定，中央衛生主管機關委託醫療機構於各區域內組成區域緊急醫療應變中心辦理業務，下列何者錯誤？
(A) 即時監控區域內災害有關緊急醫療之事件
(B) 建置區域內災害醫療資源之資料庫
(C) 定期辦理年度重大災害有關緊急醫療之演練
(D) 緊急醫療救護體系建置及緊急醫療救護區域劃定之諮詢

(D)　4. 災害現場有大量傷病患事故，係指單一事故、災害發生之傷病患人數達X人以上，或預判可能達Y人以上者。X與Y分別為何？
(A) X=10，Y=10　(B) X=10，Y=15　(C) X=15，Y=10　(D) X=15，Y=15

(C)　5. 依緊急醫療救護法規定，直轄市、縣（市）消防機關之救災救護指揮中心，應由救護人員24小時執勤，處理緊急救護事項，下列何者非屬應處理之緊急救護事項？
(A) 聯絡醫療機構接受緊急傷病患
(B) 聯絡救護運輸工具之設置機關（構）執行緊急救護業務
(C) 自醫療機構轉送緊急傷病患至其他必要醫療機構
(D) 提供緊急傷病患送達醫療機構前之緊急傷病諮詢

(D)　6. 依緊急醫療救護法第12條規定，直轄市、縣（市）消防機關之救災救護指揮中心，應由救護人員24小時執勤，處理緊急救護事項。下列何者不是該中心

要處理之緊急救護事項？

(A) 聯絡救護運輸工具之設置機關（構）執行緊急救護業務

(B) 建立緊急醫療救護資訊

(C) 提供緊急傷病患送達醫療機構前之緊急傷病諮詢

(D) 緊急傷病患救護作業程序之諮詢

(A)　7. 依緊急醫療救護法第27條規定，救護技術員應依緊急傷病患救護作業程序施行救護。請問前述緊急傷病患救護作業程序由下列何者定之？

(A) 直轄市、縣（市）衛生主管機關　　(B) 直轄市、縣（市）消防主管機關

(C) 內政部消防署　　　　　　　　　　(D) 衛生福利部

(A)　8. 救護車之設置，應向所在地直轄市、縣（市）衛生主管機關申請許可登記，並向所在地公路監理機關申請特屬救護車車輛牌照。依緊急醫療救護法規定，下列何者非救護車設置機關（構）？

(A) 安養機構　　　　　　　　　　　　(B) 醫療機構

(C) 護理機構　　　　　　　　　　　　(D) 救護車營業機構

(D)　9. 下列何者非緊急醫療救護法所稱之緊急醫療救護？

(A) 緊急傷病、大量傷病患或野外地區傷病之現場緊急救護及醫療處理

(B) 送醫途中之緊急救護

(C) 重大傷病患或離島、偏遠地區難以診治之傷病患之轉診

(D) 養護機構之醫療

(B)　10. 緊急醫療救護法施行細則規定，經依傳染病防治法規定報告該管主管機關並經其證實後，應於幾小時內將結果及應採行之必要措施，通知運送救護車所屬之機關（構）？

(A) 12　　　　　　　(B) 24　　　　　　　(C) 6　　　　　　　(D) 18

3.4　緊急醫療救護法及施行細則歷屆申論題

1. 請依據緊急救護辦法、緊急醫療救護法，解釋下列名詞：（25分）（100年四等特考）①緊急救護　②緊急傷病患　③緊急醫療救護　④緊急醫療救護人員　⑤救護技術員

解：

第3條　　本辦法用語，定義如下：
　　　　　一、緊急救護：指緊急傷病患或大量傷病患之現場急救處理及送醫途中之救護。
　　　　　二、緊急傷病患：指下列情形之一者：
　　　　　　　(一) 因災害或意外事故急待救護者。
　　　　　　　(二) 路倒傷病無法行動者。
　　　　　　　(三) 孕婦待產者。
　　　　　　　(四) 其他緊急傷病者。

第3條　　本法所稱緊急醫療救護，包括下列事項：
　　　　　一、緊急傷病、大量傷病患或野外地區傷病之現場緊急救護及醫療處理。
　　　　　二、送醫途中之緊急救護。
　　　　　三、重大傷病患或離島、偏遠地區難以診治之傷病患之轉診。
　　　　　四、醫療機構之緊急醫療。

第4條　　本法所稱緊急醫療救護人員（以下簡稱救護人員），指醫師、護理人員、救護技術員。
　　　　　救護技術員通常是指提供緊急醫療服務的專業人員。

第24條　　救護技術員分為初級、中級及高級三類。

2. 依據「緊急醫療救護法」之規定，請說明內容所稱之「緊急醫療救護」，包含事項為何？（10分）依規定，直轄市、縣（市）消防機關之救災救護指揮中心，應由救護人員二十四小時執勤，執行之緊急救護事項，除包含遇有緊急傷病或大量傷病患救護時，派遣當地救護車設置機關（構）之救護車及救護人員出勤之外，請說明其他事項為何？（15分）（101年四等特考）

解：

第3條　本法所稱緊急醫療救護，包括下列事項：

一、緊急傷病、大量傷病患或野外地區傷病之現場緊急救護及醫療處理。

二、送醫途中之緊急救護。

三、重大傷病患或離島、偏遠地區難以診治之傷病患之轉診。

四、醫療機構之緊急醫療。

第12條　直轄市、縣（市）消防機關之救災救護指揮中心，應由救護人員二十四小時執勤，處理下列緊急救護事項：

一、建立緊急醫療救護資訊。

二、提供緊急傷病患送達醫療機構前之緊急傷病諮詢。

三、受理緊急醫療救護申請。

四、指揮救護隊或消防分隊執行緊急傷病患送達醫療機構前之緊急救護。

五、聯絡醫療機構接受緊急傷病患。

六、聯絡救護運輸工具之設置機關（構）執行緊急救護業務。

七、協調有關機關執行緊急救護業務。

八、遇緊急傷病、大量傷病患或野外地區救護時，派遣當地救護運輸工具設置機關（構）之救護車及救護人員出勤，並通知直轄市、縣（市）衛生主管機關。

3. 急救責任醫院依「緊急醫療救護法」規定，應辦理之事項為何？請詳述之。（25分）（103年四等特考）

解：

第39條　急救責任醫院應辦理下列事項：

一、全天候提供緊急傷病患醫療照護。

二、接受醫療機構間轉診之緊急傷病患。

三、指派專責醫師指導救護人員執行緊急救護工作。

四、緊急醫療救護訓練。

五、依中央衛生主管機關規定提供緊急醫療救護資訊。

六、其他經衛生主管機關指派之緊急救護相關業務。

前項第五款緊急醫療救護資訊項目、通報方式、時間及其他相關事項之辦法，由中央衛生主管機關定之。

3.5 緊急醫療救護法及施行細則模擬試題

1. 依緊急醫療救護法所定救護車設置機關（構），應廢止其全部救護車之設置許可，係指有哪些情形？

解：

第49條　適用第十六條第四項所定辦法之救護車設置機關（構）有下列情形之一者，廢止其全部救護車之設置許可；其屬救護車營業機構者，並廢止其設立許可：

一、容留未具救護人員資格者擅自執行救護業務。

二、從事有傷風化或危害人體健康等不正當業務。

三、利用救護車從事犯罪行為。

四、違反第二十條規定，超收救護車服務費用經查屬實，而未依限將超收部分退還傷病患。

2. 依緊急醫療救護法規定，醫院緊急醫療業務除急救責任醫院應辦理事項外，尚有哪些法定緊急醫療業務？

解：

第36條　醫院為有效調度人力與設備，應建立緊急傷病患處理作業流程及內部協調指揮系統，遇有緊急傷病患時應即檢視，並依其醫療能力予以救治或採取必要措施，不得無故拖延；其無法提供適切治療時，應先做適當處置，並協助安排轉診至適當之醫療機構或報請救災救護指揮中心協助。

第37條　直轄市、縣（市）衛生主管機關應依轄區內醫院之緊急醫療設備及專長，指定急救責任醫院。

第38條　中央衛生主管機關應辦理醫院緊急醫療處理能力分級評定；醫院應依評定等級提供醫療服務，不得無故拖延。

第40條　遇緊急傷病或大量傷病患救護，或為協助其轉診服務，救災救護指揮中心得派遣當地醫院救護車及救護人員出勤，醫院不得無故拒絕。

3. 在發生大量傷病患時，依緊急醫療救護法之相關規定為何？

解：

第30條　直轄市、縣（市）衛生主管機關應訂定大量傷病患救護（含野外地區緊急救護）辦法，並定期辦理演習。

第31條　直轄市、縣（市）衛生及消防等有關機關對發生於其鄰近地區之大量傷病患，應予支援。

第32條　直轄市、縣（市）政府遇大量傷病患或野外緊急救護，應依災害規模及種類，建立現場指揮協調系統，施行救護有關工作。

第33條　遇大量傷病患或野外緊急救護，參與現場急救救護人員及救護運輸工具設置機關（構），均應依現場指揮協調系統之指揮，施行救護。

4. 救護技術員施行緊急救護項目為何？

解：

第26條　救護技術員施行緊急救護，以下列地點為限：

一、緊急傷病或大量傷病患之現場。

二、送醫或轉診途中。

三、抵達送醫目的醫療機構而醫護人員尚未處置前。

5. 直轄市、縣（市）消防主管機關對救護技術員，應辦理哪些法定事項？

解：

第25條　直轄市、縣（市）消防主管機關為辦理下列事項，應指定醫療指導醫師，其中並得增加具野外醫學專業者，建立醫療指導制度：

一、各級救護技術員執行緊急救護之教育、訓練、督導及考核。

二、訂定各級救護技術員品質指標、執行品質監測。

三、核簽高級救護員依據預立醫療流程施行緊急救護之救護紀錄表。

前項所定醫療指導醫師之資格、訓練及其他相關事項之辦法，由中央衛生主管機關會同中央消防主管機關定之。

6. 救護車於運送疑似傳染病之病人時，依緊急醫療救護法之相關規定為何？

解：

第17條　前項救護車非因情況緊急，不得使用警鳴器及紅色閃光燈。

第18條　救護車於救護傷病患及運送病人時，應有救護人員二名以上出勤；加護救護車出勤之救護人員，至少應有一名為醫師、護理人員或中級以上救護技術員。

第19條　救護車應定期施行消毒，並維持清潔。

救護車於運送傳染病或疑似傳染病之病人或運送受化學、輻射物質汙染之病人後，應依其情況，施行必要之消毒或去汙處理。

醫院收治前項傳染病或疑似傳染病之病人，於一定傳染病，經依傳染病防治法規定報告該管主管機關並經其證實後，應通知運送救護車所屬之機關（構），採行必要措施；其一定傳染病之範圍，由中央衛生主管機關考量控制疫情與保護救護人員及第三人安全之需要公告之。

7. 能設置救護車之單位，限於哪種機關（構）？

解：

救護車之設置，以下列機關（構）為限：

一、消防機關。

二、衛生機關。

三、軍事機關。

四、醫療機構。

五、護理機構。

六、救護車營業機構。

七、經直轄市或縣（市）衛生主管機關認定需要設置救護車之機構或公益團體。

8. 區域應變中心辦理哪些法定醫療業務？

解：

區域應變中心，辦理下列業務：

一、即時監控區域內災害有關緊急醫療之事件。

二、即時掌握區域內緊急醫療資訊及資源狀況。

三、建置區域內災害醫療資源之資料庫。

四、協助規劃災害有關緊急醫療事件之復健工作。

五、定期辦理年度重大災害有關緊急醫療之演練。

六、跨直轄市、縣（市）之災害發生時，協助中央衛生主管機關調度區域內緊急醫療資源，進行應變工作。

七、協助中央衛生主管機關指揮區域內急救責任醫院派遣相關人員，協助處理大量緊急傷病患。

八、其他有關區域緊急醫療災害應變事項。

9. 依災害防救法規定，請問天然災害係指為何？非天然災害為何？

解：

災害：指下列災難所造成之禍害：

(一) 風災、水災、震災、旱災、寒害、土石流災害等天然災害。

(二) 火災、爆炸、公用氣體與油料管線、輸電線路災害、礦災、空難、海難、陸上交通事故、森林火災、毒性化學物質災害等災害。

3.6　緊急救護辦法

第　1　條　本辦法依消防法第二十四條第二項規定訂定之。

第　2　條　本辦法所指之救護人員，爲直轄市、縣（市）消防機關執行緊急救護任務之人員。

第　3　條　本辦法用語，定義如下：

一、緊急救護：指緊急傷病患或大量傷病患之現場急救處理及送醫途中之救護。

二、緊急傷病患：指下列情形之一者：

(一) 因災害或意外事故急待救護者。

(二) 路倒傷病無法行動者。

(三) 孕婦待產者。

(四) 其他緊急傷病者。

第　4　條　直轄市、縣（市）消防機關受理緊急傷病事故之申請或知悉有緊急事故發生時，應確認該事故之發生場所、緊急傷病患之人數及程度等，並立即出動所需之救護隊前往救護。

前項緊急傷病患之運送，由救護隊負責，其受理申請及就醫聯絡由救災救護指揮中心負責。

緊急傷病患或利害關係人得向運送之消防機關申請救護服務證明。

前項證明格式，由中央主管機關定之。

第　5　條　緊急傷病患之運送就醫服務，應送至急救責任醫院或就近適當醫療機構。

第　6　條　緊急傷病患之入院手續及醫藥費用由其本人或家屬自行負責。但身分無法查明者或低收入戶者，其醫療費用依社會救助法及相關規定辦理。

緊急傷病患身分不及查明時，由救護人員先行填具救護紀錄表，運送至急救責任醫院或就近適當醫療機構先行救治，並向當地警察機關查明身分後，依前項規定辦理。

第　7　條　救護人員實施緊急救護時，如緊急傷病患或其家屬拒絕接受運送，應要求其於救護紀錄表中簽名後，不予運送。

第　8　條　　運送疑患有法定傳染病之緊急傷病患時，應注意避免救護人員及救護車輛受到汙染，並立即依規定實施消毒。其處理情形應逐級陳報相關機關。

受理前項緊急傷病患之醫院，經診斷該緊急傷病患為法定傳染病患時，應即將診斷結果通知消防機關，以採取必要措施。

第　9　條　　救護人員於執行救護緊急傷病患時，應依衛生主管機關所定之救護項目範圍及救護作業程序，施行必要之緊急救護措施。

第　10　條　　消防機關應訓練救護人員，使具初級、中級或高級救護技術員資格，以執行緊急救護工作。

前項訓練資格、課程、時數、師資及考試取得資格，應符合中央衛生主管機關之規定。

第　11　條　　消防機關應每年舉辦教育訓練，使救護人員保持執行緊急救護所必要之技能及知識。

第　12　條　　救護人員執行救護勤務時，應著制式服裝。

第　13　條　　直轄市、縣（市）消防機關依據下列各款之規定，實施救護車輛及裝載物品之消毒或去汙處理：

一、定期消毒：每月一次。

二、使用後之消毒：每次使用後。

三、去汙處理：每次運送受化學、輻射物質汙染之傷病患後。

實施前項之定期消毒時，應將其情形記入消毒實施表。

第　14　條　　救護人員執行救護應填具救護紀錄表，於送抵急救醫院時，應由醫護人員簽章確認紀錄表所載事項。

第　15　條　　消防機關為因應特殊意外災害緊急救護需求，應研訂執行計畫，並就計畫每年實施訓練或演習乙次。

第　16　條　　直轄市、縣（市）消防機關為實施救護業務，對所轄之區域，應依下列各項之規定，進行調查：

一、地勢及交通狀況。

二、有急救事故發生之虞之對象物，其位置及構造。

三、醫療機構等之位置及其他必要之事項。

四、其他經消防主管機關認為必要之事項。

第　17　條　　直轄市、縣（市）消防機關為因應大量傷病患救護需要，得訂定相互

　　　　　　　　支援計畫。

第　18　條　　為確保緊急救護品質，中央主管機關應會同中央衛生主管機關每年辦
　　　　　　　　理緊急救護品質考核及評估。

第　19　條　　（刪除）

第　20　條　　本辦法自發布日施行。

3.7　緊急救護辦法歷屆選擇題

(D)　1. 依緊急救護辦法，下列敘述何者正確？
　　　　(A) 救護人員係指直轄市、縣（市）消防及衛生機關執行緊急救護任務之人員
　　　　(B) 消防機關應每半年舉辦教育訓練，使救護人員保持執行緊急救護所必要之技能及知識
　　　　(C) 緊急傷病患之運送、入院手續及醫藥費用由其本人或家屬自行負責
　　　　(D) 消防機關為因應特殊意外災害緊急救護需求，應研訂執行計畫，並就計畫每年實施訓練或演習乙次

(A)　2. 依緊急救護辦法規定，有關救護人員執行緊急傷病患之緊急救護及運送就醫等程序，下列敘述何者錯誤？
　　　　(A) 緊急傷病患之運送，由救護隊負責，其受理申請及就醫聯絡由消防大隊負責
　　　　(B) 緊急傷病患之運送就醫服務，應送至急救責任醫院或就近適當醫療機構
　　　　(C) 如遇緊急傷病患或其家屬拒絕接受運送，應要求其於救護紀錄表中簽名後，不予運送
　　　　(D) 執行救護應填具救護紀錄表，於送抵醫院時，應由醫護人員簽章確認紀錄表所載事項

(B)　3. 依緊急救護辦法規定，下列何者錯誤？
　　　　(A) 緊急傷病患之入院手續及醫藥費用由其本人或家屬自行負責。但身分無法查明者或低收入戶者，其醫療費用依社會救助法及相關規定辦理
　　　　(B) 緊急傷病患身分不及查明時，由救護人員先行填具救護紀錄表，運送至急救責任醫院或就近適當醫療機構先行救治，並向當地社政機關查明身分後，依規定辦理
　　　　(C) 救護人員實施緊急救護時，如緊急傷病患或其家屬拒絕接受運送，應要求其於救護紀錄表中簽名後，不予運送
　　　　(D) 受理疑患有法定傳染病之緊急傷病患之醫院，經診斷該緊急傷病患為法定傳染病患時，應即將診斷結果通知消防機關，以採取必要措施

(C)　4. 依緊急救護辦法規定，下列何者正確？
　　　　(A) 為確保緊急救護品質，中央主管機關應會同中央衛生主管機關每2年辦理

緊急救護品質考核及評估

(B) 消防機關爲因應特殊意外災害緊急救護需求，應研訂執行計畫，並就計畫每2年實施訓練或演習乙次

(C) 消防機關應每年舉辦教育訓練，使救護人員保持執行緊急救護所必要之技能及知識

(D) 緊急傷病患或利害關係人得向醫院申請救護服務證明

(D) 5. 依據緊急救護辦法，有關緊急救護相關規定，下列敘述，何者錯誤？

(A) 緊急救護係指緊急傷病患或大量傷病患之現場急救處理及送醫途中之救護

(B) 路倒傷病無法行動者係屬緊急傷病患

(C) 緊急傷病患或利害關係人得向運送之消防機關申請救護服務證明

(D) 緊急傷病患之運送就醫服務，應送至其指定之醫療機構

(D) 6. 直轄市、縣（市）消防機關，依據緊急救護辦法之規定，實施救護車輛及裝載物品之消毒或去汙處理，下列何者錯誤？

(A) 使用後之消毒：每次使用後

(B) 實施定期消毒時，應將其情形記入消毒實施表

(C) 去汙處理：每次運送受化學、輻射物質汙染之傷病患後

(D) 定期消毒：每週一次

(C) 7. 依緊急救護辦法第3條規定，緊急救護是指緊急傷病患或大量傷病患之現場急救處理及送醫途中之救護，下列何者非緊急傷病患？

(A) 孕婦待產者

(B) 車禍急待救護者

(C) 醫院轉診病患（非離島、偏遠地區）

(D) 倒傷病無法行動者

(D) 8. 依緊急救護辦法第16條規定，下列何者非直轄市、縣（市）消防機關爲實施救護業務，對所轄之區域，應進行調查之事項？

(A) 醫療機構等之位置

(B) 有急救事故發生之虞之對象物，其位置及構造

(C) 地勢及交通狀況

(D) 患有精神疾病且有危險顧慮者

3.8 緊急救護辦法模擬試題

1. 直轄市、縣（市）消防機關實施救護車輛及裝載物品之消毒或去汙處理之規定為何？

解：

第13條 直轄市、縣（市）消防機關依據下列各款之規定，實施救護車輛及裝載物品之消毒或去汙處理：

一、定期消毒：每月一次。

二、使用後之消毒：每次使用後。

三、去汙處理：每次運送受化學、輻射物質汙染之傷病患後。

實施前項之定期消毒時，應將其情形記入消毒實施表。

2. 何謂緊急傷病患？

解：

緊急傷病患：指下列情形之一者：

(一) 因災害或意外事故急待救護者。

(二) 路倒傷病無法行動者。

(三) 孕婦待產者。

(四) 其他緊急傷病者。

3. 緊急傷病患之運送就醫服務、入院及醫藥費用之相關規定為何？

解：

第5條 緊急傷病患之運送就醫服務，應送至急救責任醫院或就近適當醫療機構。

第6條 緊急傷病患之入院手續及醫藥費用由其本人或家屬自行負責。但身分無法查明者或低收入戶者，其醫療費用依社會救助法及相關規定辦理。

緊急傷病患身分不及查明時，由救護人員先行填具救護紀錄表，運送至急救責任醫院或就近適當醫療機構先行救治，並向當地警察機關查明身分後，依前項規定辦理。

第**4**章

爆竹煙火管理條例及相關法規

4.1　爆竹煙火管理條例

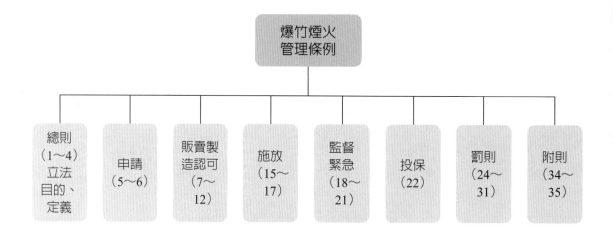

第　1　條　　為規範爆竹煙火之管理，預防災害發生，維護人民生命財產，確保公
　　　　　　　共安全，特制定本條例。

第　2　條　　本條例所稱主管機關：在中央為內政部；在直轄市為直轄市政府；在
　　　　　　　縣（市）為縣（市）政府。

　　　　　　　主管機關之權責劃分如下：

　　　　　　　一、中央主管機關：

　　　　　　　　　(一) 爆竹煙火安全管理制度之規劃設計與法規之制（訂）定、修
　　　　　　　　　　　正及廢止。

　　　　　　　　　(二) 爆竹煙火成品及達中央主管機關公告數量之氯酸鉀
　　　　　　　　　　　（$KClO_3$）或過氯酸鉀（$KClO_4$）之輸入許可。

　　　　　　　　　(三) 達中央主管機關公告數量之氯酸鉀或過氯酸鉀之販賣許可。

　　　　　　　　　(四) 一般爆竹煙火認可相關業務之辦理。

　　　　　　　　　(五) 直轄市、縣（市）爆竹煙火安全管理之監督。

　　　　　　　　　(六) 爆竹煙火監督人講習、訓練之規劃及辦理。

　　　　　　　二、直轄市、縣（市）主管機關：

　　　　　　　　　(一) 爆竹煙火安全管理業務之規劃、自治法規之制（訂）定、修
　　　　　　　　　　　正、廢止及執行。

　　　　　　　　　(二) 爆竹煙火製造之許可、變更、撤銷及廢止。

(三) 爆竹煙火製造及達中央主管機關所定管制量之儲存、販賣場所，其位置、構造、設備之檢查及安全管理。

(四) 違法製造、輸入、儲存、解除封存、運出儲存地點、販賣、施放、持有或陳列爆竹煙火之成品、半成品、原料、專供製造爆竹煙火機具或施放器具之取締及處理。

(五) 輸入一般爆竹煙火之封存。

(六) 其他有關爆竹煙火之安全管理事項。

中央主管機關基於特殊需要，依法於特定區域內特設消防機關時，該區域內屬前項第二款所定事項，由中央主管機關辦理；必要時，得委辦直轄市、縣（市）主管機關辦理。

第　3　條　　本條例所稱爆竹煙火，指其火藥作用後會產生火花、旋轉、行走、飛行、升空、爆音或煙霧等現象，供節慶、娛樂及觀賞之用，不包括信號彈、煙霧彈或其他火藥類製品。

爆竹煙火分類如下：

一、一般爆竹煙火：經型式認可、個別認可並附加認可標示後，供民眾使用者。

二、專業爆竹煙火：須由專業人員施放，並區分如下：

(一) 舞臺煙火：指爆點、火光、線導火花、震雷及混合劑等專供電影、電視節目、戲劇、演唱會等活動使用，製造表演聲光效果者。

(二) 特殊煙火：指煙火彈、單支火藥紙管或其組合之產品等，於戶外使用，製造巨大聲光效果者。

(三) 其他經中央主管機關公告者。

第　4　條　　爆竹煙火之製造場所及達中央主管機關所定管制量之儲存、販賣場所，其負責人應以安全方法進行製造、儲存或處理。

前項所定場所之位置、構造與設備設置之基準、安全管理及其他應遵行事項之辦法，由中央主管機關會商相關機關定之。

第　5　條　　申請建造爆竹煙火製造場所及達中央主管機關所定管制量之儲存、販賣場所，除應依建築法有關規定辦理外，並應連同前條第二項所定該場所之位置、構造及設備圖說，送請直轄市、縣（市）主管建築機關轉請消防主管機關審查完竣後，直轄市、縣（市）主管建築機關始得

發給建造執照。

前項所定場所之建築物建造完工後，直轄市、縣（市）主管建築機關應會同當地消防主管機關檢查其位置、構造及設備合格後，始得發給使用執照。

前項所定場所之建築物有增建、改建、變更用途，或利用現有建築物作第一項規定使用者，準用前二項所定程序辦理。

第　6　條　製造爆竹煙火，應檢附下列文件，向直轄市、縣（市）主管機關申請許可，經核發許可文件後，始得為之：

一、負責人國民身分證。

二、使用執照。

三、平面配置圖。

四、工廠登記證明文件。

五、公司或商業登記證明文件。

六、安全防護計畫。

七、公共意外責任保險證明文件。

八、其他經中央主管機關公告應行檢附之文件。

前項許可文件所載事項有變更者，應於變更事由發生之日起三十日內，檢具相關證明文件，向直轄市、縣（市）主管機關申請變更。

第一項申請，有下列情形之一者，直轄市、縣（市）主管機關應不予許可：

一、負責人曾違反本條例製造爆竹煙火，經有罪判決確定，尚未執行完畢或執行完畢後未滿五年。

二、曾受直轄市、縣（市）主管機關撤銷或廢止爆竹煙火製造許可未滿五年。

取得爆竹煙火製造許可後，有下列情事之一者，直轄市、縣（市）主管機關得撤銷或廢止其許可，並註銷其許可文件：

一、申請許可資料有重大不實。

二、爆竹煙火製造場所發生重大公共意外事故。

三、爆竹煙火製造場所一部或全部提供他人租用或使用，進行爆竹煙火製造、加工作業。

四、爆竹煙火製造場所，違反本條例相關規定，經限期改善，屆期未

改善。

第一項所定許可或第二項所定許可後變更之申請資格、程序、應備文件、許可要件、審核方式、收費、許可文件內容及其他應遵行事項之辦法，由中央主管機關定之。

第 7 條　輸入或販賣達中央主管機關公告數量之氯酸鉀或過氯酸鉀者，應檢附數量、合格儲存地點證明、使用計畫書、輸入或販賣業者、押運人、運輸方法及經過路線等資料，向中央主管機關申請發給許可文件。

輸入之氯酸鉀或過氯酸鉀，應運至合格儲存地點放置，並於入庫二日前通知當地直轄市、縣（市）主管機關清點數量後始得入庫。

前項氯酸鉀或過氯酸鉀應於運出儲存地點前，由輸入或販賣者將相關資料報請當地直轄市、縣（市）主管機關及目的地直轄市、縣（市）主管機關備查後，始得運出儲存地點。

第 8 條　供製造專業爆竹煙火使用之黑色火藥與導火索之購買、輸入、運輸、儲存、火藥庫之設置或變更及安全管理等事項，準用事業用爆炸物管理條例之規定。

前項所定事項，由中央主管機關委託事業用爆炸物中央主管機關辦理。

第 9 條　一般爆竹煙火製造或輸入者，應向中央主管機關申請型式認可，發給型式認可證書，及申請個別認可，附加認可標示，並經中央主管機關檢查後，始得供國內販賣。

前項型式認可證書所載事項有變更者，應檢具相關資料，向中央主管機關申請變更；其變更涉及性能者，應重新申請認可。

未附加認可標示之一般爆竹煙火不得販賣、持有或陳列。

一般爆竹煙火經個別認可不合格者，應經中央主管機關同意後，始得運出儲存地點辦理修補、銷毀或復運出口；其不能修補者，中央主管機關得逕行或命申請人銷毀或復運出口。

對附加認可標示之一般爆竹煙火，主管機關得至該製造、儲存或販賣場所，進行抽樣檢驗或於市場購樣檢驗。

第一項所定型式認可、個別認可、型式認可證書、認可標示之核發、附加認可標示後之檢查、第二項所定型式認可變更之審查及前項所定抽樣檢驗及購樣檢驗，得委託中央主管機關認可之專業機構辦理之。

第一項及第二項所定一般爆竹煙火型式認可與個別認可之申請資格、程序、應備文件、認可要件、審核方式、標示之規格、附加方式、收費、安全標示、型式認可變更及其他應遵行事項之辦法，由中央主管機關定之。

第 10 條　一般爆竹煙火之型式認可，有下列情形之一者，得予廢止：

一、未依規定附加認可標示或附加方式不合規定，經限期改善，屆期未改善。

二、無正當理由拒絕抽樣檢驗。

三、依前條第五項規定檢驗結果，不符型式認可內容，經限期改善，屆期未改善。

四、消費者依照安全方式使用，仍造成傷亡或事故。

五、將認可標示轉讓或租借他人。

一般爆竹煙火經依前項規定廢止型式認可者，其認可證書及認可標示，由中央主管機關註銷並公告之；其負責人應依中央主管機關所定期限，回收製造、儲存或販賣場所之一般爆竹煙火，並自廢止之日起二年內，不得再提出型式認可之申請。

第 11 條　輸入待申請型式認可之一般爆竹煙火者，應檢附輸入者、一般爆竹煙火種類、規格、數量、輸入地、包裝情形、儲存場所與出進口廠商證明文件、押運人、運輸方法及經過路線資料，向中央主管機關申請發給許可文件。

輸入待申請個別認可之一般爆竹煙火者，除前項所定文件外，並應檢附型式認可證書影本，向中央主管機關申請發給許可文件。

依前項規定輸入之一般爆竹煙火，應運至合格儲存地點放置，並通知當地直轄市、縣（市）主管機關辦理封存，經個別認可合格，或經中央主管機關同意後，始得向當地直轄市、縣（市）主管機關申請解除封存。

第 12 條　販賣一般爆竹煙火，不得以自動販賣、郵購或其他無法辨識購買者年齡之方式為之。

第 13 條　父母、監護人或其他實際照顧兒童之人於兒童施放一般爆竹煙火時，應行陪同。

中央主管機關得公告禁止兒童施放之一般爆竹煙火種類。

前項公告之一般爆竹煙火，不得販賣予兒童。

第 14 條　輸入專業爆竹煙火，應檢附輸入者、種類、規格、數量、輸入地、包裝情形、儲存場所與出進口廠商證明文件、押運人、運輸方法、經過路線資料及直轄市、縣（市）主管機關核發施放許可或備查文件等資料，向中央主管機關申請發給許可文件。

輸入之專業爆竹煙火應運至合格儲存地點放置，並於通知當地直轄市、縣（市）主管機關清點數量後辦理入庫。

取得專業爆竹煙火輸入許可者，其申請資料有變更時，應檢附原許可文件及相關證明文件，向中央主管機關辦理變更。

經中央主管機關許可輸入專業爆竹煙火，有下列情形之一者，中央主管機關得撤銷或廢止其許可，並得逕行或命輸入者銷毀或復運出口：

一、申請輸入資料虛偽不實。

二、違反第二項或第三項規定。

第 15 條　下列場所及其基地內，不得施放爆竹煙火：

一、石油煉製工廠。

二、加油站、加氣站、漁船加油站。

三、儲油設備之油槽區。

四、彈藥庫、火藥庫。

五、可燃性氣體儲槽。

六、公共危險物品與可燃性高壓氣體製造、儲存及處理場所。

七、爆竹煙火製造、儲存及販賣場所。

施放一般爆竹煙火時，應與前項各款所定場所及其基地之外牆或相當於外牆之設施外側保持一般爆竹煙火所標示之安全距離。

第 16 條　施放第二項以外之專業爆竹煙火，其負責人應於施放五日前檢具施放時間、地點、種類、數量、來源及安全防護措施等文件資料，向直轄市、縣（市）主管機關申請發給許可文件後，始得為之。

施放一定數量以下之舞臺煙火，其負責人應於施放前報請直轄市、縣（市）主管機關備查。但施放數量在中央主管機關公告數量以下者，得免報請備查。

前二項專業爆竹煙火應於運出儲存地點前，將相關資料報請當地與臨時儲存場所及施放地點所在地之直轄市、縣（市）主管機關備查後，

始得運出儲存地點。施放作業前之儲存，並應於合格之臨時儲存場所為之。

專業爆竹煙火施放時應保持之安全距離、施放之安全作業方式、施放人員之資格、第二項所定一定數量及其他應遵行事項之辦法，由中央主管機關定之。

第 17 條　直轄市、縣（市）主管機關基於公共安全及公共安寧之必要，得制（訂）定爆竹煙火禁止施放地區、時間、種類、施放方式及施放人員資格之自治法規。

第 18 條　爆竹煙火製造場所及達中央主管機關所定管制量三十倍之儲存、販賣場所之負責人，應選任爆竹煙火監督人，責其訂定安全防護計畫，報請直轄市、縣（市）主管機關備查，並依該計畫執行有關爆竹煙火安全管理上必要之業務；安全防護計畫修正時，亦同。

爆竹煙火監督人選任後十五日內，應報請直轄市、縣（市）主管機關備查；異動時，亦同。

第一項所定爆竹煙火監督人，應經中央主管機關或其認可之專業機構施予訓練，並領有合格證書，始得充任；任職期間，並應定期接受複訓，費用由受訓人員自行負擔。

第 19 條　爆竹煙火之製造、儲存或販賣場所，於附近發生火災或其他狀況致生危險時，或爆竹煙火產生煙霧、異味或變質等狀況，致影響其安定性時，其負責人或爆竹煙火監督人應立即採取下列緊急安全措施：

一、向當地消防主管機關報案。

二、發生狀況場所周圍之機具設備，全部或部分停止使用。

三、發生狀況場所周圍之爆竹煙火成品、半成品及原料，搬離至安全處所。

第 20 條　爆竹煙火製造場所、達中央主管機關所定管制量之儲存場所與輸入者，及輸入或販賣達中央主管機關公告數量之氯酸鉀或過氯酸鉀者，其負責人應登記進出之爆竹煙火原料、半成品、成品、氯酸鉀及過氯酸鉀之種類、數量、時間、來源及流向等項目，以備稽查；其紀錄應至少保存五年，並應於次月十五日前向直轄市、縣（市）主管機關申報前一個月之紀錄。

第 21 條　直轄市、縣（市）主管機關得派員進入爆竹煙火製造、儲存或販賣場

所，就其安全防護設施、相關資料及其他必要之物件實施檢查，被檢查者不得規避、妨礙或拒絕，並得詢問負責人與相關人員，及要求提供相關資料。

前項規定之檢查人員於執行檢查職務時，應主動出示有關執行職務之證明文件或顯示足資辨別之標誌，並不得妨礙該場所正常業務之進行。

對於非法製造、儲存或販賣爆竹煙火之場所，有具體事實足認為有危害公共安全之虞者，直轄市、縣（市）主管機關得派員進入執行檢查或取締。

直轄市、縣（市）主管機關執行第一項及前項所定檢查及取締，必要時，得商請轄區內警察機關協助之。

第　22　條　爆竹煙火之製造場所與達中央主管機關所定管制量之儲存、販賣場所及專業爆竹煙火施放場所，其負責人應投保公共意外責任保險。

前項所定公共意外責任保險之保險金額及施行日期，由中央主管機關公告之。

第　23　條　第九條第六項及第十八條第三項所定專業機構，其認可之申請、發給、撤銷、廢止、收費及其他應遵行事項之辦法，由中央主管機關定之。

第　24　條　未經許可擅自製造爆竹煙火，處負責人及實際負責執行業務之人三年以下有期徒刑、拘役或併科新臺幣三十萬元以上三百萬元以下罰金。

犯前項之罪因而致人於死者，處三年以上十年以下有期徒刑，得併科新臺幣二百萬元以上一千萬元以下罰金；致重傷者，處一年以上七年以下有期徒刑，得併科新臺幣一百萬元以上五百萬元以下罰金。

第一項未經許可擅自製造爆竹煙火所得之利益超過法定罰金最高額者，得於所得利益之範圍內酌量加重，不受法定罰金最高額之限制。

第　25　條　違反本條例規定，經予停工或停業之處分後，擅自復工或繼續營業者，應勒令停工或立即停業，並處負責人二年以下有期徒刑、拘役或科或併科新臺幣一百萬元以下罰金。

第　26　條　有下列各款情事之一者，處新臺幣六十萬元以上三百萬元以下罰鍰：

一、違反第十九條規定。

二、合法爆竹煙火製造業者提供原料或半成品予第三人，於本條例規

定之製造場所以外地點，從事製造、加工等作業。

違反前項第二款規定者，並命其限期改善；屆期未改善者，得按次處罰，並得予以停工或停業之處分。

第 27 條　有下列各款情事之一者，處新臺幣三十萬元以上一百五十萬元以下罰鍰：

一、爆竹煙火製造場所或達中央主管機關所定管制量三十倍之儲存、販賣場所，違反依第四條第二項所定辦法中有關位置、構造或設備設置之規定。

二、違反第七條第一項或第三項規定。

三、製造、輸入業者或零售商以外之供應者，違反第九條第三項規定販賣或陳列未附加認可標示之一般爆竹煙火。

四、違反第九條第四項規定，未經中央主管機關同意或命令，即將個別認可不合格之一般爆竹煙火運出儲存地點。

五、違反第十條第二項規定，未於中央主管機關所定期限內，回收一般爆竹煙火。

六、違反第十一條第一項、第二項、第十四條第一項或第十六條第三項規定。

七、爆竹煙火製造場所、達中央主管機關所定管制量三十倍之儲存、販賣場所，其負責人違反第二十二條規定，未投保公共意外責任保險、保險期間屆滿未予續保、投保後無故退保，或投保金額未達中央主管機關公告之數額。

有前項第一款或第七款規定之情形者，並命其限期改善；屆期未改善者，得按次處罰，並得予以停工或停業之處分。

第 28 條　有下列各款情事之一者，處新臺幣六萬元以上三十萬元以下罰鍰：

一、未達中央主管機關所定管制量三十倍之儲存或販賣場所，違反依第四條第二項所定辦法中有關位置、構造或設備設置之規定。

二、爆竹煙火製造場所及達中央主管機關所定管制量之儲存或販賣場所，違反依第四條第二項所定辦法中有關安全管理之規定。

三、違反第六條第二項規定。

四、規避、妨礙或拒絕主管機關依第九條第五項規定所為之檢驗或依第二十一條第一項及第三項規定所為之檢查、詢問、要求提供資

料或取締。

五、違反第十一條第三項或第十四條第二項規定。

六、違反第十五條第一項規定。

七、違反第二十條規定，未登記相關資料、未依限保存紀錄、未依限申報紀錄或申報不實。

八、未達中央主管機關所定管制量三十倍之爆竹煙火儲存、販賣場所或專業爆竹煙火施放場所，其負責人違反第二十二條規定，未投保公共意外責任保險、保險期間屆滿未予續保、投保後無故退保，或投保金額未達中央主管機關公告之數額。

有前項第一款、第二款、第七款或第八款規定情形之一者，並命其限期改善；屆期未改善者，得按次處罰，並得予以停工或停業之處分。

有第一項第四款或第五款情形者，並得按次處罰及強制執行檢查。

第　29　條　有下列各款情事之一者，處新臺幣三萬元以上十五萬元以下罰鍰：

一、違反第七條第二項規定。

二、第二十七條第一項第三款以外之人，違反第九條第三項規定，販賣或陳列未附加認可標示之一般爆竹煙火。

三、違反依第九條第七項所定辦法中有關安全標示之規定。

四、違反第十二條或第十三條第三項規定。

五、違反第十六條第一項或第二項規定。

六、違反依第十六條第四項所定辦法中有關施放專業爆竹煙火之安全作業方式或施放人員資格之規定。

七、違反直轄市、縣（市）主管機關依第十七條所定自治法規中有關爆竹煙火施放地區、時間、種類、施放方式或施放人員資格之規定。

八、違反第十八條規定。

有前項第八款情形者，並命其限期改善；屆期未改善者，得按次處罰，並得予以停工或停業之處分。

第　30　條　有下列各款情事之一者，處新臺幣三千元以上一萬五千元以下罰鍰：

一、違反第九條第三項規定，持有未附加認可標示之爆竹煙火，達中央主管機關所定管制量五分之一。

二、違反第十三條第一項規定。

第 31 條　依本條例規定申請輸入或販賣氯酸鉀或過氯酸鉀後，未經許可擅自製造爆竹煙火者，中央主管機關得停止其輸入或販賣氯酸鉀或過氯酸鉀一年以上五年以下。

　　　　　依本條例規定申請輸入之爆竹煙火，違反依第四條第二項所定辦法中有關儲存爆竹煙火之規定，致生火災或爆炸者，中央主管機關得停止其輸入爆竹煙火一年以上五年以下。

　　　　　依本條例規定申請輸入或販賣氯酸鉀或過氯酸鉀，其申請輸入之資料有虛偽不實、違反第七條第二項、第三項或第二十條規定者，中央主管機關得停止其輸入或販賣氯酸鉀或過氯酸鉀六個月以上三年以下。

　　　　　依本條例規定申請輸入爆竹煙火，有下列各款情事之一者，中央主管機關得停止其輸入爆竹煙火一個月以上一年以下：

　　　　　一、申請輸入之資料有虛偽不實。

　　　　　二、違反第十一條第三項或第十四條第二項規定。

　　　　　三、違反第十六條第三項規定，未報請主管機關備查，即自行運出儲存地點。

　　　　　四、違反第二十條規定，未向主管機關申報紀錄，或申報不實。

第 32 條　違反本條例規定製造、儲存、解除封存、運出儲存地點、販賣、施放、持有或陳列之爆竹煙火，其成品、半成品、原料、專供製造爆竹煙火機具或施放器具，不問屬於何人所有，直轄市、縣（市）主管機關應逕予沒入。

　　　　　依前項規定沒入之專供製造爆竹煙火機具、施放器具、原料及有認可標示之爆竹煙火，得變賣、拍賣予合法之業者或銷毀之；未有認可標示之爆竹煙火成品及半成品，應於拍照存證並記載其數量後銷毀之。

第 33 條　軍事機關自行使用之爆竹煙火、氯酸鉀或過氯酸鉀，其製造、輸入及儲存，不適用本條例規定；其施放，依本條例規定。

　　　　　海關依法應處理之爆竹煙火，其儲存，不適用本條例規定。

第 34 條　本條例施行細則，由中央主管機關定之。

第 35 條　本條例自公布日施行。

4.2 爆竹煙火管理條例施行細則

第　1　條　　本細則依爆竹煙火管理條例（以下簡稱本條例）第三十四條規定訂定之。

第　2　條　　本條例第三條第二項第一款所定之一般爆竹煙火，其種類如下：

一、火花類。

二、旋轉類。

三、行走類。

四、飛行類。

五、升空類。

六、爆炸音類。

七、煙霧類。

八、摔炮類。

九、其他類。

第　3　條　　本條例第四條第一項所稱爆竹煙火之製造場所，指以氯酸鹽、過氯酸鹽、硝酸鹽、硫、硫化物、磷化物、木炭粉、金屬粉末及其他原料，配製火藥製造爆竹煙火或對爆竹煙火之成品、半成品予以加工之場所。

第4條本條例第四條第一項所定爆竹煙火儲存、販賣場所之管制量如下：

一、舞臺煙火以外之專業爆竹煙火：總重量零點五公斤。

二、摔炮類一般爆竹煙火：火藥量零點三公斤或總重量一點五公斤。

三、摔炮類以外之一般爆竹煙火及舞臺煙火：火藥量五公斤或總重量二十五公斤。但火花類之手持火花類及爆炸音類之排炮、連珠炮、無紙屑炮類管制量為火藥量十公斤或總重量五十公斤。

前項管制量，除依本條例第九條第一項附加認可標示之一般爆竹煙火以火藥量計算外，其餘以爆竹煙火總重量計算之；爆竹煙火種類在二種以上時，以各該爆竹煙火火藥量或總重量除以其管制量，所得商數之和為一以上時，即達管制量以上。

第5條本條例第九條第四項所定命申請人銷毀及第十四條第四項所定

命輸入者銷毀，應依下列規定辦理：

一、將銷毀時間、地點、方式及安全防護計畫，事先報請所轄直轄
市、縣（市）主管機關核定。

二、銷毀採引火方式者，應選擇空曠、遠離人煙及易燃物之處所，在
銷毀地點四周應設置適當之阻絕設施及防火間隔，配置滅火器材
或設備，並將銷毀日期、時間、地點通知鄰接地之所有人、管理
人，或以適當方法公告之。

三、於上午八時後下午六時前為之，並應派人警戒監視，銷毀完成俟
確認滅火後始得離開。

第　6　條　依本條例第十一條第三項規定辦理封存之程序如下：

一、核對輸入之一般爆竹煙火與型式認可證書記載內容是否相符。

二、核對進口報單與申請輸入許可相關文件記載事項是否相符。

三、確認儲存場所為合格者，且與申請輸入許可相關文件記載相符。

四、查核運輸駕駛人及車輛是否分別依規定取得有效之訓練證明書及
臨時通行證。

五、封存以封條為之，封條應加蓋直轄市、縣（市）主管機關關防並
註明日期。

依本條例第十一條第三項規定辦理解除封存及其後續處理之程序如
下：

一、經個別認可合格者，應出示個別認可合格文件，向當地直轄市、
縣（市）主管機關申請解除封存後，始得依本條例第九條第一項
規定，附加認可標示。

二、經個別認可不合格者，應出示中央主管機關同意文件，向當地直
轄市、縣（市）主管機關申請解除封存後，始得依本條例第九條
第四項規定，運出儲存地點辦理修補、銷毀或復運出口。

第　7　條　依本條例第十六條第一項規定施放專業爆竹煙火，其負責人應於施放
五日前填具申請書，並檢附下列文件一式三份，向直轄市、縣（市）
主管機關申請許可：

一、負責人國民身分證影本。

二、製造或輸入者登記或立案證書影本。

三、施放清冊：應記載施放之日期、時間、地點及專業爆竹煙火名

稱、數量、規格、照片。

四、標示安全距離之施放場所平面圖。

五、專業爆竹煙火效果、施放方式、施放器具及附有照片或圖樣之作業場所說明書。

六、施放安全防護計畫：應記載施放時間、警戒、滅火、救護、現場交通管制及觀眾疏散等應變事項。

七、施放人員名冊及專業證明文件影本。

八、其他由直轄市、縣（市）主管機關認定之文件。

前項申請書內容或檢附之文件不完備者，直轄市、縣（市）主管機關得定期命其補正；必要時，並得至現場勘查。

第　8　條　本條例第十八條所定爆竹煙火監督人，應為爆竹煙火製造場所或達中央主管機關所定管制量三十倍以上儲存、販賣場所之管理或監督層次幹部。

爆竹煙火監督人任職期間，每二年至少應接受複訓一次。

本條例第十八條第三項所定訓練之時間，不得少於二十四小時，其課程如下：

一、消防常識及消防安全設備維護、操作。

二、火災及爆炸預防。

三、自衛消防編組。

四、火藥常識。

五、爆竹煙火管理法令介紹。

六、場所安全管理及安全防護計畫。

七、專業爆竹煙火施放活動規劃。

八、專業爆竹煙火施放操作實務。

本條例第十八條第三項所定複訓之時間，不得少於八小時，其課程如下：

一、爆竹煙火安全管理實務探討。

二、爆竹煙火管理法令介紹。

三、安全防護計畫探討。

四、專業爆竹煙火施放實務探討。

第　9　條　本條例第十八條第一項所定安全防護計畫，包括下列事項：

一、負責人及爆竹煙火監督人之職責。

二、場所安全對策，其內容如下：

　　(一) 搬運安全管理。

　　(二) 儲存安全管理。

　　(三) 製造安全管理。

　　(四) 銷毀安全管理。

　　(五) 用火用電之監督管理。

　　(六) 消防安全設備之維護管理。

三、自衛消防編組。

四、防火避難設施之自行檢查。

五、火災或其他災害發生時之滅火行動、通報連絡、避難引導及緊急安全措施。

六、滅火、通報及避難演練之實施；每半年至少應舉辦一次，每次不得少於四小時，並應事先通知所轄消防主管機關。

七、防災應變之教育訓練。

八、場所位置圖、逃生避難圖及平面圖。

九、防止縱火措施。

十、其他防災應變之必要措施。

第 9-1 條　本條例第二十條所定登記，得以書面或於中央主管機關網路申報系統為之。

依本條例第二十條規定登記流向，應依品目分別載明下列資料：

一、爆竹煙火原料、半成品、氯酸鉀及過氯酸鉀：出貨對象姓名或名稱、地址（如住居所、事務所或營業所）、電話及其他經中央主管機關公告事項。

二、專業爆竹煙火成品：出貨對象、活動名稱與地點及其他經中央主管機關公告事項。

三、一般爆竹煙火成品：

　　(一) 單筆或一個月內同一登記對象或同一登記地址達中央主管機關所定管制量：出貨對象姓名或名稱、地址（如住居所、事務所或營業所）、電話及其他經中央主管機關公告事項。

　　(二) 前目以外之一般爆竹煙火成品：出貨對象姓名或名稱、電話

　　　　　　　　及所在之直轄市、縣（市）。

第　10　條　直轄市、縣（市）主管機關依本條例第三十二條第二項規定進行銷毀之程序如下：

一、於安全、空曠處所進行，並採取必要之安全防護措施。

二、於上午八時後下午六時前為之，並應派人警戒監視，銷毀完成俟確認滅火後始得離開。

三、應製作銷毀紀錄，記載沒入處分書編號、被處分人姓名、沒入爆竹煙火名稱、單位、數（重）量及沒入時間、銷毀時間，並檢附相片。

中央主管機關依本條例第九條第四項及第十四條第四項規定逕行銷毀，應先通知當地主管機關，再依前項第一款及第二款規定辦理，並製作銷毀紀錄，記載銷毀之爆竹煙火名稱、單位、數（重）量及銷毀時間，及檢附相片。

第　11　條　本細則自發布日施行。

4.3 爆竹煙火製造儲存販賣場所設置及安全管理辦法（節錄）

第 2 條　本辦法所定防火牆，規定如下：

一、與倉庫外牆之距離在二公尺以上。

二、為鋼筋混凝土構造、加強磚造或鋼骨補強之鋼板或防火板構造，並具堅固基礎。

三、倉庫設有天花板者，防火牆高度高於天花板高度五十公分以上；無天花板者，防火牆高度應高於倉庫屋頂以上。

四、鋼板構造之防火牆厚度為零點三五公分以上。但倉庫儲存總火藥量在二公噸以下或總重量在十公噸以下者，為零點二五公分以上。其他材質之防火牆厚度應為三公分以上。

本辦法所定對象物，規定如下：

一、第一類對象物：指各類場所消防安全設備設置標準（以下簡稱設置標準）第十二條第一款、第二款第一目至第六目、第八目至第十目及第十二目所列之場所。

二、第二類對象物：指設置標準第十二條第二款第七目、第十一目及第三款所列之場所。

三、第三類對象物：指設置標準第十二條第四款及前二款以外供人居住或使用之建築物。

四、第四類對象物：指國道、省道、縣道、鄉道及高壓電線。

第 4 條　爆竹煙火製造場所內各建築物間之安全距離，規定如下：

一、作業區之建築物、半成品倉庫、舞臺煙火以外之專業爆竹煙火及摔炮類一般爆竹煙火成品倉庫：依下列公式計算之，其總火藥量無法計算者，得以總重量除以五計算之。

二、曬藥場：十公尺以上。

四、原料倉庫：依下表規定。但有下列情形之一者，不在此限。

(一) 儲存數量超過管制量二十倍之倉庫，與設在同一建築基地之其他倉庫間之安全距離，得縮減至規定寬度之三分之一，最小以三公尺為限。

(二) 同一建築基地內，設置二個以上相鄰儲存氯酸鹽類、過氯酸

鹽類、硝酸鹽類、硫磺、鐵粉、金屬粉、鎂、硝酸酯類、硝基化合物或含有任一種成分物品之倉庫，其相互間安全距離得縮減至五十公分。

前項建築物處理或儲存數量之規定如下：

一、作業區之建築物及半成品倉庫：總火藥量一公噸以下或總重量五公噸以下。

二、舞臺煙火以外之專業爆竹煙火及摔炮類一般爆竹煙火成品倉庫：總火藥量五公噸以下或總重量二十五公噸以下。

三、摔炮類以外之一般爆竹煙火及舞臺煙火成品倉庫：總火藥量十公噸以下或總重量五十公噸以下。

第　5　條　爆竹煙火製造場所之有火藥區內，各建築物與廠區外鄰近場所之安全距離，規定如下。但有設置擋牆者，得減半計算：

四、原料倉庫：

(一) 與第一類對象物之距離，應在五十公尺以上。

(二) 與第二類對象物之距離，應在三十公尺以上。

(三) 與第三類對象物之距離，應在二十公尺以上。

(四) 與第四類對象物之距離，應在十公尺以上。

第　6　條　作業區，其構造、設備，應符合下列規定：

一、為獨立之一層建築物。

二、門窗不得與鄰棟建築物相互對開。

三、建築構造、材料及設施符合下列規定：

(一) 牆壁、屋頂及天花板以不燃材料建造。

(二) 作業室最少設二處門，門寬不得小於一點五公尺，門高不得低於二公尺，門分別通向屋外；窗材為不易震裂之安全玻璃、塑膠等材料，窗臺不得設置木條或鐵條等障礙物，且不得高於地面六十公分，門窗能向外推開，有金屬配件者，應為銅質或不易產生火花之金屬。但工作人數在二人以下時，得為一處門。

第　7　條　作業區之壓藥室、填土室、配藥室、裝藥室、篩藥室、造粒室，其相互間及與其他作業室、倉庫等應以擋牆隔離之。但其建築構造符合下列規定者，不在此限：

一、放壓面面對空曠無人地區，不致誘發火災，以抵抗力弱且不燃性
　　之輕質材料建造者。

二、其他三面建築堅固之鋼筋水泥牆抗阻爆力之發散，其厚度在存藥
　　量四公斤以上者爲五十公分，未滿四公斤者爲二十公分。

三、屋頂向放壓面方向傾斜，使用抵抗力弱且不燃性之輕質材料建
　　造。

前項第一款及第三款之抵抗力弱且不燃性之輕質材料，可爲矽酸鈣
板、合成樹脂防火板或其他具有同等性質之材料。

第　9　條　爆竹煙火製造場所之庫儲區，其構造、設備應符合第六條第七款、第
　　　　　　九款、第十款及下列規定：

一、爲鋼筋混凝土、磚石等不燃性材料建造之一層建築物。

二、屋頂及天花板使用適當強度之輕質隔熱性材料。

三、地面爲水泥粉光或磨石子地，上舖木質墊板，爲木質地板者，鐵
　　釘不得暴露於外，其高度距地面十公分以上。

四、儲放爆竹煙火原料、半成品或成品時，應距周圍牆面五公分以
　　上。

五、倉庫前舖設水泥光面地坪，門口設置棕墊或塑膠墊，以防帶入泥
　　沙。

六、門應向外開啓，其金屬配件爲銅質或其他不因磨擦、撞擊產生火
　　花之金屬。

七、不得使用馬達或動力設備。

八、不得設置於潮濕地面。

九、窗戶及出入口應有防盜措施。

十、設置安全監控設施。

十一、摔炮類以外之一般爆竹煙火及舞臺煙火成品倉庫儲存總火藥量
　　　超過五公噸或總重量超過二十五公噸者，應以火藥量三公噸以
　　　下或重量十五公噸以下爲準，以厚度十公分以上鋼筋混凝土或
　　　厚度十五公分以上加強磚造構造之隔間牆區劃分隔。隔間牆應
　　　設置至屋頂；倉庫設有天花板，且能確保防火區劃完整者，得
　　　設置至天花板。

十二、倉庫通路面積應占倉庫樓地板面積百分之二十以上。

十三、專業爆竹煙火與未經個別認可合格之一般爆竹煙火應分室儲存。

第 13 條　作業區之壓藥室、塡土室、配藥室、裝藥室、篩藥室，其安全管理除前條規定外，應符合下列規定：

一、地面加舖木質方格墊板，並經常保持濕潤；或加舖合格之導電橡膠墊。

二、作業使用之器具、容器爲銅質、竹質、木質或其他不易發生火花之製品；用水調和配藥時，得使用塑膠製品。

三、壓藥、裝藥之模具爲銅質、竹質、木質、電木或塑膠製品；使用鋁質者，應予接地。

四、壓藥機桿頭爲銅質、竹質、木質或不鏽鋼，頭部直角部位應稍加切削，並不得爲錐形。

五、裝（壓）藥作業時，應避免金屬類間強烈震動、撞擊或磨擦。

第 16 條　製造爆竹煙火工作人員之配置，應符合下列規定：

一、從事塡土、配藥、裝藥、篩藥或爆引切割等作業之作業室，以一人爲限。

二、以含氯酸鉀、過氯酸銨、硝酸銨、磷化物之原料從事專業爆竹煙火及煙霧類以外之一般爆竹煙火製造，或爆竹煙火之製造採裝（壓）藥、塡土、鑽孔分別於不同作業室作業者，每一作業室應在二人以下。但無火藥之塡土，不在此限。

三、以含氯酸鉀之原料從事煙霧類一般爆竹煙火產品製造作業，或以具爆炸性火藥製造爆竹煙火採裝（壓）藥、塡土於同一作業室連續作業，或以非具爆炸性火藥製造爆竹煙火採裝（壓）藥、塡土、鑽孔於同一作業室連續作業，其作業室應在四人以下。

四、以不含氯酸鉀、過氯酸銨、硝酸銨、磷化物之原料從事爆竹煙火製造作業，或將爆竹煙火原料以水或漿糊充分濕潤（指含水量在百分之十以上）後從事爆竹煙火製造作業，其作業室應在八人以下。

第 17 條　達管制量舞臺煙火以外之專業爆竹煙火及摔炮類一般爆竹煙火儲存場所，其位置、構造及設備應符合下列規定：

一、儲存總火藥量應在五公噸以下或總重量應在二十五公噸以下

二、不得設置於潮濕地面。

三、為鋼筋混凝土造或磚造之一層建築物。

四、設置二道門板，外層為厚度三公釐以上之三十分鐘以上防火時效之防火門，內外門板均有防盜措施。

五、四周牆壁、地板，以厚度十公分以上之鋼筋混凝土或二十公分以上之加強磚造建造。

六、設二個以上之通風孔，並護以鐵絲網，通風孔之寬度在二十公分以上者，每隔五公分加設直徑一公分之鐵柵。

七、周圍設置排水溝。

八、周圍牆壁、地板、天花板，不得裝置有易生火花之金屬板。

九、設置溫度計、濕度計。設有照明設備者，應為防爆式電燈，配線為地下嵌入型電線，並應設置自動遮斷器或場外開關。

十、應設符合CNS一二八七二規定之避雷設備，或以接地方式達同等以上防護性能者。但因周圍環境，無致生危險之虞者，不在此限。

十一、設土堤或擋牆。但儲存總火藥量二公噸以上或總重量十公噸以上者，應設土堤。

十二、設置安全監控設施。

十三、儲存場所通路面積應占儲存場所樓地板面積百分之二十以上。

第 17-1 條　專業爆竹煙火施放前，應儲存於臨時儲存場所。

前項臨時儲存場所應符合下列規定：

一、與專業爆竹煙火施放地點之距離在二十公尺以上。但保持距離確有困難者，得儲存於不受專業爆竹煙火施放影響之場所內。

二、有防止陽光直射及雨水淋濕之措施。

三、臨時儲存場所與專業爆竹煙火施放地點應由專人看守，施放活動結束前不得擅離。

四、周圍設置專業爆竹煙火、嚴禁火源及禁止進入等警告標示。

五、臨時儲存場所所放置專業爆竹煙火等物品，應有防止被專業爆竹煙火施放所生火花引燃之措施。

第 18 條　達管制量摔炮類以外之一般爆竹煙火及舞臺煙火儲存場所，其位置、構造及設備應符合下列規定：

一、儲存總火藥量應在十公噸以下或總重量應在五十公噸以下

二、不得設置於潮濕地面。

三、為地面一層之防火建築物。

四、窗戶及出入口應有防盜措施。

五、設置安全監控設施。

六、儲存總火藥量超過五公噸或總重量超過二十五公噸者，應以火藥量三公噸以下或重量十五公噸以下為準，以厚度十公分以上鋼筋混凝土或厚度十五公分以上加強磚造構造之隔間牆區劃分隔。隔間牆應設置至屋頂；場所設有天花板，且能確保防火區劃完整者，得設置至天花板。

七、儲存場所通路面積應占儲存場所樓地板面積百分之二十以上。

八、舞臺煙火與未經個別認可合格之一般爆竹煙火應分室儲存。

第　19　條　達管制量以上之爆竹煙火儲存場所，其安全管理應符合下列規定：

一、建檔登記，每日詳載其儲存數量。

二、分類放置。

三、禁止非工作人員或攜帶會產生火源之機具設備進入。

四、不得放置空紙箱、內襯紙、塑膠袋、紙盒等包裝用餘材料，或其他易燃易爆之物品。

五、禁止使用鐵器等易引起火花之器具進行開箱、封箱等作業。

六、儲存一年以上者，應檢查有無異常現象。

七、設置防盜措施。

八、保持通風，經常維持其溫度在攝氏三十五度以下，相對濕度百分之七十五以上，於每日中午觀測溫度計及濕度計一次並記錄之，溫度、濕度異常時，應即採取緊急安全措施。

第　20　條　達管制量以上之一般爆竹煙火販賣場所，其位置、構造及設備應符合下列規定：

一、設在建築物之地面層。

二、為防火建築物。

三、內部以不燃材料裝修。

第　21　條　達管制量以上之一般爆竹煙火販賣場所，其安全管理應符合下列規定：

一、儲存數量：

 (一)摔炮類：儲存總火藥量不得超過五公斤或總重量不得超過二十五公斤。

 (二)摔炮類以外之一般爆竹煙火：儲存總火藥量不得超過一百公斤或總重量不得超過五百公斤。

 (三)同時放置前二目之一般爆竹煙火時，應以各目實際數量為分子，各目規定之數量為分母，所得商數之和不得為一以上。

二、購買及販賣一般爆竹煙火，應建檔登記，每日詳載其儲存數量。

三、分類放置。

四、不得出售非法製造或無認可標示之一般爆竹煙火。

五、儲存一年以上之一般爆竹煙火，應檢查有無異常現象。

前項第一款之儲存數量，有下列各款情形之一者，應另設儲存專用室放置：

一、摔炮類：總火藥量三公斤以上或總重量十五公斤以上。

二、摔炮類以外之一般爆竹煙火：總火藥量五十公斤以上或總重量二百五十公斤以上。

三、同時放置前二款之一般爆竹煙火時，應以各款實際數量為分子，各款規定之數量為分母，所得商數之和為一以上。

前項儲存專用室，應符合下列規定：

一、四周牆壁、地板，以厚度十公分以上之鋼筋混凝土或二十公分以上之加強磚造建造。

二、出入口設置三十分鐘以上防火時效之防火門。

三、四周牆壁除出入口外，不得設置其他開口。

四、禁止非工作人員或攜帶會產生火源之機具設備進入。

五、保持上鎖狀態。

六、不得放置空紙箱、內襯紙、塑膠袋、紙盒等包裝用餘材料，或其他易燃易爆之物品。

七、禁止使用鐵器等易引起火花之器具進行開箱、封箱等作業。

4.4 爆竹煙火管理條例及施行細則歷屆選擇題

（A） 1. 為規範爆竹煙火之管理、預防災害發生、維護人民生命財產、確保公共安全，對於「爆竹煙火管理條例」管制量之規定，下列敘述何者錯誤？
 (A) 舞臺煙火以外之專業爆竹煙火：總重量0.25公斤
 (B) 爆竹煙火種類在2種以上時，以各該爆竹煙火火藥量或總重量除以其管制量，所得商數之和為1以上時，即達管制量以上
 (C) 摔炮類以外之一般爆竹煙火及舞臺煙火：火藥量5公斤或總重量25公斤
 (D) 火花類一般爆竹煙火之手持火花類及爆炸音類一般爆竹煙火之排炮、連珠炮、無紙屑炮類管制量為火藥量10公斤或總重量50公斤

（D） 2. 為釐清權責，依「爆竹煙火管理條例」規定，除中央主管機關特設消防機關之特定區域外，下列何者非屬直轄市、縣（市）主管機關之權責？
 (A) 爆竹煙火製造之許可、變更、撤銷及廢止
 (B) 輸入一般爆竹煙火之封存
 (C) 爆竹煙火安全管理業務之規劃
 (D) 爆竹煙火監督人講習、訓練之辦理

（D） 3. 爆竹煙火製造者取得許可後，有下列情事之一者，直轄市、縣（市）主管機關得撤銷或廢止其許可，並註銷其許可文件；下列情事何者錯誤？
 (A) 申請許可資料有重大不實
 (B) 爆竹煙火製造場所發生重大公共意外事故
 (C) 爆竹煙火製造場所一部或全部提供他人租用或使用，進行爆竹煙火製造、加工作業
 (D) 爆竹煙火製造場所，違反公共危險物品及可燃性高壓氣體設置標準暨安全管理辦法相關規定，經限期改善，屆期未改善

（A） 4. 有關爆竹煙火監督人選任與業務執行，依爆竹煙火管理條例規定，下列敘述何者錯誤？
 (A) 製造場所及達中央主管機關所定管制量20倍之儲存、販賣場所
 (B) 訂定安全防護計畫，報請直轄市、縣（市）主管機關備查，並依該計畫執行有關爆竹煙火安全管理上必要之業務
 (C) 應經中央主管機關或其認可之專業機構施予訓練，並領有合格證書，始

　　　　得充任

　　　　(D) 選任後15日內，應報請直轄市、縣（市）主管機關備查

（ C ）　5. 有關爆竹煙火儲存、販賣場所之管制量，下列爆竹煙火何者正確？

　　　　(A) 特殊煙火之專業爆竹煙火：總重量0.3公斤

　　　　(B) 升空類一般爆竹煙火：火藥量5公斤或總重量20公斤

　　　　(C) 摔炮類一般爆竹煙火：火藥量0.3公斤或總重量1.5公斤

　　　　(D) 爆炸音類之排炮、連珠炮類：火藥量5公斤或總重量10公斤

（ B ）　6. 爆竹煙火工廠所定安全防護計畫內容，除負責人及爆竹煙火監督人之職責外，納入一般消防防護計畫主要內容事項，尚應針對場所安全對策包括下列那些事項？①儲存安全管理　②製造安全管理　③搬運安全管理　④施放安全管理　⑤銷毀安全管理

　　　　(A) ②③④　　　　(B) ①②③⑤　　　　(C) ①②④⑤　　　　(D) ①②③④⑤

（ A ）　7. 未有認可標示之爆竹煙火成品及半成品，應於拍照存證並記載其數量後銷毀之。其銷毀之程序何者錯誤？

　　　　(A) 於上午6時後下午8時前為之，並應派人警戒監視，銷毀完成俟確認滅火後始得離開

　　　　(B) 應製作銷毀紀錄，記載沒入處分書編號、被處分人姓名、沒入爆竹煙火名稱、單位、數（重）量及沒入時間、銷毀時間，並檢附相片

　　　　(C) 於安全、空曠處所進行，並採取必要之安全防護措施

　　　　(D) 中央主管機關亦得依規定逕行銷毀，唯應先通知當地主管機關

（ C ）　8. 依爆竹煙火管理條例施行細則規定，所定非專業爆竹煙火之一般爆竹煙火，其種類計分為幾大類？　　　(A) 5　　(B) 7　　(C) 9　　(D) 11

（ C ）　9. 依爆竹煙火製造儲存販賣場所設置及安全管理辦法規定，有關達管制量摔炮類以外之一般爆竹煙火及舞臺煙火儲存場所，其位置、構造及設備應符合下列何種規定？①不得設於潮濕地面　②為地面一層之防火建築物　③窗戶及出入口應有防盜設施　④儲存場所通路面積應占儲存場所樓地板面積百分之二十五以上　　　(A) ①②　　(B) ①③　　(C) ①②③　　(D) ①②③④

（ B ）　10. 依據爆竹煙火管理條例之規定，下列何者屬中央主管機關之權責：

　　　　(A) 爆竹煙火製造之許可、變更、撤銷及廢止

　　　　(B) 一般爆竹煙火認可相關業務之辦理

　　　　(C) 輸入一般爆竹煙火之封存

(D) 爆竹煙火安全管理業務之規劃

(A) 11. 依據爆竹煙火管理條例之規定，取得爆竹煙火製造許可後，有下列情事之一者，直轄市、縣（市）主管機關得撤銷或廢止其許可，並註銷其許可文件：①申請許可資料有重大不實　②爆竹煙火製造場所發生重大公共意外事故　③爆竹煙火製造場所一部或全部提供他人租用或使用，進行爆竹煙火製造、加工作業　④爆竹煙火製造場所，違反本條例相關規定，經限期改善，屆期未改善。以上所列，哪些是正確的：

(A) ①②③④　　(B) ①②③　　(C) ②③④　　(D) ①③④

(C) 12. 依據爆竹煙火管理條例規定，爆竹煙火製造場所及達中央主管機關所定管制量a倍之儲存、販賣場所之負責人，應選任爆竹煙火監督人。爆竹煙火監督人選任後b日內，應報請直轄市、縣（市）主管機關備查：

(A) a=10；b=10　(B) a=20；b=10　(C) a=30；b=15　(D) a=30；b=30

(D) 13. 依爆竹煙火管理條例施行細則規定，業者為製造爆竹煙火試驗之必要，於公共危險物品與可燃性高壓氣體製造、儲存及處理場所進行爆竹煙火試驗，應距離易燃易爆物品多少公尺以上，並配置滅火器等安全防護措施？

(A) 十公尺　　(B) 二十公尺　　(C) 三十公尺　　(D) 五十公尺

(B) 14. 依爆竹煙火管理條例規定，未依規定申請許可並獲得許可文件，擅自製造爆竹煙火者，處負責人幾年以下有期徒刑、拘役或併科新臺幣三百萬元以下罰金？　　(A) 二年　(B) 三年　(C) 五年　(D) 七年

(C) 15. 依爆竹煙火管理條例規定，施放高空煙火，其負責人應於施放幾日前檢具施放時間、地點、數量、來源及安全防護措施等文件資料，向直轄市、縣（市）主管機關申請許可，經發給許可文件後，始得為之？

(A) 二日　　(B) 三日　　(C) 五日　　(D) 七日

(B) 16. 依爆竹煙火管理條例規定，下列何者為直轄市、縣（市）主管機關權責？

(A) 一般爆竹煙火認可相關業務之辦理

(B) 爆竹煙火製造之許可、撤銷及廢止

(C) 爆竹煙火監督人講習、訓練之規劃及辦理

(D) 爆竹煙火輸入之審查

(B) 17. 依爆竹煙火管理條例規定，下列何者非廢止一般爆竹煙火型式認可之事由？

(A) 無正當理由拒絕抽樣檢驗

(B) 申請人曾違反本條例製造爆竹煙火，經有罪判決確定，尚未執行完畢或

　　　　執行完畢後未滿五年

　　　(C) 將認可標示轉讓或租借他人

　　　(D) 消費者依照安全方式使用，仍造成傷亡或事故

(C)　18. 依爆竹煙火管理條例規定，負責人應投保公共意外責任險，未投保公共意外
　　　　責任險，處新臺幣多少萬元以下罰鍰？

　　　(A) 三萬元以上，十五萬元以下

　　　(B) 六萬元以上，三十萬元以下

　　　(C) 三十萬元以上，一百五十萬元以下

　　　(D) 六十萬元以上，三百萬元以下

(D)　19. 施放以火藥及金屬粉末為主要原料，其成品直徑在多少公分以上或射程在
　　　　七十五公尺以上之煙火，其負責人應將煙火種類、數量、施放時間、地點及
　　　　有關防火、戒備、擬採措施，於三日前向當地消防機關申請許可？

　　　(A) 四點五公分　　(B) 五點五公分　　(C) 六點五公分　　(D) 七點五公分

(C)　20. 未達中央主管機關所定管制量30倍之爆竹煙火儲存、販賣場所或專業爆竹煙
　　　　火施放場所，其負責人違反爆竹煙火管理條例第22條規定，未投保公共意外
　　　　責任保險、保險期間屆滿未予續保、投保後無故退保，或投保金額未達中央
　　　　主管機關公告之數額，處新臺幣多少罰鍰？

　　　(A) 3千元以上1萬5千元以下　　　　　(B) 3萬元以上15萬元以下

　　　(C) 6萬元以上30萬元以下　　　　　　(D) 6千元以上3萬元以下

(C)　21. 爆竹煙火製造場所及達中央主管機關所定管制量30倍之儲存、販賣場所之負
　　　　責人，應選任爆竹煙火監督人，責其訂定安全防護計畫，報請直轄市、縣
　　　　（市）主管機關備查。有關爆竹煙火監督人及所定安全防護計畫規定，下列
　　　　敘述何者正確？

　　　(A) 爆竹煙火監督人，應經中央主管機關或其認可之專業機構施予訓練，並
　　　　　領有合格證書，始得充任，訓練之時間，不得少於16小時

　　　(B) 滅火、通報及避難演練之實施；每年至少應舉辦一次，每次不得少於4小
　　　　　時，並應事先通知所轄消防主管機關

　　　(C) 爆竹煙火監督人任職期間，每2年至少應接受複訓一次，時間不得少於8
　　　　　小時

　　　(D) 爆竹煙火監督人應為長時間在場所的員工，不一定是幹部，只需能隨時
　　　　　在場所管理

4.5　爆竹煙火管理條例及施行細則歷屆申論題

1. 104年5月1日嘉義爆竹煙火工廠發生1死1傷之爆炸意外事故,請依據「爆竹煙火管理條例」規定,說明:爆竹煙火之製造、儲存或販賣場所,於附近發生火災或其他狀況致生危險時,其負責人應立即採取哪些緊急安全措施?(10分)未經許可擅自製造爆竹煙火,對負責人之處罰規定為何?(15分)(104年四等特考)

解:

第19條　爆竹煙火之製造、儲存或販賣場所,於附近發生火災或其他狀況致生危險時,或爆竹煙火產生煙霧、異味或變質等狀況,致影響其安定性時,其負責人或爆竹煙火監督人應立即採取下列緊急安全措施:
一、向當地消防主管機關報案。
二、發生狀況場所周圍之機具設備,全部或部分停止使用。
三、發生狀況場所周圍之爆竹煙火成品、半成品及原料,搬離至安全處所。

第24條　未經許可擅自製造爆竹煙火,處負責人及實際負責執行業務之人三年以下有期徒刑、拘役或併科新臺幣三十萬元以上三百萬元以下罰金。
犯前項之罪因而致人於死者,處三年以上十年以下有期徒刑,得併科新臺幣二百萬元以上一千萬元以下罰金;致重傷者,處一年以上七年以下有期徒刑,得併科新臺幣一百萬元以上五百萬元以下罰金。

2. 臺灣的慶典活動中,總有民眾會施放爆竹煙火,請依據爆竹煙火管理條例及爆竹煙火管理條例施行細則,說明爆竹煙火定義與分類為何?(15分)並說明爆竹煙火儲存、販賣場所之管制量為何?(10分)(102年四等特考)

解:

第3條　本條例所稱爆竹煙火,指其火藥作用後會產生火花、旋轉、行走、飛行、升空、爆音或煙霧等現象,供節慶、娛樂及觀賞之用,不包括信號彈、煙霧彈或其他火藥類製品。
爆竹煙火分類如下:
一、一般爆竹煙火:經型式認可、個別認可並附加認可標示後,供民眾使

用者。

二、專業爆竹煙火：須由專業人員施放，並區分如下：

　　(一) 舞臺煙火：指爆點、火光、線導火花、震雷及混合劑等專供電影、電視節目、戲劇、演唱會等活動使用，製造表演聲光效果者。

　　(二) 特殊煙火：指煙火彈、單支火藥紙管或其組合之產品等，於戶外使用，製造巨大聲光效果者。

　　(三) 其他經中央主管機關公告者。

第4條　本條例第四條第一項所定爆竹煙火儲存、販賣場所之管制量如下：

一、舞臺煙火以外之專業爆竹煙火：總重量零點五公斤。

二、摔炮類一般爆竹煙火：火藥量零點三公斤或總重量一點五公斤。

三、摔炮類以外之一般爆竹煙火及舞臺煙火：火藥量五公斤或總重量二十五公斤。但火花類之手持火花類及爆炸音類之排炮、連珠炮、無紙屑炮類管制量為火藥量十公斤或總重量五十公斤。

前項管制量，除依本條例第九條第一項附加認可標示之一般爆竹煙火以火藥量計算外，其餘以爆竹煙火總重量計算之；爆竹煙火種類在二種以上時，以各該爆竹煙火火藥量或總重量除以其管制量，所得商數之和為一以上時，即達管制量以上。

3. 專業爆竹煙火施放前，應儲存於臨時儲存場所，有關臨時儲存場所應符合的規定為何？（25分）（101年四等特考）

解：

爆竹煙火製造儲存販賣場所設置及安全管理辦法

第17-1　條專業爆竹煙火施放前，應儲存於臨時儲存場所。

前項臨時儲存場所應符合下列規定：

一、與專業爆竹煙火施放地點之距離在二十公尺以上。但保持距離確有困難者，得儲存於不受專業爆竹煙火施放影響之場所內。

二、有防止陽光直射及雨水淋濕之措施。

三、臨時儲存場所與專業爆竹煙火施放地點應由專人看守，施放活動結束前不得擅離。

四、周圍設置專業爆竹煙火、嚴禁火源及禁止進入等警告標示。

五、臨時儲存場所所放置專業爆竹煙火等物品，應有防止被專業爆竹煙火施放所生火花引燃之措施。

4. 依據「爆竹煙火管理條例」之規定，爆竹煙火製造場所及達中央主管機關所定管制量三十倍之儲存、販賣場所，負責人應擔負之責任為何？另依據「爆竹煙火製造儲存販賣場所設置及安全管理辦法」之規定，請說明一般爆竹煙火販賣場所儲存管制量、安全管理與儲存專用室規定各為何？（25分）（100年消防設備師）

解：

第18條　爆竹煙火製造場所及達中央主管機關所定管制量三十倍之儲存、販賣場所之負責人，應選任爆竹煙火監督人，責其訂定安全防護計畫，報請直轄市、縣（市）主管機關備查，並依該計畫執行有關爆竹煙火安全管理上必要之業務。

爆竹煙火監督人選任後十五日內，應報請直轄市、縣（市）主管機關備查；異動時，亦同。

第一項所定爆竹煙火監督人，應經中央主管機關或其認可之專業機構施予訓練，並領有合格證書，始得充任；任職期間，並應定期接受複訓。

第21條　達管制量以上之一般爆竹煙火販賣場所，其安全管理應符合下列規定：

一、儲存數量：

(一) 摔炮類：儲存總火藥量不得超過五公斤或總重量不得超過二十五公斤。

(二) 摔炮類以外之一般爆竹煙火：儲存總火藥量不得超過一百公斤或總重量不得超過五百公斤。

(三) 同時放置前二目之一般爆竹煙火時，應以各目實際數量為分子，各目規定之數量為分母，所得商數之和不得為一以上。

二、購買及販賣一般爆竹煙火，應建檔登記，每日詳載其儲存數量。

三、分類放置。

四、不得出售非法製造或無認可標示之一般爆竹煙火。

五、儲存一年以上之一般爆竹煙火，應檢查有無異常現象。

前項第一款之儲存數量，有下列各款情形之一者，應另設儲存專用室放

置：

一、捧炮類：總火藥量三公斤以上或總重量十五公斤以上。

二、捧炮類以外之一般爆竹煙火：總火藥量五十公斤以上或總重量
二百五十公斤以上。

三、同時放置前二款之一般爆竹煙火時，應以各款實際數量為分子，各款
規定之數量為分母，所得商數之和為一以上。

前項儲存專用室，應符合下列規定：

一、四周牆壁、地板，以厚度十公分以上之鋼筋混凝土或二十公分以上之
加強磚造建造。

二、出入口設置三十分鐘以上防火時效之防火門。

三、四周牆壁除出入口外，不得設置其他開口。

四、禁止非工作人員或攜帶會產生火源之機具設備進入。

五、保持上鎖狀態。

六、不得放置空紙箱、內襯紙、塑膠袋、紙盒等包裝用餘材料，或其他易
燃易爆之物品。

七、禁止使用鐵器等易引起火花之器具進行開箱、封箱等作業。

第12條　爆竹煙火製造場所之有火藥區，其安全管理應符合下列規定：

一、與無火藥區間應設置有效隔離之境界柵欄，並於顯明位置及出入口設
立危險區域、嚴禁煙火、非作業人員禁止進入等警告標示。

二、於明顯位置標示最高工作人數、原料及半成品或成品之限量、設備、
物品之配置及作業程序等事項。

三、作業區機械設備及其他物品之放置，不得妨礙緊急避難時之進出路
線，非作業必需品，不得存放於作業區內。

四、作業區之工作臺，應符合下列規定：

（一）以平滑不粗糙之木板為之，上舖銅皮或橡皮等對下墜物體有緩
衝，不易產生靜電者。

（二）發火金屬物及非作業用器具，不得放置臺面。

（三）地上及臺面之浮藥應隨時清理，並於每日下班前澈底清理。

五、嚴禁與作業無關之人員進入。

六、進入之工作人員，應符合下列規定：

（一）佩帶識別證，並貼本人照片，記載姓名、出生年月日、血型及

工作部門等。

(二) 服裝爲棉質品。配藥人員應著防火圍裙及膠鞋或布鞋。

七、進入之機動車輛，排氣口應有防焰裝置，並與各作業室及倉庫保持八公尺以上之距離；停放時，應完全熄火。

八、嚴禁攜帶有產生煙火之虞之物品進入，並置專人嚴加管制。

九、五十公尺以內，不得使用木材或木炭類等燃料，有煙囪者，應設防焰罩。

十、原料應分類、分室儲存，已配之火藥，於每日下班前，儲存於配藥室內。

十一、不合格之原料、半成品或成品，應隨時清理，並作適當處置，不得儲存於倉庫或配藥室內。

十二、原料應於倉庫內稱量，分別移送至配藥室，取用原料之瓢應使用木質、竹質、塑膠或不發生火花之金屬產品，並以不同顏色或標籤識別之，不得混用。

十三、稱量原料之秤具應使用彈簧式座秤，不得使用秤錘吊秤。

十四、盛裝原料之容器應予加蓋。

十五、進出倉庫之原料、半成品或成品建卡隨時登記，並註明其儲存數量。

十六、庫儲區保持通風，經常維持其溫度在攝氏三十五度以下，相對濕度百分之七十五以上，於每日中午觀測溫度計及濕度計一次並記錄之，溫度、濕度異常時，應即採取緊急安全措施。

十七、庫儲區不得放置空紙箱、內襯紙、塑膠袋、紙盒等包裝用餘材料，或其他非屬爆竹煙火原料、半成品及成品之易燃易爆物品。

十八、庫儲區禁止使用鐵器等易引起火花之器具進行開箱、封箱等作業。

十九、儲存一年以上之爆竹煙火原料、半成品及成品，應檢查有無異常現象。

二十、對作業人員應每半年施以四小時以上之安全講習，並記錄存查。其講習課程內容如下：

(一) 火藥常識。

(二) 作業程序。

(三) 安全管理及安全防護計畫。

4.6 爆竹煙火管理條例及施行細則模擬試題

1. 對爆竹煙火場所安全對策為何？

解：

場所安全對策，其內容如下：

(一) 搬運安全管理。

(二) 儲存安全管理。

(三) 製造安全管理。

(四) 銷毀安全管理。

(五) 用火用電之監督管理。

(六) 消防安全設備之維護管理。

2. 施放專業爆竹煙火之申請規定為何？

解：

第7條　依本條例第十六條第一項規定施放專業爆竹煙火，其負責人應於施放五日前填具申請書，並檢附下列文件一式三份，向直轄市、縣（市）主管機關申請許可：

一、負責人國民身分證影本。

二、製造或輸入者登記或立案證書影本。

三、施放清冊：應記載施放之日期、時間、地點及專業爆竹煙火名稱、數量、規格、照片。

四、標示安全距離之施放場所平面圖。

五、專業爆竹煙火效果、施放方式、施放器具及附有照片或圖樣之作業場所說明書。

六、施放安全防護計畫：應記載施放時間、警戒、滅火、救護、現場交通管制及觀眾疏散等應變事項。

七、施放人員名冊及專業證明文件影本。

八、其他由直轄市、縣（市）主管機關認定之文件。

3. 爆竹煙火銷毀之相關規定為何？

解：

第5條　本條例第九條第四項所定命申請人銷毀及第十四條第四項所定命輸入者銷毀，應依下列規定辦理：

一、將銷毀時間、地點、方式及安全防護計畫，事先報請所轄直轄市、縣（市）主管機關核定。

二、銷毀採引火方式者，應選擇空曠、遠離人煙及易燃物之處所，在銷毀地點四周應設置適當之阻絕設施及防火間隔，配置滅火器材或設備，並將銷毀日期、時間、地點通知鄰接地之所有人、管理人，或以適當方法公告之。

三、於上午八時後下午六時前為之，並應派人警戒監視，銷毀完成俟確認滅火後始得離開。

4. 爆竹煙火儲存、販賣場所之管制量為何？

解：

第4條　本條例第四條第一項所定爆竹煙火儲存、販賣場所之管制量如下：

一、舞臺煙火以外之專業爆竹煙火：總重量零點五公斤。

二、摔炮類一般爆竹煙火：火藥量零點三公斤或總重量一點五公斤。

三、摔炮類以外之一般爆竹煙火及舞臺煙火：火藥量五公斤或總重量二十五公斤。但火花類之手持火花類及爆炸音類之排炮、連珠炮、無紙屑炮類管制量為火藥量十公斤或總重量五十公斤。

5. 一般爆竹煙火種類為何？

解：

第2條　本條例第三條第二項第一款所定之一般爆竹煙火，其種類如下：

一、火花類。

二、旋轉類。

三、行走類。

四、飛行類。

五、升空類。

六、爆炸音類。

七、煙霧類。

八、摔炮類。

九、其他類。

6. 未經許可擅自製造爆竹煙火之相關處罰規定為何？

解：

第24條　未經許可擅自製造爆竹煙火，處負責人及實際負責執行業務之人三年以下有期徒刑、拘役或併科新臺幣三十萬元以上三百萬元以下罰金。

犯前項之罪因而致人於死者，處三年以上十年以下有期徒刑，得併科新臺幣二百萬元以上一千萬元以下罰金；致重傷者，處一年以上七年以下有期徒刑，得併科新臺幣一百萬元以上五百萬元以下罰金。

第一項未經許可擅自製造爆竹煙火所得之利益超過法定罰金最高額者，得於所得利益之範圍內酌量加重，不受法定罰金最高額之限制。

7. 直轄市、縣（市）主管機關得派員進入爆竹煙火製造場所實施檢查，請問規定為何？

解：

第21條　直轄市、縣（市）主管機關得派員進入爆竹煙火製造、儲存或販賣場所，就其安全防護設施、相關資料及其他必要之物件實施檢查，被檢查者不得規避、妨礙或拒絕，並得詢問負責人與相關人員，及要求提供相關資料。

前項規定之檢查人員於執行檢查職務時，應主動出示有關執行職務之證明文件或顯示足資辨別之標誌，並不得妨礙該場所正常業務之進行。

對於非法製造、儲存或販賣爆竹煙火之場所，有具體事實足認為有危害公共安全之虞者，直轄市、縣（市）主管機關得派員進入執行檢查或取締。

直轄市、縣（市）主管機關執行第一項及前項所定檢查及取締，必要時，得商請轄區內警察機關協助之。

8. 應選任爆竹煙火監督人及保安監督人之場所為何及其相關規定？

解：

第18條　爆竹煙火製造場所及達中央主管機關所定管制量三十倍之儲存、販賣場所之負責人，應選任爆竹煙火監督人，責其訂定安全防護計畫，報請直轄市、縣（市）主管機關備查，並依該計畫執行有關爆竹煙火安全管理上必要之業務；安全防護計畫修正時，亦同。

爆竹煙火監督人選任後十五日內，應報請直轄市、縣（市）主管機關備查；異動時，亦同。

第一項所定爆竹煙火監督人，應經中央主管機關或其認可之專業機構施予訓練，並領有合格證書，始得充任；任職期間，並應定期接受複訓，費用由受訓人員自行負擔。

第47條　製造、儲存或處理六類物品達管制量三十倍以上之場所，應由管理權人選任管理或監督層次以上之幹部為保安監督人，擬訂消防防災計畫，報請當地消防機關核定，並依該計畫執行六類物品保安監督相關業務。

保安監督人選任後十五日內，應報請當地消防機關備查；異動時，亦同。

第一項保安監督人應經直轄市、縣（市）消防機關，或中央主管機關認可之專業機構，施予二十四小時之訓練領有合格證書者，始得充任，任職期間並應每二年接受複訓一次。

9. 何種場所及其基地內，不得施放爆竹煙火？

解：

第15條　下列場所及其基地內，不得施放爆竹煙火：

一、石油煉製工廠。

二、加油站、加氣站、漁船加油站。

三、儲油設備之油槽區。

四、彈藥庫、火藥庫。

五、可燃性氣體儲槽。

六、公共危險物品與可燃性高壓氣體製造、儲存及處理場所。

七、爆竹煙火製造、儲存及販賣場所。

4.7 公共危險物品及可燃性高壓氣體設置標準暨安全管理辦法

台灣公共危險物品法規修訂歷程

70.07.24公共危險物品及高壓氣體安全管理辦法

82.12.01經營公共危險物品暨高壓氣體各類事業分類及安全管理辦法

88.12.20公共危險物品及可燃性高壓氣體設置標準及安全管理辦法

91.10.01公共危險物品及可燃性高壓氣體設置標準及安全管理辦法（修正）

93.11.02公共危險物品及可燃性高壓氣體設置標準及安全管理辦法（修正）

94.08.30公共危險物品及可燃性高壓氣體設置標準及安全管理辦法（修正）計80條48～59條刪除

95.11.01修正發布第4、8、12、13、15～18、21～26、28、30、32～38、41、42、70、79條條文；並增訂第73-1條條文

96.05.09修正發布第3、15、28、29、44條條文及第79條條文之附表五

97.10.17修正發布第7、69～73、75、76、78條條文；並增訂第72-1、75-1、75-2條條文

98.08.23修正發布第8、12、13、44條條文

102.11.21修正發布第7、8、12、14、15、18、21、23～25、33～35、37、38、40～42、46、71、73-1、74、79-1條條文及第3條附表一、第79條附表五

105.05.04修正發布第3、8、14、15、16、30、37、71、72-1、75、75-1、78、附表一

法源：消防法

第15條公共危險物品及可燃性高壓氣體應依其容器、裝載及搬運方法進行安全搬運；達管制量時，應在製造、儲存或處理場所以安全方法進行儲存或處理。

前項公共危險物品及可燃性高壓氣體之範圍及分類，製造、儲存或處理場所之位置、構造及設備之設置標準，儲存、處理及搬運之安全管理辦法，由中央主管機關會同中央目的事業主管機關定之。但公共危險物品及可燃性高壓氣體之製造、儲存、處理或搬運，中央目的事業主管機關另訂有安全管理規定者，依其規定辦理。

（105年5月修正）

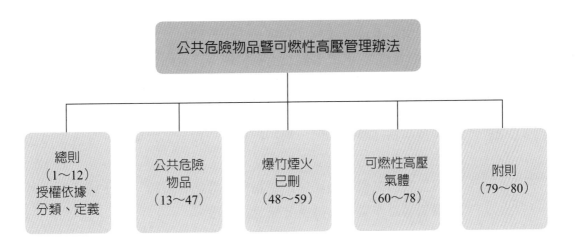

第一章 總則

第 1 條 本辦法依消防法（以下簡稱本法）第十五條第二項規定訂定之。

第 2 條 公共危險物品及可燃性高壓氣體之製造、儲存或處理場所之位置、構造、設備之設置標準及儲存、處理、搬運之安全管理，依本辦法之規定。但因場所用途、構造特殊，或引用與本辦法同等以上效能之技術、工法、構造或設備，適用本辦法確有困難，於檢具具體證明經中央主管機關認可者，不在此限。

第 3 條 公共危險物品之範圍及分類如下：

一、第一類：氧化性固體。

二、第二類：易燃固體。

三、第三類：發火性液體、發火性固體及禁水性物質。

四、第四類：易燃液體及可燃液體。

五、第五類：自反應物質及有機過氧化物。

六、第六類：氧化性液體。

前項各類公共危險物品之種類、分級及管制量如附表一。

第 4 條 可燃性高壓氣體，係指符合下列各款規定之一者：

一、在常用溫度下或溫度在攝氏三十五度時，表壓力達每平方公分十公斤以上或一百萬帕斯卡（MPa）以上之壓縮氣體中之氫氣、乙烯、甲烷及乙烷。

二、在常用溫度下或溫度在攝氏十五度時，表壓力達每平方公分二公
斤以上或零點二百萬帕斯卡（MPa）以上之壓縮乙炔氣。

三、在常用溫度下或溫度在攝氏三十五度以下時，表壓力達每平方公
分二公斤以上或零點二百萬帕斯卡（MPa）以上之液化氣體中之
丙烷、丁烷及液化石油氣。

四、其他經中央主管機關指定之氣體。

第 5 條　公共危險物品製造場所，係指從事第一類至第六類公共危險物品（以
下簡稱六類物品）製造之作業區。

可燃性高壓氣體製造場所，係指從事製造、壓縮、液化或分裝可燃性
高壓氣體之作業區及供應其氣源之儲槽。

第 6 條　公共危險物品儲存場所，係指下列場所：

一、室外儲存場所：位於建築物外以儲槽以外方式儲存六類物品之場
所。

二、室內儲存場所：位於建築物內以儲槽以外方式儲存六類物品之場
所。

三、室內儲槽場所：在建築物內設置容量超過六百公升且不可移動之
儲槽儲存六類物品之場所。

四、室外儲槽場所：在建築物外地面上設置容量超過六百公升且不可
移動之儲槽儲存六類物品之場所。

五、地下儲槽場所：在地面下埋設容量超過六百公升之儲槽儲存六類
物品之場所。

可燃性高壓氣體儲存場所，係指可燃性高壓氣體製造或處理場所設置
之容器儲存室。

第 7 條　公共危險物品處理場所，指下列場所：

一、販賣場所：

(一) 第一種販賣場所：販賣裝於容器之六類物品，其數量未達管
制量十五倍之場所。

(二) 第二種販賣場所：販賣裝於容器之六類物品，其數量達管制
量十五倍以上，未達四十倍之場所。

二、一般處理場所：除前款以外，其他一日處理六類物品數量達管制
量以上之場所。

可燃性高壓氣體處理場所，指下列場所：

一、販賣場所：販賣裝於容器之可燃性高壓氣體之場所。

二、容器檢驗場所：檢驗供家庭用或營業用之液化石油氣容器之場所。

三、容器串接使用場所：使用液化石油氣作為燃氣來源，其串接使用量達八十公斤以上之場所。

第　8　條　本辦法所稱高閃火點物品，指閃火點在攝氏一百度以上之第四類公共危險物品。

本辦法所定擋牆，應符合下列規定：

一、設置位置距離場所外牆或相當於該外牆之設施外側二公尺以上。但室內儲存場所儲存第五類公共危險物品之有機過氧化物及A型、B型自反應物質，其位置、構造及設備符合第二十八條規定者，不得超過該場所應保留空地寬度之五分之一，其未達二公尺者，以二公尺計。

二、高度能有效阻隔延燒。

三、厚度在十五公分以上之鋼筋或鋼骨混凝土牆；或厚度在二十公分以上之鋼筋或鋼骨補強空心磚牆；或堆高斜度不超過六十度之土堤。

本辦法所稱室內，指具有頂蓋且三面以上有牆，或無頂蓋且四周有牆者。

本辦法所定保留空地，以具有土地所有權或土地使用權者為限。

依本辦法應設置超過三公尺保留空地寬度之場所，其保留空地面臨海洋、湖泊、水堰或河川者，得縮減為三公尺。

第　9　條　公共危險物品及可燃性高壓氣體之製造、儲存或處理場所，其消防安全設備之設置，依各類場所消防安全設備設置標準（以下簡稱設備標準）及其他有關法令規定辦理。

第　10　條　公共危險物品及可燃性高壓氣體之製造、儲存或處理場所之位置、構造及設備圖說，應由直轄市、縣（市）消防機關於主管建築機關許可開工前，審查完成。

前項場所完工後，直轄市、縣（市）主管建築機關應會同消防機關檢查其位置、構造及設備合格後，始得發給使用執照。

儲存液體公共危險物品之儲槽應於申請完工檢查前，委託中央主管機關指定之專業機構完成下列檢查，並出具合格證明文件。

一、滿水或水壓檢查。

二、儲槽容量在一千公秉以上者，應實施地盤、基礎及熔接檢查。

前項滿水、水壓、地盤、基礎及熔接檢查之基準，由中央主管機關定之。

第 11 條 經營公共危險物品及可燃性高壓氣體之公司商號，商業主管機關核准登記後應副知當地消防機關；其所在地、相關營業項目變更及撤銷、廢止登記者，亦同。

第 12 條 無法依第三條第二項附表一判定類別或分級者，應由經財團法人全國認證基金會認證通過之測試實驗室或中央主管機關公告之機構進行判定。但經中央主管機關公告之國外實驗室判定報告、原廠物質安全資料表或相關證明資料，足資判定者，不在此限。

第二章 公共危險物品場所設置及安全管理

第一節 六類物品場所設置及安全管理

第 13 條 六類物品製造場所，其外牆或相當於該外牆之設施外側，與廠區外鄰近場所之安全距離如下：

一、與下列場所之距離，應在五十公尺以上：

(一) 古蹟。

(二) 設備標準第十二條第二款第四目所列場所。

二、與下列場所之距離，應在三十公尺以上：

(一) 設備標準第十二條第一款第一目至第五目、第七目、第二款第一目、第二目及第五目至第十一目規定之場所，其收容人員在三百人以上者。

(二) 設備標準第十二條第一款第六目、第二款第三目及第十二目規定之場所，其收容人員在二十人以上者。

三、與公共危險物品及可燃性高壓氣體製造、儲存或處理場所、加油站、加氣站、天然氣儲槽、可燃性高壓氣體儲槽、爆竹煙火製造、儲存、販賣場所及其他危險性類似場所之距離，應在二十公尺以上。

四、與前三款所列場所以外場所之距離，應在十公尺以上。

五、與電壓超過三萬五千伏特之高架電線之距離，應在五公尺以上。

六、與電壓超過七千伏特，三萬五千伏特以下之高架電線之距離，應

在三公尺以上。

前項安全距離，於製造場所設有擋牆防護或具有同等以上防護性能者，得減半計算之。

第　14　條　六類物品製造場所或一般處理場所四周保留空地寬度應在三公尺以上；儲存量達管制量十倍以上者，四周保留空地寬度應在五公尺以上。

前項場所有下列情形之一，於設有高於屋頂，為不燃材料建造，具二小時以上防火時效之防火牆，且與相鄰場所有效隔開者，得不受前項距離規定之限制：

一、僅製造或處理高閃火點物品且其操作溫度未滿攝氏一百度者。

二、因作業流程具有連接性，四周依規定保持距離會嚴重妨害其作業者。

第　15　條　六類物品製造場所或一般處理場所之構造，應符合下列規定：

一、不得設於建築物之地下層。

二、牆壁、樑、柱、地板及樓梯，應以不燃材料建造；外牆有延燒之虞者，除出入口外，不得設置其他開口，且應採用防火構造。

三、建築物之屋頂，應以不燃材料建造，並以輕質金屬板或其他輕質不燃材料覆蓋。但設置設施使該場所無產生爆炸之虞者，得免以輕質金屬板或其他輕質不燃材料覆蓋。

四、窗戶及出入口應設置三十分鐘以上防火時效之防火門窗；牆壁開口有延燒之虞者，應設置一小時以上防火時效之常時關閉式防火門。

五、窗戶及出入口裝有玻璃時，應為鑲嵌鐵絲網玻璃或具有同等以上防護性能者。

六、製造或處理液體六類物品之建築物地板，應採用不滲透構造，且作適當之傾斜，並設置集液設施。但設有洩漏承接設施及洩漏檢測設備，能立即通知相關人員有效處理者，得免作適當之傾斜及設置集液設施。

七、設於室外之製造或處理液體六類物品之設備，應在周圍設置距地面高度在十五公分以上之圍阻措施，或設置具有同等以上效能之防止流出措施；其地面應以混凝土或六類物品無法滲透之不燃材料鋪設，且作適當之傾斜，並設置集液設施。處理易燃液體及可燃液體中不溶於水之物質，應於集液設施設置油水分離裝置，以

防止直接流入排水溝。

第 16 條　六類物品製造場所或一般處理場所之設備，應符合下列規定：

一、應有充分之採光、照明及通風設備。

二、有積存可燃性蒸氣或可燃性粉塵之虞之建築物，應設置將蒸氣或粉塵有效排至屋簷以上或室外距地面四公尺以上高處之設備。

三、機械器具或其他設備，應採用可防止六類物品溢漏或飛散之構造。但設備中設有防止溢漏或飛散之附屬設備者，不在此限。

四、六類物品之加熱、冷卻設備或處理六類物品過程會產生溫度變化之設備，應設置適當之測溫裝置。

五、六類物品之加熱或乾燥設備，應採不直接用火加熱之構造。但加熱或乾燥設備設於防火安全處所或設有預防火災之附屬設備者，不在此限。

六、六類物品之加壓設備或於處理中會產生壓力上升之設備，應設置適當之壓力計及安全裝置。

七、製造或處理六類物品之設備有發生靜電蓄積之虞者，應設置有效消除靜電之裝置。

八、避雷設備應符合中華民國國家標準（以下簡稱CNS）一二八七二規定，或以接地方式達同等以上防護性能者。但因周圍環境，無致生危險之虞者，不在此限。

九、電動機及六類物品處理設備之幫浦、安全閥、管接頭等，應裝設於不妨礙火災之預防及搶救位置。

第 17 條　第一種販賣場所之位置、構造及設備，應符合下列規定：

一、應設於建築物之地面層。

二、應在明顯處所，標示有關消防之必要事項。

三、其使用建築物之部分，應符合下列規定：

(一)牆壁應為防火構造或以不燃材料建造。但與建築物其他使用部分之隔間牆，應為防火構造。

(二)樑及天花板應以不燃材料建造。

(三)上層之地板應為防火構造；其上無樓層者，屋頂應為防火構造或以不燃材料建造。

(四)窗戶及出入口應設置三十分鐘以上防火時效之防火門窗。

　　　　　　(五) 窗戶及出入口裝有玻璃時，應為鑲嵌鐵絲網玻璃或具有同等
　　　　　　　　以上防護性能者。

　　　　四、內設六類物品調配室者，應符合下列規定：

　　　　　　(一) 樓地板面積應在六平方公尺以上，十平方公尺以下。

　　　　　　(二) 應以牆壁分隔區劃。

　　　　　　(三) 地板應為不滲透構造，並設置適當傾斜度及集液設施。

　　　　　　(四) 出入口應設置一小時以上防火時效之防火門。

　　　　　　(五) 有積存可燃性蒸氣或可燃性粉塵之虞者，應設置將蒸氣或粉
　　　　　　　　塵有效排至屋簷以上或室外距地面四公尺以上高處之設備。

第　18　條　　第二種販賣場所之位置、構造及設備，除準用前條第一款、第二款、
　　　　　　第三款第五目及第四款規定外，其使用建築物之部分，並應符合下列
　　　　　　規定：

　　　　一、牆壁、樑、柱及地板應為防火構造。設有天花板者，應以不燃材
　　　　　　料建造。

　　　　二、上層之地板應為防火構造，並設有防止火勢向上延燒之設施；其
　　　　　　上無樓層者，屋頂應為防火構造。

　　　　三、窗戶應設置三十分鐘以上防火時效之防火窗。但有延燒之虞者，
　　　　　　不得設置。

　　　　四、出入口應設置三十分鐘以上防火時效之防火門。但有延燒之虞
　　　　　　者，應設置一小時以上防火時效之常時關閉式防火門。

第　19　條　　六類物品製造、儲存及處理場所應設置標示板；其內容、顏色、大小
　　　　　　及設置位置，由中央主管機關定之。

第　20　條　　儲存六類物品達管制量以上者，應依其性質設置儲存場所儲存。

第　21　條　　六類物品室內儲存場所除第二十二條至第二十九條規定外，其位置、
　　　　　　構造及設備，應符合下列規定：

　　　　一、外牆或相當於該外牆之設施外側，與廠區外鄰近場所之安全距離
　　　　　　準用第十三條規定。

　　　　二、儲存六類物品之建築物（以下簡稱儲存倉庫）四周保留空地寬
　　　　　　度，應依下表規定。但有下列情形之一者，不在此限：

　　　　　　(一) 儲存量超過管制量二十倍之室內儲存場所，與設在同一建築
　　　　　　　　基地之其他儲存場所間之保留空地寬度，得縮減至規定寬度

之三分之一，最小以三公尺爲限。

(二) 同一建築基地內，設置二個以上相鄰儲存第一類公共危險物品之氯酸鹽類、過氯酸鹽類、硝酸鹽類、第二類公共危險物品之硫磺、鐵粉、金屬粉、鎂、第五類公共危險物品之硝酸酯類、硝基化合物或含有任一種成分物品之儲存場所，其場所間保留空地寬度，得縮減至五十公分。

區分	保留空地寬度	
	建築物之牆壁、柱及地板為防火構造者	建築物之牆壁、柱或地板為非防火構造者
未達管制量五倍者		零點五公尺以上
達管制量五倍以上未達十倍者	一公尺以上	一點五公尺以上
達管制量十倍以上未達二十倍者	二公尺以上	三公尺以上
達管制量二十倍以上未達五十倍者	三公尺以上	五公尺以上
達管制量五十倍以上未達二百倍者	五公尺以上	十公尺以上
達管制量二百倍以上者	十公尺以上	十五公尺以上

三、儲存倉庫應爲獨立、專用之建築物。

四、儲存倉庫應爲一層建築物，其高度不得超過六公尺。但儲存第二類或第四類公共危險物品，且符合下列規定者，其高度得爲二十公尺以下。

(一) 牆壁、樑、柱及地板爲防火構造。

(二) 窗戶及出入口，設置一小時以上防火時效之防火門窗。

(三) 避雷設備應符合CNS一二八七二規定，或以接地方式達同等以上防護性能者。但因周圍環境，無致生危險之虞者，不在此限。

五、每一儲存倉庫樓地板面積不得超過一千平方公尺。

六、儲存倉庫之牆壁、柱及地板應爲防火構造，且樑應以不燃材料建造；外牆有延燒之虞者，其牆壁除出入口外，不得設置開口。但

儲存六類物品未達管制量十倍、易燃性固體以外之第二類公共危險物品或閃火點在攝氏七十度以上之第四類公共危險物品，且外牆無延燒之虞者，其牆壁、柱及地板得以不燃材料建造。

七、儲存倉庫之屋頂應以不燃材料建造，並以輕質金屬板或其他輕質不燃材料覆蓋，且不得設置天花板。但設置設施使該場所無產生爆炸之虞者，得免以輕質金屬板或其他輕質不燃材料覆蓋；儲存粉狀及易燃性固體以外之第二類公共危險物品者，其屋頂得為防火構造；儲存第五類公共危險物品，得以耐燃材料或不燃材料設置天花板，以保持內部適當溫度。

八、儲存倉庫之窗戶及出入口應設置三十分鐘以上防火時效之防火門窗。但有延燒之虞者，出入口應設置一小時以上防火時效之常時關閉式防火門。

九、前款之窗戶及出入口裝有玻璃時，應為鑲嵌鐵絲網玻璃或具有同等以上防護性能者。

十、儲存第一類公共危險物品之具鹼金屬成分之無機過氧化物、第二類公共危險物品之鐵粉、金屬粉、鎂、第三類公共危險物品之禁水性物質及第四類公共危險物品者，其地板應採用防水滲透之構造。

十一、儲存液體六類物品者，其地面應以混凝土或該物品無法滲透之不燃材料鋪設，且作適當之傾斜，並設置集液設施。

十二、儲存倉庫設置架臺者，應符合下列規定：

　(一) 架臺應以不燃材料建造，並定著在堅固之基礎上。

　(二) 架臺及其附屬設備，應能負載所儲存物品之重量並承受地震所造成之影響。

　(三) 架臺應設置防止儲放物品掉落之裝置。

十三、儲存倉庫應有充分之採光、照明及通風設備。儲存閃火點未達攝氏七十度之第四類公共危險物品，且有積存可燃性蒸氣之虞者，應設置將蒸氣有效排至屋簷以上或室外距地面四公尺以上高處之設備。

十四、儲存量達管制量十倍以上之儲存倉庫，應設置避雷設備並符合CNS一二八七二規定，或以接地方式達同等以上防護性能者。但因周圍環境，無致生危險之虞者，不在此限。

十五、儲存第五類公共危險物品有因溫度上升而引起分解、著火之虞者，其儲存倉庫應設置通風裝置、空調裝置或維持內部溫度在該物品自燃溫度以下之裝置。

第 22 條　室內儲存場所儲存易燃性固體以外之第二類公共危險物品或閃火點達攝氏七十度以上之第四類公共危險物品者，其位置、構造及設備除應符合前條第一款至第三款及第七款至第十四款規定外，其儲存倉庫得設於二層以上建築物，並應符合下列規定：

一、最低層樓地板應高於地面，且各樓層高度不得超過六公尺。

二、總樓地板面積不得超過一千平方公尺。

三、牆壁、樑、柱及地板應為防火構造，樓梯應以不燃材料建造，外牆有延燒之虞者，除出入口外，不得設置開口。

四、第二層以上之地板不得設有開口。但樓梯隔間牆為防火構造，且設有三十分鐘以上防火時效之防火門區劃分隔者，不在此限。

第 23 條　儲存六類物品之數量在管制量二十倍以下者，建築物之一部分得供作室內儲存場所使用，其位置、構造及設備除應符合第二十一條第十款至第十五款規定外，並應符合下列規定：

一、應設於牆壁、柱及地板均為防火構造建築物之第一層或第二層。

二、供作室內儲存場所使用之部分，應符合下列規定：

(一) 地板應高於地面，且樓層高度不得超過六公尺。

(二) 樓地板面積不得超過七十五平方公尺。

(三) 牆壁、樑、柱、地板及上層之地板應為防火構造，且應以厚度七公分以上鋼筋混凝土或具有一小時以上防火時效之地板或牆壁與其他場所區劃，外牆有延燒之虞者，除出入口外，不得設置開口。

(四) 出入口應設置一小時以上防火時效之常時關閉式防火門。

(五) 不得設置窗戶。

(六) 通風及排出設備，應設置防火閘門。但管路以不燃材料建造，或內部設置撒水頭防護，或設置達同等以上防護性能之措施者，不在此限。

(七) 同一樓層不得相臨設置。

第 24 條　室內儲存場所儲存六類物品之數量，未達管制量五十倍者，其位置、

構造及設備除應符合第二十一條第三款、第四款及第九款至第十五款規定外，並應符合下列規定：

一、儲存倉庫周圍保留空地寬度：

　　(一) 未達管制量五倍者，免設保留空地。

　　(二) 達管制量五倍以上未達二十倍者，保留空地寬度應在一公尺以上。

　　(三) 達管制量二十倍以上未達五十倍者，保留空地寬度應在二公尺以上。

二、儲存倉庫樓地板面積，不得超過一百五十平方公尺。

三、儲存倉庫之牆壁、柱、地板及屋頂應為防火構造。

四、儲存倉庫之出入口，應設置一小時以上防火時效之常時關閉式防火門。

五、儲存倉庫不得設置窗戶。

前項室內儲存場所，其高度在六公尺以上二十公尺以下時，其位置、構造及設備，除應符合第二十一條第二款至第四款及第九款至第十五款規定外，並應符合前項第二款至第五款規定。

第 25 條　室內儲存場所儲存高閃火點物品者，其位置、構造及設備除應符合第二十一條第三款至第六款及第八款至第十三款規定外，並應符合下列規定：

一、與廠區外鄰近場所之安全距離準用第十三條規定。但儲存數量未達管制量二十倍者，不在此限。

二、儲存倉庫四周保留空地寬度應依下表之規定：

區分	保留空地寬度	
	建築物之牆壁、柱及地板為防火構造者	建築物之牆壁、柱或地板為非防火構造者
未達管制量二十倍者	免設	零點五公尺以上
達管制量二十倍以上未達五十倍者	一公尺以上	一點五公尺以上
達管制量五十倍以上未達二百倍者	二公尺以上	三公尺以上
達管制量二百倍以上者	三公尺以上	五公尺以上

三、儲存倉庫屋頂應以不燃材料建造。

第 26 條 室內儲存場所儲存高閃火點物品，其儲存倉庫為二層以上建築物者，其位置、構造及設備，除應符合第二十一條第三款、第八款至第十三款、第二十二條第一款、第二款、第四款及前條第一款至第三款規定外，其儲存倉庫之牆壁、樑、柱、地板及樓梯應以不燃材料建造；外牆有延燒之虞者，牆壁應為防火構造，除出入口外，不得設置其他開口。

第 27 條 室內儲存場所儲存高閃火點物品之數量，未達管制量五十倍者，其位置、構造及設備應符合第二十一條第三款、第四款、第九款至第十三款及第二十四條第一項第二款至第五款規定。

前項室內儲存場所，其高度超過六公尺在二十公尺以下者，應符合第二十四條第一項規定。

第 28 條 室內儲存場所儲存第五類公共危險物品之有機過氧化物及A型、B型自反應物質，其位置、構造及設備，除應符合第二十一條規定外，並應符合下列規定：

一、其外牆與廠區外鄰近場所之安全距離如附表二。但儲存量未達管制量五倍，且外牆為厚度三十公分以上之鋼筋或鋼骨混凝土構造者，其與廠區外鄰近場所之安全距離得以周圍已設有擋牆者計算；周圍另設有擋牆防護者，其與第十三條第一項第三款及第四款所列場所之安全距離得縮減為十公尺。

二、儲存倉庫周圍保留空地寬度如附表三。

三、儲存倉庫應以分隔牆區劃，每一區劃面積應在一百五十平方公尺以下，分隔牆應為厚度三十公分以上之鋼筋或鋼骨混凝土構造，或厚度四十公分以上之鋼筋或鋼骨補強空心磚構造，且應突出屋頂五十公分以上、二側外壁一公尺以上。

四、儲存倉庫外壁應為厚度二十公分以上之鋼筋或鋼骨混凝土構造，或厚度三十公分以上之鋼筋或鋼骨補強空心磚構造。

五、儲存倉庫屋頂應符合下列規定之一：

(一)構架屋頂面之木構材，其跨度應在三十公分以下。

(二)屋頂下方以圓型鋼或輕型鋼材質之格子樑構造，其邊長在四十五公分以下。

  (三) 屋頂下設置金屬網，應與不燃材料建造之屋樑、橫樑等緊密結合。

  (四) 設置厚度在五公分以上，寬度在三十公分以上之木材作爲屋頂之基礎。

六、儲存倉庫出入口應爲一小時以上防火時效之防火門。

七、儲存倉庫窗戶距離地板應在二公尺以上，設於同一壁面窗戶之總面積不得超過該壁面面積之八十分之一，且每一窗戶之面積不得超過零點四平方公尺。

第 29 條 室內儲存場所儲存下列物品者，不適用第二十二條至第二十四條規定：

一、第三類公共危險物品之烷基鋁、烷基鋰。

二、第四類公共危險物品之乙醛、環氧丙烷。

三、第五類公共危險物品之有機過氧化物及A型、B型自反應物質。

四、其他經中央主管機關公告之六類物品。

第 30 條 室外儲存場所儲存之六類物品，以第二類公共危險物品中之硫磺、閃火點在攝氏二十一度以上之易燃性固體或第四類公共危險物品中之第二石油類、第三石油類、第四石油類或動植物油類爲限，並應以容器裝置，其位置、構造及設備應符合下列規定：

一、其外圍或相當於外圍設施之外側，與廠區外鄰近場所之安全距離準用第十三條規定。但儲存高閃火點物品者，不在此限。

二、應設置於不潮濕且排水良好之位置。

三、場所外圍，應以圍欄區劃。

四、前款圍欄四周保留空地寬度應依下表之規定。但儲存硫磺者，其保留空地寬度得縮減至規定寬度之三分之一：

區分	保留空地寬度
未達管制量十倍者	三公尺以上
達管制量十倍以上未達二十倍者	六公尺以上
達管制量二十倍以上未達五十倍者	十公尺以上
達管制量五十倍以上未達二百倍者	二十公尺以上
達管制量二百倍以上者	三十公尺以上

五、儲存高閃火點物品，圍欄周圍保留空地寬度，應依下表規定：

區分	保留空地寬度
未達管制量五十倍者	三公尺以上
達管制量五十倍以上未達二百倍者	六公尺以上
達管制量二百倍以上者	三十公尺以上

六、設置架臺者，其構造及設備應符合下列規定：
    (一) 架臺應以不燃材料建造，並定著於堅固之基礎上。
    (二) 架臺應能負載其附屬設備及所儲存物品之重量，並承受風力、地震等造成之影響。
    (三) 架臺之高度不得超過六公尺。
    (四) 架臺應設置防止儲存物品掉落之裝置。
七、儲存硫磺及閃火點在攝氏二十一度以上之易燃性固體者，其容器堆積高度不得超過三公尺。
八、儲存閃火點在攝氏二十一度以上之第四類公共危險物品中之第二石油類、第三石油類、第四石油類或動植物油類時，內部應留有寬度一點五公尺以上之走道，且走道分區範圍內儲存數量及容器堆積高度應符合下列規定：

區分	分區內儲存數量上限	容器堆積高度上限
閃火點在攝氏二十一度以上未達攝氏三十七點八度者	一萬六千八百公升	三點六公尺
閃火點在攝氏三十七點八度以上未達攝氏六十度者	三萬三千六百公升	三點六公尺
閃火點在攝氏六十度以上者	八萬三千六百公升	五點四公尺

第 31 條　室外儲存場所儲存塊狀之硫磺，放置於地面者，其位置、構造及設備，除依前條規定外，並應符合下列規定：
一、每一百平方公尺（含未達）應以圍欄區劃，圍欄高度應在一點五公尺以下。
二、設有二個以上圍欄者，其內部之面積合計應在一千平方公尺以

下，且圍欄間之距離，不得小於前條保留空地寬度之三分之一。
圖示如下：

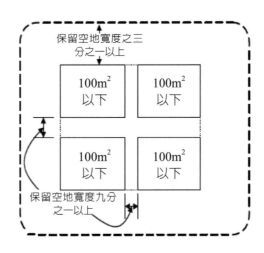

三、圍欄應以不燃材料建造，並有防止硫磺洩漏之構造。

四、圍欄每隔二公尺，最少應設一個防水布固定裝置，以防止硫磺溢
　　出或飛散。

五、儲存場所周圍，應設置排水溝及分離槽。

第 32 條　六類物品儲槽之容量不得大於儲槽之內容積扣除其空間容積後所得之
　　　　　量。

儲槽之內容積計算方式如下：

一、橢圓形儲槽：

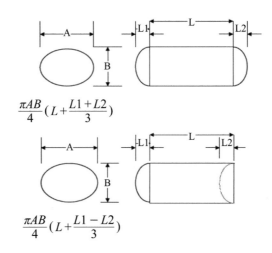

$$\frac{\pi AB}{4}\left(L+\frac{L1+L2}{3}\right)$$

$$\frac{\pi AB}{4}\left(L+\frac{L1-L2}{3}\right)$$

二、圓筒形儲槽

　　(一)臥型之圓筒形儲槽：

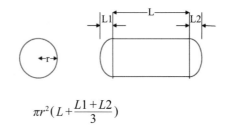

$$\pi r^2 (L + \frac{L1+L2}{3})$$

　　(二)豎型圓筒形儲槽內容積不含槽頂部分。

　　(三)內容積無法以公式計算者，得用近似之算法。

　　　　儲槽空間容積為內容積之百分之五至百分之十。但儲槽上部設有固定式滅火設備者，其空間容積以其滅火藥劑放出口下方三十公分以上，未達一公尺之水平面上部計算之。圖例如下：

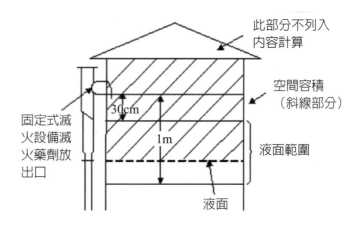

第 33 條　室內儲槽場所之位置、構造及設備應符合下列規定：

一、應設置於一層建築物之儲槽專用室。

二、儲槽專用室之儲槽側板外壁與室內牆面之距離應在五十公分以上。專用室內設置二座以上之儲槽時，儲槽側板外壁相互間隔距離應在五十公分以上。

三、儲槽容量不得超過管制量之四十倍，且第四類公共危險物品中之

第二石油類及第三石油類，不得超過二萬公升。同一儲槽專用室設置二座以上儲槽時，其容量應合併計算。

四、儲槽構造：

(一) 儲槽材質應為厚度三點二毫米以上之鋼板或具有同等以上性能者。

(二) 正負壓力超過五百毫米水柱壓力之儲槽（以下簡稱壓力儲槽）應經常用壓力之一點五倍進行耐壓試驗十分鐘，不得洩漏或變形。但儲存固體六類物品者，不在此限。

(三) 非壓力儲槽，經滿水試驗後，不得洩漏或變形。

五、儲槽表面應有防蝕功能。

六、壓力儲槽，應設置安全裝置；非壓力儲槽應設置通氣管。

七、儲槽應設置自動顯示儲量裝置。

八、儲槽儲存第四類公共危險物品者，其注入口應符合下列規定：

(一) 不得設於容易引起火災或妨礙避難逃生之處。

(二) 可與注入軟管或注入管結合，且不得有洩漏之情形。

(三) 應設置管閥或盲板。

(四) 儲存物易引起靜電災害者，應設置有效除去靜電之接地裝置。

九、儲槽閥應為鑄鋼或具有同等以上性能之材質，且不得有洩漏之情形。

十、儲槽之排水管應設在槽壁。但排水管與儲槽之連接部分，於發生地震或地盤下陷時，無受損之虞者，得設在儲槽底部。

十一、儲槽專用室之牆壁、柱及地板應為防火構造，樑應以不燃材料建造，外牆有延燒之虞者，除出入口外，不得設置開口。但儲存閃火點在攝氏七十度以上之第四類公共危險物品無延燒之虞者，其牆壁、柱及地板得以不燃材料建造。

十二、儲槽專用室之屋頂應以不燃材料建造，且不得設置天花板。

十三、儲槽專用室之窗戶及出入口，應設置三十分鐘以上防火時效之防火門窗。但外牆有延燒之虞者，出入口應設置一小時以上防火時效之常時關閉式防火門。

十四、前款之窗戶及出入口裝有玻璃時，應為鑲嵌鐵絲網玻璃或具有

　　　　　　　同等以上防護性能者。

十五、儲存液體六類物品者，其地板應為不滲透構造，並有適當傾斜
　　　度及集液設施。

十六、儲槽專用室出入口應設置二十公分以上之門檻，或設置具有同
　　　等以上效能之防止流出措施。

十七、儲槽專用室應有充分採光、照明及通風設備。儲存閃火點未達
　　　攝氏七十度之六類物品，有積存可燃性蒸氣或可燃性粉塵之虞
　　　者，應設置將蒸氣或粉塵有效排至屋簷以上或室外距地面四公
　　　尺以上高處之設備。

第 34 條　室內儲槽場所儲存閃火點在攝氏四十度以上第四類公共危險物品者，
　　　　　其位置、構造及設備除應符合前條第二款至第十款、第十五款及第
　　　　　十七款規定外，並應符合下列規定：

一、儲槽應設置於儲槽專用室。

二、儲槽注入口附近應設置自動顯示儲量裝置。但從外部觀察容易
　　者，得免設。

三、儲槽專用室得設於一層以上之建築物，其牆壁、樑、柱及地板應
　　為防火構造。

四、儲槽專用室上層之地板應為防火構造。其上無樓層時，屋頂應以
　　不燃材料建造，且不得設置天花板。

五、儲槽專用室不得設置窗戶。

六、儲槽專用室之出入口應設置一小時以上防火時效之常時關閉式防
　　火門。

七、儲槽專用室之通風及排出設備，應設置防火閘門。但管路以不燃
　　材料建造，或內部設置撒水頭防護，或設置具有同等以上防護性
　　能之措施者，不在此限。

八、儲槽專用室應具有防止六類物品流出之措施。

第 35 條　室內儲槽場所之幫浦設備應符合下列規定：

一、室內儲槽設於地面一層建築物，其幫浦設備位於儲槽專用室所在
　　建築物以外之場所時：

　　(一) 幫浦設備應定著於堅固基礎上。

　　(二) 供幫浦及其電動機使用之建築物或工作物（以下簡稱幫浦

室），應符合下列規定：

1. 牆壁、樑、柱及地板應以不燃材料建造。

2. 屋頂應以不燃材料建造，並以輕質金屬板或其他輕質不燃材料覆蓋。但設置設施使幫浦室無產生爆炸之虞者，得免以輕質金屬板或其他輕質不燃材料覆蓋。

3. 窗戶及出入口，應設置三十分鐘以上防火時效之防火門窗。

4. 窗戶及出入口裝有玻璃時，應為鑲嵌鐵絲網玻璃或具有同等以上防護性能者。

5. 地板應採用不滲透之構造，並設置適當之傾斜度及集液設施，且其周圍應設置高於地面二十公分以上之圍阻措施，或設置具有同等以上效能之防止流出措施。

6. 應設計處理六類物品時，必要之採光、照明及通風設備。

7. 有可燃性蒸氣滯留之虞者，應設置可將該蒸氣有效排至屋簷以上或室外距地面四公尺以上高處之設備。

(三) 於幫浦室以外之場所設置幫浦設備時，應符合下列規定：

1. 應於幫浦設備周圍地面上設置高於地面十五公分以上之圍阻措施，或設置具有同等以上效能之防止流出措施。

2. 地面應以混凝土或六類物品無法滲透之不燃材料鋪設，且作適當之傾斜，並設置集液設施。

3. 幫浦處理不溶於水之第四類公共危險物品者，應設置油水分離裝置，並防止該物品直接流入排水溝。

二、室內儲槽設於地面一層建築物，且幫浦設備設於儲槽專用室所在之建築物者：

(一) 設於儲槽專用室以外之場所時，應符合前款第一目及第二目規定。

(二) 設於儲槽專用室時，應以不燃材料在幫浦設備周圍設置高於儲槽專用室出入口門檻之圍阻措施，或設置具有同等以上效能之防止流出措施，或使幫浦設備之基礎，高於儲槽專用室出入口門檻。但洩漏時無產生火災或爆炸之虞者，不在此限。

三、室內儲槽設於地面一層建築物以外，且幫浦設備設於儲槽專用室所在建築物以外之場所時，應符合第一款規定。

四、室內儲槽設於地面一層建築物以外，且幫浦設備設於儲槽專用室所在之建築物者：

(一)設於儲槽專用室以外場所時，除應符合第一款第一目、第二目第五子目至第七子目規定外，其幫浦室並應符合下列規定：

1.牆壁、樑、柱及地板應為防火構造。

2.其上有樓層時，上層之地板應為防火構造；其上無樓層時，屋頂應為不燃材料建造，且不得設置天花板。

3.不得設置窗戶。

4.出入口應設置一小時以上防火時效之防火門。

5.通風設備及排出設備應設置防火閘門。但管路以不燃材料建造，或內部設置撒水頭防護，或設置達同等以上防護性能之措施者，不在此限。

(二)設於儲槽專用室內時：

1.幫浦設備應定著於堅固基礎上。

2.以不燃材料在其周圍設置高度二十公分以上之圍阻措施，或設置具有同等以上效能之防止流出措施。但洩漏時無產生火災或爆炸之虞者，不在此限。

第 36 條　室內儲槽場所輸送液體六類物品之配管應符合下列規定：

一、應為鋼製或金屬製。但鋼製或金屬製配管會造成作業汙染者，得設置塑材雙套管。

二、應經該配管最大常用壓力之一點五倍以上水壓進行耐壓試驗十分鐘，不得洩漏或變形。但以水壓進行耐壓試驗確有困難者，得以該配管最大常用壓力之一點一倍以上氣壓進行耐壓試驗。設置塑材雙套管者，其耐壓試驗以內管為限。

三、設於地上者，不得接觸地面，且外部應有防蝕功能。

四、埋設於地下者，外部應有防蝕功能；接合部分，應有可供檢查之措施。但以熔接接合者，不在此限。

五、設有加熱或保溫之設備者，應具有預防火災之安全構造。

第　37　條　室外儲槽場所之位置、構造及設備應符合下列規定：

一、儲槽側板外壁與廠區外鄰近場所之安全距離，準用第十三條規定。

二、儲存液體儲槽側板外壁與儲存場所廠區之境界線距離，應依附表四規定。但有下列情形之一者，不在此限。

(一) 以不燃材料建造具二小時以上防火時效之防火牆。

(二) 不易延燒者。

(三) 設置防火水幕者。

三、儲槽之周圍保留空地應符合下列規定：

(一) 儲存閃火點未達攝氏二十一度之六類物品，其容量未達二公秉者，應在一公尺以上；二公秉以上未達四公秉者，應在二公尺以上；四公秉以上未達十公秉者，應在三公尺以上；十公秉以上未達四十公秉者，應在五公尺以上；四十公秉以上者，應在十公尺以上。

(二) 儲存閃火點在攝氏二十一度以上未達七十度之六類物品，其容量未達十公秉者，應在一公尺以上；十公秉以上未達二十公秉者，應在二公尺以上；二十公秉以上未達五十公秉者，應在三公尺以上；五十公秉以上未達二百公秉者，應在五公尺以上；二百公秉以上者，應在十公尺以上。

(三) 儲存閃火點在攝氏七十度以上之六類物品，其容量未達二十公秉者，應在一公尺以上；二十公秉以上未達四十公秉者，應在二公尺以上；四十公秉以上未達一百公秉者，應在三公尺以上；一百公秉以上者，應在五公尺以上。

四、相鄰儲槽側板外壁間之距離應符合下列規定：

(一) 儲存閃火點未達攝氏六十度之六類物品：

1. 浮頂式儲槽直徑未達四十五公尺者，為相鄰二座儲槽直徑和之六分之一，並應在九十公分以上；儲槽直徑四十五公尺以上者，為相鄰二座儲槽直徑和之四分之一。

2. 固定式儲槽直徑未達四十五公尺者，為相鄰二座儲槽直徑和之六分之一，並應在九十公分以上；儲槽直徑四十五公尺以上者，為相鄰二座儲槽直徑和之三分之一。

(二) 儲存閃火點在攝氏六十度以上之六類物品：

　　1. 浮頂式儲槽直徑未達四十五公尺者，爲相鄰二座儲槽直徑和之六分之一，最低爲九十公分；儲槽直徑四十五公尺以上者，爲相鄰二座儲槽直徑和之四分之一。

　　2. 固定式儲槽直徑未達四十五公尺者，爲相鄰二座儲槽直徑和之六分之一，最低爲九十公分；儲槽直徑四十五公尺以上者，爲相鄰二座儲槽直徑和之四分之一。

(三) 防液堤內部儲槽均儲存閃火點在攝氏九十三度以上之六類物品者，應在九十公分以上。

五、應定著在堅固基礎上，並不得設於岩盤斷層等易滑動之地形。

六、儲槽構造除準用第三十三條第四款規定外，並應具有耐震及耐風壓之結構；其支柱應以鋼筋混凝土、鋼骨混凝土或其他具有同等以上防火性能之材料建造。

七、儲槽內壓力異常上升時，有能將內部氣體及蒸氣由儲槽上方排出之構造。

八、儲槽表面應有防蝕功能。

九、儲槽底板與地面相接者，底板外表應有防蝕功能。

十、壓力儲槽，應設置安全裝置；非壓力儲槽，應設置通氣管。

十一、儲槽儲存第四類公共危險物品，其注入口準用第三十三條第八款規定。

十二、幫浦設備除準用第三十五條第一款規定外，並應符合下列規定：

(一) 周圍保留空地寬度不得小於三公尺。但設有具二小時以上防火時效之防火牆或儲存六類物品數量未達管制量十倍者，不在此限。

(二) 與儲槽側板外壁之距離不得小於儲槽保留空地寬度之三分之一。

十三、儲槽閥應爲鑄鋼或具有同等以上性能之材質，且不得有洩漏之情形。

十四、儲槽之排水管應置於槽壁。但排水管與儲槽之連接部分，於發生地震或地盤下陷時，無受損之虞者，得設在儲槽底部。

十五、浮頂式儲槽設置於槽壁或浮頂之設備，於地震等災害發生時，不得損傷該浮頂或壁板。但設置保安管理上必要設備者，不在此限。

十六、配管設置準用第三十六條規定。

十七、避雷設備應符合CNS一二八七二規定，或以接地方式達同等以上防護性能者。但六類物品儲存量未達管制量十倍，或因周圍環境，無致生危險之虞者，不在此限。

十八、儲存液體六類物品，應設置防液堤。但儲存二硫化碳者，不在此限。

十九、儲存固體第三類公共危險物品禁水性物質之儲槽，其投入口上方防止雨水之設備，應以防水性不燃材料製造。

二十、儲存二硫化碳之儲槽，應沒入於槽壁厚度二十公分以上且無漏水之虞之鋼筋混凝土水槽中。

第 38 條　室外儲槽場所儲槽儲存第四類公共危險物品者，其防液堤應符合下列規定：

一、單座儲槽周圍所設置防液堤之容量，應為該儲槽容量百分之一百一十以上；同一地區設有二座以上儲槽者，其周圍所設置防液堤之容量，應為最大之儲槽容量百分之一百一十以上。

二、防液堤之高度應在五十公分以上。但儲槽容量合計超過二十萬公秉者，高度應在一公尺以上。

三、防液堤內面積不得超過八萬平方公尺。

四、防液堤內部設置儲槽，不得超過十座。但其儲槽容量均在二百公秉以下，且所儲存物之閃火點在攝氏七十度以上未達二百度者，得設置二十座以下；儲存物之閃火點在攝氏二百度以上者，無設置數量之限制。

五、防液堤周圍應設道路並與區內道路連接，道路寬度不得小於六公尺。

但有下列各款情形之一，且設有足供消防車輛迴車用之場地者，其設置之道路得為二面以上：

(一)防液堤內部儲槽之容量均在二百公秉以下。

(二)防液堤內部儲槽儲存物之閃火點均在攝氏二百度以上。

(三) 周圍設置道路確有困難。

六、室外儲槽之直徑未達十五公尺者，防液堤與儲槽側板外壁間之距離，不得小於儲槽高度之三分之一；其為十五公尺以上者，不得小於儲槽高度之二分之一。但儲存物之閃火點在攝氏二百度以上者，不在此限。

七、防液堤應以鋼筋混凝土造或土造，並應具有防止儲存物洩漏及滲透之構造。

八、儲槽容量超過一萬公秉者，應在各個儲槽周圍設置分隔堤，並應符合下列規定：

(一) 分隔堤高度應在三十公分以上，且至少低於防液堤二十公分。

(二) 分隔堤應以鋼筋混凝土造或土造。

九、防液堤內部除與儲槽有關之配管及消防用配管外，不得設置任何配管。

十、防液堤不得被配管貫通。但不損傷防液堤構造性能者，不在此限。

十一、防液堤應設置能排放內部積水之排水設備，且操作閥應設在防液堤之外部，平時應保持關閉狀態。

十二、室外儲槽容量在一千公秉以上者，其排水設備操作閥開關，應容易辨別。

十三、室外儲槽容量在一萬公秉以上者，其防液堤應設置洩漏檢測設備，並應於可進行處置處所設置警報設備。

十四、高度一公尺以上之防液堤，每間隔三十公尺應設置出入防液堤之階梯或土質坡道。

儲存前項以外液體六類物品儲槽之防液堤，其容量不得小於最大儲槽容量，且應符合前項第二款、第七款至第十二款及第十四款規定。

第　39　條　室外儲槽儲存高閃火點物品者，其位置、構造及設備得依下列規定辦理：

一、準用第三十七條第一項第一款、第四款至第十一款、第十三款至第十六款規定。

二、周圍保留空地寬度，應依下表規定：

儲槽容量	保留空地寬度
未達管制量二千倍者	三公尺以上
達管制量二千倍以上者	五公尺以上

三、幫浦設備周圍保留空地寬度，應在一公尺以上。

四、周圍應設置防止儲存物外洩及滲透之防液堤，且防液堤之容量，不得小於最大儲槽之容量。

第 40 條 室外儲槽儲存第三類公共危險物品之烷基鋁、烷基鋰、第四類公共危險物品之乙醛、環氧丙烷及中央主管機關公告之六類物品者，除依第三十七條規定外，並應符合下列規定：

一、應設置用惰性氣體或有同等效能予以封阻之設備。

二、儲存烷基鋁或烷基鋰者，應設置能將洩漏之儲存物侷限於特定範圍，並導入安全槽或具有同等以上效能之設施。

三、儲存乙醛或環氧丙烷者，其儲槽材質不得含有銅、鎂、銀、水銀、或含該等成份之合金，且應設置冷卻裝置或保冷裝置。

第 41 條 地下儲槽場所之位置、構造及設備應符合下列規定：

一、儲槽應置於地下槽室。但儲存第四類公共危險物品且符合下列規定者，得直接埋設於地下。

　　(一) 距離地下鐵道、地下隧道或中央主管機關指定場所之水平距離在十公尺以上。

　　(二) 儲槽應以水平投影長及寬各大於六十公分以上，厚度為二十五公分以上之鋼筋混凝土蓋予以覆蓋。

　　(三) 頂蓋之重量不可直接加於該地下儲槽上。

　　(四) 地下儲槽應定著於堅固基礎上。

二、儲槽側板外壁與槽室之牆壁間應有十公分以上之間隔，且儲槽周圍應填塞乾燥砂或具有同等以上效能之防止可燃性蒸氣滯留措施。

三、儲槽頂部距離地面應在六十公分以上。

四、二座以上儲槽相鄰者，其側板外壁間隔應在一公尺以上。但其容量總和在管制量一百倍以下者，其間隔得減為五十公分以上。

五、儲槽應以厚度三點二毫米以上之鋼板建造，並具氣密性。非壓力

儲槽以每平方公分零點七公斤之壓力、壓力儲槽以最大常用壓力之一點五倍之壓力，實施十分鐘之水壓試驗，不得洩漏或變形。

六、儲槽外表應有防蝕功能。

七、壓力儲槽應設置安全裝置，非壓力儲槽應設置通氣管。

八、儲存液體六類物品時，應有自動顯示儲量裝置或計量口。設置計量口時不得造成槽底受損。

九、儲槽注入口應設置於室外，並準用第三十三條第八款規定。

十、幫浦設備設置於地面者，準用第三十五條第一款規定；幫浦設備設於儲槽之內部者，應符合下列規定：

(一)幫浦設備之電動機構造應符合下列規定：

1.定子為金屬製容器，並充填不受六類物品侵害之樹脂。

2.於運轉中能冷卻定子之構造。

3.電動機內部有防止空氣滯留之構造。

(二)連接電動機之電線，應有保護措施，不得與六類物品直接接觸。

(三)幫浦設備有防止電動機運轉升溫之功能。

(四)幫浦設備在下列情形時，電動機能自動停止：

1.電動機溫度急遽升高時。

2.幫浦吸引口外露時。

(五)幫浦設備應與儲槽凸緣接合。

(六)應設於保護管內。但有足夠強度之外裝保護者，不在此限。

(七)幫浦設備設於地下儲槽上部部分，應有六類物品洩漏檢測設備。

十一、配管準用第三十六條規定。

十二、儲槽配管應裝設於儲槽頂部。

十三、儲槽周圍應在適當位置設置四處以上之測漏管或具有同等以上效能之洩漏檢測設備。

十四、槽室之牆壁及底部應採用厚度三十公分以上之混凝土構造或具有同等以上強度之構造，並有適當之防水措施；其頂蓋應採用厚度二十五公分以上之鋼筋混凝土構造。

第　42　條　　儲槽為雙重殼之地下儲槽場所，其位置、構造及設備應符合下列規

定：

一、應符合前條第三款、第四款、第五款後段及第七款至第十二款規
定。

二、直接埋設於地下者，並應符合前條第一款第二目至第四目規定。

三、置於地下槽室者，並應符合前條第二款及第十四款規定。

四、儲槽應於雙重殼間設置液體洩漏檢測設備。

五、儲槽應具有氣密性，並使用下列材料之一：

(一) 厚度三點二毫米以上之鋼板或具有同等以上性能之材質。

(二) 經中央主管機關指定之強化塑料。

六、使用強化塑料之儲槽者，應具有能承受荷重之安全構造。

七、使用鋼板之儲槽者，其外表應有防蝕功能。

第　43　條　地下儲槽場所儲存第三類公共危險物品之烷基鋁、烷基鋰、第四類公
共危險物品之乙醛、環氧丙烷及中央主管機關公告之六類物品者，其
位置、構造及設備除應符合第四十一條第二款至第十四款規定外，並
應符合下列規定：

一、儲槽應置於地下槽室。

二、準用第四十條第三款規定。但儲槽構造具有可維持物品於適當溫
度者，可免設冷卻裝置或保冷裝置。

第　44　條　中央主管機關公告之容器，非經檢驗合格不得使用；其檢驗工作得委
託專業機關（構）辦理。

前項檢驗項目及基準，由中央主管機關定之。

第　45　條　六類物品之儲存及處理，應遵守下列規定：

一、第一類公共危險物品應避免與可燃物接觸或混合，或與具有促成
其分解之物品接近，並避免過熱、衝擊、摩擦。無機過氧化物應
避免與水接觸。

二、第二類公共危險物品應避免與氧化劑接觸混合及火焰、火花、高
溫物體接近及過熱。金屬粉應避免與水或酸類接觸。

三、第三類公共危險物品之禁水性物質不可與水接觸。

四、第四類公共危險物品不可與火焰、火花或高溫物體接近，並應防
止其發生蒸氣。

五、第五類公共危險物品不可與火焰、火花或高溫物體接近，並避免

　　　　　過熱、衝擊、摩擦。

六、第六類公共危險物品應避免與可燃物接觸或混合，或具有促成其
　　分解之物品接近，並避免過熱。

第 46 條　第一種及第二種販賣場所，其安全管理應遵守下列規定：

一、儲存或處理公共危險物品，不得超過第七條第一項第一款第一目
　　或第二目所定之數量。

二、嚴禁火源。

三、不得放置空紙箱、內襯紙、塑膠袋、紙盒等包裝用餘材料，或其
　　他易燃易爆之物品。

四、儲存或處理公共危險物品之容器，不得有破損、腐蝕或裂縫等情
　　形。

五、儲存或處理公共危險物品之容器應有防止傾倒之固定措施，不得
　　倒置或施以衝擊、擠壓或拉扯。

六、維修可能殘留公共危險物品之設備、機械器具或容器時，應於安
　　全處所將公共危險物品完全清除後為之。

第 47 條　製造、儲存或處理六類物品達管制量三十倍以上之場所，應由管理權
　　　　　人選任管理或監督層次以上之幹部為保安監督人，擬訂消防防災計
　　　　　畫，報請當地消防機關核定，並依該計畫執行六類物品保安監督相關
　　　　　業務。

保安監督人選任後十五日內，應報請當地消防機關備查；異動時，亦
同。

第一項保安監督人應經直轄市、縣（市）消防機關，或中央主管機關
認可之專業機構，施予二十四小時之訓練領有合格證書者，始得充
任，任職期間並應每二年接受複訓一次。

第一項消防防災計畫內容及前項講習訓練要點，由中央主管機關定
之。

第二節（刪除）

第 48 條　　（刪除）
第 49 條　　（刪除）
第 50 條　　（刪除）

第 51 條　　（刪除）

第 52 條　　（刪除）

第 53 條　　（刪除）

第 54 條　　（刪除）

第 55 條　　（刪除）

第 56 條　　（刪除）

第 57 條　　（刪除）

第 58 條　　（刪除）

第 59 條　　（刪除）

第三章　可燃性高壓氣體場所設置及安全管理

第 60 條　　本章所稱儲槽，係指固定於地盤之可燃性高壓氣體儲槽。

第 61 條　　本章所稱容器，係指純供灌裝可燃性高壓氣體之移動式壓力容器。

第 62 條　　本章所稱處理設備，係指以壓縮、液化及其他方法處理可燃性高壓氣體之高壓氣體製造設備。

第 63 條　　本章所稱儲存能力，係指儲存設備可儲存之可燃性高壓氣體之數量，其計算式如下：

一、壓縮氣體儲槽：$Q=(10P+1) \times V1$

二、液化氣體儲槽：$W=C1 \times w \times V2$

三、液化氣體容器：$W=V2 / C2$

算式中：

Q：儲存設備之儲存能力（單位：立方公尺）值。

P：儲存設備之溫度在攝氏三十五度（乙炔氣為攝氏十五度）時之最高灌裝壓力（單位：百萬巴斯卡Mpa）值。

V1：儲存設備之內容積（單位：立方公尺）值。

V2：儲存設備之內容積（單位：公升）值。

W：儲存設備之儲存能力（單位：公斤）值。

w：儲存設備於常用溫度時液化氣體之比重（單位：每公升之公斤數）值。

C1：0.9（在低溫儲槽，為對應其內容積之可儲存液化氣體部分容積比之值）

C2：中央主管機關指定之值。

第 64 條　本章所稱處理能力，係指處理設備以壓縮、液化或其他方法一日可處理之氣體容積（換算於溫度在攝氏零度、壓力為每平方公分零公斤狀態時之容積）值。

第 65 條　本章所稱之第一類保護物及第二類保護物如下：

一、第一類保護物係指下列場所：

(一) 古蹟。

(二) 設備標準第十二條第二款第四目所列之場所。

(三) 設備標準第十二條第一款第六目、第二款第三目及第十二目所列之場所，其收容人員在二十人以上者。

(四) 設備標準第十二條第一款第一目、第二款第五目及第八目所列之場所，其收容人員在三百人以上者。

(五) 設備標準第十二條第二款第一目所列之場所，每日平均有二萬人以上出入者。

(六) 設備標準第十二條第一款第二目至第五目及第七目所列之場所，總樓地板面積在一千平方公尺以上者。

二、第二類保護物：係指第一類保護物以外供人居住或使用之建築物。但與製造、處理或儲存場所位於同一建築基地者，不屬之。

第 66 條　可燃性高壓氣體製造場所，其外牆或相當於該外牆之設施外側，與場外第一類保護物及第二類保護物之安全距離如下：

儲存能力或處理能力單位：壓縮氣體為立方公尺、液化氣體為公斤。	第二類保護物	第一類保護物	對象物　安全距離單位：公尺　儲存能力或處理能力（X）
	$8\sqrt{2}$	$12\sqrt{2}$	$0 \leq X < 10000$
	$0.08\sqrt{X+10000}$	$0.12\sqrt{X+10000}$	$10000 \leq X < 52500$
	20（但低溫儲槽為 $0.08\sqrt{X+10000}$ ）	30（但低溫儲槽為 $0.12\sqrt{X+10000}$ ）	$52500 \leq X < 990000$
	20（但低溫儲槽為80）	30（但低溫儲槽為120）	$990000 \leq X$

第　67　條　可燃性高壓氣體儲存場所，其外牆或相當於該外牆之設施外側，與場外第一類及第二類保護物之安全距離如下：

第二類保護物	第一類保護物	對象物 安全距離 單位：公尺 儲存面積（Y）單位：平方公尺	
$6\sqrt{2}$	$9\sqrt{2}$	$0 \leq Y < 8$	
$3\sqrt{Y}$	$4.5\sqrt{Y}$	$8 \leq Y < 25$	
15	22.5	$25 \leq Y$	

前項儲存場所設有防爆牆或同等以上防護性能者，其與第一類保護物及第二類保護物安全距離得縮減如下：

第二類保護物	第一類保護物	對象物 安全距離 單位：公尺 儲存面積（Y）單位：平方公尺	
0	0	$0 \leq Y < 8$	
$1.5\sqrt{Y}$	$2.25\sqrt{Y}$	$8 \leq Y < 25$	
7.5	11.25	$25 \leq Y$	

前項防爆牆之基準，由中央主管機關定之。

第　68　條　液化石油氣製造場所，其外牆或相當於該外牆之設施外側，與場外第一類及第二類保護物之安全距離應分別符合表一之L1及L4之規定。但與場外第一類或第二類保護物之安全距離未達L1或L4，而達表二所列之距離，並依表二規定設有保安措施者，不在此限。

前項所稱之保安措施如下：

一、儲槽或處理設備埋設於地盤下者。

二、儲槽或處理設備設置水噴霧裝置或具有同等以上防火性能者。

三、儲槽或處理設備與第一類或第二類保護物間設有防爆牆或具有同等以上之防護性能者。

表一

990000 ≤ Z	52500 ≤ Z < 990000	10000 ≤ Z < 52500	0 ≤ Z < 10000	儲存或處理能力（z）／距離（m）
30（但低溫儲槽為120）	30（但低溫儲槽為 $0.12\sqrt{Z+10000}$）	$0.12\sqrt{Z+10000}$	$12\sqrt{2}$	L1
24	24	$0.096\sqrt{Z+10000}$	$9.6\sqrt{2}$	L2
21	21	$0.084\sqrt{Z+10000}$	$8.4\sqrt{2}$	L3
20（但低溫儲槽為80）	20（但低溫儲槽為 $0.08\sqrt{Z+10000}$）	$0.08\sqrt{Z+10000}$	$8\sqrt{2}$	L4
16	16	$0.064\sqrt{Z+10000}$	$6.4\sqrt{2}$	L5
14	14	$0.056\sqrt{Z+10000}$	$5.6\sqrt{2}$	L6

表二

保安措施	與第二類保護物距離（單位：公尺）	與第一類保護物距離（單位：公尺）	區分
應設有第二項第一款及第三款規定之設施	L6以上未達L5	L2以上	儲槽
	L6以上	L3以上未達L2	
下列二者擇一設置： 一、第二項第一款及第三款規定之設施。 二、第二項第二款及第三款規定之設施。	L5以上未達L4	L1以上	
	L5以上	L2以上未達L1	
	L5以上未達L4	L1以上	處理設備
	L5以上	L2以上未達L1	

第 69 條　可燃性高壓氣體處理場所之位置、構造、設備及安全管理，應符合下列規定：

一、販賣場所：

(一) 應設於建築物之地面層。

(二) 建築物供販賣場所使用部分，應符合下列規定：

1. 牆壁應為防火構造或不燃材料建造。但與建築物其他使用部分之隔間牆，應為防火構造。

2. 樑及天花板應以不燃材料建造。

　　　　　　　3.其上有樓層者，上層之地板應為防火構造；其上無樓層
　　　　　　　　者，屋頂應為防火構造或以不燃材料建造。

　　　(三) 電氣設備應符合屋內線路裝置規則相關規定。

　　　(四) 不得使用火源。

　　二、容器檢驗場所：

　　　(一) 應符合前款第一目至第三目規定。

　　　(二) 有洩漏液化石油氣之虞之設施，應設置氣體漏氣警報器。

　　　(三) 使用燃氣設備者，應連動緊急遮斷裝置。

　　　(四) 不得使用火源。但因檢驗作業需要者，不在此限。

第　70　條　　可燃性高壓氣體儲存場所之構造、設備及安全管理，應符合下列規
　　　　　　定：

　　一、設有警戒標示及防爆型緊急照明設備。

　　二、設置氣體漏氣自動警報設備。

　　三、設置防止氣體滯留之有效通風裝置。

　　四、採用不燃材料構造之地面一層建築物，屋頂應以輕質金屬板或其
　　　　他輕質不燃材料覆蓋，屋簷並應距離地面二點五公尺以上。

　　五、保持攝氏四十度以下之溫度；容器並應防止日光之直射。

　　六、灌氣容器與殘氣容器，應分開儲存，並直立放置，且不可重疊堆
　　　　放。灌氣容器並應採取防止因容器之翻倒、掉落引起衝擊或損傷
　　　　附屬之閥等措施。

　　七、通路面積至少應占儲存場所面積之百分之二十以上。

　　八、周圍二公尺範圍內，應嚴禁煙火，且不得存放任何可燃性物質。
　　　　但儲存場所牆壁以厚度九公分以上鋼筋混凝土造或具有同等以上
　　　　強度構築防護牆者，不在此限。

　　九、避雷設備應符合CNS一二八七二規定，或以接地方式達同等以上
　　　　防護性能者。但因周圍環境，無致生危險之虞者，不在此限。

　　十、人員不得攜帶可產生火源之機具或設備進入。

　　十一、設有專人管理。

　　十二、供二家以上販賣場所使用者，應製作平面配置圖，註明場所之
　　　　　面積、數量、編號及商號名稱等資料，並懸掛於明顯處所。

　　十三、場所專用，且不得儲放逾期容器。

第 71 條　液化石油氣分裝場及販賣場所應設置儲存場所，其所屬液化石油氣容器之儲存，除本辦法另有規定外，應於儲存場所為之。

第 72 條　液化石油氣儲存場所僅供一家販賣場所使用之面積，不得少於十平方公尺；供二家以上共同使用者，每一販賣場所使用之儲存面積，不得少於六平方公尺。

前項儲存場所設置位置與販賣場所距離不得超過五公里。但儲存場所設有圍牆防止非相關人員進入，並有二十四小時專人管理時，其距離得為二十公里內。

第 72-1 條　液化石油氣分裝場、儲存或販賣場所之管理權人，應向直轄市、縣（市）主管機關申請核發液化石油氣儲存場所證明書，其內容應包括：

一、儲存場所之名稱、地址及管理權人姓名。

二、使用儲存場所之分裝場或販賣場所之名稱、地址及管理權人姓名。

三、儲存場所建築物使用執照字號。

四、儲存場所面積。

五、分裝場或販賣場所使用之儲存場所之儲放地點編號。

前項證明書記載事項有變更時，管理權人應於事實發生之日起一個月內，向直轄市、縣（市）主管機關申請變更。

第一項儲存場所與販賣場所間之契約終止或解除時，終止或解除一方之管理權人應於三個月前通知他方及轄區直轄市、縣（市）主管機關，並由儲存場所管理權人依前項規定申請變更儲存場所證明書；販賣場所之管理權人應向轄區直轄市、縣（市）主管機關申請廢止儲存場所證明書。

第 73 條　液化石油氣販賣場所儲放之液化石油氣，總儲氣量不得超過一二八公斤。

液化石油氣備用量，供營業使用者，不得超過八十公斤；供家庭使用者，不得超過四十公斤。

第 73-1 條　容器串接使用場所串接使用量不得超過一千公斤，其安全設施並應符合下列規定：

一、串接使用量在八十公斤以上未滿一百二十公斤者：

　　(一) 容器應放置於室外。但放置於室外確有困難，且設置防止氣

　　　體滯留之有效通風裝置者，不在此限。

　　(二) 有嚴禁煙火標示及滅火器。

　　(三) 場所之溫度應經常保持攝氏四十度以下，並有防止日光直射
　　　　措施。

　　(四) 容器直立放置且有防止傾倒之固定措施。

二、串接使用量在一百二十公斤以上未滿三百公斤者，除應符合前款
　　規定外，並應符合下列規定：

　　(一) 容器與用火設備保持二公尺以上距離。

　　(二) 設置氣體漏氣警報器。

三、串接使用量在三百公斤以上未滿六百公斤者，除應符合前二款規
　　定外，並應符合下列規定：

　　(一) 以書面向當地消防機關陳報。

　　(二) 設置自動緊急遮斷裝置。

　　(三) 容器放置於室外者，應設有柵欄或圍牆，其上方應以輕質金
　　　　屬板或其他輕質不燃材料覆蓋，並距離地面二點五公尺以
　　　　上。

四、串接使用量在六百公斤以上一千公斤以下者，除應符合前三款規
　　定外，其容器與第一類保護物最近之安全距離應在十六點九七公
　　尺以上，與第二類保護物最近之安全距離應在十一點三一公尺以
　　上。但設有防護牆者，不在此限。

前項第三款第一目所定書面應記載事項如下：

一、場所名稱及地址。

二、場所負責人姓名及國民身分證統一編號。

三、液化石油氣使用量。

四、其他經中央主管機關公告之事項。

第一項場所以無開口且具一小時以上防火時效之牆壁、樓地板區劃分
隔者，串接使用量得分別計算。

第　74　條　液化石油氣容器，應經中央主管機關型式認可及個別認可合格，並附
　　　　　　加合格標示後始可使用。

　　　　　　前項認可之申請、發給、容器規格、容器合格標示與不合格處理、作
　　　　　　業人員之教育訓練及其他應遵行事項之管理要點，由中央主管機關定

之。

第一項認可基準，由中央主管機關定之。

第一項之認可，中央主管機關得委託專業機構辦理。

第　75　條　液化石油氣分裝場及販賣場所之經營者應於容器檢驗期限屆滿前，將容器送往中央主管機關認可之液化石油氣容器檢驗場（以下簡稱檢驗場），依定期檢驗基準實施檢驗；經檢驗合格並附加合格標示後，始得繼續使用。

第　75-1　條　檢驗場應依液化石油氣容器定期檢驗基準執行容器及容器閥檢驗，不合格容器應予銷毀，銷毀時並應報請轄區消防機關監毀。

檢驗場應將檢驗紀錄保存六年以上，每月並應申報中央主管機關及轄區消防機關備查。

檢驗場應設置監控系統攝錄容器及容器閥檢驗情形，錄影資料並應保存一個月以上。

檢驗場應維護場內檢驗及安全設施之正常功能，並定期辦理校正及自主檢查；其檢驗員並應每半年接受教育訓練一次。

第　75-2　條　檢驗場實施檢驗應向中央主管機關申請認可，經審查合格發給認可證書後，始得為之。認可證書應記載下列事項：

一、檢驗場名稱、代號、公司或行號登記字號、營利事業登記證明文件字號、地址。

二、代表人姓名。

三、有效期限。

前項應記載事項有變更時，檢驗場應於變更後十五日內申請變更。

第一項認可證書之有效期限為三年，期限屆滿三個月前得向中央主管機關申請展延，每次展延期間為三年。

檢驗場經依本法規定處以三十日以下停業或停止其使用之處分者，應繳回未使用之合格標示，並應於轄區消防機關檢查合格後，始得繼續實施檢驗。

第　76　條　液化石油氣販賣場所之經營者應於容器明顯位置標示可供辨識之商號及電話。

第　77　條　家庭或營業用液化石油氣之灌氣裝卸，應於分裝場為之。

第　78　條　液化石油氣分裝場應確認容器符合下列事項，始得將容器置於灌裝臺

並予以灌氣：

一、容器應標示或檢附送驗之販賣場所之商號及電話等資料。

二、容器仍在檢驗合格有效期限內。

三、實施容器外觀檢查，確認無腐蝕變形且容器能直立者。

不符合前項規定之容器不得灌氣或置於灌裝臺，分裝場之經營者並應迅速通知販賣場所之經營者處理。

第四章　附則

第 79 條　本辦法中華民國九十五年十一月一日修正施行前，已設置之製造、儲存或處理公共危險物品及可燃性高壓氣體之場所，應自修正施行之日起六個月內，檢附場所之位置、構造、設備圖說及改善計畫陳報當地消防機關，並依附表五所列改善項目，於修正施行之日起二年內改善完畢，屆期未辦理且無相關文件足資證明係屬既設合法場所、逾期不改善，或改善仍未符附表五規定者，依本法第四十二條之規定處分。

第 79-1 條　經中央主管機關公告或附表一修正增列為公共危險物品者，於公告或附表一修正生效日前已設置之製造、儲存或處理該物品達管制量以上之合法場所，應自公告或附表一修正生效之日起六個月內，檢附場所之位置、構造、設備圖說及改善計畫陳報當地消防機關，並依附表五所列改善項目，於公告或附表一修正生效之日起二年內改善完畢，屆期不改善或改善仍未符附表五規定者，依本法第四十二條之規定處分。

第 80 條　本辦法自發布日施行。

第三條附表一　公共危險物品之種類、分級及管制量

分類	名稱	種類	分級	管制量
第一類	氧化性固體	一、氯酸鹽類 二、過氯酸鹽類 三、無機過氧化物 四、次氯酸鹽類 五、溴酸鹽類 六、硝酸鹽類 七、碘酸鹽類	第一級	五十公斤
		八、過錳酸鹽類 九、重鉻酸鹽類 十、過碘酸鹽類 十一、過碘酸 十二、三氧化鉻 十三、二氧化鉛	第二級	三百公斤
		十四、亞硝酸鹽類 十五、亞氯酸鹽類 十六、三氯異三聚氰酸 十七、過硫酸鹽類 十八、過硼酸鹽類 十九、其他經中央主管機關公告者 二十、含有任一種成分之物品者	第三級	一千公斤
第二類	易燃固體	一、硫化磷 二、赤磷 三、硫磺		一百公斤
		四、鐵粉：指鐵的粉末。但以孔徑五十三微米（μm）篩網進行篩選，通過比例未達百分之五十者，不屬之。		五百公斤
		五、金屬粉：指導鹼金屬、鹼土金屬、鐵、鎂、銅、鎳以外之金屬粉。但以孔徑一百五十微米（μm）篩網進行篩選，通過比例未達百分之五十者，不屬之。 六、鎂：指其塊狀物或棒狀物能通過孔徑二毫米篩網者。	第一級	一百公斤
		七、三聚甲醛 八、其他經中央主管機關公告者。 九、含有任一種成分之物品者。	第二級	五百公斤
		十、易燃性固體：指固態酒精或一大氣壓下閃火點未達攝氏四十度之固體。		一千公斤

分類	名稱	種類	分級	管制量
第三類	發火性液體、發火性固體及禁水性物質	一、鉀 二、鈉 三、烷基鋁 四、烷基鋰		十公斤
		五、黃磷		二十公斤
		六、鹼金屬（鉀和鈉除外）及鹼土金屬 七、有機金屬化合物（烷基鋁、烷基鋰除外）	第一級	十公斤
		八、金屬氫化物 九、金屬磷化物 十、鈣或鋁的碳化物 十一、三氯矽甲烷	第二級	五十公斤
		十二、其他經中央主管機關公告者。 十三、含有任一種成分之物品者。	第三級	三百公斤
第四類	易燃液體及可燃液體	易燃液體：指在一大氣壓時，閃火點在攝氏九十三度以下之液體。	一、特殊易燃物：指在一大氣壓時，自燃溫度在攝氏一百度以下之物品，或閃火點低於攝氏零下二十度，且沸點在攝氏四十度以下物之物品。		五十公升
			二、第一石油類：指在一大氣壓時，閃火點未達攝氏二十一度者。	非水溶性液體	二百公升
				水溶性液體	四百公升
			三、酒精類：指一個分子的碳原子數在一到三之間，並含有一個飽和的羥基（含變性酒精）。但下列物品不在此限： (一)酒精含量未達百分之六十之水溶液。 (二)易燃液體及可燃液體含量未達百分之六十，其閃火點與燃燒點超過酒精含量百分之六十水溶液之閃火點及燃燒點。		四百公升
		可燃液體：指在一大氣壓時，閃火點超過攝氏九十三度未滿攝氏二百五十度之液體。	四、第二石油類：指在一大氣壓時，閃火點在攝氏二十一度以上，未達七十度者。但易燃液體及可燃液體含量在百分之四十以下，閃火點在攝氏四十度上，燃燒點在攝氏六十度以上，不在此限。	非水溶性液體	一千公升
				水溶性液體	二千公升
			五、第三石油類：指在一大氣壓時，閃火點在攝氏七十度上，未達二百度者。但易燃液體及可燃液體含量在百分之四十以下者，不在此限。	非水溶性液體	二千公升
				水溶性液體	四千公升

分類	名稱	種類	分級	管制量
		六、第四石油類：指在一大氣壓時，閃火點在攝氏二百度以上，未滿二百五十度者。但易燃液體及可燃液體含量在百分之四十以下者，不在此限。		六千公升
		七、動植物油類：從動物的脂肪、植物的種子或果肉抽取之油脂，一大氣壓時，閃火點未滿攝氏二百五十度者。但依中央主管機關指定之方式儲存保管者，不在此限。		一萬公升
第五類	自反應物質及有機過氧化物	一、有機過氧化物 二、硝酸酯類 三、硝基化合物 四、亞硝基化合物 五、偶氮化合物 六、重氮化合物 七、聯胺的誘導體 八、金屬疊氮化合物 九、硝酸胍 十、丙烯基縮水甘油醚 十一、倍羥烯 十二、其他經中央主管機關公告者 十三、含有任一種成分之物品者	A型 B型	十公斤
			C型 D型	一百公斤
第六類	氧化性液體	一、過氯酸 二、過氧化氫 三、硝酸 四、鹵素間化合物 五、其他經中央主管機關公告者 六、含有任一種成分之物品者	第一級 第二級	三百公斤

一、本表所稱之「第一級」、「第二級」、「第三級」、「A型」、「B型」、「C型」及「D型」指區分同類物品之危險程度，應依中華民國國家標準CNS 15030進行分類。未完成分類前，基於安全考量，其危險分級程度，得認定為第一級或A型。

二、儲存公共危險物品種類在二種以上時，計算其是否達管制量之方法，應以各該公共危險品數量除以其管制量，以得商數之和如大於一時，則儲存總量即達管制量以上。例如過氧化鈉數量二十公斤，其管制量為五十公斤；二硫化碳數量四十公升，其管制量為五十公升，計算式如下：

$$\frac{過氧化鈉現有量\ 20\ 公斤}{過氧化鈉管制量\ 20\ 公斤} + \frac{二硫化碳現有量\ 40\ 公升}{二硫化碳管制量\ 50\ 公升} = \frac{2}{4} + \frac{4}{5} = \frac{6}{5} > 1$$

三、本表第四類易燃液體及可燃液體之酒精類、第二石油類、第三石油類及第四石油類所列但書規定之酒精含量、易燃液體及可燃液體含量，均指重量百分比。

四、本表所稱之水溶性液體，指在一大氣壓下攝氏二十度時與同容量之純水一起緩慢攪拌，當該混合液停止轉動後，呈現顏色均一無分層現象者；非水溶性液體，指水溶性液體以外者。

第二十八條附表二

區分	室內儲存場所（儲存第五類公共危險物品之有機過氧化物或A型、B型自反應物質）與廠區外鄰近場所安全距離					
	第十三條第三款及第四款所列場所		第十三條第二款所列場所		第十三條第一款所列場所	
	周圍設置擋牆	周圍未設置擋牆	周圍設置擋牆	周圍未設置擋牆	周圍設置擋牆	周圍未設置擋牆
未達管制量十倍者	二十公尺	四十公尺	三十公尺	五十公尺	五十公尺	六十公尺
達管制量十倍以上未達二十倍者	二十二公尺	四十五公尺	三十三公尺	五十五公尺	五十四公尺	六十五公尺
達管制量二十倍以上未達四十倍者	二十四公尺	五十公尺	三十六公尺	六十公尺	五十八公尺	七十公尺
達管制量四十倍以上未達六十倍者	二十七公尺	五十五公尺	三十九公尺	六十五公尺	六十二公尺	七十五公尺
達管制量六十倍以上未達九十倍者	三十二公尺	六十五公尺	四十五公尺	七十五公尺	七十公尺	八十五公尺
達管制量九十倍以上未達一百五十倍者	三十七公尺	七十五公尺	五十一公尺	八十五公尺	七十九公尺	九十五公尺
達管制量一百五十倍以上未達三百倍者	四十二公尺	八十五公尺	五十七公尺	九十五公尺	八十七公尺	一百零五公尺
達管制量三百倍以上者	四十七公尺	九十五公尺	六十六公尺	一百一十公尺	一百公尺	一百二十公尺

第二十八條附表三

區分	保留空地寬度	
	周圍設置擋牆	周圍未設置擋牆
未達管制量五倍	三公尺以上	十公尺以上
達管制量五倍以上未達十倍者	五公尺以上	十五公尺以上
達管制量十倍以上未達二十倍者	六點五公尺以上	二十公尺以上
達管制量二十倍以上未達四十倍者	八公尺以上	二十五公尺以上
達管制量四十倍以上未達六十倍者	十公尺以上	三十公尺以上
達管制量六十倍以上未達九十倍者	十一點五公尺以上	三十五公尺以上
達管制量九十倍以上未達一百五十倍者	十三公尺以上	四十公尺以上
達管制量一百五十倍以上未達三百倍者	十五公尺以上	四十五公尺以上
達管制量三百倍以上者	十六點五公尺以上	五十公尺以上

第三十七條附表四

室外儲槽之區分	公共危險物品之閃火點	儲槽側板外壁至其廠區境界線距離（單位：公尺）
儲存室外儲槽所在之廠區，儲存或管理六類物品或可燃性高壓氣體之數量，達下列各款之一者。 一、儲存或處理六類物品之總數量除以一萬公秉所得數值為一以上。 二、每日處理之可燃性高壓氣體總數量除以二百萬立方公尺所得數值為一以上。 三、前地款之合計值為一以上之場所。	未達攝氏二十一度	為儲槽水平截面之最大直徑（臥型者則為其橫長）乘以一點八所得數值。但不得小於儲槽高度或五十公尺之較大值。
	攝氏二十一度以上未達七十度者	為儲槽水平截面之最大直徑（臥型者則為其橫長）乘以一點六所得數值。但不得小於儲槽高度或四十公尺之較大值。
	攝氏七十度以上	為儲槽水平截面之最大直徑（臥型者則為其橫長）之數值。但不得小於儲槽高度或三十公尺之較大值。
右列以外之室外儲槽。	未達攝氏二十一度	為儲槽水平截面之最大直徑（臥型者則為其橫長）乘以一點八所得數值。但不得小於儲槽高度之值。
	攝氏二十一度以上未達七十度者	為儲槽水平截面之最大直徑（臥型者則為其橫長）乘以一點六所得數值。但不得小於儲槽高度之值。
	攝氏七十度以上	為儲槽水平截面之最大直徑（臥型者則為其橫長）之數值。但不得小於儲槽高度之值。

第七十九條附表五

場所類別	改善項目
(一) 公共危險物品製造場所、一般處理場所	1. 圍阻措施或同等以上效能之防止流出措施。（第十五條第七款） 2. 油水分離裝置。（第十五條第七款） 3. 採光、照明及通風設備。（第十六條第一款） 4. 排出設備。（第十六條第二款） 5. 防止溢漏或飛散構造。（第十六條第三款） 6. 測溫裝置。（第十六條第四款） 7. 不直接用火加熱構造。（第十六條第五款） 8. 壓力計及安全裝置。（第十六條第六款） 9. 有效消除靜電裝置。（第十六條第七款） 10.避雷設備或同等以上防護性能設備。（第十六條第八款） 11.標示板。（第十九條）

場所類別	改善項目
(二) 公共危險物品販賣場所	1. 排出設備。（第十七條第四款第五目、第十八條本文） 2. 在明顯處所標示有關消防之必要事項。（第十七條第二款、第十八條本文） 3. 標示板。（第十九條）
(三) 公共危險物品室內儲存場所	1. 採光、照明及通風設備。（第二十一條第十三款、第二十二條及第二十三條之本文、第二十四條第一項本文及第二項、第二十五條本文、第二十六條、第二十七條、第二十八條第一項本文） 2. 排出設備。（第二十一條第十三款、第二十二條及第二十三條之本文、第二十四條第一項本文及第二項、第二十五條本文、第二十六條、第二十七條、第二十八條第一項本文） 3. 通風裝置、空調裝置或維持內部溫度在該物品著火溫度以下之裝置。（第二十一條第十五款、第二十三條本文、第二十四條第一項本文及第二項、第二十七條第二項、第二十八條第一項本文）。 4. 防火閘門。（第二十三條第二款第六目）。 5. 架臺（不燃材料建造、定著堅固基礎上、載重、防止儲放物品掉落裝置）。（第二十一條第十二款、第二十二條及第二十三條之本文、第二十四條第一項本文及第二項、第二十五條本文、第二十六條、第二十七條、第二十八條第一項本文）。 6. 避雷設備或同等以上防護性能設備。（第二十一條第四款第三目、第十四款、第二十二條及第二十三條之本文、第二十四條第一項本文及第二項、第二十五條本文、第二十七條、第二十八條第一項本文）。 7. 標示板。（第十九條）。
(四) 公共危險物品室外儲存場所	1. 圍欄（圍欄高度、區劃面積、不燃材料建造、防止硫磺洩漏構造、防水布固定裝置）。（第三十條第三款、第三十一條第一款至第四款） 2. 架臺（不燃材料建造、定著堅固基礎上、載重、防止儲放物品掉落裝置、架臺高度）。（第三十條第六款、第三十一條本文） 3. 容器堆積高度。（第三十條第七款、第三十一條本文） 4. 排水溝、分離槽。（第三十一條第五款） 5. 標示板。（第十九條）
(五) 公共危險物品室內儲槽場所（含幫浦室）	1. 防止六類物品流出之措施。（第三十四條第八款） 2. 儲槽專用室出入口門檻或同等以上效能之防止流出措施。（第三十三條第十六款） 3. 圍阻措施或同等以上效能之防止流出措施、幫浦設備之基礎高度。（第三十五條第一款第二目第五子目、第三目第一子目、第二款、第三款、第四款第一目本文及第二目第二子目） 4. 油水分離裝置。（第三十五條第一款第三目第三子目、第三款） 5. 採光、照明及通風設備。（第三十三條第十七款、第三十四條本文、第三十五條第一款第二目第六子目、第二款第一目、第三款、第四款第一目本文） 6. 排出設備。（第三十三條第十七款、第三十四條本文、第三十五條第一款第二目第七子目、第二款第一目、第三款、第四款第一目本文） 7. 防火閘門。（第三十四條第七款、第三十五條第四款第一目第五子目） 8. 安全裝置、通氣管。（第三十三條第六款、第三十四條本文）

場所類別	改善項目
	9. 自動顯示儲量裝置。（第三十三條第七款、第三十四條本文及第二款） 10. 注入口及儲槽閥（含不得洩漏、管閥或盲板、有效除去靜電之接地裝置）。（第三十三條第八款第二目至第四目、第九款、第三十四條本文） 11. 幫浦設備定著堅固基礎上。（第三十五條第一款第一目、第二款第一目、第三款、第四款第一目本文及第二目第一子目） 12. 儲槽或地上配管應有防蝕功能。（第三十三條第五款、第三十四條本文、第三十六條第三款） 13. 標示板。（第十九條）
(六) 公共危險物品室外儲槽場所（含幫浦室）	1. 防液堤（含容量、分隔堤高度、排水設備、洩漏檢測設備、警報設備、出入之階梯或坡道）。（第三十七條第十八款、第三十八條第一項第八款第一目、第十一款至第十四款、第三十八條第二項、第三十九條第四款、第四十條本文。但儲存第四類公共危險物品儲槽之防液堤，其容量不得小於最大儲槽之容量。） 2. 圍阻措施或同等以上效能之防止流出措施。（第三十七條第十二款本文、第四十條本文） 3. 油水分離裝置。（第三十七條第十二款本文、第四十條本文） 4. 採光、照明及通風設備。（第三十七條第十二款本文、第四十條本文） 5. 排出設備。（第三十七條第十二款本文、第四十條本文） 6. 安全裝置、通氣管。（第三十七條第十款、第三十九條第一款、第四十條本文） 7. 注入口及儲槽閥（含不得洩漏、管閥或盲板、有效除去靜電之接地裝置）。（第三十七條第十一款、第十三款、第三十九條第一款、第四十條本文） 8. 投入口上方防止雨水設備。（第三十七條第十九款、第四十條本文） 9. 侷限洩漏之儲存物並導入安全槽之設備、惰性氣體封阻設備、冷卻裝置或保冷裝置。（第四十條） 10. 避雷設備或同等以上防護性能設備。（第三十七條第十七款、第四十條本文） 11. 幫浦設備定著堅固基礎上。（第三十七條第十二款本文、第四十條本文） 12. 儲槽或地上配管應有防蝕功能。（第三十七條第八款、第十六款、第三十九條第一款、第四十條本文） 13. 標示板。（第十九條）
(七) 公共危險物品地下儲槽場所（含幫浦室）	1. 圍阻措施或同等以上效能之防止流出措施。（第四十一條第十款本文、第四十二條第一款、第四十三條本文） 2. 油水分離裝置。（第四十一條第十款本文、第四十二條第一款、第四十三條本文） 3. 採光、照明及通風設備。（第四十一條第十款本文、第四十二條第一款、第四十三條本文） 4. 排出設備。（第四十一條第十款本文、第四十二條第一款、第四十三條本文） 5. 安全裝置、通氣管。（第四十一條第七款、第四十二條第一款、第四十三條本文） 6. 自動顯示儲量裝置或計量口。（第四十一條第八款、第四十二條第一款、第四十三條本文）

場所類別	改善項目
	7. 注入口（含不得洩漏、管閥或盲板、有效除去靜電之接地裝置）。（第四十一條第九款、第四十二條第一款、第四十三條本文） 8. 測漏管或同等以上效能之洩漏檢測設備。（第四十一條第十三款、第四十三條本文） 9. 幫浦設備定著堅固基礎上。（第四十一條第十款本文、第四十二條第一款、第四十三條本文） 10.地上配管應有防蝕功能。（第四十一條第十一款、第四十二條第一款、第四十三條本文） 11.標示板。（第十九條）
(八) 可燃性高壓氣體儲存場所	1. 警戒標示、防爆型緊急照明設備。（第七十條第一項第一款） 2. 氣體漏氣自動警報設備。（第七十條第一項第二款） 3. 防止氣體滯留之有效通風裝置。（第七十條第一項第三款） 4. 通路面積。（第七十條第一項第七款） 5. 避雷設備或同等以上防護性能設備。（第七十條第一項第九款）
(九) 液化石油氣製造場所、處理場所	1. 標示及滅火器。（第七十三條之一第一項第一款第二目、第二款本文、第三款本文、第四款） 2. 容器與用火設備距離。（第七十三條之一第一項第二款第一目、第三款本文、第四款） 3. 氣體漏氣警報器。（第七十三條之一第一項第二款第二目、第三款本文、第四款） 4. 自動緊急遮斷裝置。（第七十三條之一第一項第三款第二目、第四款） 5. 柵欄或圍牆（含上方覆蓋、與地面距離）。（第七十三條之一第一項第三款第三目、第四款）

一、本辦法第七十九條及第七十九條之一所定已設置之製造、儲存或處理公共危險物品及可燃性高壓氣體之場所，應依場所建築型態，就上列改善項目進行改善，對於位置、構造或設備未列舉之項目得免改善。

二、依上列改善項目進行改善確有困難，且經地方主管機關同意者，得採其他同等以上效能之措施。

4.8 公共危險物品及可燃性高壓氣體設置標準暨安全管理辦法歷屆選擇題

(D) 1. 依公共危險物品及可燃性高壓氣體設置標準暨安全管理辦法之規定，液化石油氣容器檢驗場實施檢驗應向中央主管機關申請認可，經審查合格發給認可證書，認可證書之有效期限A年，期限屆滿B個月前得向中央主管機關申請展延，每次展延期間C年，下列A, B, C何者正確？

(A) A=1, B=1, C=1 　　　　　(B) A=2, B=2, C=2

(C) A=3, B=2, C=3 　　　　　(D) A=3, B=3, C=3

(D) 2. 依公共危險物品及可燃性高壓氣體設置標準暨安全管理辦法之規定，有關六類物品製造場所，其外牆或相當於該外牆之設施外側，與廠區外鄰近場所之安全距離，下列何者正確？

(A) 與博物館之距離，應在30公尺以上

(B) 與電壓超過35,000伏特之高架電線之距離，應在3公尺以上

(C) 與爆竹煙火製造場所之距離，應在10公尺以上

(D) 與加氣站之距離，應在20公尺以上

(B) 3. 依公共危險物品及可燃性高壓氣體設置標準暨安全管理辦法之規定，下列何種氣體為「其他經中央主管機關指定之氣體」，所指定之可燃性高壓氣體？

(A) 氯丙烯　　　(B) 丁二烯　　　(C) 氯氣　　　(D) 氨氣

(B) 4. 依公共危險物品及可燃性高壓氣體設置標準暨安全管理辦法之規定，有關公共危險物品之種類、名稱及管制量，下列何者正確？

(A) 硫磺：第二類，易燃固體，管制量50公斤

(B) 乙醛：第四類，易燃液體，管制量50公升

(C) 動植物油類：第四類，易燃液體，管制量6,000公升

(D) 烷基鋁：第三類，發火性液體、發火性固體及禁水性物質，管制量50公斤

(B) 5. 依公共危險物品及可燃性高壓氣體設置標準暨安全管理辦法第三章可燃性高壓氣體場所設置及安全管理之規定，下列何者錯誤？

(A) 液化石油氣販賣場所儲放之液化石油氣，總儲氣量不得超過128公斤

(B) 液化石油氣儲存場所僅供一家販賣場所使用之面積，不得少於6平方公尺

(C) 容器串接使用場所，串接使用量在120公斤以上未滿300公斤者，容器與

用火設備保持2公尺以上距離

(D) 可燃性高壓氣體儲存場所採用不燃材料構造之地面一層建築物，屋頂應以輕質金屬板或其他輕質不燃材料覆蓋，屋簷並應距離地面2.5公尺以上

(C)　6. 依公共危險物品及可燃性高壓氣體設置標準暨安全管理辦法之規定，有關六類物品製造場所位置、構造及設備規定之敘述，下列何者正確？

(A) 若無積存可燃性蒸氣或可燃性粉塵之虞之建築物，得免除充分之通風設備相關規定

(B) 外牆與加油站之距離應在10公尺以上

(C) 構造不得設於建築物之地下層

(D) 外牆與古蹟之距離應在30公尺以上

(D)　7. 依公共危險物品及可燃性高壓氣體設置標準暨安全管理辦法之規定，室外儲槽場所儲存易燃液體者，應設置防液堤，下列何者正確？

(A) 防液堤高度應在1.5公尺以上

(B) 防液堤內面積不得超過6萬平方公尺

(C) 儲槽容量超過1萬公秉，應在各個儲槽周圍設置分隔堤，分隔堤高度應在30公分以上，且至少低於防液堤10公分

(D) 防液堤周圍應設道路，並與區內道路連接，道路寬度不得小於6公尺

(C)　8. 依公共危險物品及可燃性高壓氣體設置標準暨安全管理辦法之六類物品儲槽之容量、內容量、空間容積規定，下列何者錯誤？

(A) 儲槽之容量不得大於儲槽之內容積扣除其空間容積後所得之量

(B) 豎型圓筒形儲槽內容積不含槽頂部分

(C) 儲槽（無需設置固定式滅火設備者）空間容積為內容積之5%至15%

(D) 儲槽上部設有固定式滅火設備者，其空間容積以其滅火藥劑放出口下方30公分以上，未達1公尺之水平面上部計算之

(D)　9. 依消防法規定，公共危險物品及可燃性高壓氣體之製造、儲存或處理場所，其位置、構造及設備未符合設置標準，或儲存、處理及搬運未符合安全管理規定者，其處罰下列何者錯誤？

(A) 處其管理權人或行為人新臺幣2萬元以上10萬元以下罰鍰

(B) 經處罰鍰後仍不改善者，得連續處罰

(C) 得予以30日以下停業或停止其使用之處分

(D) 直接強制斷水斷電並拆除

（D）10. 依公共危險物品及可燃性高壓氣體設置標準暨安全管理辦法規定，有關液化
石油氣的敘述，下列何者錯誤？
(A) 液化石油氣販賣場所儲放之液化石油氣，總儲氣量不得超過128公斤
(B) 液化石油氣備用量，供營業使用者，不得超過80公斤
(C) 液化石油氣備用量，供家庭使用者，不得超過40公斤
(D) 液化石油氣容器串接使用場所串接使用量不得超過600公斤

（C）11. 六類公共危險物品之製造、儲存及處理場所，依主管機關規定所設置的「第
二種標示板」內容應包括下列何者？①公共危險物品之名稱　②公共危險物
品之種類　③全球調和制度（GHS）危害物質圖示　④最大數量及換算管制
倍數　　(A) ①③④　(B) ①②③　(C) ①②④　(D) ②③④

（D）12. 依公共危險物品及可燃性高壓氣體設置標準暨安全管理辦法之規定，液化石
油氣販賣場所儲放之液化石油氣，總儲氣量不得超過X公斤。液化石油氣備
用量，供營業使用者，不得超過Y公斤；供家庭使用者，不得超過Z公斤，下
列何者正確？
(A) X=100，Y=50，Z=25　　　　　　(B) X=120，Y=60，Z=30
(C) X=128，Y=60，Z=30　　　　　　(D) X=128，Y=80，Z=40

（#）13. 鑑於液化石油氣分裝場不論在設置處所或安全設施方面之規定，均甚嚴格，
因此同意該分裝場容器儲存室得為瓦斯行來儲存容器；假設某一液化石油氣
分裝場，提供下游20家販賣業者儲存容器，依「公共危險物品及可燃性高壓
氣體設置標準暨安全管理辦法」規定須至少有多大儲存面積？
(A) 100平方公尺　(B) 120平方公尺　(C) 150平方公尺　(D) 200平方公尺
註：依液化石油氣儲存場所管理要點：
液化石油氣分銷商自設容器儲存室之面積，不得少於十平方公尺，且限
供自己使用。
液化石油氣分銷商聯合設置容器儲存室或委託經直轄市、縣（市）消防
機關會同各相關機關（單位）檢查合格後之液化石油氣分裝場代為儲存
者，其每一分銷商使用之儲存面積，不得少於六平方公尺，上開儲存室
可供儲存之家數已滿時，則不得再供其他分銷商儲放液化石油氣。
所以本題　6×20=120
假使儲存室面積（x）另考量通道，通道面積占儲存室1/5，則
x=120+x×1/5，所以x=150

因此，本題答案為B與C。

（ A ） 14. 民國95年11月1日前已設置之製造、儲存或處理公共危險物品及可燃性高壓氣
體之場所，依公共危險物品及可燃性高壓氣體設置標準暨安全管理辦法，如
迄今仍未改善完畢者，依消防法可處下列何項處罰？
(A) 處其管理權人或行為人新臺幣2萬元以上10萬元以下罰鍰
(B) 處其管理權人或行為人新臺幣10萬元以上30萬元以下罰鍰
(C) 處其管理權人及行為人新臺幣2萬元以上10萬元以下罰金
(D) 處其管理權人新臺幣2萬元以上10萬元以下罰金

（ D ） 15. 依公共危險物品及可燃性高壓氣體設置標準暨安全管理辦法，六類公共危險
物品製造場所或一般處理場所之構造規定，下列何者錯誤？
(A) 應設於建築物之地面層或地上層
(B) 牆壁、樑、柱、地板及樓梯，應以不燃材料建造；外牆有延燒之虞者，
除出入口外，不得設置其他開口，且應採用防火構造
(C) 窗戶及出入口應設置至少30分鐘防火時效之防火門窗；牆壁開口有延燒
之虞者，應設置至少1小時防火時效之常時關閉式防火門
(D) 窗戶及出入口裝有玻璃時，應使用強化玻璃

（ B ） 16. 依公共危險物品及可燃性高壓氣體設置標準暨安全管理辦法，公共危險物品
六類物品製造場所，其外牆或相當於該外牆之設施外側，與廠區外鄰近場所
之安全距離規定，下列何者錯誤？
(A) 與古蹟之距離，應在50公尺以上
(B) 與博物館、美術館之距離，應在30公尺以上
(C) 與加油站、加氣站、天然氣儲槽、可燃性高壓氣體儲槽之距離，應在20
公尺以上
(D) 與電壓超過3萬5千伏特之高架電線之距離，應在5公尺以上

（ D ） 17. 依公共危險物品及可燃性高壓氣體設置標準暨安全管理辦法，下列用語定
義，何者錯誤？
(A) 第三類公共危險物品指發火性液體、發火性固體及禁水性物質
(B) 在常用溫度下或溫度在攝氏15度時，表壓力達每平方公分2公斤以上或0.2
百萬帕斯卡（MPa）以上之壓縮乙炔氣屬可燃性高壓氣體之一
(C) 公共危險物品販賣裝於容器之六類物品，其數量達管制量15倍以上，未
達40倍之場所，稱為第二種販賣場所

(D) 儲槽係純供灌裝可燃性高壓氣體之移動式高壓容器

（ C ）18. 依公共危險物品及可燃性高壓氣體設置標準暨安全管理辦法，液化石油氣販賣場所儲放之液化石油氣，總儲氣量不得超過X公斤。液化石油氣備用量，供營業使用者，不得超過Y公斤；供家庭使用者，不得超過Z公斤。則X、Y、Z各為何？

(A) X=140；Y=80；Z=40   (B) X=128；Y=80；Z=30

(C) X=128；Y=80；Z=40   (D) X=120；Y=60；Z=30

（ C ）19. 依公共危險物品及可燃性高壓氣體設置標準暨安全管理辦法規定，下列場所何者為可燃性高壓氣體處理場所？①販賣裝於容器之六類物品，其數量未達管制量15倍之場所　②販賣裝於容器之可燃性高壓氣體之場所　③檢驗供家庭用或營業用之液化石油氣容器之場所　④使用液化石油氣作為燃氣來源，其串接使用量達80公斤以上之場所　⑤從事壓縮、液化或分裝可燃性高壓氣體之作業區及供應其氣源之儲槽

(A) ①②③   (B) ②④⑤   (C) ②③④   (D) ②③④⑤

（ A ）20. 儲存公共危險物品之數量在管制量20倍以下者，建築物之一部分得供作室內儲存場所使用，其有關位置、構造及設備規定之敘述，下列何者正確？

(A) 供作室內儲存場所使用之部分，通風及排出設備，應設置防火閘門。但管路以不燃材料建造，或內部設置撒水頭防護，或設置達同等以上防護性能之措施者，不在此限

(B) 供作室內儲存場所使用之部分，地板應高於地面，且樓層高度不得超過4公尺

(C) 供作室內儲存場所使用之部分，樓地板面積不得超過60平方公尺

(D) 僅能設於牆壁、柱及地板均為防火構造建築物之第1層

（ B ）21. 依據公共危險物品及可燃性高壓氣體設置標準暨安全管理辦法規定，其中公共危險物品種類分為六類，第二類屬於易燃固體，下列何者不屬於該類物質？　(A) 硫化磷　(B) 黃磷　(C) 赤磷　(D) 硫磺

（ C ）22.18依據公共危險物品及可燃性高壓氣體設置標準暨安全管理辦法規定，其所稱公共危險物品儲存場所之室內儲槽場所，係指在建築物內部設置容量超過多少公升且不可移動之儲槽儲存六類物品之場所？

(A) 1000   (B) 800   (C) 600   (D) 500

（ D ）23. 依公共危險物品及可燃性高壓氣體設置標準暨安全管理辦法規定，某場所

若儲存公共危險物品種類有二種，分別爲黃磷數量x公斤，其管制量爲20公斤；二硫化碳數量y公升，其管制量爲50公升，則x、y各爲下列何者時，其儲存總量即達管制量以上？

(A) x=10、y=20　　(B) x=10、y=25　　(C) x=4、y=40　　(D) x=5、y=40

(D) 24. 製造、儲存或處理六類公共危險物品達管制量30倍以上之場所，應由管理權人選任管理或監督層次以上之幹部爲下列何種人員，擬訂消防防災計畫？

(A) 防火管理人　　(B) 防災管理人　　(C) 防災計畫人　　(D) 保安監督人

(D) 25. 依公共危險物品及可燃性高壓氣體設置標準暨安全管理辦法規定，各項場所之敘述，下列何者錯誤？

(A) 可燃性高壓氣體製造場所，係指從事製造、壓縮、液化或分裝可燃性高壓氣體之作業區及供應其氣源之儲槽

(B) 公共危險物品儲存場所之室外儲槽場所，係指在建築物外地面上設置容量超過600公升且不可移動之儲槽儲存六類物品之場所

(C) 公共危險物品處理場所之第二種販賣場所，係指販賣裝於容器之六類物品，其數量達管制量15倍以上，未達40倍之場所

(D) 可燃性高壓氣體處理場所之容器串接使用場所，係指使用液化石油氣作爲燃氣來源，其串接使用量達60公斤以上之場所

(B) 26. 某棟儲存第四類公共危險物品之建築物（儲存倉庫）建築物之牆壁、柱及地板爲防火構造者，如儲存量達管制量10倍以上未達20倍者，其四周保留空地寬度應至少爲多少？

(A) 1.5公尺以上　　(B) 2公尺以上　　(C) 3公尺以上　　(D) 5公尺以上

(C) 27. 某一設於建築物之地面層的液化石油氣販賣場所，①建築物供販賣場所使用部分，牆壁爲防火構造或不燃材料建造　②樑及天花板以不燃材料建造　③其上無樓層，屋頂爲非防火構造或以耐燃材料建造　④電氣設備符合屋內線路裝置規則相關規定　⑤儲放之液化石油氣，總儲氣量未超過128公斤。以上對其建築物構造、設備及儲存量等之敘述，何者正確？

(A) ①②③④　　(B) ①②③⑤　　(C) ①②④⑤　　(D) ①②③④⑤

(B) 28. 室外儲槽場所儲槽儲存第四類公共危險物品者，其防液堤應符合下列何者規定？

(A) 防液堤之高度應在50公分以上。但儲槽容量合計超過12萬公秉者，高度應在1公尺以上

(B) 防液堤內面積不得超過8萬平方公尺

(C) 室外儲槽容量在5千公秉以上者，其防液堤應設置洩漏檢測設備，並應於可進行處置處所設置警報設備

(D) 高度1公尺以上之防液堤，每間隔50公尺應設置出入防液堤之階梯或土質坡道

(D) 29. 液化石油氣容器檢驗場應依液化石油氣容器定期檢驗基準依序執行容器及容器閥檢驗，不合格容器及容器閥應予銷毀，銷毀時並應報請轄區消防機關監毀。下列有關檢驗程序之敘述，何者錯誤？

(A) 檢驗場應將檢驗紀錄保存6年以上，每月並應申報中央主管機關及轄區消防機關備查

(B) 檢驗場應設置監控系統攝錄容器及容器閥檢驗情形，錄影資料並應保存1個月以上

(C) 檢驗場應維護場內檢驗及安全設施之正常功能，並定期辦理校正及自主檢查

(D) 其檢驗員應每一年接受教育訓練一次

(A) 30. 有關公共危險物品之管理事項，下列何者錯誤？

(A) 有機過氧化物係屬第三類公共危險物品

(B) 位於建築物內以儲槽以外方式儲存六類物品之場所謂之室內儲存場所

(C) 六類公共危險物品製造場所，其外牆或相當於該外牆之設施外側，與廠區外鄰近場所其用途為收容人員在15人之安養機構之安全距離應在10公尺以上

(D) 六類物品製造場所或一般處理場所不得設於建築物之地下層

(D) 31. 有關可燃性高壓氣體場所之管理事項，下列何者錯誤？

(A) 在常用溫度下或溫度在攝氏35度以下時，表壓力達每平方公分2公斤以上或0.2百萬帕斯卡（MPa）以上之液化氣體中之丁烷，係屬可燃性高壓氣體

(B) 可燃性高壓氣體製造場所，係指從事製造、壓縮、液化或分裝可燃性高壓氣體之作業區及供應其氣源之儲槽

(C) 可燃性高壓氣體處理場所之販賣場所應設於建築物之地面層

(D) 液化石油氣儲存場所供三家以上販賣場所共同使用者，不得少於12平方公尺

（C）32. 依據公共危險物品及可燃性高壓氣體設置標準暨安全管理辦法之規定，第一種販賣場所內設六類物品調配室者，應符合的規定下列敘述何者有誤？
(A) 應以牆壁分隔區劃
(B) 出入口應設置一小時以上防火時效之防火門
(C) 樓地板面積應在五平方公尺以上，二十平方公尺以下
(D) 有積存可燃性蒸氣之虞者，應設置將蒸氣有效排至屋簷以上或室外距地面四公尺以上高處之設備

（D）33. 依公共危險物品及可燃性高壓氣體設置標準暨安全管理辦法所稱高閃火點物品，係指閃火點在攝氏X度以上之第Y類公共危險物品，X、Y為下列何者？
(A) 70：一　　(B) 90：二　　(C) 110：三　　(D) 130：四
註：105年已修正高閃火點物品在攝氏100度以上。

（A）34. 依據公共危險物品及可燃性高壓氣體設置標準暨安全管理辦法之規定，下列氣體狀態何者為符合本辦法之可燃性高壓氣體？
(A) 溫度在攝氏三十五度時，表壓力達每平方公分十五公斤之壓縮氫氣
(B) 在常用溫度下，表壓力達每平方公分五公斤之壓縮甲烷
(C) 在常用溫度下，表壓力達每平方公分一點五公斤之壓縮乙炔氣
(D) 在攝氏三十五度以下，表壓力達每平方公分一點五公斤之液化丙烷

（D）35. 依據公共危險物品及可燃性高壓氣體設置標準暨安全管理辦法之規定，室內儲存場所儲存六類物品之數量，如未達管制量五十倍者，下列儲存倉庫周圍保留空地寬度，何者符合規定？
(A) 達管制量六倍者，無保留空地
(B) 達管制量十二倍者，無保留空地
(C) 達管制量二十五倍者，保留空地寬度為一公尺
(D) 達管制量四十倍者，保留空地寬度為三公尺

（B）36. 根據公共危險物品及可燃性高壓氣體設置標準暨安全管理辦法之規定，室內儲槽場所，係指在建築物內設置容量超過多少公升且不可移動之儲槽儲存六類物品之場所？　(A) 300　(B) 600　(C) 1000　(D) 2500

（A）37. 根據公共危險物品及可燃性高壓氣體設置標準暨安全管理辦法之規定，若儲槽上部未設有固定式滅火設備者，該儲槽空間容積等於該儲槽內容積之百分之A到百分之B之間。則A，B各值為何？
(A) A=5，B=10　(B) A=3，B=5　(C) A=3，B=10　(D) A=5，B=20

(A) 38. 依公共危險物品及可燃性高壓氣體設置標準暨安全管理辦法規定，室外儲槽儲存高閃火點物品者，其位置、構造及設備下列敘述何者錯誤？

(A) 儲存容量未達管制量一千倍者，周圍保留空地寬度為二公尺以上

(B) 儲存容量未達管制量二千倍者，周圍保留空地寬度為三公尺以上

(C) 儲存容量達管制量二千倍以上者，周圍保留空地寬度為五公尺以上

(D) 幫浦設備周圍保留空地寬度，應在一公尺以上

(C) 39. 依公共危險物品及可燃性高壓氣體設置標準暨安全管理辦法規定，六類公共危險物品製造場所，其外牆與廠區外鄰近場所之安全距離，下列敘述何者錯誤？

(A) 與古蹟之距離，應在五十公尺以上

(B) 與博物館之距離，應在五十公尺以上

(C) 與加油站之距離，應在三十公尺以上

(D) 與爆竹製造工廠之距離，應在二十公尺以上

(D) 40. 製造、儲存或處理六類物品達管制量多少倍以上之場所，應由管理權人選任管理或監督層次以上之幹部為保安監督人，擬訂消防防災計畫，報請當地消防機關核定，並依該計畫執行六類物品保安監督相關業務？

(A) 10　　　　　(B) 15　　　　　(C) 20　　　　　(D) 30

(B) 41. 根據可燃性高壓氣體儲存場所防爆牆設置基準之規定，防爆牆長度應超過設置方位儲存場所建築物牆面長度。其牆腳與儲存場所建築物之距離不得少於多少公尺？　　(A) 1　(B) 2　(C) 3　(D) 5

(B) 42. 依公共危險物品及可燃性高壓氣體設置標準暨安全管理辦法規定，硫磺及黃磷分屬第幾類公共危險物品？

(A) 第一類及第三類　　　　　　(B) 第二類及第三類

(C) 第二類及第四類　　　　　　(D) 第三類及第五類

(D) 43. 依據公共危險物品及可燃性高壓氣體設置標準暨安全管理辦法，室外儲槽場所儲槽儲存第四類公共危險物品者，其防液堤之規定何者為錯誤？

(A) 室外儲槽之直徑未達十五公尺者，防液堤與儲槽壁板間之距離，不得小於儲槽高度之三分之一

(B) 同一地區設有二座以上儲槽者，其周圍所設置防液堤之容量，應為最大之儲槽容量百分之一百一十以上

(C) 防液堤內面積不得超過八萬平方公尺

(D) 室外儲槽容量在二萬公秉以上者，其防液堤應設置洩漏檢測設備，並應於可進行處置處所設置警報設備

(B) 44. 依據公共危險物品及可燃性高壓氣體設置標準暨安全管理辦法，室內儲槽場所之位置、構造及設備之規定何者為錯誤？

(A) 儲槽專用室出入口應設置二十公分以上之門檻，或設置具有同等以上效能之防止流出措施

(B) 儲槽專用室之儲槽與室內牆面之距離應在三十公分以上

(C) 儲槽專用室之外牆有延燒之虞者，出入口應設置常時關閉式一小時以上防火時效之防火門

(D) 儲槽容量不得超過管制量之四十倍，且第四類公共危險物品中之第二石油類及第三石油類，不得超過二萬公升

(B) 45. 依據公共危險物品及可燃性高壓氣體設置標準暨安全管理辦法之規定，下列之敘述何者正確？

(A) 禁水性物質屬於第二類公共危險物品

(B) 可燃性高壓氣體包含在常用溫度下或溫度在攝氏十五度時，表壓力達每平方公分二公斤以上之壓縮乙炔氣

(C) 室內儲槽場所為在建築物內設置容量超過一千公升且不可移動之儲槽儲存六類物品之場所

(D) 六類物品製造場所，其外牆或相當於該外牆之設施外側與古蹟之距離，應在八十公尺以上

(C) 46. 依據公共危險物品及可燃性高壓氣體設置標準暨安全管理辦法之規定，下列何者錯誤？

(A) 第一種販賣場所係指販賣裝於容器之六類物品，其數量未達管制量十五倍之場所

(B) 第一種販賣場所其使用建築物之窗戶及出入口應設置三十分鐘以上防火時效之防火門窗

(C) 內設六類物品調配室者出入口應設置三十分鐘以上防火時效之防火門

(D) 內設六類物品調配室者，有積存可燃性蒸氣或可燃性粉塵之虞者，應設置將蒸氣或粉塵有效排至屋簷以上或室外距地面四公尺以上高處之設備

(C) 47. 依據「公共危險物品及可燃性高壓氣體設置標準暨安全管理辦法」有關室外儲槽場所之位置、構造及設備規定，下列敘述何者錯誤？

(A) 幫浦設備與儲槽之距離不得小於儲槽保留空地寬度之三分之一

(B) 儲存二硫化碳之儲槽，槽壁厚度不得小於二十公分，並應沒入於無漏水之虞之鋼筋混凝土水槽中

(C) 固定式儲槽直徑四十五公尺以上者，儲存閃火點未達攝氏六十度之六類物品時，相鄰儲槽間之距離應為相鄰二座儲槽直徑和之四分之一

(D) 儲存高閃火點物品之幫浦設備保留空地寬度不得小於一公尺

(B) 48. 依據「公共危險物品及可燃性高壓氣體設置標準暨安全管理辦法」規定，室內儲存場所儲存第五類公共危險物品之有機過氧化物，儲存倉庫應以分隔牆區劃，每一區劃面積應在A平方公尺以下；儲存倉庫窗戶距離地板應在B公尺以上，設於同一壁面窗戶之總面積不得超過該壁面面積之C分之一，且每一窗戶之面積不得超過D平方公尺，請問前述A，B，C，D為何？

(A) 500，1.5，100，0.5　　　　(B) 150，2，80，0.4

(C) 130，1.5，60，0.5　　　　(D) 100，1，50，0.5

(C) 49. 依「公共危險物品及可燃性高壓氣體設置標準暨安全管理辦法」規定，液化石油氣容器檢驗場應將檢驗紀錄保存幾年以上？

(A) 3年　　　　(B) 5年　　　　(C) 6年　　　　(D) 10年

(B) 50. 依「公共危險物品及可燃性高壓氣體設置標準暨安全管理辦法」規定，化學品「赤磷」係屬於第幾類公共危險物品？

(A) 第一類公共危險物品　　　　(B) 第二類公共危險物品

(C) 第三類公共危險物品　　　　(D) 第五類公共危險物品

(A) 51. 依「公共危險物品及可燃性高壓氣體設置標準暨安全管理辦法」之規定，下列有關可燃性高壓氣體儲存場所之敘述何者錯誤？

(A) 通路面積至少應占儲存場所面積之百分之十以上

(B) 周圍二公尺範圍內，應嚴禁煙火，且不得存放任何可燃性物質

(C) 保持攝氏四十度以下之溫度

(D) 採不燃材料構造之地面一層建築物，屋頂應以輕質金屬板或其他輕質不燃材料覆蓋，屋簷並應距離地面二點五公尺以上

(B) 52. 依「公共危險物品及可燃性高壓氣體設置標準暨安全管理辦法」之規定，第一種販賣場所之位置、構造及設備，下列何者錯誤？

(A) 使用建築物之部分之樑及天花板應以不燃材料建造

(B) 應設於建築物之地面二層以下

(C) 內設六類物品調配室之樓地板面積應在6平方公尺以上，10平方公尺以下

(D) 使用建築物之窗戶應設置30分鐘以上防火時效之防火門窗

(A) 53. 依「公共危險物品及可燃性高壓氣體設置標準暨安全管理辦法」之規定，液化石油氣儲存場所供二家以上共同使用者，每一販賣場所使用之儲存面積，不得少於多少；且該儲存場所設置位置與販賣場所距離不得超過幾公里？

　　(A) 六平方公尺；五公里　　　　　(B) 六平方公尺；十公里

　　(C) 十平方公尺；五公里　　　　　(D) 十平方公尺；十公里

(B) 54. 依「公共危險物品及可燃性高壓氣體設置標準暨安全管理辦法」規定，有關可燃性高壓氣體容器儲存室之規定，下列何者正確：

　　(A) 周圍五公尺範圍內，應嚴禁煙火

　　(B) 灌氣容器與殘氣容器，應分開儲存，並直立放置

　　(C) 設置一般型緊急照明設備

　　(D) 通路面積至少應占儲存場所面積15%

(B) 55. 依據公共危險物品及可燃性高壓氣體設置標準暨安全管理辦法之規定，六類物品製造場所，其外牆與廠區外鄰近場所之距離，下列何者符合安全距離規定？

　　(A) 與電壓超過三萬五千伏特之高架電線距離四公尺

　　(B) 與收容人員在二十人以上之大型醫院距離四十公尺

　　(C) 與古蹟距離四十公尺

　　(D) 與圖書館距離四十公尺

(B) 56. 依據公共危險物品及可燃性高壓氣體設置標準暨安全管理辦法之規定，有關儲存鍋爐油之室內儲槽場所其位置、構造及設備應符合項目及說明何者不正確？

　　(A) 鍋爐油屬第四類易燃液體之第三石油類

　　(B) 儲槽容量不得超過管制量之四十倍，儲存數量不得超過二萬五千公升

　　(C) 儲槽專用室之儲槽與室內牆面之距離應在五十公分以上

　　(D) 儲槽材質應為厚度三點二公釐以上之鋼板或具有同等以上性能者

(D) 57. 下列何種公共危險物品，得儲放於室外儲存場所？

　　(A) 第一類公共危險物品中之氯酸鹽類

　　(B) 第二類公共危險物品中之金屬粉

　　(C) 第三類公共危險物品中之黃磷

(D) 第四類公共危險物品中之第四石油類

(D) 58. 有關六類物品製造場所或一般處理場所構造之規定，下列何者有誤？

　　　　(A) 不得設於建築物之地下層

　　　　(B) 窗戶及出入口裝有玻璃時，應為鑲嵌鐵絲網玻璃或具有同等以上防護性能者

　　　　(C) 牆壁、樑、柱、地板及樓梯，應以不燃材料建造；外牆有延燒之虞者，除出入口外，不得設置其他開口，且應採用防火構造

　　　　(D) 窗戶及出入口應設置30分鐘以上防火時效之防火門窗；牆壁開口有延燒之虞者，應設置常開式一小時以上防火時效之防火門

(A) 59. 同一建築基地內，設置二個以上相鄰儲存第一類公共危險物品之氯酸鹽類、過氯酸鹽類、硝酸鹽類、第二類公共危險物品之硫磺、鐵粉、金屬粉、鎂、第五類公共危險物品之硝酸酯類、硝基化合物或含有任一種成分物品之儲存場所，其場所間保留空地寬度，得縮減至多少？

　　　　(A) 50公分　　　　(B) 5公尺　　　　(C) 50公尺　　　　(D) 500公尺

(B) 60. 依「公共危險物品及可燃性高壓氣體設置標準暨安全管理辦法」之規定，液化石油氣備用量，供營業使用者，不得超過多少公斤？

　　　　(A) 40　　　　(B) 80　　　　(C) 128　　　　(D) 160

(C) 61. 依「公共危險物品及可燃性高壓氣體設置標準暨安全管理辦法」之規定，下列有關室外儲槽場所之敘述何者錯誤？

　　　　(A) 儲存閃火點未達攝氏二十一度之六類物品，其容量四十公秉以上者，儲槽之周圍保留空地應在十公尺以上

　　　　(B) 儲存閃火點未達攝氏六十度之六類物品：固定式儲槽直徑未達四十五公尺者，相鄰儲槽間之距離為相鄰二座儲槽直徑和之六分之一，最低為九十公分

　　　　(C) 儲存二硫化碳之儲槽，槽壁厚度不得小於十公分

　　　　(D) 幫浦設備與儲槽之距離不得小於儲槽保留空地寬度之三分之一

(A) 62. 依照「公共危險物品及可燃性高壓氣體設置標準暨安全管理辦法」，有關液化石油氣之規定，下列何者錯誤？

　　　　(A) 販賣場所儲放之液化石油氣，總儲氣量不得超過130公斤

　　　　(B) 儲存場所僅供一家處理場所使用之面積，不得少於10平方公尺

　　　　(C) 液化石油氣備用量，供營業使用者，不得超過80公斤

(D) 液化石油氣備用量，供家庭使用者，不得超過40公斤

(D) 63. 依照「公共危險物品及可燃性高壓氣體設置標準暨安全管理辦法」之規定，某一可燃性高壓氣體儲存場所的儲存面積為9平方公尺，試問其外牆設施之外側，與第一類保護物及第二類保護物之安全距離，分別為X公尺及Y公尺以上，請問前述X，Y為何？

  (A) 12.6，8.4 (B) 22.5，15 (C) 11.25，7.5 (D) 13.5，9

(A) 64. 某一公共危險物品及可燃性高壓氣體之製造場所，其位置、構造、設備未符合設置標準，將處其管理權人之罰鍰為何？

  (A) 新臺幣2萬元以上，10萬元以下 (B) 新臺幣1萬元以上，10萬元以下

  (C) 新臺幣1萬元以上，5萬元以下 (D) 新臺幣2萬元以上，15萬元以下

(C) 65. 依「公共危險物品及可燃性高壓氣體設置標準暨安全管理辦法」之規定，禁水性物質屬於第幾類公共危險物品？

  (A) 第一類 (B) 第二類 (C) 第三類 (D) 第四類

(D) 66. 依「公共危險物品及可燃性高壓氣體設置標準暨安全管理辦法」之規定，下列敘述何者錯誤？

  (A) 六類物品製造場所不得設於建築物之地下層

  (B) 六類物品製造場所之窗戶及出入口應設置三十分鐘以上防火時效之防火門窗

  (C) 室外儲槽場所儲槽儲存第四類公共危險物品者，儲槽容量合計超過二十萬公秉者，防液堤之高度應在一公尺以上

  (D) 地下儲槽場所之儲槽頂部距離地面應在一公尺以上

(D) 67. 依照「公共危險物品及可燃性高壓氣體設置標準暨安全管理辦法」之規定，六類物品之製造場所，其外牆設施外側，與廠區外鄰近的博物館之安全距離至少為X公尺；如與廠區外鄰近的收容人數在300人以上之車站，其安全距離至少為Y公尺，請問前述X，Y為何？

  (A) 30，20 (B) 20，20 (C) 40，30 (D) 50，30

(A) 68. 依「公共危險物品及可燃性高壓氣體設置標準暨安全管理辦法」第13條規定，六類物品製造場所，未有擋牆或具有同等以上防護性能者，其外牆與廠區外鄰近加氣站場所之安全距離為何？

  (A) 20公尺以上 (B) 10公尺以上 (C) 5公尺以上 (D) 3公尺以上

(C) 69. 下列何種物質為公共危險物品第四類「易燃性液體」中之第二石油類？

(A) 丙酮　　　　　(B) 汽油

(C) 柴油　　　　　(D) 1大氣壓時，閃火點未達攝氏21度者

(A) 70. 依照「公共危險物品及可燃性高壓氣體設置標準暨安全管理辦法」的規定，六類危險物品製造或一般處理場所四周保留空地寬度應在X公尺以上；儲存量達管制量10倍以上者，四周保留空地寬度應在Y公尺以上，請問前述X，Y為何？　　(A) 3，5　(B) 5，8　(C) 5，10　(D) 4，6

(B) 71. 依照「公共危險物品及可燃性高壓氣體設置標準暨安全管理辦法」的規定，有關液化石油氣的販賣場所，其液化石油氣備用量，供營業使用者，不得超過X公斤；供家庭使用者，不得超過Y公斤，請問前述X，Y為何？

(A) 100，50　　　(B) 80，40　　　(C) 70，35　　　(D) 60，30

(A) 72. 按「公共危險物品及可燃性高壓氣體設置標準暨安全管理辦法」之規定，一般處理場所係指一日處理六類物品數量達多少以上之場所：

(A) 數量達管制量以上之場所　　　(B) 數量達管制量10倍以上之場所

(C) 數量達管制量15倍以上之場所　(D) 數量達管制量40倍以上之場所

(C) 73. 依「公共危險物品及可燃性高壓氣體設置標準暨安全管理辦法」規定，有關擋牆之設置規定何者錯誤？

(A) 設置位置距離場所外牆或相當於該外牆之設施外側2公尺以上

(B) 不得超過該場所應保留空地寬度之五分之一，其未達2公尺者，以2公尺計

(C) 厚度在10公分以上之鋼筋或鋼骨混凝土牆

(D) 堆高斜度不超過60度之土堤

(A) 74. 按「公共危險物品及可燃性高壓氣體設置標準暨安全管理辦法」之規定，六類物品儲槽之空間容積之計算方式為何？

(A) 內容積之百分之五至百分之十　(B) 內容積之百分之一至百分之三

(C) 內容積之百分之一至百分之十　(D) 內容積之百分之三至百分之十

(D) 75. 公共危險物品製造場所之屋頂，應以不燃材料建造，下列何者屬建築技術規則所稱之不燃材料？

(A) 石膏板　　　(B) 耐燃合板　　　(C) 耐燃塑膠板　　　(D) 玻璃纖維

(C) 76. 儲存六類物品之室內儲存場所，同一建築基地內，設置二個以上相鄰儲存第一類公共危險物品之氯酸鹽類、過氯酸鹽類、硝酸鹽類，其場所間保留空地寬度，得縮減至多少公分？　　(A) 40　(B) 20　(C) 50　(D) 30

(D) 77. 公共危險物品製造場所，儲存量達管制量幾倍以上之作業場所，應保留5公尺

以上寬度之空地？　　　(A) 3　　(B) 5　　(C) 8　　(D) 10

（ B ）78. 下列何者非「公共危險物品及可燃性高壓氣體設置標準暨安全管理辦法」所稱可燃性高壓氣體？

(A) 甲烷、乙烷　　(B) 氫氣、乙烯　　(C) 乙炔、氫氣　　(D) 丙烷、丁烷

（ C ）79. 依據「公共危險物品及可燃性高壓氣體設置標準暨安全管理辦法」之規定，自反應物質及有機過氧化物屬於第幾類公共危險物品？

(A) 第三類　　　　(B) 第四類　　　　(C) 第五類　　　　(D) 第六類

（ A ）80. 依據「公共危險物品及可燃性高壓氣體設置標準暨安全管理辦法」之規定，六類物品製造場所或一般處理場所之構造，應符合下列何規定？

(A) 不得設於建築物之地下層　　　　(B) 不得設於建築物2層以上

(C) 不得設於建築物3層以上　　　　(D) 不得設於建築物4層以上

（ A ）81. 依據「公共危險物品及可燃性高壓氣體設置標準暨安全管理辦法」之規定，六類物品製造場所或一般處理場所四周保留空地寬度應在幾公尺以上？

(A) 3　　　　　　(B) 4　　　　　　(C) 5　　　　　　(D) 6

（ C ）82. 依「公共危險物品及可燃性高壓氣體設置標準暨安全管理辦法」「內政部99.01.06內授消字第0980825192號函」之規定，同一儲槽專用室設置2座以上之儲槽時，各儲槽之容量應合併計算，該專用室全部儲槽之容量合計不得超過管制量之A倍，儲槽之內容物如儲存第四類公共危險物品中之第二石油類及第三石油類等之儲槽之容量合計，不得超過B萬公升，請問前述A，B為何？　　　(A) 100，10　(B) 50，8　(C) 40，2　(D) 30，5

（ D ）83. 依「公共危險物品及可燃性高壓氣體設置標準暨安全管理辦法」之規定，設於室外之製造或處理液體六類物品之設備，應在周圍設置距地面高度在多少公分以上之圍阻措施，或設置具有同等以上效能之防止流出措施？

(A) 5　　　　　　(B) 10　　　　　　(C) 12　　　　　　(D) 15

（ C ）84. 關於可燃性高壓氣體之安全管理，下列何者為誤？

(A) 液化石油氣儲存場所僅供一家處理場所使用之面積，不得少於十平方公尺

(B) 液化石油氣儲存場所設置位置與處理場所距離，不得超過五公里

(C) 可燃性高壓氣體儲存場所，通路面積至少應占儲存場所面積之百分之十二以上

(D) 液化石油氣儲存場所供二家以上共同使用者，每一處理場所使用之儲存面積，不得少於六平方公尺

（A） 85. 關於公共危險物品，下列敘述何者為誤？

(A) 高閃火點物品係指閃火點在攝氏一百一十度以上之第四類公共危險物品

(B) 製造、儲存或處理場所，六類物品容器之容量達管制量三十倍者，容器外部應標示緊急應變搶救代碼

(C) 地下儲槽場所係指在地面下埋設容量超過六百公升之儲槽儲存六類物品之場所

(D) 室內儲槽場所係指在建築物內設置容量超過六百公升且不可移動之儲槽儲存六類物品之場所

（D） 86. 關於檢修時間之間隔，下列何者為正確？

(A) 甲類以外場所不得少於十個月　　　(B) 甲類以外場所不得少於九個月

(C) 甲類場所不得少於七個月　　　　　(D) 甲類場所不得少於五個月

（B） 87. 46 六類物品儲槽空間容積應為內容積之多少？

(A) 百分之五以下　　　　　　　　　　(B) 百分之五至百分之十

(C) 百分之十以下　　　　　　　　　　(D) 百分之十至百分之二十

（B） 88. 依公共危險物品及可燃性高壓氣體設置標準暨安全管理辦法規定，下列有關擋牆之規定，何者錯誤？

(A) 厚度在15公分以上之鋼筋或鋼骨混凝土牆

(B) 設置位置距離場所外牆或相當於該外牆之設施外側1公尺以上

(C) 厚度在20公分以上之鋼筋或鋼骨補強空心磚牆

(D) 堆高斜度不超過60度之土堤

（D） 89. 依公共危險物品及可燃性高壓氣體設置標準暨安全管理辦法規定，可燃性高壓氣體儲存場所，下列敘述何者錯誤？

(A) 保持攝氏40度以下之溫度；容器並應防止日光之直射

(B) 通路面積至少應占儲存場所面積之百分之二十以上

(C) 周圍2公尺範圍內，應嚴禁煙火，且不得存放任何可燃性物質

(D) 採用不燃材料構造之地面一層建築物，屋簷應距離地面1.5公尺以上

（C） 90. 依公共危險物品及可燃性高壓氣體設置標準暨安全管理辦法規定，液化石油氣儲存場所供二家以上共同使用者，每一販賣場所使用之儲存面積，不得少於多少平方公尺？

(A) 3平方公尺　　(B) 5平方公尺　　(C) 6平方公尺　　(D) 10平方公尺

（C） 91. 依公共危險物品及可燃性高壓氣體設置標準暨安全管理辦法規定，禁水性物

質在公共危險物品分類上是屬於第幾類？

(A) 第一類　　　(B) 第二類　　　(C) 第三類　　　(D) 第四類

(D) 92. 依公共危險物品及可燃性高壓氣體設置標準暨安全管理辦法規定，高閃火點物品係指閃火點在攝氏幾度以上之第四類公共危險物品？

(A) 100　　　　(B) 110　　　　(C) 120　　　　(D) 130

註：105年已修正高閃火點物品在攝氏100度以上。

(D) 93. 公共危險物品製造、儲存或處理場所違反消防法規定，經連續處罰，並予以停業或停止使用之處分後，仍不改善者，得依行政執行法規定處新臺幣多少元之怠金？

(A) 三千元以上，一萬五千元以下　　　(B) 六千元以上，三萬元以下

(C) 一萬元以上，五萬元以下　　　　　(D) 五千元以上，三十萬元以下

(D) 94. 依公共危險物品及可燃性高壓氣體設置標準暨安全管理辦法規定，六類物品製造場所，其外牆或相當於該外牆之設施外側，與廠區外某古蹟之安全距離應在多少公尺以上？

(A) 十公尺以上　　(B) 二十公尺以上　(C) 三十公尺以上　(D) 五十公尺以上

(C) 95. 依公共危險物品及可燃性高壓氣體設置標準暨安全管理辦法規定，下列何者不屬於第一類氧化性固體？

(A) 過氧化鉀　　　(B) 硝酸銨　　　(C) 磷化鈣　　　(D) 亞硝酸鉀

(A) 96. 依公共危險物品及可燃性高壓氣體設置標準暨安全管理辦法規定，設於室外之製造或處理液體六類物品之設備，應在周圍設置距地面高度多少公分以上之圍阻措施，或設置具有同等以上效能之防止流出措施？

(A) 十五公分以上　　　　　　　　(B) 二十公分以上

(C) 三十公分以上　　　　　　　　(D) 四十五公分以上

(C) 97. 液化石油氣備用量，供營業使用者，不得超過每桶20公斤裝者幾桶？

(A) 2　　　　　(B) 3　　　　　(C) 4　　　　　(D) 5

(B) 98. 依公共危險物品及可燃性高壓氣體設置標準暨安全管理辦法規定，六類物品製造場所或一般處理場所儲存量達管制量十倍以上者，四周保留空地寬度應在多少公尺以上？

(A) 三公尺以上　　(B) 五公尺以上　　(C) 十公尺以上　　(D) 十五公尺以上

(C) 99. 依公共危險物品及可燃性高壓氣體設置標準暨安全管理辦法規定，六類物品製造場所或一般處理場所之構造，應符合下列何項規定？

(A) 得設於建築物之地下層

(B) 建築物之屋頂，設置設施使該場所無產生爆炸之虞者，應以輕質金屬板或其他輕質不燃材料覆蓋

(C) 窗戶及出入口應設置三十分鐘以上防火時效之防火門窗

(D) 牆壁開口有延燒之虞者，應設置常時關閉式三十分鐘以上之防火門

(B)100. 依公共危險物品及可燃性高壓氣體設置標準暨安全管理辦法規定，可燃性高壓氣體儲存場所，應符合下列何項規定？

(A) 保持攝氏四十五度以下之溫度；容器並應防止日光之直射

(B) 通路面積至少應占儲存場所面積之百分之二十以上

(C) 周圍三公尺範圍內，應嚴禁煙火，且不得存放任何可燃性物質

(D) 採用不燃材料構造之地面一層建築物，屋簷應距離地面一點五公尺以上

(B)101. 依公共危險物品及可燃性高壓氣體設置標準暨安全管理辦法規定，下列有關擋牆之規定，何者錯誤？

(A) 厚度在15公分以上之鋼筋或鋼骨混凝土牆

(B) 設置位置距離場所外牆或相當於該外牆之設施外側1公尺以上

(C) 厚度在20公分以上之鋼筋或鋼骨補強空心磚牆

(D) 堆高斜度不超過60度之土堤

(D)102. 依公共危險物品及可燃性高壓氣體設置標準暨安全管理辦法規定，可燃性高壓氣體儲存場所，下列敘述何者錯誤？

(A) 保持攝氏40度以下之溫度；容器並應防止日光之直射

(B) 通路面積至少應占儲存場所面積之百分之二十以上

(C) 周圍2公尺範圍內，應嚴禁煙火，且不得存放任何可燃性物質

(D) 採用不燃材料構造之地面一層建築物，屋簷應距離地面1.5公尺以上

(C)103. 依公共危險物品及可燃性高壓氣體設置標準暨安全管理辦法規定，液化石油氣儲存場所供二家以上共同使用者，每一販賣場所使用之儲存面積，不得少於多少平方公尺？

(A) 3平方公尺　　(B) 5平方公尺　　(C) 6平方公尺　　(D) 10平方公尺

(B)104. 液化石油氣儲存場所僅供一家處理場所使用之面積，不得少於多少平方公尺？

(A) 6平方公尺　　(B) 10平方公尺　　(C) 20平方公尺　　(D) 30平方公尺

(D)105. 室內儲槽場所之儲槽容量（第四類公共危險物品之第四石油類及動植物油

類，不在此限）不得超過管制量之多少倍，且不得超過多少公升？

(A) 10倍；一萬公升　　　　　　　(B) 20倍；一萬公升

(C) 30倍；二萬公升　　　　　　　(D) 40倍；二萬公升

(C) 106. 公共危險物品之第一種販賣場所，內設六類物品調配室者，有關該調配室之樓地板面積，下列何者正確？

(A) 3平方公尺以上，5平方公尺以下　(B) 5平方公尺以上，8平方公尺以下

(C) 6平方公尺以上，10平方公尺以下　(D) 10平方公尺以上，15平方公尺以下

(A) 107. 若於室外儲存場所直接堆積公共危險物品（不含第四類公共危險物品中之第三石油類、第四石油類及動植物油類）之容器時，依規定堆積高度不得超過多少公尺？　　(A) 3公尺　(B) 6公尺　(C) 9公尺　(D) 10公尺

(C) 108. 依公共危險物品及可燃性高壓氣體設置標準暨安全管理辦法規定，六類物品儲槽空間容積應為內容積之多少？

(A) 百分之五以下　　　　　　　　(B) 百分之五至百分之十

(C) 百分之十以下　　　　　　　　(D) 百分之十一至百分之二十

(A) 109. 關於公共危險物品，下列敘述何者錯誤？

(A) 高閃火點物品係指閃火點在攝氏110度以上之第四類公共危險物品

(B) 製造、儲存或處理場所，六類物品容器之容量達管制量30倍者，容器外部應標示緊急應變搶救代碼

(C) 地下儲槽場所係指在地面下埋設容量超過600公升之儲槽儲存六類物品之場所

(D) 室內儲槽場所係指在建築物內設置容量超過600公升且不可移動之儲槽儲存六類物品之場所

(C) 110. 關於可燃性高壓氣體之安全管理，下列何者錯誤？

(A) 液化石油氣儲存場所僅供一家處理場所使用之面積，不得少於10平方公尺

(B) 液化石油氣儲存場所設置位置與處理場所距離，不得超過5公里

(C) 可燃性高壓氣體儲存場所，通路面積至少應占儲存場所面積之百分之十二以上

(D) 液化石油氣儲存場所供二家以上共同使用者，每一處理場所使用之儲存面積，不得少於6平方公尺

(B) 111. 關於公共危險物品種類之敘述，下列何者正確？

(A) 二硫化碳為氧化性液體　　　　(B) 鎂粉為第二類危險物品

(C) 硝酸為第五類危險物品　　　　(D) 黃磷為可燃性固體

(#) 112. 下列何種情形，屬於儲存液體儲槽側板外壁與儲存場所廠區境界線距離之除外規定？

(A) 儲存閃火點比較高之第四石油類時

(B) 以不燃材料建造之防火牆時

(C) 不易延燒者

(D) 設置防火水幕者

註：本題題目應問「不屬於」，如問「屬於」，則答案有BCD。

第37條　室外儲槽場所之位置、構造及設備應符合下列規定：

一、儲槽側板外壁與廠區外鄰近場所之安全距離，準用第十三條規定。

二、儲存液體儲槽側板外壁與儲存場所廠區之境界線距離，應依附表四規定。但有下列情形之一者，不在此限。

(一) 以不燃材料建造之防火牆。

(二) 不易延燒者。

(三) 設置防火水幕者。

(B) 113. 販賣裝於容器之六類公共危險物品，其數量達管制量十五倍以上，未達四十倍之場所，是屬於下列何者？

(A) 第一種販賣場所　　　　(B) 第二種販賣場所

(C) 第三種販賣場所　　　　(D) 一般處理場所

(C) 114. 下列有關「六類公共危險物品製造場所，其外牆或相當於該外牆之設施外側，與廠區外鄰近場所之安全距離」之敘述，何者為誤？

(A) 與古蹟場所之距離，應在五十公尺以上

(B) 與公共危險物品及可燃性高壓氣體製造、儲存或處理場所之距離，應在二十公尺以上

(C) 與電壓超過三萬五千伏特之高架電線之距離，應在十公尺以上

(D) 與電壓超過七千伏特，三萬五千伏特以下之高架電線之距離，應在三公尺以上

(B) 115. 有關可燃性高壓氣體儲存場所之構造、設備及安全管理規定，下列敘述何者錯誤？

(A) 採用不燃材料構造之地面一層建築物，屋頂應以輕質金屬板或其他輕質不燃材料覆蓋，屋簷並應距離地面2.5公尺以上

(B) 周圍3公尺範圍內，應嚴禁煙火，且不得存放任何可燃性物質。但儲存場所牆壁以厚度8公分以上鋼筋混凝土造或具有同等以上強度構築防護牆者，不在此限

(C) 通路面積至少應占儲存場所面積之百分之二十以上

(D) 設置警戒標示、防爆型緊急照明設備、氣體漏氣自動警報設備、防止氣體滯留之有效通風裝置

(B) 116. 依據公共危險物品及可燃性高壓氣體設置標準暨安全管理辦法規定，有關可燃性高壓氣體，下列何者非在常用溫度下或溫度在攝氏35度時，表壓力達每平方公分10公斤以上之壓縮氣體？

(A) 氫氣　　　　(B) 乙炔氣　　　　(C) 乙烯　　　　(D) 甲烷

(D) 117. 有關六類公共危險物品製造場所或一般處理場所之構造、設備及安全管理規定，下列敘述何者正確？

(A) 設有擋牆防護或具有同等以上防護性能的六類物品製造場所，其外牆或相當於該外牆之設施外側，與廠區外鄰近加油站之安全距離，應在20公尺以上

(B) 六類物品製造場所或一般處理場所四周保留空地寬度應在5公尺以上；儲存量達管制量10倍以上者，四周保留空地寬度應在10公尺以上

(C) 有積存可燃性蒸氣或可燃性粉塵之虞之建築物，應設置將蒸氣或粉塵有效排至屋簷以上或室外距地面2公尺以上高處之設備

(D) 設於室外之製造或處理液體六類物品之設備，應在周圍設置距地面高度在15公分以上之圍阻措施，或設置具有同等以上效能之防止流出措施

4.9 公共危險物品及可燃性高壓氣體設置標準暨安全管理辦法歷屆申論題

1. 請依「公共危險物品及可燃性高壓氣體設置標準暨安全管理辦法」之規定，說明公共危險物品之範圍及分類為何？可燃性高壓氣體，係指符合哪些規定之一者？（25分）（96年消防升等考）

解：

第3條　公共危險物品之範圍及分類如下：

一、第一類：氧化性固體。

二、第二類：易燃固體。

三、第三類：發火性液體、發火性固體及禁水性物質。

四、第四類：易燃液體。

五、第五類：自反應物質及有機過氧化物。

六、第六類：氧化性液體。

第4條　可燃性高壓氣體，係指符合下列各款規定之一者：

一、在常用溫度下或溫度在攝氏三十五度時，表壓力達每平方公分十公斤以上或一百萬帕斯卡（MPa）以上之壓縮氣體中之氫氣、乙烯、甲烷及乙烷。

二、在常用溫度下或溫度在攝氏十五度時，表壓力達每平方公分二公斤以上或零點二百萬帕斯卡（MPa）以上之壓縮乙炔氣。

三、在常用溫度下或溫度在攝氏三十五度以下時，表壓力達每平方公分二公斤以上或零點二百萬帕斯卡（MPa）以上之液化氣體中之丙烷、丁烷及液化石油氣。

四、其他經中央主管機關指定之氣體。

2. 在「公共危險物品及可燃性高壓氣體設置標準暨安全管理辦法」中，有關六類物品製造場所及一般處理場所之構造與設備，分別應符合哪些規定？（25分）（97-1年設備師）

解：

第15條　六類物品製造場所或一般處理場所之構造，應符合下列規定：

一、不得設於建築物之地下層。

二、牆壁、樑、柱、地板及樓梯，應以不燃材料建造；外牆有延燒之虞者，除出入口外，不得設置其他開口，且應採用防火構造。

三、建築物之屋頂，應以不燃材料建造，並以輕質金屬板或其他輕質不燃材料覆蓋。但設置設施使該場所無產生爆炸之虞者，得免以輕質金屬板或其他輕質不燃材料覆蓋。

四、窗戶及出入口應設置三十分鐘以上防火時效之防火門窗；牆壁開口有延燒之虞者，應設置一小時以上防火時效之常時關閉式防火門。

五、窗戶及出入口裝有玻璃時，應為鑲嵌鐵絲網玻璃或具有同等以上防護性能者。

六、製造或處理液體六類物品之建築物地板，應採用不滲透構造，且作適當之傾斜，並設置集液設施。但設有洩漏承接設施及洩漏檢測設備，能立即通知相關人員有效處理者，得免作適當之傾斜及設置集液設施。

七、設於室外之製造或處理液體六類物品之設備，應在周圍設置距地面高度在十五公分以上之圍阻措施，或設置具有同等以上效能之防止流出措施；其地面應以混凝土或六類物品無法滲透之不燃材料鋪設，且作適當之傾斜，並設置集液設施。處理易燃液體中不溶於水之物質，應於集液設施設置油水分離裝置，以防止直接流入排水溝。

第16條　六類物品製造場所或一般處理場所之設備，應符合下列規定：

一、應有充分之採光、照明及通風設備。

二、有積存可燃性蒸氣或可燃性粉塵之虞之建築物，應設置將蒸氣或粉塵有效排至屋簷以上或室外距地面四公尺以上高處之設備。

三、機械器具或其他設備，應採用可防止六類物品溢漏或飛散之構造。但設備中設有防止溢漏或飛散之附屬設備者，不在此限。

四、六類物品之加熱、冷卻設備或處理六類物品過程會產生溫度變化之設備，應設置適當之測溫裝置。

五、六類物品之加熱或乾燥設備，應採不直接用火加熱之構造。但加熱或乾燥設備設於防火安全處所或設有預防火災之附屬設備者，不在此

限。

六、六類物品之加壓設備或於處理中會產生壓力上升之設備,應設置適當
　　之壓力計及安全裝置。

七、製造或處理六類物品之設備有發生靜電蓄積之虞者,應設置有效消除
　　靜電之裝置。

八、避雷設備應符合中華民國國家標準(以下簡稱CNS)一二八七二規
　　定,或以接地方式達同等以上防護性能者。但因周圍環境,無致生危
　　險之虞者,不在此限。

九、電動機及六類物品處理設備之幫浦、安全閥、管接頭等,應裝設於不
　　妨礙火災之預防及搶救位置。

十、電氣設備應符合屋內線路裝置規則相關規定。

3. 公共危險物品製造場所等應留設保留空地之目的為何?(10分)並說明有關規定為
何?(15分)(92年消防升等考)

解:

1) 避免由外面向製造場所或一般處理場所延燒;或避免由製造場所或一般處理場所
向外面延燒,目的如防火巷之作用。

2) 消防搶救活動空間。

第14條　六類物品製造場所或一般處理場所四周保留空地寬度應在三公尺以上;儲
　　　　存量達管制量十倍以上者,四周保留空地寬度應在五公尺以上。
　　　　前項場所,如因作業流程具有連接性,四周依規定保持距離會嚴重妨害其
　　　　作業者,於設有高於屋頂,為不燃材料建造,具二小時以上防火時效之防
　　　　火牆,並將二者有效隔開者,得不受前項距離規定之限制。

4. 公共危險物品之儲存及處理作業若不小心,甚易引起爆炸或火災之意外。試述公共
危險物品之儲存及處理,應遵守哪些規定?(25分)(91年消防升等考)

解:

第45條　六類物品之儲存及處理,應遵守下列規定:

一、第一類公共危險物品應避免與可燃物接觸或混合,或與具有促成其分
　　解之物品接近,並避免過熱、衝擊、摩擦。無機過氧化物應避免與水

接觸。

二、第二類公共危險物品應避免與氧化劑接觸混合及火焰、火花、高溫物體接近及過熱。金屬粉應避免與水或酸類接觸。

三、第三類公共危險物品之禁水性物質不可與水接觸。

四、第四類公共危險物品不可與火焰、火花或高溫物體接近，並應防止其發生蒸氣。

五、第五類公共危險物品不可與火焰、火花或高溫物體接近，並避免過熱、衝擊、摩擦。

六、第六類公共危險物品應避免與可燃物接觸或混合，或具有促成其分解之物品接近，並避免過熱。

5. 依公共危險物品及可燃性高壓氣體設置標準暨安全管理辦法之規定，公共危險物品處理場所係指哪些場所？可燃性高壓氣體處理場所係指哪些場所？請詳細列舉說明之。（25分）（102年四等特考）

解：

第7條　公共危險物品處理場所，指下列場所：

一、販賣場所：

(一) 第一種販賣場所：販賣裝於容器之六類物品，其數量未達管制量十五倍之場所。

(二) 第二種販賣場所：販賣裝於容器之六類物品，其數量達管制量十五倍以上，未達四十倍之場所。

二、一般處理場所：除前款以外，其他一日處理六類物品數量達管制量以上之場所。

可燃性高壓氣體處理場所，指下列場所：

一、販賣場所：販賣裝於容器之可燃性高壓氣體之場所。

二、容器檢驗場所：檢驗供家庭用或營業用之液化石油氣容器之場所。

三、容器串接使用場所：使用液化石油氣作為燃氣來源，其串接使用量達八十公斤以上之場所。

6. 根據「公共危險物品及可燃性高壓氣體設置標準暨安全管理辦法」之規定，為確保公共危險物品相關場所設施之安全，在興建之前，除 相關的位置、構造及設備圖說，應由直轄市、縣（市）消防機關於主管建築機關許可開工前，審查完成；以及完工後，直轄市、縣（市）主管建築機關應會同消防機關檢查其位置、構造及設備合格後，始得發給使用執照之規定外。並規定有：某項設施應於「申請完工檢查前，委託中央主管機關指定之專業機構完成下列檢查，並出具合格證明文件」之規定，上述係指哪一類公共危險物品的場所設施？（10分）以及，應完成哪些檢查內容，才可以針對該場所申請完工檢查？（15分）（101年消防設備士）

解：

1) 第4類易燃性液體

2) 儲存液體公共危險物品之儲槽應於申請完工檢查前，委託中央主管機關指定之專業機構完成下列檢查，並出具合格證明文件。

　　一、滿水或水壓檢查。

　　二、儲槽容量在一千公秉以上者，應實施地盤、基礎及熔接檢查。

7. 依公共危險物品及可燃性高壓氣體設置標準暨安全管理辦法之規定，何謂「可燃性高壓氣體處理場所」？可燃性高壓氣體處理場所之位置、構造、設備及安全管理，應符合哪些規定？違反規定時，有何處罰方式？試說明之。（25分）（100年消防設備士）

解：

可燃性高壓氣體處理場所，指下列場所：

一、販賣場所：販賣裝於容器之可燃性高壓氣體之場所。

二、容器檢驗場所：檢驗供家庭用或營業用之液化石油氣容器之場所。

三、容器串接使用場所：使用液化石油氣作為燃氣來源，其串接使用量達八十公斤以上之場所。

第69條　　可燃性高壓氣體處理場所之位置、構造、設備及安全管理，應符合下列規定：

　　　　一、販賣場所：

　　　　　　(一) 應設於建築物之地面層。

　　　　　　(二) 建築物供販賣場所使用部分，應符合下列規定：

1. 牆壁應為防火構造或不燃材料建造。但與建築物其他使用部分之隔間牆，應為防火構造。

2. 樑及天花板應以不燃材料建造。

3. 其上有樓層者，上層之地板應為防火構造；其上無樓層者，屋頂應為防火構造或以不燃材料建造。

(三) 電氣設備應符合屋內線路裝置規則相關規定。

(四) 不得使用火源。

二、容器檢驗場所：

(一) 應符合前款第一目至第三目規定。

(二) 有洩漏液化石油氣之虞之設施，應設置氣體漏氣警報器。

(三) 使用燃氣設備者，應連動緊急遮斷裝置。

(四) 不得使用火源。但因檢驗作業需要者，不在此限。

8. 依「公共危險物品及可燃性高壓氣體設置標準暨安全管理辦法」第38條規定，室外儲槽場所儲槽儲存非第四類公共危險物品者，防液堤應符合之規定為何？（25分）（103年消防設備師）

解：

第38條 室外儲槽場所儲槽儲存第四類公共危險物品者，其防液堤應符合下列規定：

二、防液堤之高度應在五十公分以上。但儲槽容量合計超過二十萬公秉者，高度應在一公尺以上。

七、防液堤應以鋼筋混凝土造或土造，並應具有防止儲存物洩漏及滲透之構造。

八、儲槽容量超過一萬公秉者，應在各個儲槽周圍設置分隔堤，並應符合下列規定：

(一) 分隔堤高度應在三十公分以上，且至少低於防液堤二十公分。

(二) 分隔堤應以鋼筋混凝土造或土造。

九、防液堤內部除與儲槽有關之配管及消防用配管外，不得設置任何配管。

十、防液堤不得被配管貫通。但不損傷防液堤構造性能者，不在此限。

十一、防液堤應設置能排放內部積水之排水設備，且操作閥應設在防液堤之外部，平時應保持關閉狀態。

十二、室外儲槽容量在一千公秉以上者，其排水設備操作閥開關，應容易辨別。

十四、高度一公尺以上之防液堤，每間隔三十公尺應設置出入防液堤之階梯或土質坡道。

儲存前項以外液體六類物品儲槽之防液堤，其容量不得小於最大儲槽容量，且應符合前項第二款、第七款至第十二款及第十四款規定。

9. 液化石油氣儲存場所之儲存面積及通路面積各為何？又液化石油氣儲存場所設置位置與處理場所之距離限制為何？（25分）（99年四等特考－內軌）

解：

1) 第72條液化石油氣儲存場所僅供一家販賣場所使用之面積，不得少於十平方公尺；供二家以上共同使用者，每一販賣場所使用之儲存面積，不得少於六平方公尺。第70條通路面積至少應占儲存場所面積之百分之二十以上。

2) 第72條液化石油氣儲存場所僅供一家販賣場所使用之面積，不得少於十平方公尺；供二家以上共同使用者，每一販賣場所使用之儲存面積，不得少於六平方公尺。前項儲存場所設置位置與販賣場所距離不得超過五公里。但儲存場所設有圍牆防止非相關人員進入，並有二十四小時專人管理時，其距離得為二十公里內。

10. 公共危險物品儲存場所有哪些類型？請說明。（25分）（100年四等特考）

解：

第6條　　公共危險物品儲存場所，係指下列場所：

一、室外儲存場所：位於建築物外以儲槽以外方式儲存六類物品之場所。

二、室內儲存場所：位於建築物內以儲槽以外方式儲存六類物品之場所。

三、室內儲槽場所：在建築物內設置容量超過六百公升且不可移動之儲槽儲存六類物品之場所。

四、室外儲槽場所：在建築物外地面上設置容量超過六百公升且不可移動之儲槽儲存六類物品之場所。

五、地下儲槽場所：在地面下埋設容量超過六百公升之儲槽儲存六類物品

之場所。

11. 依公共危險物品及可燃性高壓氣體設置標準暨安全管理辦法之規定，何謂「公共危險物品販賣場所」？公共危險物品販賣場所之位置、構造、設備及安全管理，應符合哪些規定？試說明之。（25分）（99年消防設備士）

解：

1) 第7條　公共危險物品處理場所，指下列場所：

一、販賣場所：

(一) 第一種販賣場所：販賣裝於容器之六類物品，其數量未達管制量十五倍之場所。

(二) 第二種販賣場所：販賣裝於容器之六類物品，其數量達管制量十五倍以上，未達四十倍之場所。

2) 第17條　第一種販賣場所之位置、構造及設備，應符合下列規定：

一、應設於建築物之地面層。

二、應在明顯處所，標示有關消防之必要事項。

三、其使用建築物之部分，應符合下列規定：

(一) 牆壁應為防火構造或以不燃材料建造。但與建築物其他使用部分之隔間牆，應為防火構造。

(二) 樑及天花板應以不燃材料建造。

(三) 上層之地板應為防火構造；其上無樓層者，屋頂應為防火構造或以不燃材料建造。

(四) 窗戶及出入口應設置三十分鐘以上防火時效之防火門窗。

(五) 窗戶及出入口裝有玻璃時，應為鑲嵌鐵絲網玻璃或具有同等以上防護性能者。

四、內設六類物品調配室者，應符合下列規定：

(一) 樓地板面積應在六平方公尺以上，十平方公尺以下。

(二) 應以牆壁分隔區劃。

(三) 地板應為不滲透構造，並設置適當傾斜度及集液設施。

(四) 出入口應設置一小時以上防火時效之防火門。

(五) 有積存可燃性蒸氣或可燃性粉塵之虞者，應設置將蒸氣或粉塵有效排至屋簷以上或室外距地面四公尺以上高處之設備。

第18條　第二種販賣場所之位置、構造及設備，除準用前條第一款、第二款、第三款第五目及第四款規定外，其使用建築物之部分，並應符合下列規定：

一、牆壁、樑、柱及地板應為防火構造。設有天花板者，應以不燃材料建造。

二、上層之地板應為防火構造，並設有防止火勢向上延燒之設施；其上無樓層者，屋頂應為防火構造。

三、窗戶應設置三十分鐘以上防火時效之防火窗。但有延燒之虞者，不得設置。

四、出入口應設置三十分鐘以上防火時效之防火門。但有延燒之虞者，應設置一小時以上防火時效之常時關閉式防火門。

第46條　第一種及第二種販賣場所，其安全管理應遵守下列規定：

一、儲存或處理公共危險物品，不得超過第七條第一項第一款第一目或第二目所定之數量。

二、嚴禁火源。

三、不得放置空紙箱、內襯紙、塑膠袋、紙盒等包裝用餘材料，或其他易燃易爆之物品。

四、儲存或處理公共危險物品之容器，不得有破損、腐蝕或裂縫等情形。

五、儲存或處理公共危險物品之容器應有防止傾倒之固定措施，不得倒置或施以衝擊、擠壓或拉扯。

六、維修可能殘留公共危險物品之設備、機械器具或容器時，應於安全處所將公共危險物品完全清除後為之。

12. 依據「公共危險物品及可燃性高壓氣體設置標準暨安全管理辦法」第70條規定，可燃性高壓氣體儲存場所之構造及設備，有關照明設備、通風裝置、內部溫度維持、容器置放與通路面積等規定分別為何？（25分）（102年消防設備師）

解：

一、設有警戒標示及防爆型緊急照明設備。

二、設置氣體漏氣自動警報設備。

三、設置防止氣體滯留之有效通風裝置。

四、採用不燃材料構造之地面一層建築物，屋頂應以輕質金屬板或其他輕質不燃材料覆蓋，屋簷並應距離地面二點五公尺以上。

五、保持攝氏四十度以下之溫度；容器並應防止日光之直射。

六、灌氣容器與殘氣容器，應分開儲存，並直立放置，且不可重疊堆放。灌氣容器並應採取防止因容器之翻倒、掉落引起衝擊或損傷附屬之閥等措施。

七、通路面積至少應占儲存場所面積之百分之二十以上。

13. 依「公共危險物品及可燃性高壓氣體設置標準暨安全管理辦法」，六類公共危險物品之範圍及分類為何？各分類並請列舉一例表示。此六類公共危險物品之儲存及處理，應遵守哪些規定以避免產生火災爆炸危害？試說明此規定之理由。（30分）（102年消防設備士）

解：

第3條　　　公共危險物品之範圍及分類如下：

一、第一類：氧化性固體。

二、第二類：易燃固體。

三、第三類：發火性液體、發火性固體及禁水性物質。

四、第四類：易燃液體。

五、第五類：自反應物質及有機過氧化物。

六、第六類：氧化性液體。

上述又依第45條規定指出

A. 第一類公共危險物品應避免與可燃物接觸或混合，或與具有促成其分解之物品接近，並避免過熱、衝擊、摩擦。無機過氧化物應避免與水接觸。

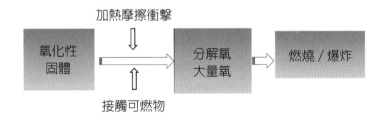

B. 第二類公共危險物品應避免與氧化劑接觸混合及火焰、火花、高溫物體接近及過熱。金屬粉應避免與水或酸類接觸。

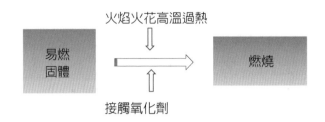

C. 第三類公共危險物品之禁水性物質不可與水接觸。

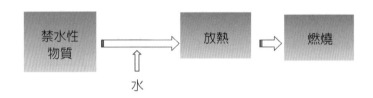

D. 第四類公共危險物品不可與火焰、火花或高溫物體接近,並應防止其發生蒸氣。

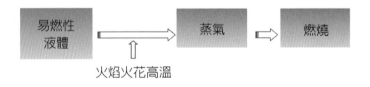

E. 第五類公共危險物品不可與火焰、火花或高溫物體接近,並避免過熱、衝擊、摩擦。

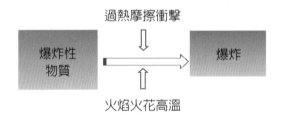

F. 第六類公共危險物品應避免與可燃物接觸或混合,或具有促成其分解之物品接近,並避免過熱。

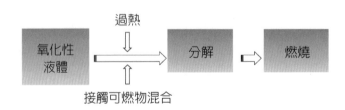

不相容化學混合物（Incompatible Chemical Mixtures）可引起劇烈反應、爆炸、火災或產生有毒氣體。在容器內內置不相容的物質，會導致洩漏或災害。而在發生火災或其他災害，容器易於破裂，致化學物質能結合燃料，形成對救災人員之更嚴重火災或傷害。亦即混合危險為二種以上液體物質相互混合時，二者間形成混合熱使彼此分子運動加速，產生大量反應熱，導致火災或爆炸之危險。

1) 混合後反應者

　　二種化學物質混合後，有些可立即反應，有些則經一段時間始生反應者，其反應情況如下：

　　分解、發熱而生燃燒或爆炸。

　　生成分解性或爆炸性反應。

　　生成爆炸性化合物。

2) 混合後不反應者

　　二種化學物質混合後，不致分解發火，但其性質改變，混合後物質更易於發火。

在6類公共危險物品之混合危險如下表所述。

表中×表有混合危險者，●表有潛在危險者，○表無混合危險者。

表　公共危險物品之混合危險

公共危險物品	1	2	3	4	5	6
1		×	×	×	×	×
2	×			○	●	×
3	×	×		●	×	×
4	×	○	●		●	●
5	×	●	×	●		×
6	×	×	×	●	×	

4.10 公共危險物品及可燃性高壓氣體設置標準暨安全管理辦法模擬試題

1. 串接液化石油氣使用量在三百公斤以上未滿六百公斤者，應符合規定為何？

解：

(一) 容器與用火設備保持二公尺以上距離。

(二) 設置氣體漏氣警報器。

三、串接使用量在三百公斤以上未滿六百公斤者，除應符合前二款規定外，並應符合下列規定：

(一) 以書面向當地消防機關陳報。

(二) 設置自動緊急遮斷裝置。

(三) 容器放置於室外者，應設有柵欄或圍牆，其上方應以輕質金屬板或其他輕質不燃材料覆蓋，並距離地面二點五公尺以上。

2. 液化石油氣販賣場所儲放之液化石油氣規定為何？

解：

第73條　液化石油氣販賣場所儲放之液化石油氣，總儲氣量不得超過一二八公斤。液化石油氣備用量，供營業使用者，不得超過八十公斤；供家庭使用者，不得超過四十公斤。

3. 液化石油氣儲存場面積及距離之規定為何？

解：

液化石油氣儲存場所僅供一家販賣場所使用之面積，不得少於十平方公尺；供二家以上共同使用者，每一販賣場所使用之儲存面積，不得少於六平方公尺。

前項儲存場所設置位置與販賣場所距離不得超過五公里。但儲存場所設有圍牆防止非相關人員進入，並有二十四小時專人管理時，其距離得為二十公里內。

4. 液化石油氣容器檢驗場所之位置、構造、設備及安全管理，應符合規定為何？

解：

容器檢驗場所：

(一) 應設於建築物之地面層。

(二) 建築物供販賣場所使用部分，應符合下列規定：

    1. 牆壁應爲防火構造或不燃材料建造。但與建築物其他使用部分之隔間牆，應爲防火構造。

    2. 樑及天花板應以不燃材料建造。

    3. 其上有樓層者，上層之地板應爲防火構造；其上無樓層者，屋頂應爲防火構造或以不燃材料建造。

(三) 電氣設備應符合屋內線路裝置規則相關規定。

(四) 有洩漏液化石油氣之虞之設施，應設置氣體漏氣警報器。

(五) 使用燃氣設備者，應連動緊急遮斷裝置。

(六) 不得使用火源。但因檢驗作業需要者，不在此限。

5. 可燃性高壓氣體販賣場所之位置、構造、設備及安全管理，應符合規定爲何？

解：

一、販賣場所：

    (一) 應設於建築物之地面層。

    (二) 建築物供販賣場所使用部分，應符合下列規定：

        1. 牆壁應爲防火構造或不燃材料建造。但與建築物其他使用部分之隔間牆，應爲防火構造。

        2. 樑及天花板應以不燃材料建造。

        3. 其上有樓層者，上層之地板應爲防火構造；其上無樓層者，屋頂應爲防火構造或以不燃材料建造。

    (三) 電氣設備應符合屋內線路裝置規則相關規定。

    (四) 不得使用火源。

6. 可燃性高壓氣體場所所指第二類保護物爲何？

解：

第二類保護物：係指第一類保護物以外供人居住或使用之建築物。但與製造、處理或

儲存場所位於同一建築基地者，不屬之。

7. 販賣場所安全管理規定為何？

解：

第46條　　第一種及第二種販賣場所，其安全管理應遵守下列規定：

一、儲存或處理公共危險物品，不得超過第七條第一項第一款第一目或第
二目所定之數量。

二、嚴禁火源。

三、不得放置空紙箱、內襯紙、塑膠袋、紙盒等包裝用餘材料，或其他易
燃易爆之物品。

四、儲存或處理公共危險物品之容器，不得有破損、腐蝕或裂縫等情形。

五、儲存或處理公共危險物品之容器應有防止傾倒之固定措施，不得倒置
或施以衝擊、擠壓或拉扯。

六、維修可能殘留公共危險物品之設備、機械器具或容器時，應於安全處
所將公共危險物品完全清除後為之。

8. 室外油槽之防液堤規定為何？

解：

一、單座儲槽周圍所設置防液堤之容量，應為該儲槽容量百分之一百一十以上；同一
地區設有二座以上儲槽者，其周圍所設置防液堤之容量，應為最大之儲槽容量百
分之一百一十以上。

二、防液堤之高度應在五十公分以上。但儲槽容量合計超過二十萬公秉者，高度應在
一公尺以上。

三、防液堤內面積不得超過八萬平方公尺。

四、防液堤內部設置儲槽，不得超過十座。但其儲槽容量均在二百公秉以下，且所儲
存物之閃火點在攝氏七十度以上未達二百度者，得設置二十座以下；儲存物之閃
火點在攝氏二百度以上者，無設置數量之限制。

五、防液堤周圍應設道路並與區內道路連接，道路寬度不得小於六公尺。
但有下列各款情形之一，且設有足供消防車輛迴車用之場地者，其設置之道路得
為二面以上：

(一) 防液堤內部儲槽之容量均在二百公秉以下。

(二) 防液堤內部儲槽儲存物之閃火點均在攝氏二百度以上。

(三) 周圍設置道路確有困難。

六、室外儲槽之直徑未達十五公尺者，防液堤與儲槽側板外壁間之距離，不得小於儲槽高度之三分之一；其為十五公尺以上者，不得小於儲槽高度之二分之一。但儲存物之閃火點在攝氏二百度以上者，不在此限。

七、防液堤應以鋼筋混凝土造或土造，並應具有防止儲存物洩漏及滲透之構造。

八、儲槽容量超過一萬公秉者，應在各個儲槽周圍設置分隔堤，並應符合下列規定：

(一) 分隔堤高度應在三十公分以上，且至少低於防液堤二十公分。

(二) 分隔堤應以鋼筋混凝土造或土造。

九、防液堤內部除與儲槽有關之配管及消防用配管外，不得設置任何配管。

十、防液堤不得被配管貫通。但不損傷防液堤構造性能者，不在此限。

十一、防液堤應設置能排放內部積水之排水設備，且操作閥應設在防液堤之外部，平時應保持關閉狀態。

9. 儲存液體儲槽側板外壁與儲存場所廠區之境界線距離不夠，請問如何解決此問題？

解：

(一) 以不燃材料建造具二小時以上防火時效之防火牆。

(二) 不易延燒者。

(三) 設置防火水幕者。

10. 室內儲槽場所輸送液體六類物品之配管，應符合規定為何？

解：

第36條　　室內儲槽場所輸送液體六類物品之配管應符合下列規定：

一、應為鋼製或金屬製。但鋼製或金屬製配管會造成作業汙染者，得設置塑材雙套管。

二、應經該配管最大常用壓力之一點五倍以上水壓進行耐壓試驗十分鐘，不得洩漏或變形。但以水壓進行耐壓試驗確有困難者，得以該配管最大常用壓力之一點一倍以上氣壓進行耐壓試驗。設置塑材雙套管者，其耐壓試驗以內管為限。

　　三、設於地上者，不得接觸地面，且外部應有防蝕功能。

　　四、埋設於地下者，外部應有防蝕功能；接合部分，應有可供檢查之措施。但以熔接接合者，不在此限。

　　五、設有加熱或保溫之設備者，應具有預防火災之安全構造。

11. 室外儲存場所儲存之六類物品應以容器裝置，如設置架臺者規定為何？

解：

設置架臺者，其構造及設備應符合下列規定：

(一) 架臺應以不燃材料建造，並定著於堅固之基礎上。

(二) 架臺應能負載其附屬設備及所儲存物品之重量，並承受風力、地震等造成之影響。

(三) 架臺之高度不得超過六公尺。

(四) 架臺應設置防止儲存物品掉落之裝置。

12. 室內儲存場所儲存哪些物品者，不適用放寬之規定？

解：

第29條　室內儲存場所儲存下列物品者，不適用第二十二條至第二十四條規定：

　　一、第三類公共危險物品之烷基鋁、烷基鋰。

　　二、第四類公共危險物品之乙醛、環氧丙烷。

　　三、第五類公共危險物品之有機過氧化物及A型、B型自反應物質。

　　四、其他經中央主管機關公告之六類物品。

13. 室內儲存場所儲存第五類公共危險物品之B型自反應物質之倉庫，其屋頂應符合規定為何？

解：

儲存倉庫屋頂應符合下列規定之一：

(一) 構架屋頂面之木構材，其跨度應在三十公分以下。

(二) 屋頂下方以圓型鋼或輕型鋼材質之格子樑構造，其邊長在四十五公分以下。

(三) 屋頂下設置金屬網，應與不燃材料建造之屋樑、橫樑等緊密結合。

(四) 設置厚度在五公分以上，寬度在三十公分以上之木材作為屋頂之基礎。

14. 室內儲存場所儲存六類物品之儲存倉庫周圍保留空地寬度，應符合規定為何？

解：

儲存倉庫周圍保留空地寬度：

(一) 未達管制量五倍者，免設保留空地。

(二) 達管制量五倍以上未達二十倍者，保留空地寬度應在一公尺以上。

(三) 達管制量二十倍以上未達五十倍者，保留空地寬度應在二公尺以上。

15. 公共危險物品場所內設六類物品調配室者，應符合規定為何？

解：

內設六類物品調配室者，應符合下列規定：

(一) 樓地板面積應在六平方公尺以上，十平方公尺以下。

(二) 應以牆壁分隔區劃。

(三) 地板應為不滲透構造，並設置適當傾斜度及集液設施。

(四) 出入口應設置一小時以上防火時效之防火門。

(五) 有積存可燃性蒸氣或可燃性粉塵之虞者，應設置將蒸氣或粉塵有效排至屋簷以上或室外距地面四公尺以上高處之設備。

16. 公共危險物品製造場所與高壓電線安全距離，應符合規定為何？如距離不夠應如何解決？

解：

1) 與電壓超過三萬五千伏特之高架電線之距離，應在五公尺以上。

2) 與電壓超過七千伏特，三萬五千伏特以下之高架電線之距離，應在三公尺以上。

前項安全距離，於製造場所設有擋牆防護或具有同等以上防護性能者，得減半計算之。

17. 試比較場所防火管理人、爆竹煙火監督人及保安監督人，其須設置上揭人員之條件及其資格如何取得？

解：

消防法第13條　一定規模以上供公眾使用建築物，應由管理權人，遴用防火管理人，

責其製定消防防護計畫，報請消防機關核備，並依該計畫執行有關防火管理上必要之業務。

消防法施行細則第14條　本法第十三條所定防火管理人，應為管理或監督層次人員，並經中央消防機關認可之訓練機構或直轄市、縣（市）消防機關講習訓練合格領有證書始得充任。前項講習訓練分為初訓及複訓。初訓合格後，每三年至少應接受複訓一次。第一項講習訓練時數，初訓不得少於十二小時；複訓不得少於六小時。

爆竹煙火管理條例第18條　爆竹煙火製造場所及達中央主管機關所定管制量三十倍之儲存、販賣場所之負責人，應選任爆竹煙火監督人，責其訂定安全防護計畫，報請直轄市、縣（市）主管機關備查，並依該計畫執行有關爆竹煙火安全管理上必要之業務。

爆竹煙火管理條例施行細則第8條　本條例第十八條所定爆竹煙火監督人，應為爆竹煙火製造場所或達中央主管機關所定管制量三十倍以上儲存、販賣場所之管理或監督層次幹部。

爆竹煙火監督人任職期間，每二年至少應接受複訓一次。所定訓練之時間，不得少於二十四小時。

公共危險物品暨可燃性高壓氣體管理辦法第47條製造、儲存或處理六類物品達管制量三十倍以上之場所，應由管理權人選任管理或監督層次以上之幹部為保安監督人，擬訂消防防災計畫，報請當地消防機關核定，並依該計畫執行六類物品保安監督相關業務。

第一項保安監督人應經直轄市、縣（市）消防機關，或中央主管機關認可之專業機構，施予二十四小時之訓練領有合格證書者，始得充任，任職期間並應每二年接受複訓一次。

第 **5** 章

消防3等特考應考補充法規

5.1 消防機關火場指揮及搶救作業要點

（106.01.05修正版）

一、為提升消防機關火場指揮能力，強化火災搶救效率，發揮整體消防戰力，以確保人民生命財產安全，特訂定本要點。

二、火場指揮官區分：

(一) 火場總指揮官：由消防局局長擔任。

(二) 火場副總指揮官：由消防局副局長或主任秘書（秘書）擔任；直轄市得由簡任層級人員擔任。

(三) 救火指揮官：依情形由轄區消防大（中）隊長、消防分隊長或救災救護指揮中心指定人員擔任。

(四) 警戒指揮官：協調轄區警察局派員擔任。

(五) 偵查指揮官：協調轄區警察局派員擔任。

三、火場指揮官任務：

(一) 火場總指揮官（副總指揮官）：

　　1. 成立火場指揮中心。

　　2. 統一指揮火場救災、警戒、偵查等勤務之執行。

　　3. 依據授權，執行消防法第三十一條「調度、運用政府機關公、民營事業機構消防、救災、救護人員、車輛、船舶、航空器及裝備，協助救災」。

　　4. 必要時協調臨近之軍、憲、民間團體或其他有關單位協助救災或維持現場秩序。

(二) 救火指揮官：

　　1. 負責指揮人命救助及火災搶救部署任務。

　　2. 劃定火場警戒區。

　　3. 建立人員裝備管制站。

　　4. 指揮電力、自來水、瓦斯等相關事業單位，配合執行救災。

　　5. 指揮救護人員執行緊急救護。

　　6. 災情回報及請求支援等事宜。

(三) 警戒指揮官：

　　1. 指揮火場警戒及維持治安勤務。

　　2. 指揮火場週邊道路交通管制及疏導勤務。

　　3. 指揮強制疏散警戒區之人車,維護火場秩序。

　　4. 必要時由轄區消防機關通知協助保持火場現場完整,以利火場勘查及鑑定。

(四) 偵查指揮官:

　　1. 刑案發生,指揮現場勘查工作。

　　2. 指揮火警之刑事偵查工作。

　　3. 火警現場之其他偵防工作。

四、火場指揮官得穿戴指揮臂章、背心或其他識別方式。

五、指揮權指派及轉移規定:

(一) 消防機關接獲火警報案派遣人車出動,應同時指派適當層級救火指揮官到場指揮,初期救火指揮官由轄區消防分隊長,或由救災救護指揮中心指定人員擔任;研判災情危害程度,即時通報大(中)隊長、消防局局長到場指揮。

(二) 總指揮官未到場時,由副總指揮官代理總指揮官任務,總指揮官及副總指揮官未達火場時,救火指揮官代理總指揮官任務,救火指揮官未到達火場前,由在場職務較高或資深救災人員暫代各項指揮任務,各級指揮官陸續到達火場後,指揮權隨即逐級轉移。

(三) 警戒、偵查指揮官指揮權指派及轉移規定,由警察局自行訂定之。

(四) 第一款所稱災情危害程度之研判,各直轄市、縣(市)消防機關應研訂具體情況,納入各該直轄市、縣(市)火災指揮搶救作業規範。

六、為利於火場指揮及搶救,得設火場指揮中心、人員裝備管制站及編組幕僚群:

(一) 火場指揮中心:由火場總指揮官於現場適當位置設立,統一指揮執行救火、警戒、偵查勤務及其他協助救災之單位及人員。

(二) 人員裝備管制站:由救火指揮官於室內安全樓層或室外適當處所設立,指定專人負責人員管制及裝備補給,並做為救災人員待命處所。

(三) 幕僚群:除大隊以下人員擔任外,必要時,得規劃局本部人員編組擔任,記錄相關搶救資料。

　　1. 安全幕僚:監視現場危害狀況(閃燃、爆燃、建築物坍塌、危害性化學品等),執行火場安全管制機制,進行搶救目的與救災作業之風險評估,適時向指揮官提出風險警示。

2. 作戰幕僚：隨時掌握火場發展狀況、攻擊進度、人力派遣、裝備需求、戰術運用、人命救助等資訊，適時研擬方案供指揮官參考。

3. 水源幕僚：瞭解、估算火場附近之水源情形（消防栓、蓄水池、天然水源等），並建議適當的使用水源方式。

4. 通訊幕僚：負責指揮官與指揮中心、火場內部救災人員間，指揮命令及火場資訊之傳遞。

5. 後勤幕僚：負責各項救災戰力裝備、器材及其他物資之後勤補給。

6. 聯絡幕僚：負責與其他支援救災單位之聯繫。

7. 新聞幕僚：負責提供新聞媒體所需之各項資料，如火災發生時間、災害損失、出動戰力、目前火場掌握情形等資料。

各直轄市、縣（市）消防機關應訂定火場安全管制機制，納入各該直轄市、縣（市）火災指揮搶救作業規範。

七、火災搶救作業要領：

(一) 整備各式搶救資料：

1. 當日人員、車輛救災任務派遣編組表。

2. 甲、乙種搶救圖（甲種搶救圖：就地圖內相關街道、建築物位置、樓層高度、水源狀況、消防栓管徑大小、位置及池塘、蓄水池、河川、湖泊、游泳池位置等可供消防救災車輛出入等相關資料，予以符號標記標示，提供災害搶救參考；乙種搶救圖：針對轄內搶救不易場所（供公眾使用建築物為主），以會審、勘之消防圖說繪製，並註記各對象物可供救災運用之消防安全設備、位置、數量及供人命救助、災害搶救參考之內部設施資訊）。

3. 搶救不易對象搶救部署計畫圖。

4. 化災現場消防搶救安全手冊、物質安全資料表、緊急應變指南等相關危害性化學品搶救資料。

5. 建置轄內備有重機械場所（如堆高機、挖土機、吊車等）清冊。

(二) 受理報案：

1. 救災、救護指揮中心（以下簡稱指揮中心）（或分、小隊值班人員）受理火警報案後，應持續蒐集火場情資、並立即派遣救災人、車出動及通報義消、友軍（警察、環保、衛生、電力、自來水、瓦斯等單位）支援配合救災。

2.調閱甲、乙種搶救圖、搶救部署計畫圖或相關搶救應變指南。

3.出動時間：於出動警鈴響起至消防人車離隊，白天六〇秒內，夜間九〇秒內。

(三) 出動派遣：

1.車輛派遣：除特種車（如雲梯車、化學車等）依狀況需要派遣外，車輛派遣應以「車組」作戰為原則，忌用「車海」戰術。

「註：『車組』係以兩輛消防車組成具獨立救災作戰之基本單位，一為攻擊車、另一為水源車，一般常見的車組為水箱車加水箱車、水箱車加水庫車、雲梯車加水箱（庫）車、化學車加水箱（庫）車等。」

2.人員派遣：依救災任務派遣編組表所排定任務作為，並配合每一攻擊車應至少能出二線水線為人力考量原則。

3.初期救火指揮官應攜火警地址登錄資料、甲、乙種搶救圖、搶救部署計畫圖、及其他相關搶救應變指南等資料出動。

(四) 出動途中處置：

1.出動途中應隨時與指揮中心保持聯繫，將所觀察之火、煙狀況，立即回報指揮中心，並進一步瞭解指揮中心蒐集之現場情資。

2.初期救火指揮官應就派遣之人車預作搶救部署腹案，並以無線電或資通訊系統告知所屬及支援人員，以便抵達火場時能立即展開搶救作業。

(五) 抵達火場處置：

1.災情回報：初期救火指揮官到達火場，應立即瞭解火場現況（建築物樓層、構造、面積、火點位置、延燒範圍、受困災民、儲放危險物品等），並回報指揮中心。

2.請求支援：初期救火指揮官就災情研判，規劃、部署現有人、車、裝備等救災戰力，如有不足，應立即向指揮中心請求支援。

3.指揮權轉移：若火勢擴大，火災等級升高，指揮層級亦相對提高，初期救火指揮官應向後續到達之高層指揮官報告人、車、裝備部署狀況、人命受困與搜救情形、火災現況與分析火勢可能發展情形，以及搶救重點注意事項等火場狀況資訊，並接受新任務派遣，以完成指揮權轉移手續。

4.車輛部署：以「車組作戰」及「單邊部署」為原則，三樓以上建築物火場正面空間，應留給高空作業車使用。

5.水源運用：以接近火場之水源為優先使用目標，但避免「水源共撞」（注

意是否同一管路及管徑大小），另充分利用大樓採水口、專用蓄水池等水源。

6. 水線部署：以爭取佈線時間及人力為原則。

　　(1) 室內佈線：沿室內樓梯部署水線之方式，適用較低樓層。

　　(2) 室外佈線：利用雲梯車、雙（三）節梯加掛梯及由室內垂下水帶等方式部署水線，適用較高樓層。

　　(3) 佈線時應善用三（分）叉接頭，以節省佈線時間及人力。

7. 人命搜救：抵達火場後，應優先進行人命搜救任務。

　　(1) 第一梯次抵達火場之救災人、車，應優先進行人命搜救任務，水源部署應掩護搜救任務之進行。

　　(2) 搜救小組應以兩人以上為一組，以起火層及其直上層為優先搜救目標，樓梯、走道、窗邊、屋角、陽台、浴廁、電梯間等，應列為搜救重點。

　　(3) 由指揮官分配各搜索小組搜索區域、聯絡信號，入室搜索前應先登錄管制搜救小組「姓名」、「人數」、「時間」、「氣瓶壓力」，每一區域搜索完畢後，需標註記號，以避免重複搜索或遺漏搜索。

　　(4) 入室搜索應伴隨水線掩護，並預留緊急脫離路線。

　　(5) 設有電梯處所發生火警時，應立即將所有電梯管制至地面層，以防止民眾誤乘電梯，並協助避難。

　　(6) 對被搜救出災民實施必要之緊急救護程序，並同時以救護車（情況緊急時得採用各式交通工具）儘速送往醫療機構急救。

8. 侷限火勢：無法立即撲滅火勢，應先將火勢侷限，防止火勢擴大。

9. 周界防護：對有延燒可能之附近建築物，應部署水線進行防護。

10. 滅火攻擊：消防能量具有優勢時，應集中水線，一舉撲滅火勢。

11. 破壞作業：

　　(1) 破壞前應有「測溫」動作，並注意內部悶燒狀況，以免因破壞行動使火勢擴大或引發閃（爆）燃之虞。

　　(2) 擊破玻璃應立於上風處，手應保持在擊破位置上方，以免被玻璃碎片所傷。

　　(3) 可用堆高機、乙炔氧熔斷器、斧頭、橇棒或切斷器等切割、破壞鐵捲門、門鎖、門閂等。

(4) 平時應將轄內有重機械處所（如堆高機、挖土機、吊車等）設立緊急聯絡簿，以便需要時，可隨即聯絡協助破壞作業。

12. 通風排煙作業：

(1) 採取適當的通風排煙作業（垂直、水平、機械、水力等），可使受困災民呼吸引進的冷空氣，並改善救災人員視線，有利人命救助，且可縮短滅火的時間。

(2) 執行通風排煙作業前，應有水線待命掩護，並注意避開從開口冒出的熱氣、煙霧或火流。

(3) 適當的在建築物頂端開口通風排煙，可藉煙囪效應直接將熱氣、煙霧及火流向上排解出去，有助於侷限火勢。

13. 飛火警戒：對火場下風處應派員警戒，以防止飛火造成火勢延燒。

14. 殘火處理：火勢撲滅後，對可能隱藏殘火處所，加強清理、降溫以免復燃。

15. 人員裝備清點：火勢完全熄滅後，指揮官應指示所有參與救災單位清點人員、車輛、裝備器材，經清點無誤後始下令返隊，並回報指揮中心。

(六) 其他：高層建築物、地下建築物、集合住宅或其他特種火災（化學災害、隧道、航空器、船舶、山林、地震等）火災，另須針對其專有特性，預擬各項搶救應變指南，實施消防戰術推演、加強救災人員訓練。

八、通訊聯絡：

(一) 無線電通訊代號：消防機關應以簡單、明瞭、易記為原則，訂定無線電通訊代號，俾利火場指揮官命令及指揮中心之指揮傳遞，並有助各作戰車組彼此間之通訊聯繫。

(二) 消防車無線電代號編列原則：

各式消防車輛無線電代號對照表

車種	無線電代號	備考
水箱車	11、12……	「單位名稱」11、12……
直線雲梯車	21、22……	「單位名稱」21、22……
曲折雲梯車	31、32……	「單位名稱」31、32……
4輪驅動吉普車、災情勘查車	41、42……	「單位名稱」41、42……
化學車	51、52……	「單位名稱」51、52……

車種	無線電代號	備考
水庫車	61、62……	「單位名稱」61、62……
救助器材車	71、72……	「單位名稱」71、72……
空壓車	75	「單位名稱」75……
排煙車	76	「單位名稱」76……
照明車	81	「單位名稱」81……
救護車	91、92……	「單位名稱」91、92……
加護型救護車	95	「單位名稱」95……

九、製作火災搶救報告書或案例教育資料：

(一)轄內火災災情有下列情形之一者，應製作火災搶救報告書（格式如附件一），並邀集參與救災單位召開會議，就搶救過程之聯繫作業、搶救處置及指揮決策等，檢討優劣得失，作為策進搶救作業模式及參與救災人員獎懲依據；前揭會議主席應由火災實際到場指揮官上一層級職務人員擔任；如該場火災由消防局局長擔任指揮官，則由消防局局長或代理人擔任。

1. 死亡兩人以上、死傷合計十人以上、房屋延燒十戶（間）以上或財物損失達新臺幣五百萬元以上。

2. 重要場所（軍、公、教辦公廳舍或政府首長公館）、重要公共設施發生火災。

3. 影響社會治安。

4. 有消防人員或義勇消防人員因執勤死亡或受傷住院者。

(二)轄內救災人員傷亡或救災車輛發生事故，應召開會議檢討優劣；另製作案例教育函發或宣達所屬。

(三)火災搶救報告書（含會議紀錄）或案例教育應於案發後二週內函報內政部消防署。

十、跨轄申請調度支援作業：

各消防機關轄內發生災害，因消防、救災、救護人力、裝備、器材不足，不能及時有效搶救或控制時，或與他轄交界發生災害，因地理、環境、交通等因素，申請由鄰近消防機關支援搶救較為有利時，得依「各級消防機關災害搶救消防力調度支援作業要點」規定向鄰近各消防機關申請跨轄支援。

十一、直轄市、縣（市）消防機關應依災害應變、災害善後權責分工原則，協調各直

轄市、縣（市）政府相關單位（警察、衛生、社會、環保、工務局）及電力、
自來水、瓦斯公司等事業單位，訂定該直轄市、縣（市）火災指揮搶救作業規
範；並得依所轄地區環境特性，補充加強相關措施。

十二、港務消防隊應依本作業要點，視實際需求及機關性質，訂定該港務火災指揮搶
救作業規範。

5.2　強化防火管理制度指導綱領

（97/01/04公發布）

壹、目的：爲提升現行防火管理制度、加強應實施防火管理場所之自衛消防編組能力，並強化大型場所、高層及地下建築物之地震等天然災害之自主應變機制，特訂定本綱領。

貳、名詞解釋：

一、火源責任者：係擔任某一關連性區域（包含辦公室、會議室、電氣機房、茶水間等居室及非居室等指定範圍）內之火源管理工作，定期檢查該範圍內之防火避難設施、用火用電設備器具、危險物品及消防安全設備等之日常維護管理，並向防火負責人回報檢查情形（如無防火負責人則直接向防火管理人回報）。

二、防火負責人：大規模場所、高層建築物或該場所自行認定有其必要性時，得以樓層或區域爲範圍，設置防火負責人，其任務係輔助防火管理人，並指導監督負責區域內之火源責任者，以落實場所內部之平時防火安全管理。

三、核心要員：本綱領「伍」「二、遴用核心要員之場所規模」所述建築物，在同一建築物之自衛消防編組成員中宜設有核心要員，此核心要員須具有基本救護技能，並配置有效之通訊工具及地方消防機關指定之相關技能，俾於地震或其他災害發生時，除擔任本身原有之自衛消防編組任務外，並協助進行通報聯繫及緊急救護等基本救援事宜。此要員由滅火班班長、通報班班長或救護班班長等擔任爲宜。當自衛消防編組之核心要員設於指揮中心（於防災中心、中央控制室或24小時均有人常駐之類似場所或指揮據點），稱爲本部核心要員，而設於地區時，稱爲地區核心要員。

四、核心區域：爲因應火災及地震等災害可能造成之資訊中斷、傷患或人員受困，應實施防火管理之場所，以樓、棟爲單位，將若干場所形成一個區域，在此區域內整合有關災情及救護救援資訊，並由自衛消防編組成員中所遴選之核心要員，執行橫向及縱向之災害協調支援。其設於指揮中心時，稱爲本部核心區域，而設於地區時，稱爲地區核心區域

五、防火管理技術員：本綱領「伍」「二、遴用核心要員之場所規模」之建築物，因涉及之消防安全設備及防火避難設施可能較爲廣泛與專業，宜遴選所屬對此類硬

體設備等技術較有專精之人員，協助防火管理人推動各項防火管理業務，惟並無須為幹部或管理層級之資格限制。

參、應實施防火管理之場所，為落實日常用火用電管理，並依場所特性，進行平時火災預防管理編組，並注意下列事項：

一、由防火管理人落實推動各項防火管理業務外，每一員工皆有火災預防之共識，並得視場所規模、用途，依棟、樓或區，劃設責任區域，分別設置防火負責人及火源責任者，並納入消防防護計畫，以明確分層管制。

二、防火負責人之任務為輔助防火管理人，並指導、監督、彙整負責區域內火源責任者之平時火災預防執行情形，並適時回報防火管理人。

三、火源責任者擔任防火管理人（如無防火負責人時）或防火負責人指定範圍內之用火用電安全管理工作，進行該範圍內平時之消防安全設備及之防火避難設施之簡易日常維護管理，並回報其執行情形。

肆、應實施防火管理之場所，為提升其災害應變管理能力，應依其不同用途強化自衛消防編組，並納入其提報之消防防護計畫。

伍、為因應地震等天然災害，依消防法第13條所製作之消防防護計畫暨共同消防防護計畫，其自衛消防編組人數、核心要員及防火管理技術員規範如下：

一、自衛消防編組參考原則：

(一)應實施防火管理之場所，其編組人數宜依場所位置、構造、設備、收容人員、使用形態、營業狀況等特性予以編成，除必須符合消防法施行細則第15條第1項第1款之規定外，得以6人為基本數，並加計下列二者之一所得人數予以適當編組（無條件進位，取整數）：

1. 樓樓地板面積每1,000平方公尺，宜有自衛消防編組成員1人。

2. 收容人員每100人，宜有自衛消防編組成員1人。

(二)倘其人數未滿10人，其自衛消防編組，應以實際員工人數計算，並參照上述消防法施行細則之規定編組。

二、遴用核心要員之場所規模：

(一)應實施防火管理場所，其規模符合下列情形之一者，宜於自衛消防編組成員中遴用核心要員，協助救護救助及通報聯絡：

1. 總樓地板面積5萬平方公尺以上之建築物。

2. 5樓以上建築物，其總樓地板面積2萬平方公尺以上者。

3. 11樓以上建築物，其總樓地板面積1萬平方公尺以上者。

　4. 建築技術規則建築設計施工編所稱之地下建築物，其總樓地板面積5,000
　　平方公尺以上者。

(二) 應實施共同防火管理場所（集合住宅以外）且同一建築物符合前述(一)規
　　模，而管理權有分屬時，宜比照前述原則設置核心要員，並得由應實施防火
　　管理之管理權人互推一人為召集人協議設置，惟無法互推召集人時，管理權
　　人得申請轄區消防機關指定之。

四、核心要員之條件、任務、配置原則及裝備如下：

(一) 條件：以熟稔簡易包紮、初步搬運及CPR等基本救護能力者擔任為宜。

(二) 任務：

　1. 進行傷患之初步緊急救護、救助。

　2. 確保場所內部橫向及縱向之通訊及聯絡。

(三) 配置原則：

　1. 核心要員應依場所特性等進行指派，以6人加計下列二者之一所得人數予
　　以適當編組（小數點進位，取整數）：

　　(1) 樓樓地板面積每5,000平方公尺，增加1名核心要員。

　　(2) 收容人數每500人，增加1名核心要員。

　2. 核心區域數量，為上述計算所得之人數減去7（本部核心要員之基本人
　　數）除以6（各地區核心要員每一區之基本人數）所得之值（小數點捨
　　去）。

　3. 前開本部核心要員（於指揮中心等防災據點）活動範圍得包含各地區核心
　　區域，其人數編組原則如下：

　　(1) 除自衛消防隊長1人外，應由滅火班、通報班及避難引導班各2名，共
　　　計7名組成，並得視實際需要自行增員或調整班別。

　　(2) 員工數如未滿7人時，得由共同防火管理協議會或管理權人決定增員、
　　　由各應實施防火管理場所支援或以該處所有員工人數計算。

　4. 如設有地區核心區域時，該區域之核心要員至少6名，活動範圍以該區域
　　為原則，每一應實施防火管理場所至少有1名核心要員。

(四) 裝備：

　1. 個人裝備：宜有攜帶型無線對講機等有效傳達訊息之通聯工具。

　2. 指揮中心（如防災中心等指揮據點）：宜配有類似三用撬棒等可供救援之
　　破壞器具，以及擔架、繃帶、三角巾、急救箱等緊急救護用具。

五、符合前述設有核心要員之場所者，得設防火管理技術員，以輔佐防火管理人，其任務如下：

(一) 熟稔該場所消防安全設備、防火避難設施及防災監控系統等有關設備之操控技能。

(二) 教育指導相關員工各項設備（施），並強化其自衛消防編組訓練之相關技能及防火管理必要之消防常識。

(三) 協助自衛消防隊長進行相關之災害搶救活動。

陸、強化地震災害應變之平時整備及教育訓練之注意事項：

一、有關消防法施行細則第15條第1項「消防防護計畫」應包括事項之第10款所稱之「其他防災應變上之必要事項」，以及內政部87年9月2日台（87）內消字第8774650號函頒之「共同消防防護計畫」應包括事項所稱之火災及其他災害發生時，滅火行動、通報聯絡及避難引導等相關事宜，其平時整備，宜注意下列事項：

(一) 電梯停止所伴隨之人員受困之應變：

1. 電梯宜具有防震措施，地震發生時，有關纜線不可有斷裂脫落之情形。

2. 電梯宜有地震感知裝置，於地震發生時，可迅速停於最近之樓層，如無此類裝置時，須可於電梯內按下按鈕後，於最近之樓層停止。

3. 電梯內緊急按鈕壓下後，宜具有與指揮據點（如防災中心等有人常駐之處所）保持通話之功能。

4. 如受困電梯時宜確保其緊急照明，並能使用電梯內部通話裝置與外界聯繫等待救援。

5. 地震發生時不可驚慌，電梯內人員宜靠近電梯內側或坐在電梯內，保持身體平衡，以防跌倒或撞擊。

6. 平時宜瞭解緊急時自外部開啟電梯所需工具之位置及保管人，並熟悉其開啟方式。

(二) 避難設施及消防安全設備損壞之應變：

1. 地震發生時，須開門以確保逃生通出口之通暢。

2. 掌握建築內部避難器具之位置及狀況，以及外部開口之情形，並準備繩索、梯子及相關之破壞器具，萬一無法由內部防火避難設施逃生時，得使用繩索或梯子等類似物品，運用外部開口向外逃生。

3. 為防止震後火災之發生，須瞭解內部消防蓄水池之位置及附近可供運用之

天然或人工水源之運用，並準備盛水工具或可攜式消防幫浦，俾便緊急時進行滅火。

(三) 停水斷電、通信障礙、交通受阻等基礎設施障礙之應變：

1. 平時即瞭解周遭臨時避難處所之位置（如公園、廣場或學校操場等大型公地），於地震發生時，分組進行避難，依照指揮人員之指示，協助高齡人士、孩童、傷患或自力避難者，有次序地至臨時避難所集結。

2. 平時與周遭單位建立合作機制及聯絡方式，相互支援必要之器具與人力。

3. 進行避難時，如平時有準備乾糧或飲用水、發電設備時須攜行並攜帶所有可運用的通訊工具（含收音機與電池等）至臨時避難處所。

4. 考量救災車輛之優先使用及道路可能受損，不可使用車輛進行避難，宜步行至臨時收容處所。

二、教育訓練：

(一) 有關消防法施行細則第15條第1項之「消防防護計畫」應包括事項之第4款所稱之其他災害、第5款之滅火、通報及避難訓練之實施、第6款所稱之防災應變之教育訓練，以及內政部87年9月2日台（87）內消字第8774650號函頒之共同消防防護計畫應包括事項所稱之滅火、通報、避難訓練之實施等相關事宜，其注意事項如下：

1. 建築物內部進行避難引導部分：

(1) 平時即於消防防護計畫劃定責任區域，俾於地震發生後須進行疏散，在確保自身安全無虞時，搜索負責區域並確認有無人員受困。

(2) 進行疏散引導人員，須攜帶緊急廣播設備、哨子或繩索等，引導有關人員至出口位置。

(3) 為防止混亂，須以距離避難層較近之樓層優先進行避難引導，並以人命救援為第一考量。

(4) 為防止餘震之持續發生，可能有牆壁或電線等各種物品之掉落，須佩戴安全頭盔等防護器具保護頭部，並注意上方及地面及可能障礙物。

2. 受困人員之救援部分：

(1) 須以倒塌之建築物為中心，大聲呼喊是否有人受困並集結安全離開之人員。

(2) 如有人員受困，在確保自身安全無虞之情形下，須以眾人之力，進行救援，如需移除重物時，確實掌握有無可能伴隨其他物件之掉落，並

注意附近有無瓦斯管線或電線。

(3) 倒塌現場倘有發生火災之虞，儘可能準備滅火器或水等簡易滅火器具，以便緊急時滅火。

(4) 進行受困人員之施救時，以受傷程度為考量，但受困人員須使用大型機具等涉及專業器材或技術始能救出時，須通報並記錄其位置，以便後續人員之救援，此時，暫以較易救出人員為優先考量。

(5) 如受重物壓住，不可硬行拉出，須先清除周遭障礙物並觀察或詢問該受困人員情形，再行決定。

(6) 如有電鋸等較具危險之救災器具，須由熟悉其操作之人員使用，不可貿然運用。

(7) 受困人員救出後，須立即送醫，並儘可能記錄其姓名、年齡、性別、救出時間及位置、有無可能受困之同伴等相關書面資料，並予以保管。

(8) 對於受困人員（傷者），注意其聲調、臉（膚）色、身體狀況之變化等。

(二) 有關核心要員及防火管理技術員之教育訓練原則如下：

1. 請管理權人鼓勵所屬運用各種時機（如網路教學、開班授課），給予公假公費前往學習外，復管理權人依（共同）消防防護計畫進行教育訓練或每半年辦理之滅火、通報及避難訓練時，得請相關領域之專技人員前往講授，而轄區消防機關等機關（構）、學校、團體，亦得指派學有專精之人員講授緊急救護、消防安全設備及防火避難設施之操作技能，復得將前述核心要員及防火管理技術員人員，依91年12月31日消署預字第0910502179號函頒「防災中心值勤人員訓練作業計畫」，納入講習訓練對象。

2. 除上述時機外，得由轄區消防機關等機關（構）、學校、團體，辦理相關之講習訓練，其課程之參考基準及時數如下：

(1) 核心要員（註1）：

項　　　　目	時間（小時）
緊急救護之概念（含生命徵象評估）	0.5
心肺復甦術與哈姆立克急救法（含實作）	4.0
出血及止血法（含實作）	
休克處置（含實作）	2.5
外傷、包紮與固定（含實作）	
筆測及實測（含實作）	1
合計8小時（1日）	

（註1）參考本署93年5月編印之「初級救護技術員訓練教材」，另已具有初級救護技術員資格以上者免訓。

(2) 防火管理技術員（註2）：

項　　　　目	時間（小時）
防火管理制度簡介（含相關法規之介紹）	1.5
消防常識（含滅火、通報及避難要領等）	2.0
國內（或轄區）應實施防火管理場所之執行現況與分析（含案例）	3.0
防火管理對策（含（共同及施工中）消防防計畫製作要領）	4.0
消防安全設備操作要領及防火避難設維護管理（含法規概要）	4.0
自衛消防活動要領及實作演練（含4種演練暨驗證實施計畫）	5.0
防火管理業務輔助之實施要領（整合日常預防管理及災害應管理）	3.0
筆試	1.5
合計24小時（4日）	

（註2）結合本署91年3月編印之「防火管理人專業機構設立及管理須知」中有關初訓及複訓課程。

柒、本綱領自即日起實施，各直轄市及縣（市）政府消防局，得參酌此綱領訂定相關強化措施。

5.3　消防機關辦理消防安全檢查注意事項

（105/07/12修正）

一、內政部消防署（以下簡稱本署）為落實消防機關執行消防法第六條第二項消防安全設備之列管檢查、第九條檢修申報複查、第十一條第一項防焰物品之使用、第十三條防火管理、第十五條公共危險物品及可燃性高壓氣體製造、儲存、處理場所之安全管理、第十五條之一燃氣熱水器及其配管承裝業之管理及爆竹煙火管理條例之管理，並明確行政程序及強化勤務執行功能，特訂定本注意事項。

二、消防安全檢查之種類及實施方式如下：

(一) 第一種檢查：成立專責檢查小組執行下列項目：

1. 檢查人員應以編組方式對於檢查場所之消防安全設備、檢修申報、防焰物品、防火管理等項目實施清查，並將檢查結果填載檢查紀錄表。實施消防安全設備檢查時，應就現場依法設置之消防安全設備逐項進行檢查。

2. 各類場所消防安全設備設置標準所定之甲類場所及建築技術規則所定之高層建築物，應就前目規定全部項目每年至少清查一次，甲類以外場所應就前目規定全部項目每二年至少清查一次；檢修申報複查工作得與消防安全設備、防焰物品、防火管理等檢查合併執行。

3. 製造、儲存或處理公共危險物品達管制量三十倍以上之場所，每半年至少檢查一次，並得視需要邀請勞工、環保、工業、工務、建設等相關機關實施聯合檢查。每次檢查時，至少抽查該場所一處製造、儲存或處理場所之位置、構造、設備及消防安全設備，並將檢查結果填載檢查紀錄表；下次檢查時，則應抽查不同場所。本項檢查得由消防機關視轄區狀況及特性，由轄區分隊執行檢查或共同執行檢查。

4. 針對應列管場所建立消防安全檢查列管對象基本資料及各類場所消防安全檢查紀錄清冊，且應以本署或地方消防機關之消防安全檢查列管電子化系統（以下簡稱安管系統）使用資料庫方式管理。

5. 相關檢查資料及違規處理情形由專責檢查小組彙整，並於檢查完畢四十八小時內輸入安管系統管制。

6. 檢查不合格之營業場所，其對消費者已發生重大損害或有發生重大損害之

虞而情況危急時，消防機關應於入口明顯處張貼不合格標誌供民眾識別，並將其名稱、地點及不合格項目刊登於大眾傳播媒體、內政部消防署網站等方式公告周知。

7. 發現有逃生通道堵塞，防火門、安全梯堵塞及防火區劃破壞或拆除等違規情事，應協助通報目的事業主管機關處理，並彙整查報清冊提報地方政府首長主持之公共安全會報或治安會報處置。

8. 消防機關必要時得指派專責檢查小組協助進行第二種檢查。

(二) 第二種檢查：由轄區分隊執行下列項目：

1. 消防分隊應對於轄內具消防搶救上必要設備之場所，排定消防檢查勤務，駕駛幫浦車及攜帶必要裝備至現場測試相關設備（包括：連結送水管、消防專用蓄水池、緊急電源插座、無線電通信輔助設備、緊急升降機等），並將測試結果填寫第二種消防安全檢查紀錄表，一份分隊留存，一份送交專責檢查小組彙整。

2. 消防分隊應對於轄內危險物品場所或人員依下列期程實施檢查或訪視，並將檢查結果填載檢查紀錄表，一份分隊留存，一份送交專責檢查小組彙整。檢查不合格之場所，其已發生重大損害或有發生重大損害之虞而情況危急時，消防機關應於入口明顯處張貼不合格標誌供民眾識別，並將其名稱、地點及不合格項目刊登於大眾傳播媒體、內政部消防署網站等方式公告周知：

(1) 製造、儲存或處理公共危險物品達管制量以上未滿三十倍之場所，每年至少檢查一次。每次檢查時，至少抽查該場所一處製造、儲存或處理場所之位置、構造、設備及消防安全設備，並記錄檢查結果；下次檢查時，則應抽查不同場所。

(2) 液化石油氣製造、儲存及處理場所，每月至少檢查一次。但液化石油氣容器串接使用場所，不在此限。

(3) 液化石油氣容器串接使用場所，其使用量在八十公斤以上，未滿三百公斤者，實施不定期檢查；使用量在三百公斤以上，未滿六百公斤者，每年至少檢查一次；使用量在六百公斤以上者，每半年至少檢查一次。

(4) 燃氣熱水器承裝業取得證書起，每半年至少檢查一次。

(5) 爆竹煙火製造場所、達管制量以上之儲存及販賣場所、輸入爆竹煙火

　　貿易商營業處所，每月至少檢查一次。

(6) 未達管制量之爆竹煙火販賣場所，每年至少檢查一次，並應視轄區違法爆竹煙火業特性增加檢查頻率。

(7) 宗教廟會活動地點，於宗教廟會活動期間有施放爆竹煙火者，至少訪視一次，並應視轄區違法爆竹煙火業特性增加檢查頻率。

(8) 選舉候選人辦事處，於選舉活動期間，至少訪視一次。

(9) 位處山區、海邊或其他隱僻地點，有從事非法爆竹煙火情事之虞之可疑處所，每半年至少檢查一次，並應視轄區違法爆竹煙火業特性增加檢查頻率。

(10) 曾取締之違規爆竹煙火場所，每半年至少檢查一次，並應視轄區違法爆竹煙火業特性增加檢查頻率。但現場經實地勘查已不復存在者，得免列管之。

(11) 曾查獲非法製造爆竹煙火人員（包括有前科紀錄地下爆竹工廠負責人員），經有罪判決確定，於執行完畢後五年內，每月至少前往訪視一次。

(12) 曾查獲非法儲存爆竹煙火人員或施放專業爆竹煙火人員，於處分確定後三年內，每半年至少前往訪視一次。

(13) 合格之爆竹煙火監督人且曾施放專業爆竹煙火者，每半年至少前往訪視一次。

3. 執行各項防火宣導工作。

4. 協助業者實施自衛消防編組演練。

5. 發現轄區有新增場所及場所有消防安全設備、檢修申報、防火管理、防焰物品使用及危險物品管理等缺失，得依權責逕行查處，並通報專責檢查小組前往複查。

6. 針對下列場所或人員造冊列管：

(1) 公共危險物品製造、儲存、處理場所。

(2) 液化石油氣容器串接使用場所。

(3) 燃氣熱水器承裝業及其技術士。

(4) 爆竹煙火相關場所如下：

　　甲、爆竹煙火製造場所（並填寫成品倉庫清冊）。

　　乙、爆竹煙火輸入貿易商營業處所。

丙、達管制量以上之爆竹煙火儲存場所（並填寫成品倉庫清冊）。

丁、達管制量以上之爆竹煙火販賣場所。

戊、未達管制量之爆竹煙火販賣場所。

己、宗教廟會活動地點。

庚、選舉候選人辦事處。

辛、位處山區、海邊或其他隱僻地點，有從事非法爆竹煙火情事之虞之可疑處所。

壬、曾取締之違規爆竹煙火場所。

(5) 爆竹煙火相關人員如下：

甲、曾查獲非法製造爆竹煙火人員（包括有前科紀錄地下爆竹工廠負責人員）。

乙、曾查獲非法儲存爆竹煙火人員。

丙、曾查獲非法施放專業爆竹煙火人員。

丁、合格之爆竹煙火監督人且曾施放專業爆竹煙火者。

(6) 每月清查液化石油氣製造場所新容器銷售流向。

(三) 第三種檢查：配合上級機關之規劃及轄內重大災害事故發生排定之檢查勤務，其方式如下：

1. 消防機關應擬訂本種檢查之實施計畫，於開始檢查前函報本署備查，並將檢查結果填載於檢查紀錄表，並於檢查完畢四十八小時內輸入安管系統及陳報上級機關。

2. 消防機關必要時得指派分隊協助專責檢查小組實施重點檢查。

三、專責檢查小組之組成：

(一) 人員配置：由消防機關視轄區狀況及特性，配置檢查所需之必要人力。

(二) 成員不得有因品操、風紀問題遭申誡以上處分，且符合下列規定：

1. 帶班人員：曾接受相關業務講習四週以上，或執行消防安全檢查或會審（勘）勤（業）務二年以上。

2. 小組成員：曾接受相關業務講習二週以上，或執行消防安全檢查或會審（勘）勤（業）務一年以上。

3. 領有消防設備師（士）證書者優先。

(三) 檢查勤務及服勤方式：

1. 白天：執行第一種檢查勤務，備勤時應彙整檢查資料，得免除救護及值班

等勤務。

2. 夜間：執行夜間營業場所之第一種檢查勤務，備勤時應彙整檢查資料，得免除救護及值班等勤務。

四、消防安全檢查計畫

(一) 年度檢查計畫：消防機關應針對轄區特性於每年十月二十日前，擬定次年度消防安全檢查計畫，函報本署備查，其內容如下：

1. 各種消防安全檢查對象數。

2. 檢查分工及專責檢查小組之編組。

3. 依轄區特性及列管場所危險程度訂定檢查期限，並排定檢查順序。

4. 消防安全檢查督導及抽查。

(二) 月檢查計畫：消防機關應於每月二十日前依下列事項，排定次月檢查對象及日程：

1. 年度檢查計畫之檢查進度。

2. 前次檢查不合格場所之複查日程。

3. 配合其他目的事業主管機關聯合稽查日程。

五、執行消防安全檢查注意事項：

(一) 檢查前：

1. 依排定檢查日程實施消防安全檢查，並準備下列事項：

(1) 依檢查日程表確認檢查分工。

(2) 準備受檢場所基本資料、歷次檢查紀錄及檢修申報書等資料。

(3) 實施消防安全檢查應備之器材及裝備。

2. 依排定檢查日程事前通知受檢場所備齊下列文件：

(1) 原核准消防安全設備圖說。

(2) 最近一次消防安全設備檢修報告書。

(3) 應實施防火管理業務之場所應備齊消防防護計畫、自衛消防編組訓練紀錄等資料。

(4) 製造、儲存或處理公共危險物品達管制量三十倍以上之場所應備齊保安監督人業務執行資料、消防防災計畫及廠區平面配置圖等資料。

(5) 爆竹煙火製造場所、達管制量三十倍以上之儲存及販賣場所應備齊爆竹煙火監督人業務執行資料、安全防護計畫及廠區平面配置圖等資料。

(二) 檢查時：

1. 檢查人員應著規定制服、佩戴工作證明並表明檢查目的。

2. 注意服勤態度，不得涉入相關民事糾紛。

3. 請相關人員（檢修人員、防火管理人、保安監督人、爆竹煙火監督人）在場配合，如不在場者，應記載其理由。

4. 先確認前次違規改善情形。

5. 依消防安全設備檢修申報書及防火管理自行檢查紀錄，針對必要項目、樓層及設備檢查。

6. 檢查消防安全設備及防火管理情形時，得模擬發生火災，請相關人員操作設備，確認設備功能，並測試其對相關設備瞭解程度，發現有缺失部分，應對相關人員進行指導。

7. 發現存放大量可燃物、用火用電有違安全等情形時，予以行政指導，並以書面交付業者。

(三) 檢查完成時：

1. 檢查人員應將檢查結果填載檢查紀錄，並於檢查完畢四十八小時內輸入安管系統更新管制，依限陳報。

2. 相關危險物品檢查結果，應依下列期限陳報：

(1) 公共危險物品製造、儲存、處理場所檢查結果統計表及一覽表：每月終了後之翌月十日前函報本署備查。

(2) 液化石油氣消防安全檢查月報表：每月終了後之翌月十日前上傳公務統計系統。

(3) 爆竹煙火製造及儲存場所檢查結果統計表及一覽表：每月終了後之翌月十日前函報本署備查。

(4) 爆竹煙火場所檢查結果及違法取締績效：每月終了後之翌月十日前上傳公務統計系統。

3. 檢查不合規定案件應持續追蹤管制，並排定複查日程。

4. 相關檢查紀錄應列冊保管或輸入安管系統。檢查人員異動應辦理移交，各級督導人員應隨時抽查管制。

(四) 發生災害事故時：

　　1. 轄內公共危險物品或爆竹煙火場所發生火災或爆炸等意外事故，應填報事故案例表式，並檢附案例現場平面圖與相片等相關資料，函報本署，並輸入本署消防安全管理資訊系統。

　　2. 轄內發生一氧化碳中毒災情時，應即製作一氧化碳中毒案例報告單及繪製災害現場平面圖等資料，傳送本署；並於當事人送醫就診後，派員至醫院關懷訪談，並填寫「一氧化碳中毒事故災後關懷訪談表」。

(五) 公共危險物品製造、儲存、處理場所消防安全檢查流程。

(六) 查獲僞（變）造液化石油氣合格標示及改裝液化石油氣容器處理流程。

(七) 爆竹煙火場所消防安全檢查注意事項。

六、消防機關應對檢查人員依下列規定辦理講習訓練：

(一) 每半年至少召開二次法令研討及座談。

(二) 對於重大案例應召開專案會議檢討策進作爲。

(三) 每半年定期辦理專責檢查人員講習訓練。

(四) 爲加強轄區相關權責單位之橫向連繫工作，舉辦講習訓練時，得視需要邀請勞工、環保、工業、工務、建設等相關機關進行講座或研討，或視需要邀請相關事業單位參與。

　　前項講習訓練成果應陳報本署備查，其陳報時間如下：

(一) 上半年辦理者：當年六月二十日至六月三十日。

(二) 下半年辦理者：當年十二月二十日至十二月三十一日。

七、督考及管理

(一) 消防機關應加強督考，檢討得失及實施績效考核，評定轄內單位及個人辦理績優者，定期從優獎勵，對於執行不力者，則依規定懲處。

(二) 消防機關對於專責檢查小組人員在資積計分上，得視表現優異情形予以加分。

(三) 本署得針對各消防機關執行情形，每年定期或不定期辦理督導評核或實地抽查。

5.4 明火表演安全管理辦法

（100/10/27公發布）

第 1 條 本辦法依消防法（以下簡稱本法）第十四條之一第二項規定訂定之。

第 2 條 本辦法所稱明火表演，指以產生火焰、火花或火星等方式之表演活動。

第 3 條 供公眾使用建築物及中央主管機關公告場所之管理權人，申請明火表演許可者，應符合下列規定：

一、管理權人應指派防火管理人，規劃安全防護措施計畫，並符合消防安全設備、檢修申報、防火管理、防焰物品等消防法及相關法令規定。

二、其表演場所應符合下列規定：

(一) 依土地使用管制及建築法令規定。

(二) 明火表演所在樓層應有二座以上直通樓梯通達避難層，且任一點至該樓梯之步行路徑重複部分之長度，不得大於最大容許步行距離二分之一。

(三) 已依原有合法建築物防火避難設施及消防設備改善辦法改善完竣。

(四) 五年內未曾經主管機關撤銷或廢止明火表演許可。

三、表演期間投保公共意外責任險，其最低保險金額如下：

(一) 每一個人身體傷亡：新臺幣一百萬元。

(二) 每一事故身體傷亡：新臺幣五百萬元。

(三) 每一事故財產損失：新臺幣一百萬元。

(四) 表演期間總保險金額：新臺幣一千二百萬元。

第 4 條 表演場所管理權人曾違反本辦法規定，依本法第四十一條之一規定裁處未滿五年者，不得申請明火表演許可。

第 5 條 申請明火表演，應於表演活動開始三十日前，檢具下列文件報請轄區主管機關審查，經取得許可書後，始得為之。

一、申請書。

二、使用執照或使用許可文件影本。

三、法人登記證書、立案證明、公司或商業登記證明文件。

四、申請人身分證正反面影本及聯絡資料。

五、表演企劃書。

六、安全防護措施計畫。

七、公共意外責任保險證明文件影本。

取得防火標章證明文件者，得免附前項第二款、第三款及第七款之文件。

第一項應備文件須補正者，主管機關應以書面通知限期補正，逾期未補正者，不予許可。

第一項許可之有效期限為三個月。期限屆滿十五日前，得檢附第一項文件申請展延，展延期限為三個月。

申請許可審查合格者，由主管機關發給許可書，並公告之；不合規定者，應敘明理由，不予許可。

第　6　條　前條第一項第五款所定表演企劃書，應包含下列項目：

一、演出者（個人或團體）簡介、照片、經歷及類似表演之經驗。

二、表演期間、內容、方式、使用設備或器材。

三、容留人數。

四、演出樓層樓地板面積、表演場所面積、表演區域、建築平面圖及內部裝修情形。

前項所稱表演區域，指申請人所劃設之舞臺或類似舞臺之範圍，包括表演時之行經路線。

第　7　條　第五條第一項第六款所定安全防護措施計畫，應包含下列內容：

一、表演前規劃：

(一) 可能產生之危害分析評估。

(二) 表演人員與觀眾之距離。

(三) 辦理員工安全講習訓練。

(四) 用火用電、可（易）燃物品、縱火防制等安全監督管理規劃。

(五) 消防安全設備及防火避難設施之自行安全檢查情形。

(六) 容留人數之管制措施及其他強化安全防護作為。

（七）防火管理人訓練合格證書影本及聯絡資料。

（八）表演區域立面及平面、表演位置、表演動線、消防安全設備
及逃生避難設施之位置、觀眾及員工之概略位置及其他必要
之現場簡圖（單位：公尺）。

（九）設有防火管理自衛消防編組或緊急應變機制，依滅火、通
報、避難引導等編組，運用第八目資料實際演練之情形。

二、表演當日之安全整備：

（一）確認員工任務、消防安全設備及防火避難設施之檢查、緊急
應變機制之應變重點及模擬演練、明火表演預演等事項。

（二）場所全程管控用火用電。

（三）明火表演前對觀眾安全宣導之時機與內容。

（四）人員進出管制、維持二方向逃生路徑順暢。

（五）位於所有出入口之引導人員。

（六）防火管理人進行全程監視表演，於火災、地震時，主導自衛
消防編組活動（含滅火、通報、避難引導、關閉音樂音響及
啟動照明設備等作業），並於表演前提醒消費者緊急方向位
置。

三、表演後之回復機制：

（一）確認火源熄滅，現場清理及防止復燃。

（二）員工回報平時運作。

第　8　條　表演區域及外緣二公尺內之地面、牆面及地面上方六公尺以內之天花
板或樓板，不得有下列情形之一：

一、以木板、未固著式泡綿、未具防焰性能之布幕等易引發火災之材
料裝潢或裝飾。

二、未符合建築物室內裝修管理辦法之規定。

三、有儲放公共危險物品或可燃性高壓氣體者。

第　9　條　主管機關受理明火表演申請，除採書面審核外，得會同都市計畫、建
築管理或其他目的事業主管機關等單位，於受理申請次日起十五日內
實地勘查，該表演場所之管理權人，應派員說明相關安全防護措施及
表演情形，並演練災害發生時之應變機制。

主管機關於許可後，得派員進行抽查本辦法第六條至第八條、第十條

至第十二條規定之內容及現場督導相關防火安全機制。

第 10 條 明火表演許可書應記載下列事項：

一、明火表演場所名稱、地址。

二、管理權人、防火管理人及其聯絡方式。

三、許可表演期間、表演區域。

前項許可書記載事項有變更時，應於表演活動十五日前向主管機關申請變更。

第 11 條 明火表演以經主管機關許可之表演區域及期間為限。

第 12 條 明火表演不得以產生明火之器具或物件，對群眾拋丟、投擲，亦不得有飛散、掉落等可能產生危害之情形。

表演人員應依許可內容表演，不得邀請觀眾共同演出。

表演與觀眾之距離，應維持五公尺以上，產生之火焰高度不得超過表演區域淨高度之二分之一。

前項所稱表演區域淨高度，指表演地面至天花板或其下吊掛物件最下端之高度。吊掛物件有二個以上者，以表演地面至吊掛物件最低者之最下端為準。

第 13 條 取得明火表演許可後，有下列情形之一者，主管機關得禁止其表演，並得撤銷或廢止其許可、註銷許可書：

一、實際情形與表演企劃書或消防安全防護措施計畫不符。

二、於許可表演期間內明火表演場所發生重大公安意外事故。

三、明火表演違反本辦法相關規定。

第 14 條 本辦法所規定之各種書表格式，由中央主管機關定之。

第 15 條 本辦法自發布日施行。

5.5 液化石油氣儲存場所管理要點

（98/05/22修正）

一、為規範公共危險物品及可燃性高壓氣體設置標準暨安全管理辦法（以下簡稱本辦法）七十二條之一所定液化油氣儲存場所證明書申請、核發及管理等相關事宜，特訂定本要點。

二、液化石油氣製造場所或販賣場所管理權人設置之液化石油氣儲存場所（以下簡稱儲存場所），其審（檢）查項目、法令依據及權責機關。

三、液化石油氣製造場所或販賣場所管理權人申請儲存場所建造（使用）執照應依建築法相關規定辦理。

四、儲存場所證明書（以下簡稱證明書）之申請及核發應依下列程序辦理：

(一) 由管理權人於取得儲存場所使用執照三個月內，填具申請書檢附下列文件向直轄市、縣（市）政府申請核發證明書：

1. 儲存場所使用執照。

2. 儲存場所建築竣工平面圖。

3. 液化石油氣製造場所或販賣場所之公司登記證明文件或商業登記證明文件。但製造場所或販賣場所係新申請設立者免附。

4. 管理權人身分證明文件。

(二) 液化石油氣販賣場所無自有儲存場所者，應檢附下列文件，向直轄市、縣（市）政府申請證明書。

1. 其他儲存場所管理權人出具之代為儲存同意書。

2. 代為儲存場所之證明書。

3. 液化石油氣販賣場所及代為儲存場所管理權人之身分證明文件（影本）。

4. 液化石油氣販賣場所公司登記證明文件或商業登記證明文件。

5. 使用契約等。

(三) 直轄市、縣（市）政府受理證明書之申請，經審查儲存場所之用途、面積、可供儲存家數及距離等事項符合規定後，登載於管理權人所有之證明書，並以直轄市、縣（市）政府名義核發證明書。

液化石油氣販賣場所應將證明書懸掛於營業場所明顯位置，以備查核。

液化石油氣販賣場所為辦公聯絡處所用途者，仍應依本辦法第七十一條規定設置儲存場所。

(四) 液化石油氣販賣場所與儲存場所不在同一直轄市、縣（市）者，證明書應由該儲存場所所轄直轄市、縣（市）政府核發，並副知販賣場所轄區直轄市、縣（市）政府。

五、直轄市、縣（市）政府核發證明書後，應造冊列管，並於每年六月及十二月辦理資料校正。

六、證明書變更及廢止應依下列規定辦理：

(一) 證明書所載資料有異動時，其管理權人應於事實發生之日起一個月內，檢附原核發證明書、異動申請書及異動後資料，向直轄市、縣（市）政府申請變更登記。

(二) 儲存場所終止使用契約時，管理權人應於三個月前通知販賣場所，及轄區直轄市、縣（市）政府，並檢附證明書正本，向轄區直轄市、縣（市）政府申請廢止。

七、證明書經廢止者，儲存場所及販賣場所管理權人應於二十日內將證明書送繳轄區直轄市、縣（市）政府；逾期未送者，直轄市、縣（市）政府逕行公告註銷之。

八、儲存場所之安全管理應符合下列事項：

(一) 儲存場所設置位置與液化石油氣販賣場所距離不得超過五公里。但設有圍牆防止非相關人員進入並有二十四小時專人管理或符合下列規定者，其距離得為二十公里。

　　1. 儲存場所與分裝場合併設置者：非營業時間得委由合格立案之保全公司負責，並設置監視系統及門禁管制等預警設施。

　　2. 儲存場所單獨設立者：儲存場所供二家以上瓦斯行使用時，其安全管理規定除比照前目規定外，應備有員工休息室；至僅供一家瓦斯行使用者，得全日委請合法立案之保全公司負責監控管理。

(二) 儲存場所供二家以上使用者，管理權人應以壓克力板製作儲存單元平面配置圖，註明儲存場所之面積、數量、編號及使用單位名稱等資料，懸掛於明顯處所；管理權人應於儲存單元明顯位置標註使用單位之編號及商號名稱，以供查核。

(三) 儲存場所經營者應專卷設置資料夾管理相關資料，以供查核；其內容應含證

　　明書、儲存場所使用一覽表、使用契約、代為儲存同意書及解約通知等文件。

(四) 儲存場所不得儲放逾期容器及搬運作業上不需要之物品。

第 **6** 章

消防3等特考
歷屆考題詳解

105年公務人員特種考試警察人員考試

等　別：三等考試、高員三級考試

類科別：各類別、各類科

科　目：消防與災害防救法規（包括消防法及施行細則、災害防救法及施行細則、爆竹煙火管理條例及施行細則、公共危險物品及可燃性高壓氣體設置標準暨安全管理辦法、緊急救護辦法、緊急醫療救護法及施行細則、直轄市縣市消防機關火場指揮及搶救作業要點）

考試時間：2小時　　座號：

※注意：禁止使用電子計算器。

甲、申論題部分：（50分）

1) 不必抄題，作答時請將試題題號及答案依照順序寫在申論試卷上，於本試題上作答者，不予計分。

2) 請以藍、黑色鋼筆或原子筆在申論試卷上作答。

一、試述消防法第6條消防安全檢查之立法意旨及規定為何？另為避免消防安全檢查產生風紀問題，請就消防機關辦理消防安全檢查注意事項規定，論述其預防機制為何？（25分）

解：

一) 消防安全檢查之立法意旨及規定

消防法所定各類場所之管理權人對其實際支配管理之場所，應設置並維護其消防安全設備；場所之分類及消防安全設備設置之標準，由中央主管機關定之。消防機關得依前項所定各類場所之危險程度，分類列管檢查及複查。消防安全檢查之立法意旨主要是維護建築物消防安全設備保持在堪用功能正常情況。

消防安全檢查之種類及實施方式如下：

1. 第一種檢查：成立專責檢查小組執行

每次檢查時，至少抽查該場所一處製造、儲存或處理場所之位置、構造、設備及消防安全設備，並將檢查結果填載檢查紀錄表；下次檢查時，則應抽查不同場所。

本項檢查得由消防機關視轄區狀況及特性，由轄區分隊執行檢查或共同執行檢查。

　2. 第二種檢查：由轄區分隊執行

消防分隊應對於轄內具消防搶救上必要設備之場所

消防分隊應對於轄內危險物品場所或人員依下列期程實施檢查或訪視，並將結果填載紀錄表，一份分隊留存，一份送交專責檢查小組彙整。

　3. 第三種檢查：配合上級機關之規劃及轄內重大災害事故發生排定之檢查勤務專責檢查小組之組成：

甲、人員配置：由消防機關視轄區狀況及特性，配置檢查所需之必要人力。

乙、成員不得有因品操、風紀問題遭申誡以上處分，

二) 預防機制

督考及管理如下：

1. 消防機關應加強督考，檢討得失及實施績效考核，評定轄內單位及個人辦理績優者，定期從優獎勵，對於執行不力者，則依規定懲處。

2. 消防機關對於專責檢查小組人員在資積計分上，得視表現優異情形予以加分。

3. 本署得針對各消防機關執行情形，每年定期或不定期辦理督導評核或實地抽查。

二、災害防救法第23條第1項緊急應變整備事項中之災害防救物資、器材與設施、設備所指為何？試分述之。（25分）

解：

緊急應變整備事項中之災害防救物資、器材與設施、設備如下：

1. 第10條本法第二十三條第一項第五款所定災害防救物資、器材，其項目如下：

甲、飲用水、糧食及其他民生必需品。

乙、急救用醫療器材及藥品。

丙、人命救助器材及裝備。

丁、營建機具、建材及其他緊急應變措施之必需品。

戊、其他必要之物資及器材。

2. 本法第二十三條第一項第六款所定災害防救設施、設備，其項目如下：

甲、人員、物資疏散運送工具。

乙、傳染病防治、廢棄物處理、環境消毒及衛生改善等設備。

丙、救災用準備水源及災害搶救裝備。

丁、各種維生管線材料及搶修用器材、設備。

戊、資訊、通信等器材、設備。

己、其他必要之設施及設備。

乙、測驗題部分：（50分）

1) 本試題為單一選擇題，請選出一個正確或最適當的答案，複選作答者，該題不予計分。

2) 共25題，每題2分，須用2B鉛筆在試卡上依題號清楚劃記，於本試題或申論試卷上作答者，不予計分。

（A）　1. 生物病原災害的中央災害防救業務主管機關，下列何者正確？
  (A) 衛生福利部 　　　　　　　　 (B) 行政院環境保護署
  (C) 行政院原子能委員會 　　　　 (D) 行政院農業委員會

（D）　2. 消防法所稱「消防安全設備檢修」，下列何者正確？
  (A) 指消防安全設備種類及數量之規劃，並製作消防安全設備圖說
  (B) 指消防安全設備施工中須經試驗或勘驗事項之查核，並製作紀錄
  (C) 指消防安全設備施工完成後之功能測試，並製作消防安全設備測試報告書
  (D) 指規定受託檢查各類場所之消防安全設備，並製作消防安全設備檢修報告書

（B）　3. 依照消防法所定之防火管理人任用資格，應為管理或監督層次人員，並經中央消防機關認可之訓練機構或直轄市、縣（市）消防機關講習訓練合格領有證書始得充任，而前述的講習訓練，則分為初訓及複訓。
  依現行法令規定，初訓合格後，每X年至少應接受複訓一次。而講習訓練時數，初訓不得少於Y小時；複訓不得少於Z小時。X、Y、Z為下列何者？
  (A) X=3；Y=16；Z=16 　　　　　 (B) X=3；Y=12；Z=6
  (C) X=2；Y=12；Z=6 　　　　　　(D) X=2；Y=16；Z=16

（A）　4. 災區受災居民購屋貸款之自用住宅，經各級政府認定因災害毀損致不堪使用者，得經原貸款金融機構之同意，以該房屋及其土地，抵償原貸款債務。依法得由那一部會於原貸款剩餘年限，就承受原貸款餘額予以利息補貼？

(A) 內政部 　　　　　　　　　　(B) 財政部

(C) 金融監督管理委員會 　　　　(D) 衛生福利部

(A)　5. 有關爆竹煙火流向申報之規定，下列何者錯誤？

(A) 專業爆竹煙火成品之流向登記，應載明出貨對象姓名或名稱、電話及所在之直轄市、縣（市）

(B) 業者應於次月15日前向直轄市、縣（市）主管機關申報前一個月之紀錄

(C) 紀錄應至少保存5年

(D) 一般爆竹煙火成品之流向登記，若單筆或一個月內同一登記對象或同一登記地址達中央主管機關所定管制量，應載明出貨對象姓名或名稱、地址（如住居所、事務所或營業所）、電話及其他經中央主管機關公告事項

(D)　6. 下列違反消防法之行為，得按次處罰，何者正確？①消防設備師或消防設備士為消防安全設備不實檢修報告者　②未依規定遴用防火管理人，責其製定消防防護計畫，報請消防機關核備，並依該計畫執行有關防火管理上必要之業務　③未經主管機關許可，使用以產生火焰、火花或火星等方式，進行表演性質之活動　④管理權人規避、妨礙或拒絕消防機關分類列管檢查及複查

(A) ①②③④　　(B) ②③④　　(C) ①②　　(D) ③④

(A)　7. 下列違反消防法之行為，何者經依法連續處罰，並予以停業或停止使用之處分後，仍不改善者，得依行政執行法處以怠金。逾期不改善，並得依行政執行法之規定斷絕其營業所必須之自來水、電力或其他能源？

(A) 應設置住宅用火災警報器並維護之場所管理權人，未依規定設置、維護

(B) 陳列、銷售非附有防焰標示之防焰物品或其材料之管理權人

(C) 未依規定遴用防火管理人，責其製定消防防護計畫，報請消防機關核備之管理權人

(D) 未經主管機關許可，使用以產生火焰、火花或火星等方式，進行表演性質之活動之管理權人

(A)　8. 根據災害防救法之規定，各種災害防救業務計畫或各地區災害防救計畫間有所牴觸而無法解決者，應如何處理？

(A) 應報請中央災害防救委員會協調之

(B) 各種災害防救業務計畫不得與各地區災害防救計畫牴觸，若有牴觸部分，以各地區災害防救計畫為準

(C) 災害防救業務計畫與各地區災害防救計畫無主從關係，各自獨立運作

(D) 退回所屬地區的災害防救會報，重新審訂

(C) 9. 人民因災害而失蹤時，檢察機關得依職權或應為繼承人之聲請，經詳實調查後，有事實足認其確已因災死亡而未發現其屍體者，核發死亡證明書。此項聲請，根據災害防救法之規定，應於災害發生後多久之內提出？

(A) 1個月　　　　(B) 6個月　　　　(C) 1年　　　　(D) 2年

(A) 10. 遇大量傷病患或野外緊急救護，參與現場急救救護人員及救護運輸工具設置機關（構），拒絕依現場指揮協調系統之指揮，施行救護者，處救護車設置機關（構）罰鍰之規定，下列何者正確？

(A) 處新臺幣5萬元以上25萬元以下罰鍰

(B) 處新臺幣1萬元以上5萬元以下罰鍰，並通知限期改善；屆期未改善者，按次處罰至改善為止

(C) 處新臺幣6萬元以上30萬元以下罰鍰

(D) 廢止該救護車設置機關（構）全部救護車之設置許可；其屬救護車營業機構者，並廢止其設立許可

(C) 11. 根據緊急醫療救護法之規定，救護車之設置，以下列那些機關（構）為限？
①軍事機關　②學校機構　③警察機關　④救護車營業機構　⑤消防機關

(A) ①②③④⑤　(B) ②③④　(C) ①④⑤　(D) ③⑤

(D) 12. 根據緊急醫療救護法及其施行細則之規定，救護車違反下列哪一規定者，由警察機關取締後，移送當地衛生主管機關處理？

(A) 救護車因前方車輛未禮讓，造成車禍意外

(B) 救護車未遵守交通標線、號誌，違規臨停

(C) 救護車未依規定定期消毒

(D) 救護車非因情況緊急，使用警鳴器及紅色閃光燈

(B) 13. 依消防法相關規定，有關明火表演之描述，下列何者正確？

(A) 表演場所管理權人曾違反明火表演規定，依消防法規定裁處未滿3年者，不得申請明火表演許可

(B) 供公眾使用建築物之管理權人，申請明火表演許可者，表演期間投保公共意外責任險，總保險金額：新臺幣1千2百萬元

(C) 違反消防法明火表演規定，處新臺幣3萬元以上15萬元以下罰鍰，不得按次處罰

(D) 主管機關派員檢查時，經出示有關執行職務之證明文件後，妨礙檢查者，處管理權人及行為人新臺幣1萬元以上5萬元以下罰鍰

（ C ） 14. 依消防法、消防法施行細則、爆竹煙火管理條例、公共危險物品及可燃性高壓氣體設置標準暨安全管理辦法有關安全管理制度之敘述，下列何者正確？

(A) 一定規模以上供公眾使用建築物，應由管理權人，遴用保安監督人，責其製定消防防護計畫

(B) 製造、儲存或處理六類危險物品達管制量15倍之場所，應由防火管理人擬訂消防防災計畫

(C) 達中央主管機關所定管制量30倍之販賣場所負責人，應選任爆竹煙火監督人，責其訂定安全防護計畫

(D) 保安監督人、防火管理人、爆竹煙火監督人均應在選任後30日內報請當地消防機關備查

（ B ） 15. 依消防法之規定，下列何種場所，其管理權人應使用附有防焰標示之地毯、窗簾、布幕、展示用廣告板及其他指定之防焰物品？①專用樓地板面積合計200平方公尺之商場　②專用樓地板面積合計200平方公尺之幼兒園　③專用樓地板面積合計200平方公尺之圖書館　④專用樓地板面積合計200平方公尺以上之戲院

(A) ①④　　　　(B) ②④　　　　(C) ③④　　　　(D) ①②③

（ C ） 16. 依消防法之規定，下列何者應實施防火管理？①收容人數在26人之視障按摩場所　②總樓地板面積300平方公尺之護理之家機構　③總樓地板面積300平方公尺之撞球場　④總樓地板面積300平方公尺之補習班

(A) ①②　　　　(B) ①③④　　　(C) ②④　　　　(D) ①②③④

（ D ） 17. 依災害防救法規定，災區低收入戶未申請政府優惠融資或其他補助，經金融機構核放創業融資貸款者，得由X對承辦該貸款之金融機構補貼利息，其貸款金額不得超過新臺幣Y萬元。X、Y為下列何者？

(A) X=內政部，Y=100　　　　　(B) X=內政部，Y=150

(C) X=金融監督管理委員會，Y=100　(D) X=衛生福利部，Y=150

（ A ） 18. 依災害防救法規定，災區受災企業因受影響而發生營運困難者，下列敘述何者正確？

(A) 各中央目的事業主管機關得予以紓困

(B) 於災害前已辦理之貸款，其本金及利息之償還得予以展延期限，週轉金

最長2年

(C) 合意展延期間之利息損失，由各中央災害防救業務主管機關補貼金融機構

(D) 於災害前已辦理之貸款，其本金及利息之償還得予以展延期限，資本性融資最長5年

(A) 19. 依災害防救法規定，有關中央災害防救業務主管機關之敘述，下列何者正確？①輻射災害：行政院原子能委員會　②動植物疫災：行政院農業委員會　③工業管線災害：內政部　④海難：行政院海岸巡防署

(A) ①②　　　　(B) ①②③　　　　(C) ②③④　　　　(D) ①③④

(B) 20. 依緊急醫療救護法之規定，下列何者非直轄市、縣（市）消防機關之救災救護指揮中心，處理緊急救護事項？

(A) 建立緊急醫療救護資訊

(B) 空中轉診之聯繫

(C) 聯絡救護運輸工具之設置機關（構）執行緊急救護業務

(D) 協調有關機關執行緊急救護業務

(B) 21. 依爆竹煙火管理條例規定，下列何者非直轄市、縣（市）主管機關權責？

(A) 爆竹煙火製造之許可、變更、撤銷及廢止

(B) 爆竹煙火監督人講習、訓練之規劃及辦理

(C) 爆竹煙火製造及達中央主管機關所定管制量之儲存、販賣場所，其位置、構造、設備之檢查及安全管理

(D) 受理依規定輸入一般爆竹煙火之封存

(A) 22. 依災害防救法規定，乘災害之際而故犯下列何罪者，得依刑法之規定，加重其刑至二分之一？①公共危險罪　②詐欺　③竊盜　④毀損

(A) ②③　　　　(B) ③④　　　　(C) ②④　　　　(D) ①②③④

(B) 23. 消防機關於香舖金紙店查獲販賣未附加認可標示之一般爆竹煙火時，應處之罰鍰金額下列何者正確？

(A) 新臺幣30萬元以上150萬元以下　　(B) 新臺幣3萬元以上15萬元以下

(C) 新臺幣6萬元以上30萬元以下　　　(D) 新臺幣3千元以上1萬5千元以下

(C) 24. 依公共危險物品及可燃性高壓氣體設置標準暨安全管理辦法規定，有關室內儲槽場所位置、構造及設備之敘述，下列何者正確？

(A) 儲槽構造：儲槽材質應為厚度3毫米以上之鋼板或具有同等以上性能者

(B) 應設置於地下層建築物之儲槽專用室

(C) 儲槽專用室之窗戶及出入口，應設置30分鐘以上防火時效之防火門窗

(D) 儲槽專用室出入口應設置10公分以上之門檻，或設置具有同等以上效能之防止流出措施

(A) 25. 依消防法規定，有關民力運用之敘述，下列何者正確？

(A) 直轄市、縣（市）政府，得編組義勇消防組織

(B) 義勇消防編組之人員接受訓練，其所屬機關（構）、學校、團體、公司、廠場應給予事假

(C) 參加義勇消防編組之人員，因接受訓練、演習、服勤致患病、傷殘或死亡者，依公務人員委任第五職等身分請領各項給付

(D) 直轄市、縣（市）政府應補助義勇消防組織所需裝備器材之經費

104年公務人員特種考試警察人員考試

等　別：三等警察人員考試

類　科：消防警察人員

科　目：消防與災害防救法規（包括消防法及施行細則、災害防救法及施行細則、爆竹煙火管理條例及施行細則、公共危險物品及可燃性高壓氣體設置標準暨安全管理辦法、緊急救護辦法、緊急醫療救護法及施行細則、直轄市縣市消防機關火場指揮及搶救作業要點）

考試時間：2小時　　座號：

※注意：禁止使用電子計算器。

甲、申論題部分：（50分）

1) 不必抄題，作答時請將試題題號及答案依照順序寫在申論試卷上，於本試題上作答者，不予計分。

2) 請以藍、黑色鋼筆或原子筆在申論試卷上作答。

一、依據「災害防救法」之規定，行政院設「中央災害防救會報」、直轄市、縣（市）政府設「直轄市、縣（市）災害防救會報」及鄉（鎮、市）公所設「鄉（鎮、市）災害防救會報」之組織各為何？（25分）

解：

一) 行政院設「中央災害防救會報」組織

第7條中央災害防救會報置召集人、副召集人各一人，分別由行政院院長、副院長兼任；委員若干人，由行政院院長就政務委員、秘書長、有關機關首長及具有災害防救學識經驗之專家、學者派兼或聘兼之。

為執行中央災害防救會報核定之災害防救政策，推動重大災害防救任務與措施，行政院設中央災害防救委員會，置主任委員一人，由行政院副院長兼任，並設行政院災害防救辦公室，置專職人員，處理有關業務；其組織由行政院定之。

行政院災害防救專家諮詢委員會、國家災害防救科技中心提供中央災害防救會報及中央災害防救委員會，有關災害防救工作之相關諮詢，加速災害防救科技研發及落實，強化災害防救政策及措施。

為有效整合運用救災資源，中央災害防救委員會設行政院國家搜救指揮中心，統籌、調度國內各搜救單位資源，執行災害事故之人員搜救及緊急救護之運送任務。

內政部災害防救署執行災害防救業務。

二) 直轄市、縣（市）政府設「直轄市、縣（市）災害防救會報」組織

第9條直轄市、縣（市）災害防救會報置召集人一人、副召集人一人或二人，分別由直轄市、縣（市）政府正、副首長兼任；委員若干人，由直轄市、縣（市）長就有關機關、單位首長、軍事機關代表及具有災害防救學識經驗之專家、學者派兼或聘兼。

直轄市、縣（市）災害防救辦公室執行直轄市、縣（市）災害防救會報事務；其組織由直轄市、縣（市）政府定之。

直轄市、縣（市）災害防救專家諮詢委員會提供直轄市、縣（市）災害防救會報災害防救工作之相關諮詢。

三) 鄉（鎮、市）公所設「鄉（鎮、市）災害防救會報」組織

第11條鄉（鎮、市）災害防救會報置召集人、副召集人各一人，委員若干人。召集人由鄉（鎮、市）長擔任；副召集人由鄉（鎮、市）公所主任秘書或秘書擔任；委員由鄉（鎮、市）長就各該鄉（鎮、市）地區災害防救計畫中指定之單位代表派兼或聘兼。

鄉（鎮、市）災害防救辦公室執行鄉（鎮、市）災害防救會報事務；其組織由鄉（鎮、市）公所定之。

區得比照前條及前二項規定，成立災害防救會報及災害防救辦公室。

二、依據「消防機關火場指揮及搶救作業要點」，有關火災搶救作業要領之規定，抵達火場處置內容為何？（25分）

解：

抵達火場處置：

1. 災情回報：初期救火指揮官到達火場，應立即瞭解火場現況（建築物內部結構、火點位置、延燒範圍、受困災民、儲放危險物品等），並回報指揮中心。

2. 請求支援：初期救火指揮官就災情研判，現有人、車、裝備等救災戰力，如有不足，應立即向指揮中心請求支援。

3. 指揮權轉移：若火勢擴大，火災等級升高，指揮層級亦相對提高，初期救火指揮官應向後續到達之高層指揮官報告人、車、裝備部署狀況、人員搜救情形及分析火勢可能發展情形，並接受新任務派遣，以完成指揮權轉移手續。

4. 車輛部署：以「車組作戰」及「單邊部署」為原則，三樓以上建築物火場正面空間，應留給高空作業車使用。

5. 水源運用：以接近火場之水源為優先使用目標，但避免「水源共撞」（注意是否同一管路及管徑大小），另充分利用大樓採水口、專用蓄水池等水源。

6. 水線部署：以爭取佈線時間及人力為原則。

   (1) 室內佈線：沿室內樓梯部署水線之方式，適用較低樓層。

   (2) 室外佈線：利用雲梯車、雙（三）節梯加掛梯及由室內垂下水帶等方式部署水線，適用較高樓層。

   (3) 佈線時應善用三（分）叉接頭，以節省佈線時間及人力。

7. 人命搜救：抵達火場後，應優先進行人命搜救任務。

   (1) 第一梯次抵達火場之救災人、車，應優先進行人命搜救任務，水源部署應掩護搜救任務之進行。

   (2) 搜救小組應以兩人以上為一組，以起火層及其直上層為優先搜救目標，樓梯、走道、窗邊、屋角、陽台、浴廁、電梯間等，應列為搜救重點。

   (3) 由指揮官分配各搜索小組搜索區域、聯絡信號，入室搜索前應先登錄管制搜救小組「姓名」、「人數」、「時間」、「氣瓶壓力」，每一區域搜索完畢後，需標註記號，以避免重複搜索或遺漏搜索。

   (4) 入室搜索應伴隨水線掩護，並預留緊急脫離路線。

   (5) 設有電梯處所發生火警時，應立即將所有電梯管制至地面層，以防止民眾誤乘電梯，並協助避難。

   (6) 對被搜救出災民應做必要之緊急救護程序，並同時以救護車儘速送往醫療機構急救。

8. 侷限火勢：無法立即撲滅火勢，應先將火勢侷限，防止火勢擴大。

9. 周界防護：對有延燒可能之附近建築物，應部署水霧進行防護。

10. 滅火攻擊：消防力具有優勢時，應集中水線，一舉撲滅火勢。

11. 破壞作業：

    (1) 破壞前應有「測溫」動作，並注意內部悶燒狀況，以免因破壞行動使火勢擴大或引發閃（爆）燃之虞。

(2) 擊破玻璃應立於上風處，手應保持在擊破位置上方，以免被玻璃碎片所傷。

(3) 可用堆高機、乙炔氧熔斷器、斧頭、橇棒或切斷器等切割、破壞鐵捲門、門鎖、門閂等。

(4) 平時應將轄內有重機械處所（如堆高機、挖土機、吊車等）設立緊急聯絡簿，以便需要時，可隨即聯絡協助破壞作業。

12. 通風排煙作業：

(1) 適當的採取通風排煙作業（垂直、水平、機械、水力等），可使受困災民呼吸引進的冷空氣，並改善救災人員視線，有利人命救助，且可縮短滅火的時間。

(2) 執行通風排煙作業前，應有水線待命掩護，並注意避開從開口冒出的熱氣、煙霧或火流。

(3) 適當的在建築物頂端開口通風排煙，可藉煙囪效應直接將熱氣、煙霧及火流向上排解出去，有助於侷限火勢。

13. 飛火警戒：對火場下風處應派員警戒，以防止飛火造成火勢延燒。

14. 殘火處理：火勢撲滅後，對可能隱藏殘火處所，加強清理、降溫以免復燃。

15. 人員裝備清點：火勢完全熄滅後，指揮官應指示所有參與救災單位清點人員、車輛、裝備器材，經清點無誤後始下令返隊，並回報指揮中心

乙、測驗題部分：（50分）

1) 本試題為單一選擇題，請選出一個正確或最適當的答案，複選作答者，該題不予計分。

2) 共25題，每題2分，須用2B鉛筆在試卡上依題號清楚劃記，於本試題或申論試卷上作答者，不予計分。

(D) 1. 依消防法之規定，下列何者錯誤？

(A) 地面樓層達11層以上建築物，其管理權有分屬時，各管理權人應協議製定共同消防防護計畫

(B) 防焰物品或其材料之防焰標示，應經中央主管機關認證具有防焰性能

(C) 原供公眾使用建築物變更為他種公眾使用時，主管建築機關應會同消防機關審查其消防安全設備圖說

(D) 應設置消防安全設備場所，其防火管理人應委託消防設備師或消防設備士，定期檢修消防安全設備

(C) 2. 下列何者，應由管理權人遴用防火管理人，責其製定消防防護計畫，並依該計畫執行有關防火管理上必要之業務？
　　　(A) 總樓地板面積在兩百平方公尺之餐廳
　　　(B) 總樓地板面積在兩百平方公尺之超級市場
　　　(C) 總樓地板面積在兩百平方公尺之指壓按摩店
　　　(D) 總樓地板面積在兩百平方公尺之遊藝場

(A) 3. 下列何者非中央災害防救會報之任務？
　　　(A) 核定災害防救基本計畫及地區災害防救計畫
　　　(B) 核定全國緊急災害之應變措施
　　　(C) 督導、考核中央及直轄市、縣（市）災害防救相關事項
　　　(D) 核定重要災害防救政策與措施

(C) 4. 依災害防救法施行細則之規定，下列何者錯誤？
　　　(A) 中央災害防救業務主管機關每2年應依規定及災害防救基本計畫等，檢討災害防救業務計畫
　　　(B) 直轄市、縣（市）政府每2年應依規定及災害防救計畫，檢討地區災害防救計畫
　　　(C) 中央災害防救會報每5年應依災害防救法，檢討災害防救基本計畫
　　　(D) 各級政府應依法對災害防救器材、設備，每月至少實施功能測試1次，每半年至少舉辦演練1次

(C) 5. 依消防機關火場指揮及搶救作業要點之規定，有關消防車無線電代號，下列何者正確？
　　　(A) 空壓車「七六」　　　　(B) 排煙車「七五」
　　　(C) 照明車「八一」　　　　(D) 化學車「四一」

(A) 6. 依災害防救法之規定，下列何者可處新臺幣10萬元以上50萬元以下罰鍰？
　　　(A) 救災所需必要物資之製造、運輸、販賣、保管、倉儲業者，拒絕政府因救災需求徵用者
　　　(B) 緊急應變警報訊號之種類、內容、樣式、方法，未經許可而擅自使用者
　　　(C) 拒絕政府為徵用救災物資派員進入營業場所檢查之業者
　　　(D) 未進行災害監測、預報、警報發布及其設施之強化，致發生重大損害之公共事業

(D) 7. 依爆竹煙火管理條例施行細則之規定，下列何者已達爆竹煙火儲存、販賣場

所之管制量？

(A) 摔炮類以外之一般爆竹煙火：火藥量3公斤

(B) 舞臺煙火以外之專業爆竹煙火：總重量0.3公斤

(C) 爆炸音類一般爆竹煙火之排炮、連珠炮、無紙屑炮類：火藥量5公斤

(D) 摔炮類一般爆竹煙火：總重量1.5公斤

(D) 8. 依爆竹煙火管理條例之規定，中央主管機關之權責，下列何者錯誤？

(A) 一般爆竹煙火認可相關業務之辦理

(B) 爆竹煙火監督人講習、訓練之規劃及辦理

(C) 達中央主管機關公告數量之氯酸鉀或過氯酸鉀之販賣許可

(D) 爆竹煙火製造之許可、變更、撤銷及廢止

(B) 9. 公共危險物品及可燃性高壓氣體設置標準暨安全管理辦法所稱擋牆，下列何者錯誤？

(A) 高度能有效阻隔延燒

(B) 厚度在10公分以上之鋼筋或鋼骨混凝土牆

(C) 厚度在20公分以上之鋼筋或鋼骨補強空心磚牆

(D) 堆高斜度不超過60度之土堤

(D) 10. 有關六類危險物品製造場所之構造規定，下列何者正確？

(A) 窗戶及出入口應設置1小時以上防火時效之防火門窗

(B) 牆壁開口有延燒之虞者，應設置30分鐘以上防火時效之常時關閉式防火門

(C) 牆壁、樑、柱、地板及樓梯，應以耐燃材料建造；外牆有延燒之虞者，不得設置其他開口

(D) 設於室外之製造或處理液體六類物品之設備，應在周圍設置距地面高度在15公分以上之圍阻措施

(C) 11. 六類危險物品室內儲存場所其位置、構造及設備規定，下列何者錯誤？

(A) 儲存倉庫之牆壁、柱及地板應為防火構造，且樑應以不燃材料建造

(B) 每一儲存倉庫樓地板面積不得超過一千平方公尺

(C) 儲存倉庫之屋頂應以不燃材料建造，天花板應以輕質金屬板或其他輕質不燃材料設置

(D) 儲存倉庫之窗戶及出入口應設置30分鐘以上防火時效之防火門窗

(D) 12. 室外儲槽場所儲槽儲存第四類公共危險物品者，其防液堤之規定，下列何者錯誤？

(A) 單座儲槽周圍所設置防液堤之容量，應為該儲槽容量百分之一百一十以上

(B) 防液堤之高度應在50公分以上，但儲槽容量合計超過20萬公秉者，高度應在1公尺以上

(C) 防液堤內面積不得超過8萬平方公尺

(D) 防液堤內部設置儲槽，不得超過10座，但所儲存物之閃火點在攝氏70度以上未達200度者，無設置數量之限制

(C) 13. 下列有關可燃性高壓氣體儲存場所之構造、設備及安全管理，何者錯誤？

(A) 設有警戒標示及防爆型緊急照明設備

(B) 採用不燃材料構造之地面一層建築物，屋頂應以輕質金屬板或其他輕質不燃材料覆蓋

(C) 通路面積至少應占儲存場所面積之百分之十五以上

(D) 保持攝氏40度以下之溫度；容器並應防止日光之直射

(D) 14. 下列有關液化石油氣儲存場所之規定，何者錯誤？

(A) 液化石油氣儲存場所僅供一家販賣場所使用之面積，不得少於10平方公尺

(B) 液化石油氣儲存場所供二家以上共同使用者，每一販賣場所使用之儲存面積，不得少於6平方公尺

(C) 設置位置與販賣場所距離不得超過5公里

(D) 儲存場所設有圍牆防止非相關人員進入，並有24小時專人管理時，其距離得為10公里內

(B) 15. 依照消防法第27條之規定，直轄市、縣（市）政府，得聘請有關單位代表及學者專家，設火災鑑定委員會，調查、鑑定火災原因；其組織由何機關定之？

(A) 內政部　　　　　　　　　(B) 直轄市、縣（市）政府

(C) 內政部消防署　　　　　　(D) 消防局

(A) 16. 依照消防法施行細則第21條之規定，直轄市、縣（市）政府對轄內無自來水供應或消防栓設置不足地區，應籌建或整修蓄水池及其他消防水源，並由何機關列管檢查？

(A) 當地消防機關　　　　　　(B) 當地自來水公司

(C) 自來水事業處　　　　　　(D) 當地工務局

(D) 17. 依照災害防救法第30條及第40條之規定，公共事業發現、獲知災害或有發生災害之虞時，未主動蒐集、傳達相關災情並迅速採取必要之處置，致發生重

大損害時：

(A) 處新臺幣5萬元以上25萬元以下罰金

(B) 處新臺幣3萬元以上15萬元以下罰金

(C) 處新臺幣5萬元以上25萬元以下罰鍰

(D) 處新臺幣3萬元以上15萬元以下罰鍰

(B) 18. 依爆竹煙火管理條例之規定，以郵購方式販賣一般爆竹煙火者，應如何處置？

(A) 處新臺幣3千元以上1萬5千元以下罰鍰

(B) 處新臺幣3萬元以上15萬元以下罰鍰

(C) 處新臺幣6萬元以上30萬元以下罰鍰

(D) 處新臺幣30萬元以上150萬元以下罰鍰

(B) 19. 依照災害防救法第47條之規定，委任第三職等之公務人員執行本法災害防救事項，致傷病、身心障礙或死亡者，應依照何種標準請領各項給付？

(A) 以公務人員委任第五職等年功俸最高級月支俸額為基數計算之基準

(B) 以公務人員委任第三職等本職有關規定請領各項給付

(C) 以公務人員委任第三職等年功俸最高級月支俸額為基數計算之基準

(D) 以公務人員委任第五職等有關規定請領各項給付

(D) 20. 下列何者為災害防救法第23條第1項第6款所定災害防救設施、設備：

(A) 急救用醫療器材及藥品

(B) 人命救助器材及裝備

(C) 營建機具、建材及其他緊急應變措施之必需品

(D) 資訊、通信等器材、設備

(D) 21. 依照爆竹煙火管理條例第7條規定，輸入或販賣達中央主管機關公告數量之氯酸鉀或過氯酸鉀者，應如何辦理？

(A) 應檢附數量、合格儲存地點證明、使用計畫書、輸入或販賣業者、押運人、運輸方法及經過路線等資料，向當地直轄市、縣（市）主管機關申請發給許可文件

(B) 輸入之氯酸鉀或過氯酸鉀，應運至合格儲存地點放置，並於入庫當日前通知當地直轄市、縣（市）主管機關清點數量後始得入庫

(C) 輸入之氯酸鉀或過氯酸鉀，應運至合格儲存地點放置，並於入庫1日前通知中央主管機關清點數量後始得入庫

(D) 氯酸鉀或過氯酸鉀應於運出儲存地點前，由輸入或販賣者將相關資料報請當地直轄市、縣（市）主管機關及目的地直轄市、縣（市）主管機關備查後，始得運出儲存地點

(B) 22. 下列有關消防法施行細則之規定，何者錯誤？

(A) 液化石油氣零售業之安全技術人員應每2年接受複訓1次，每次複訓時數不得少於8小時

(B) 消防防護計畫中滅火、通報及避難訓練之實施；每年至少應舉辦1次，每次不得少於4小時

(C) 甲類場所之管理權人應每半年檢修消防安全設備1次，甲類以外場所，每年實施1次

(D) 防火管理人應為管理或監督層次幹部，並每2年至少應接受講習訓練1次
註：104年防火管理人已改為每3年至少應接受講習訓練1次。

(B) 23. 依照爆竹煙火管理條例施行細則第10條之規定，直轄市、縣（市）主管機關依爆竹煙火管理條例第32條第2項規定進行銷毀之程序，何者錯誤？

(A) 於安全、空曠處所進行，並採取必要之安全防護措施

(B) 於上午8時後下午7時前為之，並應派人警戒監視，銷毀完成俟確認滅火後始得離開

(C) 應製作銷毀紀錄，記載沒入處分書編號、被處分人姓名、沒入爆竹煙火名稱、單位、數（重）量及沒入時間、銷毀時間，並檢附相片

(D) 中央主管機關依爆竹煙火管理條例第9條第4項及第14條第4項規定逕行銷毀，應先通知當地主管機關，再依前項第1款及第2款規定辦理，並製作銷毀紀錄，記載銷毀之爆竹煙火名稱、單位、數（重）量及銷毀時間，及檢附相片

(D) 24. 依照緊急救護辦法第18條之規定，為確保緊急救護品質，應有何作為？

(A) 中央主管機關應每半年辦理緊急救護品質考核及評估

(B) 中央衛生主管機關應每年辦理緊急救護品質考核及評估

(C) 中央主管機關應會同中央衛生主管機關每半年辦理緊急救護品質考核及評估

(D) 中央主管機關應會同中央衛生主管機關每年辦理緊急救護品質考核及評估

(A) 25. 依照緊急救護辦法第7條之規定，救護人員實施緊急救護時，如緊急傷病患或其家屬拒絕接受運送，應如何處理？

(A) 應要求其於救護紀錄表中簽名後，不予運送

(B) 應報請衛生機關協助處理

(C) 應要求其配合執行公務，救命為先

(D) 應通知警察協助處理

103年公務人員特種考試警察人員考試

等　別：三等警察人員考試

類　科：消防警察人員

科　目：消防與災害防救法規（包括消防法及施行細則、災害防救法及施行細則、爆竹煙火管理條例及施行細則、公共危險物品及可燃性高壓氣體設置標準暨安全管理辦法、緊急救護辦法、緊急醫療救護法及施行細則、直轄市縣市消防機關火場指揮及搶救作業要點）

考試時間：2小時　　座號：

※注意：禁止使用電子計算器。

甲、申論題部分：（50分）

1) 不必抄題，作答時請將試題題號及答案依照順序寫在申論試卷上，於本試題上作答者，不予計分。

2) 請以藍、黑色鋼筆或原子筆在申論試卷上作答。

一、依「消防機關火場指揮及搶救作業要點」之規定，火場指揮官之區分及任務分別為何？（**25分**）

解：

一) 火場指揮官區分

　　甲、火場總指揮官：由消防局局長擔任。

　　乙、火場副總指揮官：由消防局副局長擔任。

　　丙、救火指揮官：依情形由轄區消防大（中）隊長、消防分隊長或救災救護指揮中心指定人員擔任。

　　丁、警戒指揮官：協調轄區警察局派員擔任。

　　戊、偵查指揮官：協調轄區警察局派員擔任。

二) 火場指揮官任務

　　甲、火場總指揮官（副總指揮官）：

　　　　A.成立火場指揮中心。

　　　　B.統一指揮火場救災、警戒、偵查等勤務之執行。

C. 依據授權，執行消防法第三十一條「調度、運用政府機關公、民營事業機構消防、救災、救護人員、車輛、船舶、航空器及裝備，協助救災」。

D. 必要時協調臨近之軍、憲、民間團體或其他有關單位協助救災或維持現場秩序。

乙、救火指揮官：

A. 負責指揮人命救助及火災搶救部署任務。

B. 劃定火場警戒區。

C. 建立人員裝備管制站。

D. 指揮電力、自來水、瓦斯等相關事業單位，配合執行救災。

E. 指揮救護人員執行緊急救護。

F. 災情回報及請求支援等事宜。

丙、警戒指揮官：

A. 指揮火場警戒及維持治安勤務。

B. 指揮火場週邊道路交通管制及疏導勤務。

C. 指揮強制疏散警戒區之人車，維護火場秩序。

D. 必要時由轄區消防機關通知協助保持火場現場完整，以利火場勘查及鑑定。

丁、偵查指揮官：

A. 刑案發生，指揮現場勘查工作。

B. 指揮火警之刑事偵查工作。

C. 火警現場之其他偵防工作。

二、試就「防火管理人」、「保安監督人」及「爆竹煙火監督人」等三類人員，回答下列問題：（每小題5分，共25分）

一) 遴聘該人員之法源依據為何？

二) 在何種情況下才應遴聘該人員？

三) 該人員初訓及複訓時數至少各應為多久？

四) 每隔多久該人員至少應接受講習訓練一次？

五) 該人員應製定計畫名稱為何？

解：

一) 遴聘該人員之法源依據

「防火管理人」、「保安監督人」及「爆竹煙火監督人」分別依消防法第13條、爆竹煙火管理條例第18條、公共危險物品暨可燃性高壓氣體管理辦法第47條。

二) 在何種情況下才應遴聘該人員

1. 「防火管理人」為一定規模以上供公眾使用建築物，應由管理權人，遴用防火管理人，責其製定消防防護計畫，報請消防機關核備，並依該計畫執行有關防火管理上必要之業務。及消防法施行細則第14條本法第十三條所定防火管理人，應為管理或監督層次人員，並經中央消防機關認可之訓練機構或直轄市、縣（市）消防機關講習訓練合格領有證書始得充任。

2. 「保安監督人」為製造、儲存或處理六類物品達管制量三十倍以上之場所，應由管理權人選任管理或監督層次以上之幹部為保安監督人，擬訂消防防災計畫，報請當地消防機關核定，並依該計畫執行六類物品保安監督相關業務。

3. 「爆竹煙火監督人」為爆竹煙火製造場所及達中央主管機關所定管制量三十倍之儲存、販賣場所之負責人，應選任爆竹煙火監督人，責其訂定安全防護計畫，報請直轄市、縣（市）主管機關備查，並依該計畫執行有關爆竹煙火安全管理上必要之業務。

　　爆竹煙火管理條例施行細則第8條本條例第十八條所定爆竹煙火監督人，應為爆竹煙火製造場所或達中央主管機關所定管制量三十倍以上儲存、販賣場所之管理或監督層次幹部。

三) 該人員初訓及複訓時數至少各應為多久

1. 「防火管理人」前項講習訓練分為初訓及複訓。初訓合格後，每三年至少應接受複訓一次。第一項講習訓練時數，初訓不得少於十二小時；複訓不得少於六小時。

2. 「保安監督人」第一項保安監督人應經直轄市、縣（市）消防機關，或中央主管機關認可之專業機構，施予二十四小時之訓練領有合格證書者，始得充任，任職期間並應每二年接受複訓一次。

3. 「爆竹煙火監督人」任職期間，每二年至少應接受複訓一次。所定訓練之時間，不得少於二十四小時。

四) 每隔多久該人員至少應接受講習訓練一次

1. 「防火管理人」每三年至少應接受複訓一次

2.「保安監督人」任職期間並應每二年接受複訓一次

3.「爆竹煙火監督人」任職期間，每二年至少應接受複訓一次。

五) 該人員應製定計畫名稱

1.「防火管理人」製定消防防護計畫

2.「保安監督人」製定消防防災計畫

3.「爆竹煙火監督人」製定安全防護計畫

乙、測驗題部分：（50分）

1) 本試題爲單一選擇題，請選出一個正確或最適當的答案，複選作答者，該題不予計分。

2) 共25題，每題2分，須用2B鉛筆在試卡上依題號清楚劃記，於本試題或申論試卷上作答者，不予計分。

(C)　1. 未依消防法設置、銷售、陳列或使用附有防焰標示之地毯、窗簾、布幕、展示用廣告板及其他指定之防焰物品者，依法得就何者不經限期改善，逕處罰鍰之處分？①設置人員　②銷售人員　③陳列人員　④使用人員（該使用場所之管理權人）

　　(A) ①②③④　　(B) ①②③　　(C) ①②　　(D) ③

(B)　2. 消防法所稱管理權人係指依法令或契約對各該場所有實際支配管理權者，以直轄市爲例，轄內消防分隊廳舍之管理權人，下列何者正確？

　　(A) 消防分隊所屬直轄市市長　　(B) 消防分隊所屬消防局局長

　　(C) 消防分隊所屬消防大隊大隊長　　(D) 該消防分隊分隊長

(A)　3. 液化石油氣零售業者依法應備妥相關資料並定期向轄區消防機關申報之規定，下列何者正確？①定期申報，係指每年6月及12月　②用戶安全檢查資料，包括用戶地址、檢測項目及檢測結果　③安全技術人員應接受指定的機關或專業機構16個小時講習訓練合格並領有證書，始得充任　④擔任安全技術人員在接受講習訓練合格後，每2年應接受複訓一次

　　(A) ②③④　　(B) ①②③　　(C) ①②③④　　(D) ①④

(D)　4. 消防法規關於消防栓之設置、保養與維護之規定，下列何者正確？①依消防法設置之消防栓，以採用地下雙口式爲原則　②消防栓之保養、維護由消防機關負責　③消防栓之開關（轉動帽），依規定限用五角形　④依規定消防

栓附近應設明顯標誌，消防栓標誌支柱露出地面之高度為250公分

(A) ②③④　　　　(B) ①②③　　　　(C) ①②③④　　　　(D) ③④

(B)　5. 依災害防救法之規定，下列何者不屬直轄市、縣（市）災害防救會報之任務職掌？

(A) 核定重要災害防救措施及對策

(B) 推動社區災害防救事宜

(C) 核定轄區內災害之緊急應變措施

(D) 督導、考核轄區內災害防救相關事項

(D)　6. 依災害防救法之規定，違反下列何者規定致遭遇危難，並由各級災害應變中心進行搜救而獲救者，各級政府得就搜救所生費用，以書面命獲救者或可歸責之業者繳納：①徵調相關專門職業、技術人員及所徵用物資之操作人員協助救災　②危險建築物、工作物之拆除及災害現場障礙物之移除　③劃定警戒區域，製發臨時通行證，限制或禁止人民進入或命其離去　④指定道路區間、水域、空域高度，限制或禁止車輛、船舶或航空器之通行

(A) ②③④　　　　(B) ①②③　　　　(C) ①②③④　　　　(D) ③④

(A)　7. 依災害防救法之規定，中央災害防救委員會應儘速協調金融機構，就災區民眾所需重建資金，予以低利貸款。貸款金額、利息補貼額度及作業程序應報請①核定之，利息補貼額度由　②編列預算執行之，補貼範圍應斟酌民眾受災程度及自行重建能力

(A) ①=中央災害防救會報；②=各級政府

(B) ①=行政院；②=各級政府

(C) ①=中央災害防救委員會；②=直轄市、縣（市）災害防救委員會

(D) ①=立法院；②=行政院

(C)　8. 依公共危險物品及可燃性高壓氣體設置標準暨安全管理辦法之規定，室外儲槽場所設置以不燃材料建造具多少小時以上防火時效之防火牆者，不受儲存液體儲槽側板外壁與儲存場所廠區間境界線距離規定之限制。

(A) 0.5　　　　(B) 1　　　　(C) 2　　　　(D) 3

(A)　9. 員工20人之工廠，其自衛消防編組非必設置下列何種班？

(A) 救護班　　　(B) 滅火班　　　(C) 通報班　　　(D) 避難引導班

(D)　10. 依公共危險物品及可燃性高壓氣體設置標準暨安全管理辦法之規定，室外儲槽儲存下列何者，應設置能將洩漏之儲存物侷限於特定範圍，並導入安全槽

或具有同等以上效能之設施：①烷基鋁　②烷基鋰　③乙醛　④環氧丙烷

(A) ①②③④　　(B) ①④　　(C) ①③④　　(D) ①②

(B) 11. 下列違反爆竹煙火管理條例之情事者，經命其限期改善，屆期未改善者，得按次處罰，並得予以停工或停業之處分：①合法爆竹煙火製造業者提供原料或半成品予第三人，於本條例規定之製造場所以外地點，從事製造、加工等作業　②製造、輸入業者或零售商以外之供應者，違反規定販賣或陳列未附加認可標示之一般爆竹煙火　③一般爆竹煙火經廢止型式認可後，其認可證書及認可標示，由中央主管機關註銷並公告之；其負責人未於中央主管機關所定期限內，回收製造、儲存或販賣場所之一般爆竹煙火　④爆竹煙火製造場所、達中央主管機關所定管制量30倍之儲存、販賣場所，其負責人違反規定，投保公共意外責任保險之投保金額未達中央主管機關公告之數額

(A) ①②③④　　(B) ①④　　(C) ①③④　　(D) ①②

(C) 12. 依法有下列何種情形者，中央主管機關得撤銷或廢止其相關爆竹煙火之許可，並得逕行或命當事人銷毀之：①一般爆竹煙火經個別認可不合格且不能修補者　②申請輸入專業爆竹煙火資料虛偽不實者　③海關依法處理之爆竹煙火　④負責人未依規定於施放舞臺煙火之外之專業爆竹煙火前，報請主管機關備查

(A) ①②③④　　(B) ①②④　　(C) ①②　　(D) ①④

(B) 13. 依公共危險物品及可燃性高壓氣體設置標準暨安全管理辦法之規定，下列何者正確？

(A) 高閃火點物品，指閃火點在攝氏130度以上之第六類公共危險物品

(B) 使用液化石油氣作為燃氣來源，其串接使用量達80公斤以上之場所，屬可燃性高壓氣體處理場所

(C) 安全距離，以具有土地所有權或土地使用權者為限

(D) 第一種販賣場所，指販賣裝於容器之六類物品，其數量超過管制量15倍之場所

註：105年已修正高閃火點物品在攝氏100度以上。

(C) 14. 依緊急醫療救護法之規定，下列何者屬中央衛生主管機關公告之公共場所，應置有自動體外心臟電擊去顫器或其他必要之緊急救護設備：①高速公路服務區　②總噸位100噸以上或乘客超過150人之客船　③國中（小）　④立法院

(A) ①②③④　　(B) ①②③　　(C) ①②④　　(D) ①③④

(D) 15. 直轄市、縣（市）消防主管機關為辦理下列事項，應指定醫療指導醫師，其中並得增加具野外醫學專業者，建立醫療指導制度，下列何者錯誤？

(A) 各級救護技術員執行緊急救護之教育、訓練、督導及考核

(B) 訂定各級救護技術員品質指標、執行品質監測

(C) 核簽高級救護員依據預立醫療流程施行緊急救護之救護紀錄表

(D) 定期辦理年度重大災害有關緊急醫療之演練

(D) 16. 依緊急救護辦法之規定，下列何者錯誤？

(A) 為確保緊急救護品質，中央主管機關應會同中央衛生主管機關每年辦理緊急救護品質考核及評估

(B) 消防機關為因應特殊意外災害緊急救護需求，應研訂執行計畫，並就計畫每年實施訓練或演習乙次

(C) 消防機關應每年舉辦教育訓練，使救護人員保持執行緊急救護所必要之技能及知識

(D) 為確保救護車輛及裝載物品安全不受汙染，各級消防機關所屬救護車輛每年定期消毒乙次

(A) 17. 有關使用燃氣之熱水器及配管之承裝，下列何者錯誤？

(A) 熱水器及其配管之安裝標準，由直轄市、縣（市）政府定之

(B) 熱水器應裝設於建築物外牆，或裝設於有開口且與戶外空氣流通之位置

(C) 承裝業應向直轄市、縣（市）政府申請營業登記後，始得營業。並自中華民國95年2月1日起使用燃氣熱水器之安裝，非經僱用領有合格證照者，不得為之

(D) 承裝業營業登記之申請、變更、撤銷與廢止、業務範圍、技術士之僱用及其他管理事項之辦法，由中央目的事業主管機關會同中央主管機關定之

(A) 18. 依消防機關火場指揮及搶救作業要點之規定，下列何項非屬救火指揮官之任務？

(A) 統一指揮火場救災、偵查等勤務之執行

(B) 劃定火場警戒區

(C) 建立人員裝備管制站

(D) 災情回報及請求支援等事宜

（D）19. 鄉（鎮、市）災害防救會報之任務，下列何者錯誤？

(A) 核定各該鄉（鎮、市）地區災害防救計畫

(B) 核定重要災害防救措施及對策

(C) 推動疏散收容安置、災情通報、災後緊急搶通、環境清理等災害緊急應變及整備措施

(D) 督導、考核轄區內災害防救相關事項

（C）20. 依爆竹煙火管理條例之規定，直轄市、縣（市）主管機關之權責，下列何者錯誤？

(A) 爆竹煙火安全管理業務之規劃、自治法規之制（訂）定、修正、廢止及執行

(B) 爆竹煙火製造之許可、變更、撤銷及廢止

(C) 爆竹煙火監督人講習、訓練之規劃及辦理

(D) 輸入一般爆竹煙火之封存

（A）21. 各級政府應依災害防救法第28條第2項之規定，充實災害應變中心固定運作處所有關資訊、通信等災害防救器材、設備，隨時保持堪用狀態，並每A個月至少實施功能測試一次，每B個月至少舉辦演練一次，並得隨時為之。A、B各值為何？

(A) A=甲、B=6　　(B) A=甲、B=12　　(C) A=乙、B=6　　(D) A=乙、B=12

（A）22. 六類物品製造場所，其外牆或相當於該外牆之設施外側，與廠區外鄰近場所之安全距離，下列何者錯誤？

(A) 與古蹟之距離，應在30公尺以上

(B) 與電壓超過35,000伏特之高架電線之距離，應在5公尺以上

(C) 與電壓超過7,000伏特，35,000伏特以下之高架電線之距離，應在3公尺以上

(D) 於製造場所設有擋牆防護或具有同等以上防護性能者，得減半計算之

（B）23. 依公共危險物品及可燃性高壓氣體設置標準暨安全管理辦法之規定，有關液化石油氣製造、販賣及儲存場所，下列何者錯誤？

(A) 液化石油氣儲存場所僅供一家販賣場所使用之面積，不得少於10平方公尺

(B) 液化石油氣儲存場所供二家以上共同使用者，每一販賣場所使用之儲存面積，不得少於5平方公尺

(C) 儲存場所設置位置與販賣場所距離不得超過5公里

(D) 儲存場所設有圍牆防止非相關人員進入，並有24小時專人管理時，其距

離得爲20公里內

（D）24. 爆竹煙火監督人，應爲爆竹煙火製造場所或達中央主管機關所定管制量A倍以
上儲存、販賣場所之管理或監督層次幹部；爆竹煙火監督人任職期間，每B
年至少應接受複訓一次，訓練之時間，不得少於C小時；爆竹煙火監督人選
任後D日內，應報請直轄市、縣（市）主管機關備查。A、B、C、D各值爲
何？

(A) A=戊、B=甲、C=8、D=15　　　　(B) A=10、B=甲、C=16、D=30

(C) A=20、B=乙、C=16、D=30　　　　(D) A=30、B=乙、C=2丁、D=15

（B）25. 依緊急救護辦法之規定，下列何者錯誤？

(A) 消防機關應訓練救護人員，使具初級、中級或高級救護技術員資格，以
執行緊急救護工作

(B) 救護人員實施緊急救護時，如緊急傷病患或其家屬拒絕接受運送，應予
強制運送

(C) 直轄市、縣（市）消防機關受理緊急傷病事故之申請或知悉有緊急事故
發生時，應確認該事故之發生場所、緊急傷病患之人數及程度等，並立
即出動所需之救護隊前往救護

(D) 緊急傷病患之運送，由救護隊負責，其受理申請及就醫聯絡由救災救護
指揮中心負責

102年公務人員特種考試警察人員考試

等　別：三等警察人員考試

類　科：消防警察人員

科　目：消防與災害防救法規（包括消防法及施行細則、災害防救法及施行細則、爆
竹煙火管理條例及施行細則、公共危險物品及可燃性高壓氣體設置標準暨安
全管理辦法、緊急救護辦法、緊急醫療救護法及施行細則、直轄市縣市消防
機關火場指揮及搶救作業要點）

考試時間：2小時　　座號：

※注意：禁止使用電子計算器。

甲、申論題部分：（50分）

1) 不必抄題，作答時請將試題題號及答案依照順序寫在申論試卷上，於本試題上作答
者，不予計分。

2) 請以藍、黑色鋼筆或原子筆在申論試卷上作答。

一、近年來多起醫院、老人安養機構火災，凸顯病患、老人等弱勢族群之避難問題。
假設你是醫院、老人安養機構的防火管理人，則你所擬定之消防防護計畫應包括
哪些事項？對老人與避難弱者之防火宣導重點又為何？試依消防法施行細則及相
關規定說明之。（25分）

解：

一) 消防防護計畫應包括那些事項

第15條　　本法第十三條所稱消防防護計畫應包括下列事項：

一、自衛消防編組：員工在十人以上者，至少編組滅火班、通報班及避
難引導班；員工在五十人以上者，應增編安全防護班及救護班。

二、防火避難設施之自行檢查：每月至少檢查一次，檢查結果遇有缺
失，應報告管理權人立即改善。

三、消防安全設備之維護管理。

四、火災及其他災害發生時之滅火行動、通報聯絡及避難引導等。

五、滅火、通報及避難訓練之實施；每半年至少應舉辦一次，每次不得

少於四小時，並應事先通報當地消防機關。

六、防災應變之教育訓練。

七、用火、用電之監督管理。

八、防止縱火措施。

九、場所之位置圖、逃生避難圖及平面圖。

十、其他防災應變上之必要事項。

遇有增建、改建、修建、室內裝修施工時，應另定消防防護計畫，以監督施工單位用火、用電情形。

二)對老人與避難弱者之防火宣導重點

甲、有效灌輸老人等於火災發生時「避難第一」之觀念。

乙、平時應熟悉屋內逃生避難方法及動線、電器用品使用安全、燃氣熱水器裝設位置及一氧化碳中毒防範等。

丙、抽煙應使用較深廣之煙灰缸，注意吸煙安全及良好吸煙習慣。

丁、睡前關閉瓦斯、熄滅火種，儘量使用電蚊香替代傳統蚊香等微小火源（種），並確保遠離可（易）物，以免引燃起火。

戊、使用電熱器等，與可（易）燃物保持適當距離。

己、減少家中可燃物及雜物之堆放，避免爆竹煙火及焚燒紙錢引發火災。

庚、優先輔導或補助設置獨立式住宅火災警報器。

辛、烹煮食物時，不可離開現場，倘有接聽電話等其他事項，應即關閉火源，燃燒器具附近不可堆積可燃物及雜物。

二、對於各種災害之預防、應變及復原重建，中央災害防救業務主管機關就其主管災害防救業務之權責為何？行政院為推動災害之防救，依災害防救法第6條規定，設立中央災害防救會報，為執行災害防救政策，推動重大災害防救任務與措施，依災害防救法第7條第2項規定，設立中央災害防救委員會，請依據災害防救法、中央災害防救會報設置要點、中央災害防救委員會設置要點之內容，說明中央災害防救會報與中央災害防救委員會二者之任務為何？（25分）

解：

一) 中央災害防救業務主管機關就其主管災害防救業務之權責

中央災害防救業務主管機關就其主管災害防救業務之權責如下：

1. 中央及直轄市、縣（市）政府與公共事業執行災害防救工作等相關事項之指揮、督導及協調。
2. 災害防救業務計畫訂定與修正之研擬及執行。
3. 災害防救工作之支援、處理。
4. 非屬地方行政轄區之災害防救相關業務之執行、協調，及違反本法案件之處理。
5. 災害區域涉及海域、跨越二以上直轄市、縣（市）行政區，或災情重大且直轄市、縣（市）政府無法因應時之協調及處理。

二) 中央災害防救會報與中央災害防救委員會二者之任務

第6條行政院設中央災害防救會報，其任務如下：

1. 決定災害防救之基本方針。
2. 核定災害防救基本計畫及中央災害防救業務主管機關之災害防救業務計畫。
3. 核定重要災害防救政策與措施。
4. 核定全國緊急災害之應變措施。
5. 督導、考核中央及直轄市、縣（市）災害防救相關事項。
6. 其他依法令所規定事項。

中央災害防救委員會之任務如下：

1. 執行中央災害防救會報核定之災害防救政策、推動重大災害防救任務及措施。
2. 規劃災害防救基本方針。
3. 擬訂災害防救基本計畫。
4. 審查中央災害防救業務主管機關之災害防救業務計畫。
5. 協調各災害防救業務計畫或地區災害防救計畫間牴觸無法解決事項。
6. 協調金融機構就災區民眾所需重建資金事項。
7. 督導、考核、協調各級政府災害防救相關事項及應變措施。
8. 其他法令規定事項。

乙、測驗題部分：（50分）

1) 本測驗試題為單一選擇題，請選出一個正確或最適當的答案，複選作答者，該題不予計分。

2) 共25題，每題2分，須用2B鉛筆在試卡上依題號清楚劃記，於本試題或申論試卷上作答者，不予計分。

(A)　1. 依消防法及其施行細則之規定，液化石油氣零售業者應備置資料，並定期向轄區消防機關申報，其中用戶安全檢查資料包括：①用戶地址　②檢測項目　③檢測結果　④安全技術人員管理資料

　　　　(A) ①②③　　　　(B) ①②③④　　　　(C) ②③　　　　④(D) ③④

(A)　2. 依直轄市縣市消防機關火場指揮及搶救作業要點規定，對於抵達火場之處置作業，何者符合規定：①請求支援：初期救火指揮官就災情研判，現有人、車、裝備等救災戰力，如有不足，應立即向指揮中心請求支援　②破壞作業：擊破玻璃應立於下風處，手應保持在擊破位置上方，以免被玻璃碎片所傷　③飛火警戒：對火場下風處應派員警戒，以防止飛火造成火勢延燒　④水源運用：以接近火場之水源為優先使用目標，並以水源共撞為原則

　　　　(A) ①③　　　　(B) ①④　　　　(C) ①②③　　　　(D) ①③④

(B)　3. 依消防法有關罰則之規定，下述何者正確？

　　　　(A) 謊報火警者，處新臺幣1萬元以上5萬元以下罰鍰

　　　　(B) 毀損消防、救護設備者，處3年以下有期徒刑或拘役，得併科新臺幣6千元以上3萬元以下罰金

　　　　(C) 消防設備師或消防設備士為消防安全設備不實檢修報告者，處新臺幣1萬元以上5萬元以下罰鍰

　　　　(D) 違反防火管理規定，經通知限期改善逾期不改善者，處其管理權人6千元以上3萬元以下罰鍰

(D)　4. 依消防法施行細則之規定，下列何者錯誤？

　　　　(A) 一定規模以上供公眾使用建築物應每半年至少舉辦1次滅火、通報及避難訓練

　　　　(B) 防火管理人每2年至少應接受講習訓練1次

　　　　(C) 液化石油氣零售業者設置之安全技術人員應接受講習訓練時間不得少於16小時

(D) 一定規模以上供公眾使用建築物應每3月至少1次防火避難設施之自行檢查
註：104年防火管理人已改爲每3年至少應接受講習訓練1次。

(B)　5. 依直轄市縣市消防機關火場指揮及搶救作業要點之規定，下列何者錯誤？

(A) 初期救火指揮官由轄區消防分隊長擔任

(B) 抵達火場處置之車輛部署：以車組作戰及單邊部署爲原則，5 樓以上建築
物火場正面空間，應留給高空作業車使用

(C) 搜救小組應以兩人以上爲一組，以起火層及其直上層爲優先搜救目標

(D) 出動時間爲於出動警　響起至消防人車離隊，白天60秒內，夜間90秒內

(B)　6. 下列何者違反消防法情事，應經通知限期改善，逾期不改善或複查不合規定
者，予以處分：

(A) 燃氣熱水器承裝業未僱用合格技術士從事熱水器安裝

(B) 消防安全設備之設置及維護違反規定

(C) 瓦斯行超量儲氣

(D) 非消防設備師或消防設備士從事消防安全設備之設計、監造、裝置及檢
修工作

(D)　7. 依災害防救法之規定，下列何者屬中央災害防救會報任務：①決定災害防救
之基本方針　②擬訂災害防救基本計畫　③核定重要災害防救政策與措施
④督導、考核、協調各級政府災害防救相關事項及應變措施

(A) ①②③　　　(B) ①③④　　　(C) ①②④　　　(D) ①③

(B)　8. 依災害防救法有關罰則之規定，下述何者正確？

(A) 各級政府成立災害應變中心後，指揮官於災害應變範圍內，徵調相關專
門職業、技術人員及所徵用物資之操作人員協助救災，違反規定，處新
臺幣5萬元以上25萬元以下罰鍰

(B) 未經許可擅自使用爲緊急應變所需警報訊號，處新臺幣5萬元以上25萬元
以下罰鍰

(C) 各級政府成立災害應變中心後，指揮官於災害應變範圍內，劃定警戒區
域，製發臨時通行證，限制或禁止人民進入或命其離去，違反規定，處
新臺幣10萬元以上50萬元以下罰鍰

(D) 公共事業應依其災害防救業務計畫，實施有關減災事項，違反規定，處
新臺幣5萬元以上25萬元以下罰鍰

(D)　9. 依災害防救法規定，中央災害防救業務主管機關爲達災害防救之目的，得採

取法律、行政及財政金融之必要措施，並向何機關報告？

(A) 行政院　　　　(B) 監察院　　　　(C) 中央災害防救會報　　(D) 立法院

(A)　10. 依照災害防救法之規定，下列有關有效執行緊急應變措施，各級政府依權責實施整備事項，何者正確？

(A) 災害防救之訓練、演習　　　　(B) 災害防救教育、訓練及觀念宣導

(C) 治山、防洪及其他國土保全　　(D) 災害保險之規劃及推動

(B)　11. 臺灣地震頻繁，依災害防救法之規定，發生震災時中央災害防救業務主管機關為哪一機關？

(A) 經濟部　　　　　　　　　　　(B) 內政部

(C) 交通部　　　　　　　　　　　(D) 行政院農業委員會

(A)　12. 依災害防救法及災害防救法施行細則之規定，下列何者錯誤？

(A) 各級政府應充實災害應變中心固定運作處所有關資訊、通信等災害防救器材、設備，隨時保持堪用狀態，每年至少舉辦演練1次

(B) 公共事業每2年應依災害防救基本計畫、相關減災、整備、災害應變、災後復原重建等，進行勘查、評估，檢討災害防救業務計畫

(C) 災害防救法在中央主管機關為內政部

(D) 乘災害之際而故犯竊盜、恐嚇取財、搶奪、強盜之罪者，得依刑法之規定，加重其刑至二分之一

(D)　13. 依爆竹煙火管理條例及其施行細則之規定，下列敘述何者正確？

(A) 一般爆竹煙火經個別認可不合格者，亦不能修補者，中央主管機關得命申請人銷毀，於上午6時後下午6時前為之

(B) 爆竹煙火監督人任職期間，複訓受訓之時間，不得少於16小時

(C) 安全防護計畫有關滅火、通報及避難演練之實施；每年至少應舉辦1次

(D) 直轄市、縣（市）主管機關依規定進行銷毀，於上午8時後下午6時前為之

(C)　14. 依爆竹煙火管理條例及其施行細則之規定，爆竹煙火監督人訂定安全防護計畫，有關場所安全對策包括事項：①搬運安全管理　②儀器維修安全管理　③銷毀安全管理　④消防安全設備之維護管理

(A) ②④　　　　(B) ②③④　　　　(C) ①③④　　　　(D) ①②④

(C)　15. 依公共危險物品及可燃性高壓氣體設置標準暨安全管理辦法之規定，各公共危險物品之種類名稱及管制量敘述，何者正確？

(A) 硫磺：第二類易燃固體，管制量50公斤

(B) 黃磷：第三類發火性液體、發火性固體及禁水性物質，管制量10公斤

(C) 齒輪油：第四類易燃液體，管制量6000公升

(D) 乙醚：第四類易燃液體，管制量30公升

(B) 16. 依公共危險物品及可燃性高壓氣體設置標準暨安全管理辦法規定，六類物品製造場所或一般處理場所構造及設備之敘述，何者正確？

(A) 可設於建築物之地下層

(B) 設於室外之製造或處理液體六類物品之設備，應在周圍設置距地面高度在15公分以上之圍阻措施

(C) 有積存可燃性蒸氣或可燃性粉塵之虞之建築物，應設置將蒸氣或粉塵有效排至屋簷以上或室外距地面3公尺以上高處之設備

(D) 牆壁開口有延燒之虞者，應設置常時關閉式30分鐘以上防火時效之防火門

(B) 17. 依公共危險物品及可燃性高壓氣體設置標準暨安全管理辦法規定，六類物品製造場所，其外牆或相當於該外牆之設施外側，與廠區外加油站之安全距離應在多少公尺以上？

(A) 10公尺　　　(B) 20公尺　　　(C) 30公尺　　　(D) 40公尺

(C) 18. 依公共危險物品及可燃性高壓氣體設置標準暨安全管理辦法規定，有關室外儲槽場所儲槽儲存第四類公共危險物品者，其防液堤之敘述何者錯誤？

(A) 室外儲槽之直徑未達15公尺者，防液堤與儲槽壁板間之距離，不得小於儲槽高度之三分之一

(B) 防液堤之高度應在50公分以上

(C) 同一地區設有2座以上儲槽者，其周圍所設置防液堤之容量，應為所有儲槽容量和百分之一百一十以上

(D) 防液堤內部設置儲槽，不得超過10座

(D) 19. 依照爆竹煙火管理條例規定，爆竹煙火製造場所、達中央主管機關所定管制量之儲存場所與輸入者，及輸入或販賣達中央主管機關公告數量之氯酸鉀或過氯酸鉀者，其負責人應登記進出之爆竹煙火原料、半成品、成品、氯酸鉀及過氯酸鉀之種類、數量、時間、來源及流向等項目，以備稽查；其紀錄應至少保存X年，並應於次月Y日前向直轄市、縣（市）主管機關申報前一個月之紀錄。X與Y分別為多少？

(A) X=3；Y=10　(B) X=3；Y=15　(C) X=5；Y=10　(D) X=5；Y=15

(D) 20. 依緊急醫療救護法之規定，下列敘述何者正確？

(A) 救護人員以外之人，爲免除他人生命之急迫危險，使用緊急救護設備或施予急救措施者，不適用民法、刑法緊急避難免責之規定

(B) 救護人員於非值勤期間，爲免除他人生命之急迫危險，使用緊急救護設備或施予急救措施者，不適用民法、刑法緊急避難免責之規定

(C) 救護車應裝設警鳴器及紅色閃光燈，惟不可裝設車廂內外監視錄影器

(D) 救護技術員之受訓，訓練課程，應包括野外地區之救護訓練

(C) 21. 依據緊急救護辦法之規定，直轄市、縣（市）消防機關爲實施救護業務，對所轄之區域，應依哪些事項進行調查？①地勢及交通狀況　②醫療機構等之位置及其他必要之事項　③人口分布狀況　④有急救事故發生之虞之對象物，其位置及構造

(A) ②④　　　　(B) ②③④　　　　(C) ①②④　　　　(D) ①③④

(D) 22. 依緊急救護辦法之規定，下列何者錯誤？

(A) 消防機關應每年舉辦教育訓練，使救護人員保持執行緊急救護所必要之技能及知

(B) 緊急傷病患之入院手續及醫藥費用由其本人或家屬自行負責

(C) 直轄市、縣（市）消防機關對於救護車輛每月1次實施定期消毒

(D) 消防機關爲因應特殊意外災害緊急救護需求，應研訂執行計畫，並就計畫每2年實施訓練或演習乙次

(B) 23. 依據緊急醫療救護法之規定，下列何者錯誤？

(A) 救護技術員施行緊急救護之地點包含轉診途中

(B) 救護人員施行救護，應填具救護紀錄表，分別交由該救護車設置機關（構）及應診之醫療機構保存至少5年

(C) 救護車設置機關（構）利用救護車從事犯罪行爲廢止其全部救護車之設置許可

(D) 救護車設置機關（構）受廢止其救護車之設置許可處分者，於3年內不得再申請設置

(D) 24. 依據緊急醫療救護法之規定，下列何者正確？

(A) 救護人員應依救災救護指揮中心指示前往現場急救，並將緊急傷病患送達病患所指定之醫療機構

(B) 救護車之設置不包含軍事機關

(C) 加護救護車出勤之救護人員，至少應有1名爲醫師、護理人員或初級以上

救護技術員

(D) 救護隊或消防分隊，每隊至少應配置救護車1輛及救護人員7名，其中專職人員不得少於半數

(D) 25. 依據緊急醫療救護法及緊急醫療救護法施行細則之規定，下列何者錯誤？

(A) 全天候提供緊急傷病患醫療照護爲急救責任醫院應辦理事項之一

(B) 直轄市、縣（市）衛生主管機關對所轄救護車之人員配置、設備及救護業務，應每年定期檢查

(C) 醫院未立即依其醫療能力救治緊急傷病患或未作適當處置而逕予轉診，處新臺幣6萬元以上30萬元以下罰鍰

(D) 大量傷病患：指單一事故、災害發生之傷病患人數達10人以上，或預判可能達10人以上者

101年公務人員特種考試警察人員考試

等　別：三等警察人員考試

類　科：消防警察人員

科　目：消防與災害防救法規（包括消防法及施行細則、災害防救法及施行細則、爆竹煙火管理條例及施行細則、公共危險物品及可燃性高壓氣體設置標準暨安全管理辦法、緊急救護辦法、緊急醫療救護法及施行細則、直轄市縣市消防機關火場指揮及搶救作業要點）

考試時間：2小時　　座號：

※注意：禁止使用電子計算器。

甲、申論題部分：（50分）

1) 不必抄題，作答時請將試題題號及答案依照順序寫在申論試卷上，於本試題上作答者，不予計分。

2) 請以藍、黑色鋼筆或原子筆在申論試卷上作答。

一、消防法要求設置住宅用火災警報器之場所為何？在建築物新建、改建或變更用途等不同建築行為時，住宅用火災警報器之設置義務為何？未依規定設置時，罰則有處罰與否之設定，有關考量分別為何？（25分）

解：

一) 設置住宅用火災警報器之場所如下：

99年5月19日消防法第6條修正，不屬於第一項所定標準應設置火警自動警報設備之旅館、老人福利機構場所及中央主管機關公告場所之管理權人，應設置住宅用火災警報器並維護之；其安裝位置、方式、改善期限及其他應遵行事項之辦法，由中央主管機關定之。

不屬於第一項所定標準應設置火警自動警報設備住宅場所之管理權人，應設置住宅用火災警報器並維護之。

二) 建築物新建、改建或變更用途等不同建築行為時住宅用火災警報器設置義務

依住宅用火災警報器設置辦法第9條指出，本法第六條第四項規定之場所，於本法中華民國九十九年五月二十一日修正生效前既設者，應於一百年十二月三十一

日以前設置住宅用火災警報器。前項場所於本法中華民國九十九年五月二十一日
至本辦法發布生效前有新建、增建、改建、用途變更者，應於一百年三月三十一
日以前設置住宅用火災警報器。

三) 未依規定設置時，罰則有處罰與否之設定，有關考量如下：

　　1. 第35條依第6條第一項所定標準應設置消防安全設備之供營業使用場所，或依
　　　同條第四項所定應設置住宅用火災警報器之場所，其管理權人未依規定設置或
　　　維護，於發生火災時致人於死者，處一年以上七年以下有期徒刑，得併科新臺
　　　幣一百萬元以上五百萬元以下罰金；致重傷者，處六月以上五年以下有期徒
　　　刑，得併科新臺幣五十萬元以上二百五十萬元以下罰金。

　　2. 依據消防法第37條，未設置火警自動警報設備旅館、老人福利機構場所及中央
　　　主管機關指定之場所違反住宅用火災警報器設置、維護之規定，經通知限期改
　　　善，逾期不改善或複查不合規定者，處其管理權人新臺幣六千元以上三萬元以
　　　下罰鍰，經處罰鍰後仍不改善者，得連續處罰，並得予以三十日以下之停業或
　　　停止其使用之處份。

二、依據「消防法」與「消防法施行細則」之規定，請說明消防人員於進行災害搶救
　　工作時，與當地警察單位、電力、公用氣體燃料事業機構及自來水事業機構應相
　　互採行之相關措施為何？不聽從依相關規定所為之處置者，罰則為何？（25分）

解：

一) 災害搶救工作時與當地警察單位、電力、公用氣體燃料及自來水事業機構措施依
　　消防法如下：

　　1. 第20條（警戒區）消防指揮人員，對火災處所周邊，得劃定警戒區，限制人車
　　　進入，並得疏散或強制疏散區內人車。

　　2. 第21條（使用水源）消防指揮人員，為搶救火災，得使用附近各種水源，並通
　　　知自來水事業機構，集中供水。

　　3. 第22條（截斷電源、瓦斯）消防指揮人員，為防止火災蔓延、擴大，認有截斷
　　　電源、瓦斯必要時，得通知各該管事業機構執行之。

　　4. 第23條（警戒區）直轄市、縣（市）消防機關，發現或獲知公共危險物品、高
　　　壓氣體等顯有發生火災、爆炸之虞時，得劃定警戒區，限制人車進入，強制疏
　　　散，並得限制或禁止該區使用火源。

依消防法施行細則如下：

1. 第20條依本法第十七條設置之消防栓，以採用地上雙口式為原則，附近應設明顯標誌，消防栓規格由中央主管機關定之。

2. 當地自來水事業應依本法第十七條規定，負責保養、維護消防栓。直轄市、縣（市）消防機關並應定期會同當地自來水事業全面測試其性能，以保持堪用狀態。

3. 第21條直轄市、縣（市）政府對轄內無自來水供應或消防栓設置不足地區，應籌建或整修蓄水池及其他消防水源，並由當地消防機關列管檢查。

4. 第22條直轄市、縣（市）轄內之電力、公用氣體燃料事業機構及自來水事業應指定專責單位，於接獲消防指揮人員依本法第二十一條、第二十二條所為之通知時，立即派員迅速集中供水或截斷電源、瓦斯。

5. 第23條消防指揮人員、直轄市、縣（市）消防機關依本法第二十條、第二十三條劃定警戒區後，得通知當地警察分局或分駐（派出）所協同警戒之。

二) 不聽從依相關規定所為之處置罰則

第36條（罰則）有下列情形之一者，處新臺幣三千元以上一萬五千元以下罰鍰：一、謊報火警者。二、無故撥火警電話者。三、不聽從依第十九條第一項、第二十條或第二十三條所為之處置者。四、拒絕依第三十一條所為調度、運用者。五、妨礙第三十四條第一項設備之使用者。

乙、測驗題部分：（50分）

1) 本測驗試題為單一選擇題，請選出一個正確或最適當的答案，複選作答者，該題不予計分。

2) 共25題，每題2分，須用2B鉛筆在試卡上依題號清楚劃記，於本試題或申論試卷上作答者，不予計分。

(C)　1. 依據「消防法」之規定，液化石油氣零售業者應備置資料，定期向轄區消防機關申報，並保存多久，以備查核？

　　　　(A) 六個月　　　(B) 一年　　　(C) 二年　　　(D) 三年

(A)　2. 依據「消防法」規定，下列敘述何者有誤？

　　　　(A) 地面樓層達六層以上之建築物，消防安全設備之定期檢修，其管理權人應委託中央主管機關審查合格之專業機構辦理

(B) 自中華民國95年2月1日起使用燃氣熱水器之安裝，非經申請營業登記之承裝業僱用領有合格證照者，不得爲之

(C) 直轄市、縣（市）政府爲消防需要，應會同自來水事業機構選定適當地點，設置消防栓，所需費用由直轄市、縣（市）政府、鄉（鎮、市）公所，酌予補助

(D) 直轄市、縣（市）政府，應舉辦防火教育及宣導，並由機關、學校、團體及大衆傳播機構協助推行

（C） 3. 直轄市、縣（市）政府，爲消防需要，依「消防法」第17條之規定，應會同自來水事業機構設置「消防栓」。有關前述消防栓之規格與管理規定，下述何者錯誤？

(A) 採用地上雙口式爲原則

(B) 消防栓的出水口口徑爲63.5公厘

(C) 消防機關負保養、維護消防栓之責

(D) 消防栓之開關（轉動帽）限用五角形

（D） 4. 消防機關依消防法執行火災現場之調查鑑定，下述何者正確？

(A) 消防機關依法調查、鑑定火災原因後，應即製作火災原因調查鑑定書，移送當地地方法院依法處理

(B) 消防機關調查、鑑定火災原因，不需會同當地警察機關辦理

(C) 火災原因調查鑑定書應於火災發生後10日內完成，必要時，得延長至60日

(D) 檢察、警察機關或消防機關得封鎖火災現場，於調查、鑑定完畢後撤除之

（A） 5. 依據「消防法施行細則」有關山林、田野引火燃燒之規定，下列敘述何者正確？

(A) 山林、田野引火燃燒如有延燒之虞者，引火人應於五日前向當地消防機關申請許可

(B) 於引火前在引火地點四週設置五公尺寬之防火間隔，及配置適當之滅火設備

(C) 毋需將引火日期、時間、地點通知鄰接地之所有人或管理人

(D) 引火應在上午七時後，下午七時前爲之

（A） 6. 爲提升直轄市、縣（市）消防機關火場指揮能力，強化火災搶救效，依「直轄市縣市消防機關火場指揮及搶救作業要點」之規定，必要時協調就近之軍、憲、民間團體或其他有關單位協助維持現場秩序，係屬下列何種火場指

揮官之任務？

 (A) 火場總指揮官 (B) 救火指揮官 (C) 警戒指揮官 (D) 偵查指揮官

(B) 7. 依據「直轄市縣市消防機關火場指揮及搶救作業要點」之規定，對於抵達火場之處置作業，何者符合規定：①災情回報：初期救火指揮官到達火場，應立即瞭解火場現況 ②車輛部署：以「車組作戰」及「單邊部署」為原則，五樓以上建築物火場正面空間，應留給高空作業車使用 ③室內水線佈線：沿室內樓梯部署水線之方式，適用較高樓層 ④人命搜救：抵達火場後，應優先進行人命搜救任務

 (A) ①②   (B) ①④   (C) ②③   (D) ③④

(C) 8. 為有效執行緊急應變措施，依「災害防救法」之規定，各級政府應依權責實施之整備事項，下述何者正確？①災害防救之訓練、演習 ②有關弱勢族群災害防救援助必要事項 ③災情蒐集、通報與指揮所需通訊設施之建置、維護及強化 ④災害防救物資、器材之儲備及檢查

 (A) ①②④   (B) ②③④   (C) ①③④   (D) ①②③

(A) 9. 依「災害防救法」之規定，人民因災害防救之必要，受各級政府所為之處分、強制措施或命令，致其財產遭受損失時，得依法請求補償。前述之損失補償，應自知有損失時起，幾年內請求之。但自損失發生後，經過幾年者，不得為之？

 (A) 2；5   (B) 1；3   (C) 1；2   (D) 0.5；1

(A) 10. 依「災害防救法」第2條有關災害防救業務計畫之規定，係指中央災害防救業務主管機關及公共事業就其掌理業務或事務擬訂之災害防救計畫。前述所稱之公共事業，下述何者正確？①大眾傳播事業 ②醫療服務業 ③運輸業 ④公用氣體燃料事業

 (A) ①③④   (B) ②③④   (B) ①②   (D) ③④

(B) 11. 依據「災害防救法」與「災害防救法施行細則」之規定，下列項目何者屬災害防救設施、設備？①飲用水、糧食 ②急救用醫療器材 ③人命救助器材 ④營建機具 ⑤人員、物資疏散運送工具 ⑥傳染病防治、廢棄物處理設備

 (A) ③④   (B) ⑤⑥   (C) ①②③   (D) ④⑤⑥

(A) 12. 依「災害防救法」之規定，中央災害防救委員會每幾年應檢討災害防救基本計畫，直轄市、縣（市）政府及鄉（鎮、市）公所每幾年應檢討地區災害防救計畫；必要時，得隨時辦理之？

(A) 5：2　　　　　(B) 3：1　　　　　(C) 2：1　　　　　(D) 1：1

(B) 13. 依「爆竹煙火管理條例」第13條之規定，中央主管機關得公告禁止兒童施放之一般爆竹煙火種類。下列何種一般爆竹煙火，已公告禁止兒童施放：①行走類　②升空類　③火花類　④飛行類

(A) ①④　　　　　(B) ②④　　　　　(C) ①③　　　　　(D) ③④

(D) 14. 依據「爆竹煙火管理條例」之規定，爆竹煙火製造場所及達中央主管機關所定管制量X倍之儲存、販賣場所之負責人，應選任爆竹煙火監督人，責其訂定安全防護計畫，並應於選任後Y日內，報請直轄市、縣（市）主管機關備查，X與Y分別為何？

(A) X=10倍，Y=7日　　　　　　　(B) X=20倍，Y=7日

(C) X=15倍，Y=15日　　　　　　(D) X=30倍，Y=15日

(A) 15. 依據「爆竹煙火管理條例」之規定，下列項目何者為中央主管機關之權責？①一般爆竹煙火認可相關業務之辦理　②爆竹煙火製造之許可、變更、撤銷及廢止　③直轄市、縣（市）爆竹煙火安全管理之監督　④爆竹煙火監督人講習、訓練之規劃及辦理　⑤輸入一般爆竹煙火之封存

(A) ①③④　　　　　(B) ②③④　　　　　(C) ①②⑤　　　　　(D) ②④⑤

(D) 16. 依「爆竹煙火管理條例」及其施行細則，有關爆竹煙火相關場所選任爆竹煙火監督人之規定，下列敘述何者正確？①所有的爆竹煙火製造及儲存場所之負責人，均應選任爆竹煙火監督人　②達中央主管機關所定管制量10倍以上之販賣場所之負責人，應選任爆竹煙火監督人　③爆竹煙火監督人任職期間，每2年至少應接受複訓1次　④初任爆竹煙火監督人，應經中央主管機關或其認可之專業機構施予訓練，並領有合格證書，始得充任，前述訓練之時間，不得少於24小時

(A) ①③④　　　　　(B) ②③④　　　　　(C) ①②　　　　　(D) ③④

(C) 17. 依據「爆竹煙火管理條例施行細則」之規定，各種爆竹煙火儲存、販賣場所之管制量敘述，何者正確？

(A) 舞臺煙火以外之專業爆竹煙火，為總重量一公斤

(B) 摔炮類一般爆竹煙火，為火藥量零點五公斤或總重量二點五公斤

(C) 摔炮類以外之一般爆竹煙火及舞臺煙火，為火藥量五公斤或總重量二十五公斤

(D) 手持火花類及爆炸音類之排炮、連珠炮、無紙屑炮類，為火藥量十五公

斤或總重量七十五公斤

（ D ）18. 依「公共危險物品及可燃性高壓氣體設置標準暨安全管理辦法」之規定，與廠區境界線應保有一定間隔距離的公共危險物品之場所，下列何者正確？

(A) 製造場所   (B) 室內儲存場所

(C) 一般處理場所   (D) 室外儲槽場所

（ D ）19. 依據「公共危險物品及可燃性高壓氣體設置標準暨安全管理辦法」之規定，公共危險物品室內儲槽場所之位置、構造及設備應符合之規定，下列何者正確？

(A) 儲槽容量不得超過管制量之三十倍

(B) 儲槽專用室之儲槽與室內牆面之距離應在三十公分以上

(C) 儲存第四類公共危險物品中之第二石油類及第三石油類，不得超過三萬公升

(D) 儲槽專用室內設置二座以上之儲槽時，儲槽相互間隔距離應在五十公分以上

（ A ）20. 依據「公共危險物品及可燃性高壓氣體設置標準暨安全管理辦法」之規定，使用液化石油氣容器連接燃氣設施之場所，使用量在三百公斤以上未滿六百公斤者，應符合之規定，下列敘述何者正確？

(A) 場所之溫度應經常保持攝氏四十度以下，並有防止日光直射措施

(B) 容器與用火設備保持三公尺以上距離

(C) 容器放置於室外者，應設有柵 或圍牆，其上方應以輕質金屬板或其他輕質不燃材料覆蓋，並距離地面三點五公尺以上

(D) 容器與第一類保護物最近之安全距離應在十六點九七公尺以上

（ A ）21. 依緊急醫療救護法及其施行細則規定，下述何者正確？

(A) 大量傷病患：指單一事故、災害發生之傷病患人數達十五人以上，或預判可能達十五人以上者

(B) 救護車依緊急醫療救護法規定所施行之定期消毒，每週應至少一次，並留存紀錄以供衛生主管機關查核

(C) 緊急傷病患：指緊急傷病之患者。也包括醫院已收治住院者

(D) 救護隊或消防分隊，每隊至少應配置救護車一輛及救護人員五名，其中專職人員不得少於半數

（ D ）22. 依「緊急醫療救護法」之規定，直轄市、縣（市）消防機關之救災救護指揮

中心，應由救護人員二十四小時執勤，處理緊急救護事項，下列何者錯誤？

(A) 建立緊急醫療救護資訊

(B) 提供緊急傷病患送達醫療機構前之緊急傷病諮詢

(C) 聯絡救護運輸工具之設置機關（構）執行緊急救護業務

(D) 遇緊急傷病或大量傷病患救護時，派遣當地救護車設置機關（構）之救護車及救護人員出勤，可不必通知直轄市、縣（市）衛生主管機關

(C) 23. 依據「緊急醫療救護法」之規定，下列敘述何者正確？

(A) 內容所稱衛生主管機關，在中央為行政院衛生署；在直轄市為直轄市政府衛生局

(B) 救護車於救護傷病患及運送病人時，應至少有救護人員一名出勤，並須為護理人員或中級以上救護技術員

(C) 直轄市、縣（市）衛生主管機關對所轄救護車之人員配置、設備及救護業務，應每年定期檢查，救護車設置機關（構）不得規避、妨礙或拒絕

(D) 救護人員施行救護，應填具救護紀錄表，分別交由該救護車設置機關（構）及應診之醫療機構保存至少五年

(B) 24. 依據「緊急救護辦法」之規定，下列敘述何者正確？

(A) 緊急傷病患之運送就醫服務，應送至急救責任醫院或其指定之醫療機構

(B) 孕婦待產者符合緊急傷病患之定義

(C) 消防機關為因應特殊意外災害緊急救護需求，應研訂執行計畫，並就計畫每月實施訓練或演習乙次

(D) 身分無法查明或低收入戶之緊急傷病患，須由救護人員先行填具救護紀錄表，並於當地警察機關查明身分後再行救治

(A) 25. 依據「災害防救法」之規定，中央災害防救會報置召集人、副召集人各一人，行政院設中央災害防救委員會，置主任委員一人，試問各為何者兼任？

(A) 行政院院長、行政院副院長、行政院副院長

(B) 行政院院長、行政院副院長、內政部部長

(C) 行政院副院長、內政部部長、內政部部長

(D) 行政院副院長、內政部部長、內政部消防署署長

100年公務人員特種考試警察人員考試

等　別：三等警察人員考試

類　科：消防警察人員

科　目：消防與災害防救法規（包括消防法及施行細則、災害防救法及施行細則、爆
　　　　竹煙火管理條例及施行細則、公共危險物品及可燃性高壓氣體設置標準暨安
　　　　全管理辦法、緊急救護辦法、緊急醫療救護法及施行細則、直轄市縣市消防
　　　　機關火場指揮及搶救作業要點）

考試時間：2小時　　座號：

※注意：禁止使用電子計算器。

甲、申論題部分：（50分）

1) 不必抄題，作答時請將試題題號及答案依照順序寫在申論試卷上，於本試題上作答
　者，不予計分。

2) 請以藍、黑色鋼筆或原子筆在申論試卷上作答。

一、請說明災害防救法及其施行細則相關條文中，有關於弱勢族群及疏散撤離之部分
　　有哪些？其作用分別為何？（10分）

解：

一) 關於弱勢族群及疏散撤離之部分

　　依照我國現行災害防救法，有關弱勢族群之相關條文，內容如下：

　　1. 第22條為減少災害發生或防止災害擴大，各級政府平時應依權責實施下列減災
　　　事項：有關弱勢族群災害防救援助必要事項。

　　2. 第27條為實施災害應變措施，各級政府應依權責實施下列事項：受災民眾臨時
　　　收容、社會救助及弱勢族群特殊保護措施。

　　3. 第24條為保護人民生命、財產安全或防止災害擴大，直轄市、縣（市）政府、
　　　鄉（鎮、市、區）公所於災害發生或有發生之虞時，應勸告或強制其撤離，並
　　　作適當之安置。

　　4. 直轄市、縣（市）政府、鄉（鎮、市、區）公所於災害應變之必要範圍內，對
　　　於有擴大災害或妨礙救災之設備或物件之所有權人、使用人或管理權人，應勸

告或強制其除去該設備或物件，並作適當之處置，分述如下：

(一) 勸告撤離

為預防災情，鄉（鎮、市、區）公所應先行勸導潛在受害對象避難，經村長（指揮官或代行者）同意啓動疏散避難小組，原則上以挨家挨戶方式進行勸導，並提供潛在危險度、避難處所、避難路線、攜帶物品等相關資訊，同時瞭解需要特別服務之對象（如身心障礙者等弱勢族群）。並利用村里廣播系統、消防、警察、民政等所有廣播車、地區廣播電台、電視台、簡訊、網路、電話等通（告）知。

(二) 強制撤離

經研判或獲得訊息指出土石流危險度提升，需立即撤離潛在受害對象，於村長（指揮官或代行者）同意後即行廣播告知，並強制民眾疏散。若同時須劃定警戒區時，經請示縣府同意並公告後，執行管制該區禁止進入及命其離去之強制疏散。

二) 其作用分述如下：

1. 中央單位（業務相關主管機關）：分析研判及監控災情，並將災害資訊轉換成疏散撤離建議，業務相關主管機關並應協助中央災害應變中心，判斷縣市政府是否有應變之能力及執行力。

2. 縣市層級：參考中央情資研判結果，以及綜合本身之災情研判能力，在中央通知撤離建議後，主要負責執行疏散撤離之資源派遣及調度，並判斷自身及鄉鎮的應變能力是否足夠，若有不足應請求中央支援，並協調、支援、調度鄉鎮的疏散撤離作業，同時將地方的資訊回報給中央。

3. 鄉鎮市區層級：接受縣市政府的撤離命令後，判斷自身的應變能力是否足夠，若有不足應請求縣市支援，執行撤離工作，同時回報當地災情給縣市政府。

4. 第三十一條第一項：各級政府成立災害應變中心後，指揮官於災害應變範圍內，依其權責分別實施下列事項，並以各級政府名義為之：
由於條文中之授權除第24條明定由地方政府執行以外，其他應變措施之執行機關涵蓋各級政府、各級應變中心及公共事業，撤離之執行權限之設計似乎人人有責，變得相當模糊。因此如何執行疏散撤離或救援撤離，在不同政府機關的程序上就產生不同的分歧。

5. 於災害防救基本計畫有關避難收容之部分，對於弱勢族群照護則有以下敘述：
甲、地方政府應主動關心及協助避難場所與臨時收容所內之老人、外國人、嬰

幼兒、孕婦、產婦及身心障礙等弱勢族群之生活環境及健康照護，辦理臨時收容所之優先遷入及設置老年或身心障礙者臨時收容所。對無助老人或幼童應安置於安養或育幼等社會福利機關（構）。

乙、地方政府對受災區之學生應立即安排至附近其他學校或設置臨時教室就學，或直接在家施教，並進行心理輔導以安撫學童心靈。

6. 災害防救法與社會救助法、身心障礙者保護法、就業服務法等福利法規所定義之弱勢族群有相當之差異，依照災害防救法之規定，弱勢族群並非以經濟因素與生理狀況為考量，而是考慮在災害衝擊下，相對於一般民眾的避難弱勢。

（引用文獻：馬士元，大規模災害弱勢族群救援撤離對策之研究瑞，鉅災害管理及安全事務顧問股份有限公司，協同主持人：林永峻博士，內政部消防署委託研究報告內政部消防署委託研究報告內政部消防署委託研究報告，中華民國99年12月）

二、發生在新北市的五股煙火爆炸案中，針對爆竹煙火管理條例的實施，有哪些具體的檢討方向？請區分為中央與地方政府不同辦理權責說明之。（15分）

解：

一) 具體的檢討方向，依監察院糾正○○市政府與○○縣政府之糾正案文如下：
地方權責如下

1. ○○市政府消防局無視新興堂香舖平時即有超量囤積、販賣爆竹煙火的事實，在爆炸前竟未曾有取締紀錄，顯長期縱容該香舖業者違法妄為，有重大違失，新北市府監督不周。

2. ○○市消防局12次訪查皆僅在店舖門市虛晃一招，未依規定會同相關人員到倉庫查看，該香舖爆炸後已拆除，竟仍有檢查結果登載符合規定，新北市消防局檢查草率，有重大違失。

3. ○○市消防局明知100年4月間適逢媽祖誕辰期間，爆竹煙火需求大，竟未依規定加強檢查該香舖及全面清查轄內可疑貨櫃，導致該香舖負責人向桃園萬達廠調貨時，不慎釀成重大災害；該香舖爆炸前，○○市消防局竟未察覺該香舖負責人早已在泰山地區租用貨櫃違法儲存爆竹煙火，嚴重怠忽職責。

4. ○○縣政府自轄內萬達廠爆炸後，未依法清點、封存、管制，甚至未經檢查，草率認為該廠殘存的爆竹煙火合法，確有違失。

5. ○○縣政府草率發函任令業者自行限期處理該批具危險性的爆竹煙火，導致萬

達廠急欲變賣，與新興堂香鋪負責人僱用違法車輛載運，釀成重大災害。

6. 新興堂香鋪負責人在本案爆炸發生前，已多次承接國內高空煙火大型施放活動，相關機關竟毫無掌握違法事證，突顯缺乏橫向聯繫與查核機制及法令疏漏，危害公共安全，相關活動主辦機關及消防主管機關均未善盡職責，確有違失。

中央權責如下

1. 新興堂香鋪爆炸災害經調查，肇因於未經許可而滿載高空煙火的交通運輸工具，內政部及交通部等所屬機關明知疏漏，卻未主動積極檢討改進，監察院多次糾正，仍推諉塞責，均有不當。

2. 本案已於本○○年○○月○○日彈劾○○縣政府消防局長、○○市政府消防局長在案，全案移送司法院公務員懲戒委員會審議。

二) 中央與地方政府不同辦理權責

第2條　本條例所稱主管機關：在中央為內政部；在直轄市為直轄市政府；在縣（市）為縣（市）政府。

主管機關之權責劃分如下：

一、中央主管機關：

(一) 爆竹煙火安全管理制度之規劃設計與法規之制（訂）定、修正及廢止。

(二) 爆竹煙火成品及達中央主管機關公告數量之氯酸鉀（$KClO_3$）或過氯酸鉀（$KClO_4$）之輸入許可。

(三) 達中央主管機關公告數量之氯酸鉀或過氯酸鉀之販賣許可。

(四) 一般爆竹煙火認可相關業務之辦理。

(五) 直轄市、縣（市）爆竹煙火安全管理之監督。

(六) 爆竹煙火監督人講習、訓練之規劃及辦理。

二、直轄市、縣（市）主管機關：

(一) 爆竹煙火安全管理業務之規劃、自治法規之制（訂）定、修正、廢止及執行。

(二) 爆竹煙火製造之許可、變更、撤銷及廢止。

(三) 爆竹煙火製造及達中央主管機關所定管制量之儲存、販賣場所，其位置、構造、設備之檢查及安全管理。

(四) 違法製造、輸入、儲存、解除封存、運出儲存地點、販賣、施

　　　　　放、持有或陳列爆竹煙火之成品、半成品、原料、專供製造爆
　　　　　竹煙火機具或施放器具之取締及處理。
　　　(五) 輸入一般爆竹煙火之封存。
　　　(六) 其他有關爆竹煙火之安全管理事項。
　　　中央主管機關基於特殊需要，依法於特定區域內特設消防機關時，該區
　　域內屬前項第二款所定事項，由中央主管機關辦理；必要時，得委辦直
　　轄市、縣（市）主管機關辦理。

三、為落實防火管理，平時須建立火災預防管理編組，請依強化防火管理制度指導綱
　　領，說明有關防火管理責任體系及應注意事項分別為何？（25分）

解：

一) 防火管理責任體系分述如下：

　1. 火源責任者：係擔任某一關連性區域內之火源管理工作，定期檢查並向防火負
　　　責人回報檢查情形。

　2. 防火負責人：大規模場所、高層建築物或該場所自行認定有其必要性時，得以
　　　樓層或區域為範圍，設置防火負責人，其任務係輔助防火管理人，並指導監督
　　　負責區域內之火源責任者。

　3. 核心要員：在同一建築物之自衛消防編組成員中宜設有核心要員，此核心要員
　　　須具有基本救護技能，並配置有效之通訊工具及地方消防機關指定之相關技
　　　能。此要員由滅火班班長、通報班班長或救護班班長等擔任為宜。當自衛消防
　　　編組之核心要員設於指揮中心稱為本部核心要員，而設於地區時，稱為地區核
　　　心要員。

　4. 核心區域：應實施防火管理之場所，以樓、棟為單位，將若干場所形成一個區
　　　域，在此區域內整合有關災情及救護救援資訊，並由核心要員，執行橫向及縱
　　　向之災害協調支援。其設於指揮中心時，稱為本部核心區域，而設於地區時，
　　　稱為地區核心區域。

　5. 防火管理技術員：遴選所屬對技術較有專精之人員，協助防火管理人推動各項
　　　防火管理業務，惟並無須為幹部或管理層級之資格限制。

二) 應注意事項如下：

　　應實施防火管理之場所，為落實日常用火用電管理，並依場所特性，進行平時火

災預防管理編組，並注意下列事項：

1. 由防火管理人落實推動各項防火管理業務外，每一員工皆有火災預防之共識，並得視場所規模、用途，依棟、樓或區，劃設責任區域，分別設置防火負責人及火源責任者，並納入消防防護計畫，以明確分層管制。

2. 防火負責人之任務為輔助防火管理人，並指導、監督、彙整負責區域內火源責任者之平時火災預防執行情形，並適時回報防火管理人。

3. 火源責任者擔任防火管理人（如無防火負責人時）或防火負責人指定範圍內之用火用電安全管理工作，進行該範圍內平時之消防安全設備及之防火避難設施之簡易日常維護管理，並回報其執行情形。

（補充資料）

強化地震災害應變之平時整備及教育訓練之注意事項：

一、平時整備，宜注意下列事項：

　　(一) 電梯停止所伴隨之人員受困之應變：

　　　　A. 電梯宜具有防震措施，地震發生時，有關纜線不可有斷裂脫落之情形。

　　　　B. 電梯宜有地震感知裝置，於地震發生時，可迅速停於最近之樓層，如無此類裝置時，須可於電梯內按下按鈕後，於最近之樓層停止。

　　　　C. 電梯內緊急按鈕壓下後，宜具有與指揮據點（如防災中心等有人常駐之處所）保持通話之功能。

　　　　D. 如受困電梯時宜確保其緊急照明，並能使用電梯內部通話裝置與外界聯繫等待救援。

　　　　E. 地震發生時不可驚慌，電梯內人員宜靠近電梯內側或坐在電梯內，保持身體平衡，以防跌倒或撞擊。

　　　　F. 平時宜瞭解緊急時自外部開啟電梯所需工具之位置及保管人，並熟悉其開啟方式。

　　(二) 避難設施及消防安全設備損壞之應變：

　　　　A. 地震發生時，須開門以確保逃生通出口之通暢。

　　　　B. 掌握建築內部避難器具之位置及狀況，以及外部開口之情形，並準備繩索、梯子及相關之破壞器具，萬一無法由內部防火避難設施逃生時，得使用繩索或梯子等類似物品，運用外部開口向外逃生。

　　　　C. 為防止震後火災之發生，須瞭解內部消防蓄水池之位置及附近可供運用之天然或人工水源之運用，並準備盛水工具或可攜式消防幫浦，俾便緊

急時進行滅火。

(三) 停水斷電、通信障礙、交通受阻等基礎設施障礙之應變：

　　A. 平時即瞭解周遭臨時避難處所之位置（如公園、廣場或學校操場等大型公地），於地震發生時，分組進行避難，依照指揮人員之指示，協助高齡人士、孩童、傷患或自力避難者，有次序地至臨時避難所集結。

　　B. 平時與周遭單位建立合作機制及聯絡方式，相互支援必要之器具與人力。

　　C. 進行避難時，如平時有準備乾糧或飲用水、發電設備時須攜行並攜帶所有可運用的通訊工具（含收音機與電池等）至臨時避難處所。

　　D. 考量救災車輛之優先使用及道路可能受損，不可使用車輛進行避難，宜步行至臨時收容處所。

二、教育訓練：注意事項如下：

(一) 建築物內部進行避難引導部分：

　　A. 平時即於消防防護計畫劃定責任區域，俾於地震發生後須進行疏散，在確保自身安全無虞時，搜索負責區域並確認有無人員受困。

　　B. 進行疏散引導人員，須攜帶緊急廣播設備、哨子或繩索等，引導有關人員至出口位置。

　　C. 為防止混亂，須以距離避難層較近之樓層優先進行避難引導，並以人命救援為第一考量。

　　D. 為防止餘震之持續發生，可能有牆壁或電線等各種物品之掉落，須佩戴安全頭盔等防護器具保護頭部，並注意上方及地面及可能障礙物。

(二) 受困人員之救援部分：

　　A. 須以倒塌之建築物為中心，大聲呼喊是否有人受困並集結安全離開之人員。

　　B. 如有人員受困，在確保自身安全無虞之情形下，須以眾人之力，進行救援，如需移除重物時，確實掌握有無可能伴隨其他物件之掉落，並注意附近有無瓦斯管線或電線。

　　C. 倒塌現場倘有發生火災之虞，盡可能準備滅火器或水等簡易滅火器具，以便緊急時滅火。

　　D. 進行受困人員之施救時，以受傷程度為考量，但受困人員須使用大型機具等涉及專業器材或技術始能救出時，須通報並記錄其位置，以便後續

人員之救援，此時，暫以較易救出人員為優先考量。

E. 如受重物壓住，不可硬行拉出，須先清除周遭障礙物並觀察或詢問該受困人員情形，再行決定。

F. 如有電鋸等較具危險之救災器具，須由熟悉其操作之人員使用，不可貿然運用。

G. 受困人員救出後，須立即送醫，並盡可能記錄其姓名、年齡、性別、救出時間及位置、有無可能受困之同伴等相關書面資料，並予以保管。

H. 對於受困人員（傷者），注意其聲調、臉（膚）色、身體狀況之變化等。

乙、測驗題部分：（50分）

1) 本測驗試題為單一選擇題，請選出一個正確或最適當的答案，複選作答者，該題不予計分。

2) 共25題，每題2分，須用2B鉛筆在試卡上依題號清楚劃記，於本試題或申論試卷上作答者，不予計分。

(A)　1. 下列何者為消防法第13條第1項所定之一定規模以上供公眾使用建築物？
　　　(A) 總樓地板面積在200平方公尺以上之補習班或訓練班
　　　(B) 總樓地板面積在300平方公尺以上，其員工在30人以上之工廠
　　　(C) 總樓地板面積在500平方公尺以上，其員工在50人以上之工廠
　　　(D) 總樓地板面積在500平方公尺以上之餐廳

(D)　2. 下列何種建築物設置之消防安全設備，無需委託專業機構辦理定期檢修？
　　　(A) 高度在50公尺以上之建築物　　　(B) 樓層在16層以上之建築物
　　　(C) 地下建築物　　　　　　　　　　(D) 供公眾使用建築物

(A)　3. 下列有關消防法所稱管理權人之敘述，何者正確？①領有使用執照或營利事業登記證之合法場所，係以現場實際負責人或依契約實際負責之人為管理權人　②無獨立預算之鎮立圖書館，其管理權人為館長　③所有權未區分之建築物，其管理權人為所有人，有租賃或借貸關係時，為承租人或使用人　④連鎖店係由總公司直營，則管理權人為總公司之負責人
　　　(A) ③④　　　(B) ①②④　　　(C) ①②③　　　(D) ②③④

(D)　4. 某消防分隊配置各式消防車7部，雲梯消防車1部、化學消防車1部、水箱消

防車2部、水庫消防車1部、救助器材車1部、救災指揮車1部，依直轄市、縣（市）消防機關配置標準規定，最多可配置消防人員數為：

(A) 26人　　　(B) 30人　　　(C) 34人　　　(D) 38人

(A) 5. 下列對於人民因災害失蹤時，有關死亡證明書聲請之敘述，何者正確？①死亡證明書之聲請，應於災害發生後6個月內為之　②失蹤人尚生存者，檢察機關得依利害關係人之聲請，撤銷死亡證明書　③失蹤人尚生存者，檢察機關得依本人之聲請，撤銷死亡證明書　④撤銷死亡證明書之效力，準用民事訴訟法第640條規定

(A) ②③④　　(B) ①②④　　(C) ①②③　　(D) ①②③④

(B) 6. 依災害防救法規定，下列何者情形得處新臺幣3萬元以上，15萬元以下罰鍰？
(A) 違反徵用、徵購救災機具或車輛裝備規定
(B) 規避、妨礙或拒絕進入業者營業場所或物資所在處所檢查
(C) 違反警戒區域內禁止進入或命其離去之規定
(D) 未經許可擅自使用緊急應變警報訊號

(D) 7. 下列有關「劃定警戒區域，限制或禁止人民進入或命其離去」處分時機及執行規定之敘述，何者正確？
①應於災害應變中心成立後
②應由中央災害應變中心指揮官下令
③應指定災害應變範圍
④應予公告

(A) ①②③④　　(B) ②③④　　(C) ①②③　　(D) ①③④

(A) 8. 某一建築物地下三層設置一間儲槽專用室，放置供緊急發電機使用之柴油儲槽一座（內容積為3公秉之非壓力儲槽）請問下列敘述何者正確？
①該儲槽應於申請完工檢查前，委託中央主管機關指定之專業機構完成滿水檢查，並出具合格證明文件
②倘該儲槽未設有固定式滅火設備者，其容量範圍為2700至2850公升
③該室內儲槽場所僅能儲存閃火點在攝氏40度以上第四類公共危險物品
④該儲槽應設置安全裝置
⑤室內儲槽場所儲槽容量不得超過管制量之40倍，且第四類公共危險物品中之第二石油類及第三石油類，不得超過2萬公升。同一儲槽專用室設置二座以上儲槽時，其容量應合併計算

(A) ①②③⑤　　(B) ①②③④⑤　　(C) ②③⑤　　(D) ①②③

(A)　9. 使用液化石油氣容器連接燃氣設施之場所，其使用量為200公斤，有關其使用安全管理規定，下列敘述何者正確？①設置自動緊急遮斷裝置　②設置氣體漏氣警報器　③以書面向各當地消防機關陳報　④容器放置於室外者，應設有柵 或圍牆　⑤容器與用火設備保持2公尺以上距離

(A) ②⑤　　(B) ①③④　　(C) ②④　　(D) ②③⑤

(B)　10. 你帶隊去檢查液化石油氣容器儲存場所，依據「公共危險物品及可燃性高壓氣體設置標準暨安全管理辦法」第70條規定進行檢查，下列敘述何者正確？①應設置防止氣體滯留之有效通風裝置　②應設置氣體漏氣自動警報設備　③該場所應保持攝氏35度以下之溫度；容器並應防止日光之直射　④假設該液化石油氣容器儲存場所總面積為100平方公尺，其通路面積至少需保留20平方公尺

(A) ①②③　　(B) ①②④　　(C) ①③④　　(D) ②③④

(C)　11. 下列有關爆竹煙火安全管理，何者敘述正確？

(A) 雜貨店販賣均有附加認可標示之連珠炮且火藥量合計為1.5公斤，應投保公共意外責任險

(B) 雜貨店櫃子發現一個未貼認可標示之連珠炮，老闆表示該連珠炮僅供陳列不販賣，則尚無違反「爆竹煙火管理條例」之規定

(C) 儲存摔炮類以外之一般爆竹煙火（不含排炮、連珠炮）火藥量為200公斤之場所，應設置爆竹煙火監督人

(D) 一般爆竹煙火之管制量為火藥量5公斤

(C)　12. 甲地（直轄市）舉辦大型活動欲施放特殊煙火，施放煙火公司想至國外輸入並儲存於乙地（直轄市）合法儲存場所，請問依「爆竹煙火管理條例」第14條及第16條規定，下列敘述何者正確？①該公司需向甲地市政府取得施放許可，方得向內政部申請該批特殊煙火之輸入許可　②該批輸入之特殊煙火應運至合格儲存地點放置，並於通知乙地市政府清點數量後辦理封存　③該批特殊煙火應於運出儲存地點前，將相關資料報請乙地與臨時儲存場所及甲地之直轄市、縣（市）政府備查後，始得運出儲存地點

(A) ③　　(B) ②③　　(C) ①③　　(D) ①②③

(B)　13. 依據「直轄市縣市消防機關火場指揮及搶救作業要點」規定，有關「救火指揮官」之敘述，下列何者正確？①救火指揮官由消防局長擔任　②火災初期

由轄區消防分隊長擔任　③劃定火場警戒區是救火指揮官任務之一　④人員裝備管制站係由救火指揮官於室內安全樓層或室外適當處所設立　⑤初期救火指揮官應攜火警地址登錄紙、甲、乙種搶救圖、搶救部署計畫圖、及其他相關搶救應變指南等資料出動

(A) ②④⑤　　　(B) ②③④⑤　　　(C) ②⑤　　　(D) ①②③④⑤

(D)　14. 主管機關派員檢查經許可之田野引火燃燒場所時，管理權人或現場有關人員違反「消防法」第14條第2項所定法規有關安全防護措施、禁止從事之區域、時間、方式或應遵行事項之規定者，處新臺幣多少元以下罰鍰？

(A) 3萬元　　　(B) 1萬5千元　　　(C) 6千元　　　(D) 3千元

(A)　15. 依「消防法」規定，未經主管機關許可擅自施放天燈者，處新臺幣多少元以下罰鍰？

(A) 3千元　　　(B) 6千元　　　(C) 1萬5千元　　　(D) 3萬元

(C)　16. 主管機關依「消防法」第14條之1第1項規定派員至經申請許可得使用以產生火焰、火花或火星等方式，進行表演性質活動之供公眾使用建築物時，管理權人或現場有關人員拒絕檢查人員要求提供相關資料來檢查之請求者，處管理權人或行為人新臺幣多少元之罰鍰？

(A) 3萬元以上15萬元以下　　　(B) 2萬元以上10萬元以下
(C) 1萬元以上5萬元以下　　　(D) 3千元以上3萬元以下

(C)　17. 高層建築物消防安全設備之定期檢修，其管理權人應委託中央主管機關審查合格之專業機構辦理。又依「消防安全設備檢修專業機構管理辦法」第4條第1款規定：「檢修機構應置有專任之消防設備師及消防設備士合計達A人以上，其中消防設備師至少B人」。違反「消防法」第7條第1項規定從事消防安全設備之設計、監造、裝置及檢修者，處新臺幣C萬元以上D萬元以下罰鍰，而A，B，C，D各值為何？

(A) A=30，B=10，C=3，D=15　　　(B) A=20，B=5，C=2，D=10
(C) A=10，B=2，C=1，D=5　　　(D) A=10，B=1，C=0.6，D=3

(B)　18. 依「災害防救法」有關罰則規定，下述何者錯誤？

(A) 乘災害之際而故犯竊盜、恐嚇取財、搶奪、強盜之罪者，得依刑法之規定，加重其刑至二分之一

(B) 未經許可擅自使用緊急應變所需警報訊號之種類、內容、樣式及方法者，處新臺幣10萬元以上50萬元以下罰鍰

(C) 不從被各級政府為救災所需必要物資徵用、徵購或命其保管所為處分之倉儲業者，處新臺幣10萬元以上50萬元以下罰鍰

(D) 相關專門職業、技術人員不從被各級政府徵調協助救災者，處新臺幣10萬元以上50萬元以下罰鍰

(C) 19. 執行「災害防救法」相關災害防救事項致重度身心障礙者，無法依其本職責身分有關規定請領各項給付時，應比照義勇消防人員傷病、死亡之請領數額給與一次身心障礙給付A個基數請領，前項基數之計算，以公務人員委任第B職等年功俸最高級月支俸額為準，而A、B各值為何？

　　(A) A=8、B=3　　　(B) A=18、B=4　　　(C) A=36、B=5　　　(D) A=90、B=6

(A) 20. 依「災害防救法」第40條有關公共事業違反情形，致發生重大損害規定，下述何者非處新臺幣3萬元以上15萬元以下罰鍰？

　　(A) 未置專職人員，執行災害預防各項工作

　　(B) 發現、獲知災害或有發生災害之虞時，未主動蒐集、傳達相關災情並迅速採取必要之處置

　　(C) 未依其災害防救業務計畫，實施有關災害應變事項

　　(D) 未依其災害防救業務計畫，實施有關災後復原重建事項

(B) 21. 依「公共危險物品及可燃性高壓氣體設置標準暨安全管理辦法」第17條有關第一種販賣場所內設六類物品調配室者規定，下述何者錯誤？

　　(A) 樓地板面積應在6平方公尺以上，10平方公尺以下

　　(B) 出入口應設置0.5小時以上防火時效之防火門

　　(C) 有積存可燃性蒸氣或可燃性粉塵之虞者，應設置將蒸氣或粉塵有效排至屋簷以上或室外距地面4公尺以上高處之設備

　　(D) 應設於建築物之地面層

(D) 22. 依「公共危險物品及可燃性高壓氣體設置標準暨安全管理辦法」第13條，有關六類物品製造場所，為涉有擋牆或具有同等以上防護性能者，其外牆或相當於該外牆之設施外側，與廠區外鄰近場所之安全距離規定，下述何者錯誤？

　　(A) 與紀念館之距離，應在50公尺以上

　　(B) 與收容人員在20人以上K書中心之距離，應在30公尺以上

　　(C) 與可燃性高壓氣體儲槽之距離，應在20公尺以上

　　(D) 與電壓超過3萬5千伏特之高架電線之距離，應在3公尺以上

（D）23. 依「緊急醫療救護法」有關罰則規定，下述何者錯誤？

(A) 非救護技術員使用救護技術員名稱者，處新臺幣5千元以上2萬5千元以下罰鍰

(B) 救護車設置機關（構）未定期施行消毒及維持清潔者，處新臺幣5千元以上2萬5千元以下罰鍰

(C) 救護技術員及其他參與緊急醫療救護業務之機關（構）所屬人員，因業務而知悉或持有他人之秘密，無故洩漏者，處新臺幣1萬元以上5萬元以下罰鍰

(D) 急救責任醫院未指派專責醫師指導救護人員執行緊急救護工作者，處新臺幣5萬元以上25萬元以下罰鍰

（A）24. 依「緊急醫療救護法施行細則」規定，下述何者錯誤？

(A) 單一事故、災害發生之傷病患人數達17人以上，或預判可能達17人以上者，稱為大量傷病患

(B) 直轄市、縣（市）衛生主管機關應每年至少辦理一次轄區內醫療機構緊急醫療業務督導考核

(C) 醫院收治一定傳染病或疑似一定傳染病之病人，經依傳染病防治法規定報告該管主管機關並經其證實後，應於24小時內將結果及應採行之必要措施，通知運送救護車所屬之機關（構）

(D) 救護車設置機（關）構規定收取費用時，應掣給收費憑證

（A）25. 依「爆竹煙火管理條例」規定，下述何者正確？

(A) 輸入之氯酸鉀或過氯酸鉀，應運至合格儲存地點放置，並於入庫2日前通知當地直轄市、縣（市）主管機關清點數量後始得入庫

(B) 未經許可擅自製造爆竹煙火，因而致人於死者，處1年以上7年以下有期徒刑，得併科新臺幣1百萬元以上1千萬元以下罰金

(C) 陳列未附加認可標示之一般爆竹煙火者，處新臺幣3千元以上1萬5千元以下罰鍰

(D) 專業爆竹煙火施放場所未投保公共意外責任保險，處負責人及實際負責執行業務之人新臺幣60萬元以上3百萬元以下罰鍰

國家圖書館出版品預行編目資料

消防與災害防救法規／盧守謙，陳永隆編著.
－－初版.－－臺北市：五南，2017.04
　　面；　公分
ISBN 978-957-11-9088-4（平裝）

1.消防法規

575.81　　　　　　　　　　106003182

5T30

消防與災害防救法規

作　　者 — 盧守謙（481）　陳永隆

發 行 人 — 楊榮川

總 編 輯 — 王翠華

主　　編 — 王正華

責任編輯 — 金明芬

封面設計 — 陳翰陞

出 版 者 — 五南圖書出版股份有限公司

地　　址：106台北市大安區和平東路二段339號4樓

電　　話：(02)2705-5066　　傳　　真：(02)2706-6100

網　　址：http://www.wunan.com.tw

電子郵件：wunan@wunan.com.tw

劃撥帳號：01068953

戶　　名：五南圖書出版股份有限公司

法律顧問　林勝安律師事務所　林勝安律師

出版日期　2017年4月初版一刷

定　　價　新臺幣500元

※版權所有‧欲利用本書內容，必須徵求本公司同意※